아침마다

내 귀를 깨우치시어

아침마다

내 귀를 깨우치시어

• 서재경

대한기독교서회

아침마다 내 귀를 깨우치시어
ⓒ 서재경 2024

2024년 11월 15일 초판 1쇄

지은이 서재경
펴낸이 서진한
펴낸곳 대한기독교서회

등록 1967년 8월 26일 제1967-000002호
주소 서울시 강남구 테헤란로103길 14(삼성동)
전화 출판국 02-553-0873~4, 영업국 02-553-3343
팩스 출판국 02-3453-1639, 영업국 02-555-7721
e-mail editor@clsk.org
https://www.clsk.org
facebook.com/clskbooks
instagram.com/clsk1890

ISBN 978-89-511-2164-7 03230

* 이 책은 위탁을 받아 출판하였습니다.
* 책값은 뒤표지에 있습니다.

책머리에

두 친구가 있었습니다. 한 친구는 말을 참 잘했고, 다른 친구는 말없이 잘 들어주었지요. 두 친구는 수도원에서 함께 공부하고 수련해서 사제가 되었습니다. 말을 잘하는 친구는 역시나 유명한 설교자가 되었습니다. 사람들은 힘 있는 그의 설교에 감동하고 열광했습니다. 어느 날 그는 늘 하던 대로 많은 사람 앞에서 설교하게 되었습니다. 그런데 그날따라 이상하게 맥이 빠지고 말도 뒤엉켜버렸습니다. 설교는 죽을 쑤고 말았지요. 왜 그랬던 것일까요? 아무리 생각해도 도무지 그 이유를 알 수 없었습니다. 그런데 곰곰 되짚어 보니, 그날은 평소와 다른 게 하나 있었습니다. 언제나 맨 앞에 앉아서 그의 설교를 경청하던 그 친구가 자리에 없었습니다. 몸이 너무 아파서 나오지 못하고 방에서 끙끙 앓았던 것이지요. 그랬습니다. 그의 설교의 힘은 그의 잘난 입에 있는 것이 아니라 그의 설교를 조용히 들어주는 그 친구의 귀에 있었습니다. 헤르만 헤세의 어느 소설에 나오는 이야기이지요.

까까머리로 임마누엘 동산에 올라가 신학생이 된 지 50년 만에, 목사가 된 지는 33년 만에 목회에서 은퇴하게 되었습니다. 참 세월이 빠릅니다. 그동안 목사이기에 참 많은 설교를 해야 했습니다. 설교한다는 것은 정말 어렵고 두려운 일입니다. 그렇지만 목사로서 피할 수도 없는 일입니다. 그런데 무엇보다 입이 둔한 제가 어떻게 주일마다 설교할 수 있었을까요? 주님께서 먼저 내 귀를 열어주시지 않았더라면 불가능했을 것입니다. 아침마다 내 귀를 열어주신 주님께 감사드립니다.

일찍이 에스겔은 사람들이 예언자/설교자를 악기나 잘 다루고 듣기 좋은 목소리로 사랑 타령이나 부르는 가수쯤으로 생각한다고 (겔 33:32) 탄식했지요. 설교자가 대중의 호기심과 욕망을 만족시키는 아이돌이 되고 말았다는 것입니다. 사람들이 귀에 듣기 좋은 소리만 바란다면, 자기들의 욕심만 따라간다면 설교자는 얼마나 불행한 사람이 되겠습니까. 반대로 설교자가 대중의 호기심만 살피고 욕망을 부추긴다면, 교인들은 또 얼마나 불행하겠습니까. 그런 것을 생각하면, 참으로 부족한 설교를, 때로는 불편한 설교를, 지금까지 참아 들어준 우리 한민교회 교우들에게 감사하지 않을 수 없습니다. 특별히 제가 허투루 설교할 수 없도록 언제나 귀 기울여 들어주고, 또 은퇴를 기념하며 책으로 엮게 해준 길벗에게 고마운 마음을 전합니다.

2024년 10월 20일
서재경 목사

차례

책머리에 _ 5

제1부 나에게 듣는 마음을 주셔서

아침마다 내 귀를 깨우치시어 _ 12

나에게 듣는 마음을 주셔서 _ 22

나는 비참한 사람입니다 _ 29

그는 내 심장입니다 _ 39

내가 흘린 눈물을 _ 49

나는 아니지요 _ 58

눈물의 사람 베드로 _ 66

얼굴이 물에 비치듯이 _ 76

그 여자가 거둔 결실은 그 여자에게 돌려라 _ 87

주님께 드리는 두 가지 간청 _ 97

제2부 너 사람아

그 영들을 시험해보라 _ 108

니고데모에 대한 단상 _ 119

다른 보혜사를 보내셔서 _ 129

성령의 바람 _ 140

성령을 모독하는 것은 _ 149

예수님의 영이 허락하지 않으셨다 _ 160

너 사람아! _ 169

저 비석은 무엇이냐 _ 178

나를 본받으라 _ 187

흰옷을 입은 사람들 _ 194

주님께서 나를 아십니다 _ 205

제3부 우리도 하나님의 자녀이다

사랑하는 어버이, 사랑스러운 자녀들 _ 216

그들도 하나가 되게 하옵소서 _ 226

너희 가운데 있다 _ 235

그들이 영광을 돌리게 하여라 _ 244

무엇을 먹고 사시나요 __ 252

모두 함께 밥 먹는 사람들 __ 261

우리도 하나님의 자녀이다 __ 270

노래를 부르는 사람들 __ 279

성전이 없는 풍경 __ 287

열둘에서 14만 4,000까지 __ 297

자기 아들의 피로 사신 교회 __ 307

제4부 마음이 가난한 사람은

우리는 무엇을 해야 합니까 __ 318

너희가 용서해주지 않으면 __ 326

'아니오' 할 때에는 '아니오'라고 하여라 __ 334

마음이 가난한 사람은 __ 344

나는 너를 정죄하지 않는다 __ 353

일어나서 가운데로 나오너라 __ 362

스스로 일어나서 걸어가라 __ 372

나는 곧 나다! __ 381

나는 신이 아니다 __ 392

영원한 생명 __ 403

그날이 오고 있을까요 __ 413

그 형상을 만들지 마라 __ 423

제1부

나에게 듣는 마음을 주셔서

아침마다 내 귀를 깨우치시어

이사야 50:4-11   주 하나님께서 나를 학자처럼 말할 수 있게 하셔서, 지친 사람을 말로 격려할 수 있게 하신다. 아침마다 나를 깨우쳐 주신다. 내 귀를 깨우치시어 학자처럼 알아듣게 하신다.(사 50:4)

『소학』의 삼불행

우리 옛 선조들은 어린아이가 여덟 살이 되면『소학』이라는 책으로 공부를 시작하게 했습니다. '소학'(小學)이란 말 그대로 작은 학, 기초가 되는 학입니다. 학문의 출발점이라는 말이지요. 그런데 이『소학』을 가만히 들여다보면, 어린아이가 읽을 책이 아니라, 어른들이 읽어야 할 책임을 알 수 있습니다. 특히 스스로 학자(學者)라고 생각하는 사람이라면 더욱 읽어야 하고 잊지 말아야 할 책입니다.

　『소학』〈가언〉편에 보면, 삼불행, 즉 세 가지 불행이라는 가르침이 나옵니다. 제1 불행은 '소년등고과'(少年登高科)입니다. 소년이 어린 나이에 과거에 합격하면, 이것이 제1 불행이라는 것입니다. 이해하기 어려운 말이지요. 요즘도 최연소로 고시에 합격하면 플래카드도 내

걸고 축하하고 자랑하지 않습니까? 엄청난 행운이지요. 그런데 『소학』은 그것이 첫 번째 불행이라고 말합니다. 두 번째 불행은 '석부형지지세위미관'(席父兄地之勢爲美官)입니다. 부모형제의 권세로 후광을 업고 관직에 올라 출세하면 이것이 불행이라는 것입니다. 이것도 의외입니다. 부모 잘 만나서 유산도 왕창 물려받고, 국제중학교에도 들어가서 줄 잘 타고 출세하면, 그건 더없는 행운 아닐까요? 그런데 그게 두 번째 불행이라는 것입니다. 마지막 세 번째 불행은 '유고재능문장'(有高才能文章)입니다. 재주가 뛰어난 데다가 문장까지 좋으면 그게 세 번째 불행이라는 것입니다. 재주가 있고 문장까지 뛰어나면 이건 천재 아닙니까? 그런데 『소학』은 이것이 마지막 불행이라고 합니다.

무슨 말일까요? 왜 『소학』은 우리가 행운이라고 생각하는 것들을 불행이라고 말하며 경계하는 것일까요? 저는 『소학』이 이 '삼불행'을 말하는 까닭은, 그렇게 되면 '학'(學)을 잃어버리게 되기 때문이라고 생각합니다. 스스로 교만해지고 스스로 자만해져서, 끊임없이 배워야 할 '학'의 자세를 버리게 되는 것입니다. 이 '학'이 끝나는 것이야말로 학문에서는 불행 중의 불행입니다. 그런데 이 '학'의 자세, 배우는 자세, 열린 마음은 학문에서만 중요한 것이 아닙니다. 신앙에서도 중요하고, 우리 삶에서도 아주 중요합니다.

고난받는 종—학자

오늘 우리는 이사야 예언서에서 고난받는 두 번째 종의 노래를 읽었습니다. 이사야는 바빌론 포로생활의 고통 속에서 새로운 희망을 일으킬 '고난받는 종'을 세 번에 걸쳐 소개합니다. 이른바 '고난받는 종의 노래'이지요. 이 세 노래가 주목하는 '고난받는 종'들은 누구입니까? 그들은 진정한 지도자입니다. 역사의 희망이 되는 참사람이요, 하나님의 종입니다.

그 첫 번째 종은 하나님께서 선택하신 지도자입니다. 통치자라고도 할 수 있지요. 이사야 42장에서 소개되고 있습니다. 그는 폭력과 폭언으로 강압하고 권위와 권력으로 제압하는 그런 통치자가 아닙니다. 그의 목소리는 조용합니다. 그의 말은 현란하지 않고 담박합니다. 그는 상한 갈대도 꺾지 않고 꺼져가는 등불도 끄지 않는, 세심하고 자비로운 사람입니다. 그러나 고난을 받으면서도 끝내 공의를 이루어내는, 그런 지도자입니다.

그리고 두 번째 종이, 오늘 우리가 받은 말씀에서 소개되고 있습니다. 이 두 번째 종을 한마디로 소개하면, '학자'라고 할 수 있습니다. 절망하는 백성을 위로하고 감싸주며 공의를 펴는 지도자가 첫 번째 종이라면, 두 번째 종은 학자입니다. 학자가 있어야 어둡고 고통스러운 역사에 희망이 있다는 말입니다.

그런데 이 학자란 어떤 사람입니까? 우리는 어떤 사람을 학자라고 부릅니까? 공부를 많이 한 사람, 그래서 지식이 가득한 사람이지요. 지혜를 깨친 사람 아닙니까? 그래서 그 지식과 지혜로 백성이 나아갈 길을 가르쳐주고, 무지몽매한 사람들을 깨우쳐주는 사람입니다. 세상에서는 공부를 많이 하고 자신의 학문을 완성하여 경지에 오른 사람, 석사가 되고 박사가 된 사람을 학자라고 부르며 존경합니다. 이 학자는 깨우친 사람이요, 가르치는 사람입니다. 특별히 말하는 사람입니다. 학자는 특히 말을 잘해야 합니다.

그런데 여기 오늘 이사야가 말하는 학자는 조금, 아니, 아주 많이 다른 모습을 보여줍니다. 여기 이 학자는 어떤 사람입니까? 그는 이미 깨우친 사람이 아닙니다. 아침마다 깨우침을 받는 사람입니다. 이 학자는 입이 열린 사람이 아닙니다. 입보다는 귀가 열린 사람입니다. 이 학자는 말하는 능력보다 오히려 듣는 능력이 있는 사람입니다. 가르치는 능력보다 배우는 능력이 있는 사람입니다. '학'이라는 말 그대로 배우는 사람, 학을 하는 사람입니다.

그렇지요. 학자란 무엇입니까? 배울 '학' 자에 놈 '자' 자, 배우는 놈, 배우는 사람 아닙니까? 배움이 끝날 때, 그는 이미 학자가 아닙니다. 들을 줄 모를 때, 그는 애초에 학자가 아닙니다. 학자는 날마다, 아침마다 깨우치는 사람입니다. 배우는 사람입니다.

히브리 말에서도 이 학자는 본래 배우는 사람이라는 뜻입니다. 오늘 본문에서 학자라고 번역한 히브리 말은 '림무딤'인데, 이 말은 '라마드'라는 말에서 왔습니다. 라마드는 배운다는 뜻입니다. 그래서 이 히브리 말 '학자' 림무딤은 때에 따라 '제자'라고도 번역할 수 있습니다. 이 히브리 말이 가진 역설적인 뜻이 참으로 깊고 역동적이지 않습니까? 학자는, 진정한 학자는 제자이다, 이 말입니다. 진짜 선생은 또한 학생이어야 한다는 말이지요. 목사는 언제나 신도여야 한다, 그 말입니다.

이사야는 이렇게 이미 완성된 지식인이 아니라, 끊임없이 배우는 학자가 고통스러운 시대에 희망이 되는 사람이라고 노래했습니다. 아침마다 새롭게 깨우치는 사람, 날마다 귀를 열어 들을 줄 아는 사람이라야, 그래야 사람을 알 수 있고, 역사를 알 수 있고, 그래야 하나님의 뜻을 알 수 있기 때문입니다. 그런 사람이라야 자기 아집과 탐욕이 아니라 다만 하나님의 뜻과 섭리에 겸손히 순종할 수 있기 때문입니다.

신앙의 길-학자의 길

사실은 성서에서 말하는 신앙의 길은 언제나 이 학자의 길과 통합니다. 아브라함이 떠나야 했던 약속의 길이란 어떤 길이었습니까? 그 길은 언제나 하나님께서 가르쳐주시는 길을 따르는 학의 여정과도 같았습니다. 우리는 흔히 아브라함이 가나안을 향해 떠났다고 착각하지요. 하지만 아브라함은 가나안을 향해 간 것이 아닙니다. 아브라함은 다만 하나님께서 보여주실 땅을 향해 떠난 것입니다. 실제로 아브라함은 가나안에 이르렀지만 거기 머물지 않고, 다시 길을 떠났습니다.(창 12:5-6) 아브라함의 길은 언제나 말씀/약속을 향해 가는 여정이었습니다. 이스라엘의 선조이며 또한 믿음의 선조인 아브라함의 이 길은 이스라엘 백성뿐 아니라 모든 하나님의 백성이 가야 하는 길의 예표와 같습니다.

 이스라엘 백성이 이집트를 떠나 가나안으로 향해 갔던 그 출애굽의 여정도 마찬가지였습니다. 출애굽은 날마다 하나님께서 가르쳐주시는 말씀을 따라가는 학의 여정이 아닙니까? 모세의 길은 그 자체로 완성되는 길이 아니라, 다만 하나님의 부르심을 따르는 미완성의 길이었습니다. 사실 구약성서의 오경에서 젖과 꿀이 흐르는 땅과 바닷가의 모래알처럼 많은 후손을 주시겠다는 하나님의 '약속'은 마무리되지 않습니다. 그래서 가나안 땅의 진입을 하나님의 약속이 성취되는 것으로 보는, 이른바 여호수아기를 포함하는 육경의 신학을 말하기도 하지만, 가나안 땅에서도 약속을 향한 여정은 끝난 것이 아닙니다. 이스라엘 백성은 가나안 땅에서도 여전히 메소포타미아와 이집트에서 섬기던 우상들을 떠나야(버려야) 했습니다.(수 24:14) 그들이 스스로 떠나지 않는다면, 하나님께서 그들을 떠나게 하실(쫓아내실) 것이기 때문입니다. 바빌론 포로와 바빌론 탈출 또한 이 '학'의 여정을 보여줍니다.

이야기를 조금 바꾸어볼까요?

구약성서에서 가장 학자다운 왕이 있다면 그게 누구일까요? 바로 솔로몬이지요. 우리는 솔로몬 왕을 지혜의 왕이라고 부릅니다. 그런데 이 솔로몬의 지혜란 무엇입니까? 그것은 바로 '듣는 마음'입니다. 열왕기상 3장에 보면, 솔로몬이 기브온에서 하나님께 제사를 드렸지요. 그러자 하나님께서 꿈에 솔로몬에게 나타나셔서 네가 바라는 것이 무엇이냐고 물으셨습니다. 그때 솔로몬이 하나님께 무엇을 구했습니까? 지혜입니다.

그런데 이 지혜라고 번역한 히브리 말은 직역하면 '듣는 마음'입니다. 솔로몬이 구한 것은 바로 '듣는 마음'이었습니다. 지혜란 말하는 데 있는 것이 아니라 '듣는 데' 있기 때문입니다. 지혜는 귀가 열리는 데서 시작합니다. 자기 아기를 살리려는 진짜 어머니의 아픈 마음을 들을 수 있어야 합니다. 백성들의 고통을 들을 수 있어야 하고, 생명의 진통을 들을 수 있어야 하고, 성령의 말할 수 없는 신음소리를 들을 수 있어야 합니다.

'학'(學)의 길

사도 바울은 어떤 사람일까요? 그는 '학'의 길을 걸어간 사도입니다. 바울은 빌립보서에서 성숙한 사람에 대해 말하지요. 그리스 말로 '텔레이오이', 즉 완성된 사람, 목표를 통과한 사람이라는 뜻입니다. 그런데 바울이 말하는 텔레이오이는 우리가 생각하는 것과 아주 다릅니다. 우리는 목표를 이룬 사람을 말 그대로 텔레이오이라고 말하지요. 그러나 바울은, 자신은 이미 목표(텔로스)에 다다른 사람이 아니라고 말합니다. 그는 단지 그리스도 안에서 하나님이 부르신 그 부르심의 상을 받으려고 달려가는 사람일 뿐이라는 것입니다. 자신은 뒤에 있는 것은 잊어버리고 온몸을 앞으로 기울여 달려간다는 것입니다. 그렇습니다. 바울이 말하는 진정한 텔레이오이는 텔로스를 통과한 자가 아니라 다만 텔로스를 향해 달려가는 사람입니다. '학'의 사람입니다.

저는 예수님이 걸어가신 길도 바로 이 '학'의 길과 같다고 생각합니다. 십자가의 길이 바로 그 길 아닙니까? 지난 주일이 부활주일이었지요. 복음서는 부활하신 예수께서 그 부활의 날에 어디로 가셨다고 말합니까? 갈릴리이지요. 갈릴리입니다. 이게 무엇일까요?

예수님의 일생을 전체적으로 생각해본다면, 부활은 무엇일까요? 완성 아닐까요? 끝 아닙니까? 요한복음에서 예수님이 하신 말 그대로 '다 이루었다' 아닙니까? 갈릴리에서 시작해서 머리 둘 곳 하나 없이 고생고생하시고, 십자가에서 그토록 고통스럽고 치욕스럽게 고난받으시고, 십자가에 참혹하게 죽임당하신 주님께서 마침내 무덤 문을 열고 부활하신 것입니다. 그야말로 고진감래요, 게임으로 치면 막판에 대역전으로 통쾌하게 승리하신 것이지요.

그렇다면 세상의 모든 권세를 이기고, 마지막 원수인 죽임의 권세까지 이기고 부활하신 예수님이 가장 먼저 가야 할 곳은 어디이겠습니까? 만약 여러분이 그토록 억울하고 고통스럽게 죽임을 당했는데, 다시 살아났다면 제일 먼저 어디로 가시겠습니까? 저 로마의 카이저에게 한달음에 달려가서 한번 본때를 보여주어야 하지 않을까요? 저 기회주의자 빌라도에게 가서 자신이 한 짓을 땅을 치며 후회하게 하거나, 성전으로 가서서 저 대사제들과 율법학자들이 쥐구멍을 찾게 해야 하지 않겠습니까? 예수님을 고문하고 채찍질하고 침 뱉고 조롱하던 그놈들에게 가서 자신들이 무슨 짓을 저질렀는지 소스라치게 해주어야 하지 않겠습니까? 아니면 적어도 주눅 들고 상심해서 흩어져 버린 제자들을 찾아주시거나, 그토록 애간장을 녹이며 새벽같이 무덤을 찾아온 여인들에게 나타나셔서 따뜻하게 위로해주시면 얼마나 감격스럽겠습니까!

그러나 우리 예수님은 굳이 갈릴리로 가신다는 것입니다. 한사코 갈릴리로 가야 한다는 것입니다. 아니, 이미 갈릴리로 가셨다는 것입니다. 갈릴리입니다! 거기에 무엇이 있습니까? 도대체 갈릴리는 무엇입니까?

부활하신 예수께서 다시 갈릴리로 가신 까닭은 무엇일까요? 무엇보다 거기에 아직도 고난받는 사람들이 있기 때문입니다. 그곳은 십자가가 현재진행형으로 벌어지고 있는 곳입니다. 그렇습니다. 갈릴리는 고난받는 땅입니다. 고통당하는 사람들이 있는 곳입니다. 역사의 질곡이 있는 땅입니다. 좌절하고 절망하고 아파하는 사람들의 땅입니다. 버림받은 사람들의 장소입니다. 예수님은 처음 부르심을 받으셨을 때 그곳으로 가셨고, 그리고 지금, 부활하셔서 다시 그곳으로 가셨습니다. 처음 소명받으셨을 때에도, 그리고 부활하셨을 때에도 예수님은 듣는 분이셨습니다. 이 예수님의 갈릴리 길이야말로 우리가 따라야 할 진정한 '학'(學)의 길이 아닐까요?

신학의 길

사랑하는 여러분, 우리는 여기 임마누엘 동산에서 신학(神學)을 공부하고 있습니다. 우리는 지금 '학자'요, 또한 '제자'(弟子)입니다. 여기 대학원은 무엇입니까? 공부를, 학을 마치는 곳일까요? 초등학교 때부터 시작한 우리의 학이 마침내 시원하게 끝장나는 그런 곳입니까? 아니지요. 아닙니다. 이곳은 진정한 학이 다시 새롭게 시작되는 곳입니다. 임마누엘 동산은 그런 곳이어야 하고 그런 곳입니다. 이곳은 얍삽한 지식과 엉터리 학위를 사고파는 장사꾼들의 야바위판이 아니라 진리를 배우는 사람들의 거룩한 장소입니다. 우리의 학은 꼼수를 쓰거나 표절을 해서 이루는 뻔뻔하고 교만한 전리품이 아니라, 다만 겸손히 그리스도를 따르는 순종입니다. 여기서는 선생 된 사람들은 마땅히 다만 학의 길을 걸어가야 합니다. 학생 된 사람들도 마땅히 오직 학의 길을 따라가야 합니다. 학을 멈추지 마십시오. 제발 학위를 학의 무덤으로 삼지 마십시오.

 사랑하는 여러분, 우리가 무엇보다 들을 줄 아는 사람이 되면 좋겠습니다. 신학은 듣는 학문입니다. 신학은 하나님을 배우는 학문이라기보다 하나님께 배우는 학문입니다. 우리의 궁극적 선생님은 그리스도이십니다. 아침마다, 날마다 하나님께서 우리의 귀를 열어주셔서 우리가 깨우치는 사람이 되면 좋겠습니다. 듣는 마음으로 서로를 헤아리고 따뜻하게 격려하며 함께 학의 길을 가는 동지요 친구가 되면 좋겠습니다. 고통당하는 사람들의 아픔을 듣고, 역사의 진통을 외면하지 않고, 생명의 진통에 귀 기울여 하나님의 슬픔을 들을 수 있으면 좋겠습니다. 우리가 꽉 막힌 청맹과니가 되어 그리스도의 길을 훼방하지 않도록, 우리의 학이 아침마다 우리를 경계하면 좋겠습니다. 우리가 함께 걸어가는 학의 길에 우리의 선생(先生)이신 그리스도의 은총이 가득하기를 바랍니다.

나에게 듣는 마음을 주셔서

열왕기상 3:4-9   "그러므로 주님의 종에게 지혜로운(듣는) 마음을 주셔서, 주님의 백성을 재판하고, 선과 악을 분별할 수 있게 해주시기를 바랍니다. 이렇게 많은 주님의 백성을 누가 재판할 수 있겠습니까?"(왕상 3:9)

빈센치오의 성수

스페인 격언에 "성 빈센치오의 성수를 마셔라." 하는 말이 있습니다. 어떤 부부에게 아주 큰 고민이 있었습니다. 이 부부는 하루도 싸우지 않고 넘어가는 날이 없었습니다. 그러다 보니 이렇게 계속 살아야 하는지, 그만 갈라서야 하는지 심각한 지경에 이르렀습니다. 이 부부는 마지막이라는 생각으로 빈센치오 사제를 찾아가 상담을 청했습니다. 이 부부에게 어떤 처방을 내려야 할까요? 그런데 부부의 이야기를 다 듣고 난 빈센치오는 아무 말 없이 성수 한 병을 주면서 비방을 내렸습니다. 만약 상대가 눈에 거슬리거나 맘에 안 드는 말을 하면, 그때 성수를 사용하라는 것입니다. 사용 방법도 간단합니다. 성수를 미운 상대에게 마귀를 쫓아내듯이 뿌리는 것이 아니라, 자기 입에 한 모금 가득 물고 입안에 골고루 퍼지게 하는데, 삼키지는 말라는 것입니다. 어떻게 되었을까요? 그날도 집에 돌아오자마자 남편이 별것 아닌 일로 트집을 잡아 시비를 걸었습니다. 그때 아내가 얼른 성수를 한 모금 입에 물었습니다. 그런데 단지 성수를 물고만 있었을 뿐인데, 남편의 화가 누그러지고 아내도 열 오르지 않고, 싸움이 벌어지지 않았습니다. 정말 신기한 일이지요. 과연 성수의 위력이 대단하지 않습니까!

그런데 이것이 무슨 얘기일까요? 이게 무슨 말도 안 되는 물장사를 하려고 수작 부린다고 오해하지는 마십시오. '성 빈센치오의 성수'는 침묵의 지혜를 알려줍니다. 성급하고 직설적인 말보다는 때로 침묵이 훨씬 더 지혜롭고 힘이 있다는 말이지요. 혹시 다른 사람이 몹시 거슬러서 살살 끓어오르려 할 때, 얼른, 성수가 없다면 냉수라도 한 모금 입에 가득 물어보십시오. 꽤 효과가 있을 것입니다. 우리가 세상을 살아가면서, 사람과 사람 사이에 일어나는 오해와 갈등은 대개 한마디 말에서 비롯되는 경우가 많습니다. 잘못된 말 한마디가 분쟁을 일으키고 심지어는 전쟁의 도화선이 되기도 합니다. 사는 게 팍팍하고 세상이 각박하고 혼돈스러울수록 우리도 모르게 마음이 삭막해지고 황폐해져서 뜻하지 않게 상처를 주고받게 되지 않습니까? 심지어 사람들은 끔찍하고 폭력적인 욕설에서 카타르시스를 찾는 자학적인 언어에 중독되기도 합니다. 폭력적인 말은 마음을 무너뜨리고 결국 삶을 망가뜨리기 쉽습니다. 어쩌면 이럴 때 우리에게 필요한 것이 바로 '성 빈센치오의 성수'가 아닐까요? 그저 무관심하게 대꾸하지 말라는 말이 아닙니다. 더 깊이 자신을 성찰하고, 내 말을 앞세우기보다 다른 사람의 말에 귀를 기울여 경청하라는 말입니다.

듣는 마음

솔로몬은 다윗의 뒤를 이어 왕이 되었습니다. 어린 나이에 왕이 된 솔로몬은 나라를 잘 다스려야 하고, 무엇보다 성전을 지어서 나라의 정신적-영적 중심을 세워야 하는 크나큰 과제를 안게 되었습니다. 이렇게 중대한 과제를 수행해야 하는 왕에게 가장 필요한 것은 무엇일까요? 이른바 왕도(王道) 말입니다.

 솔로몬은 이러한 과제를 안고 하나님께 기브온에서 제사를 드렸습니다. 그때 제사를 받으신 하나님은 솔로몬의 꿈에 나타나 물으셨습니다. "내가 너에게 무엇을 주기를 바라느냐? 나에게 구하여라." (왕상 3:5) 이럴 때는 무엇을 구해야 할까요? 나라를 든든히 해야 하니 강력한 군대와 무기를 구해야 할까요? 뭐니 뭐니 해도 경제가 문제이니 하늘에서 돈벼락이라도 내려달라고 해야 할까요? 그러나 솔로몬은 그런 것들을 구하지 않았습니다. 솔로몬이 구한 것은 '지혜'였습니다. '지혜로운 마음'입니다. 솔로몬은 지혜를 구했고, 하나님은 지혜를 구한 솔로몬에게 지혜뿐 아니라 부귀와 영화도 주셨습니다. 지혜가 중요하다는 말입니다. 통치자에게는 무엇보다 지혜가 있어야 하고, 지혜가 있어야 국방도 경제도 풀린다, 그 말입니다. 왕에게 가장 중요한 덕목은 바로 '지혜'입니다.

 그런데 이 '지혜'는 무엇일까요? 우선 본문을 살펴보면, 3장 9절에서 솔로몬이 구한 것은, 개역개정과 새번역 성서에서는 '지혜로운 마음'이라고 번역했지요. 그런데 이 말은 히브리어로 '레브 쉐마'라는 말입니다. 직역하면 '듣는 마음'이라는 말이지요. 그래서 개역개정판에서는 히브리 성서의 뜻을 따라 '듣는 마음'이라고 고쳐 읽었습니다.

'듣는 마음'입니다. 솔로몬이 구한 것은 '듣는 마음'이었습니다. 지혜란 듣는 데 있다는 말입니다. 왕은 귀를 틀어막고 자기 말만 해대는 것이 아니라, 백성의 말에 귀 기울여 들을 수 있어야 한다는 말입니다. 솔로몬의 시대를 생각하면 참으로 놀라운 생각 아닙니까. 그때는 왕이 절대 권력을 행사하던 시대였습니다. 왕의 말 한마디면 안 되는 것이 없는 시대였지요. 왕은 말하고 백성은 들어야 합니다. 들어도 그냥 서서 듣지 못하고 바닥에 납작 엎드려서 왕의 지엄한 명령을 성은이 망극하게, 황공 무지하게 받들어야 하지요. 어디 그때뿐입니까. 오늘날에도 무슨 브이아이피(VIP)가 시퍼렇게 살아 있어서 말씀만 하시면 아랫것들이 벌벌 떤다고 하지요. 그리고 보면, 왕이란 '말하는 사람'이기보다는 '듣는 사람'이어야 한다는 성서의 가르침은 오늘 우리에게 더욱 절실하지 않습니까. 들을 줄 모르는 지도자는 진정한 지도자의 자격이 없다는 말입니다.

들으시는 분

성서의 하나님은 말씀하시는 분입니다. 하나님은 말씀으로 하늘과 땅을 창조하셨습니다. 하나님이 말씀하실 때, 만물은 다만 멈추어서 그 말씀을 듣고 따라야 합니다. 그런데 우리가 주목할 것은, 말씀하시는 하나님은 무엇보다 듣는 분이라는 사실입니다. 창세기 4장을 보면, 가인이 아벨을 살해하여 땅에 묻었을 때 하나님이 가인에게 물으셨지요. "너의 아우 아벨이 어디에 있느냐?" 가인은 "제가 아우를 지키는 사람입니까?" 하고 시치미 떼며 반문했습니다. 도무지 안 들린다는 말이지요. 그때 하나님이 말씀하셨습니다. "너의 아우의 피가 땅에서 나에게 울부짖는다." 아벨이 신음하는 소리를 들으셨다는 말입니다. 하나님은 들으시는 분입니다. 아벨의 피의 부르짖음을 들으시는 분, 그분이 하나님이십니다. 또한 하나님은 호렙산에서 모세를 만나서 말씀하셨습니다. "나는, 이집트에 있는 나의 백성이 고통받는 것을 똑똑히 보았고, 또 억압 때문에 괴로워서 부르짖는 소리를 들었다."(출 3:7) 출애굽 해방사건은 하나님의 '들으심'에서 출발합니다.

예수님은 또 어떤 분이실까요? 예수님 또한 무엇보다 '듣는 분'이십니다. 예수님은 끊임없이 하늘의 소리를 듣는 분이셨습니다. 복음서를 따라가면, 하나님의 아들인 예수님은 자신의 길을 가면서 거듭 하나님께 무릎 꿇어 기도하며 갑니다. 예수님은 말하는 분이기 전에 먼저 듣는 분입니다. 십자가를 앞두고 겟세마네 동산에서 드리는 기도는 하나님의 뜻을 묻고 들으려는 치열한 기도입니다.(막 14:36) 여기서 예수님의 기도는 자기 생각을 말하고 자기 뜻을 관철하려 하지 않습니다. 오히려 자기 생각을 꺾고 자기 뜻을 버립니다. 이렇게 끊임없이 하늘의 소리를 들으며 가는 길, 십자가의 길은 다만 듣는 마음으로 가는 길입니다.

예수님은 하늘의 소리를 듣는 분일 뿐 아니라 가난하고 병든 사람들의 소리를 듣는 분이었습니다. 바리새파와 율법학자들과 예수님의 차이점이 있다면, 바로 여기에 있을 것입니다. 바리새파와 율법학자들은 '말하는 사람들'이라고 할 수 있지요. 지시하고 정죄하는 자리, 높은 자리에 앉기를 좋아하는 사람들입니다. 그렇지만 예수님은 가난하고 병든 사람들, 세리와 죄인들과 함께 마주 앉았습니다. 그들과 함께 먹고 마시며, 함께 웃고 울었습니다. 예수님은 무리의 고통을 온몸으로, 심장으로 들으셨습니다.

듣는 사람들

세상을 살아가면서, 만나면 참 피곤한 사람이 있습니다. 도무지 다른 사람의 말을 들을 줄 모르는 사람입니다. 대개 그런 사람들은 '내가 다 해 봐서 안다.'고 뻗대지요. 잠언에 보면, 어리석은 사람의 특징이 바로 들을 줄 모르고 자기 의견만을 내세우는 사람입니다.(잠 18:2) 정말 도무지 대책 없는 사람이지요. 더구나 철면피 청맹과니로 귀를 막은 지도자를 만나면 나라 전체가 얼마나 암담하고 답답합니까. 이사야는 도대체 들을 줄 모르는 자들을 향하여 차라리 눈이 감기고 귀가 막히게 하라고 외쳤지요. 잠언에서는 이렇게 어리석고 오만한 자는 책망하지 말라고, 비판하지 말라고 합니다. 왜냐하면 자기에게 싫은 말을 하는 사람에게 해코지하기 때문입니다. 반면에 지혜로운 자를 꾸짖으라고 하지요. 지혜로운 자는 비판을 받아들일 뿐 아니라 꾸짖는 사람을 사랑한다는 것입니다.(잠 9:8) 지혜는 무엇보다 비판과 책망을 들을 줄 아는 것입니다. 진정한 지혜는 듣는 데서 나옵니다. 아니, 듣는 마음이야말로 이미 지혜입니다.

신앙이란 무엇일까요? '신앙'이란 말 그대로 믿고(信) 받든다(仰)는 말 아닙니까? 신앙이란 먼저 듣는 것입니다. 열린 마음입니다. 하늘을 향해, 사람을 향해, 자연을 향해 열린 마음을 갖는 것입니다. 믿음은 들음에서 난다고 했습니다. 기도란 '들으시는 하나님'과 '듣는 사람'이 만나는 사건입니다. 서로 듣는 것, 받드는 것입니다. 바리새파 율법학자들의 신앙의 문제는 들을 줄 모르는 독선이었습니다. 하나님 앞에 무릎 꿇고 듣는 사람, 고통당하는 사람들의 신음소리를 듣는 사람, 진통하는 땅의 소리를 듣는 사람, 이 사람이 신앙인입니다. 그런데 다시 새겨보면, '듣는 마음'이라고 했지요. 그렇습니다. 귀가 아니라 마음으로 듣는다는 말이지요. 들을 줄 아는 사람은 귀가 아니라 마음이 열린 사람이다, 그 말입니다. 정말 들으려 한다면 가슴을 열어야 한다, 그 말입니다. 듣는 마음! 마음으로 듣는 사람 하나! 서로 받드는 사람들! 오늘, 정말 그립지 않습니까?

나는 비참한 사람입니다

예레미야 5:1-6   예루살렘에 사는 사람들아, 예루살렘의 모든 거리를 두루 돌아다니며, 둘러보고 찾아보아라. 예루살렘의 모든 광장을 샅샅이 뒤져 보아라. 너희가 그 곳에서, 바르게 일하고 진실하게 살려고 하는 사람을 하나라도 찾는다면, 내가 이 도성을 용서하겠다.(렘 5:1)

로마서 7:21-25   아, 나는 비참한 사람입니다. 누가 이 죽음의 몸에서 나를 건져 주겠습니까?(롬 7:24)

종말적인 위기 앞에서

요즘은 사이비 종말론자가 아니라 첨단 과학자들이 종말을 이야기하는 시대라고 합니다. 예전에는 세상이 어수선하면 황당무계한 사이비 교주들이 세상의 종말을 설파하며 더욱 혼란하게 했습니다. 그런데 '코로나19 바이러스' 문제로 모든 것이 불투명하고 암울해진 요즘에는 각계의 전문가라는 사람들이 앞다투어 미래를 예언합니다. 지금은 종말적인 위기랍니다. 지금까지 당연하게 생각해온 것들이 끝나고 있다는 것이지요. 무엇보다 지금 우리가 겪고 있는 이 위기를 잘 극복해낸다고 해도, 다시 코로나19 이전의 삶으로는 복귀하기 어렵다고 합니다. 코로나19 이후의 우리 삶은 다를 수밖에 없고 달라져야 한다는 것이지요.

이런 위기의식은 교회에서도 마찬가지입니다. 교회야말로 정말 심각한 위기를 맞고 있습니다. 코로나19로 교회들은 주일예배를 멈추어야 하는 상황을 맞이했습니다. 주일예배 성수를 안식일 준수처럼 생각하던 교회들로서는 참으로 당혹스러운 일이었지요. 그런데 교회의 위기는 이렇게 예배를 드릴 수 없게 된 외적인 문제보다 내적인 문제가 훨씬 깊고 심각합니다. 코로나19 와중에 신천지의 치부가 밖으로 드러났고, 사람들은 교회에 대해 근본적으로 불신하기 시작했습니다.

이런 불신과 공격은 교회 밖에서만 오는 게 아니라 교회 안에서도 일어나고 있습니다. 교회는 저 신천지나 전광훈이나 이재록 같은 부류들과는 다르다고 발뺌할 수도 없고, 발뺌을 해서도 안 됩니다. 한국교회가 세계를 향해 부흥의 기적을 자랑할 때에, 1,000만 교인을 시위할 때에 이미 200만 명 이상이 이단 신앙에 빠져 있었다는 자성의 목소리가 나왔지요. 더구나 그 이단 신앙이 특정 사이비 교단에만 있는 것이 아니라 거의 모든 교단과 교회 안에 스며들어 있었다는 것입니다. "요즘은 이단이고 삼단이고 없다. 꿩 잡는 게 매다." "목사는 CEO가 되어야 한다." 많은 사람이 대놓고 이런 말을 했습니다. 오늘 한국교회의 위기는 저 우주에서 온 외계인들 때문이 아닙니다. 우리가 그렇게 말하고, 그렇게 행동하고, 그것을 성령의 기적이라고, 놀라운 부흥이라고 온 세상에 선전하며 자화자찬했습니다. 그 결과 지금 여기에 이르렀습니다. 교회의 위기입니다.

어떻게 해야 할까요? 지금 무엇이 필요할까요? 우리도 긴급하게

'비상대책위'를 가동해야 할까요? 이 위기를 극복하기 위해서 우리도 유능한 전문가라는 김 아무개 씨라도 영입해서 전권을 주어야 할까요? 우리에게는 어떤 사람이 필요할까요? 우리 교회에는 어떤 사람이 필요할까요? 아니, 하나님이시라면 이런 위기에 어떤 사람을 찾으실까요?

나는 어린아이입니다

오늘 우리는 예레미야서의 말씀을 함께 받았습니다. 예레미야는 이스라엘의 위기의 시대에 살았던 예언자입니다. 예레미야는 그 시대의 위기를, 끓는 가마솥 환상을 통해 보여줍니다. 커다란 가마솥에서 물이 부글부글 끓는데, 그 뜨거운 물이 북쪽에서부터 넘쳐흐르는 것이었지요. 펄펄 끓는 물이 넘쳐서 쏟아지는, 너무도 긴박하고 무서운 위기라는 말입니다. 북쪽에 있는 강대국들이, 거대한 제국들이 이미 범람하는 홍수처럼 들이닥친다는 것입니다. 적군이 먹구름 몰려오듯 몰려오고, 그 병거들은 회오리바람처럼 밀려오며, 그 군마들은 독수리보다도 더 빨리 달려오는, 정말 긴급한 위기입니다.

 이런 위기에 백성의 지도자라는 자들은, 정신을 차리고 백성을 잘 이끌어야 할 터인데, 불의로 궁전을 짓고 불법으로 누각을 쌓으며 탐욕과 환락에 빠져 있었습니다. 제사장과 예언자라는 자들도 백성을 바른길로 이끌지 않고, 기름진 제물만 탐하고 있었지요.

 "이것이 주의 성전이다, 이것이 주의 성전이다, 이것이 주의 성전이다."(렘 7:4) 이 말이 무슨 말일까요? '성전'을, 거룩한 하나님의 성전을 강조하고 또 강조하는 이 말이 무슨 말이겠습니까? 만약 제가 여러분에게 '이곳이 성전입니다!' 하고 외친다면, 여러분은 어떻게 해야 할까요? '아멘!' 하고 더 크게 화답해야 하겠지요. 그런데 예레미야는 이 말이 곧 속이는 말이라고, 사기 치는 말이라고 고발합니다. 제사장이라는 자들이 성전을 '사기'의 도구로 이용한다는 것입니다. 예레미야는 이런 성전에 제물을 바치는 사람들에게, 그깟 제물 따위는, 그 기름진 고기는 너희나 다 먹어치우라고 말하지요. 하나님께서는 그런 제사를 원치 않으신다는 말입니다. 예레미야의 성전 종교 비판은 참으로 신랄하고 근본적입니다.

이런 위기의 시대에, 참으로 한 치 앞도 보이지 않는 암담한 절망의 때에 어떤 사람이 필요할까요? 얼마나 강하고 담대한 사람이어야, 얼마나 믿음이 좋고 올곧은 인물이라야 그 위기를 극복하고 백성을 바른길로 이끌 수 있을까요? 아무래도 위기를 극복하려면, 일찍이 니체가 탄식하며 갈구하던 '초인'이 절실하지 않을까요? 언제나 위기의 시대에는 범인이 아니라 초인이 나타나야 하는 것 아닐까요?

그런데 예레미야가 말하는 사람, 하나님께서 찾으시는 사람은 참으로 이상하고 낯선 사람입니다. 그 절체절명의 때에 하나님께서 찾으시는 사람은 초인이 아닙니다. 하나님이 원하시는 사람은 강력한 영도자도, 빈틈없는 정의의 투사도, 완벽한 초인도 아닙니다. 예루살렘 모든 거리를 두루 돌아다니며 둘러보고, 예루살렘의 모든 광장을 샅샅이 뒤져서 찾아야 할 사람, 그 사람은 '바르고 진실하게 살려는 사람'입니다. '의롭고 진실한 사람'이 아니라 '의롭고 진실하게 살려는 사람'입니다. 그것도 여러 사람이 아니라 '한 사람', '하나'입니다. 그 한 사람을 찾는다면, 하나님께서는 예루살렘의 그 엄청난 죄악을 용서하신다는 것입니다. 그 한 사람이 있다면 하나님께서는 이스라엘을 그 참담한 파국으로부터 구해주시고 지켜주신다는 것입니다. 정말 필요한 사람은 '바르고 진실하게 살려는 한 사람'입니다.

그런데 이렇게 바르고 진실하게 살려고 하는 한 사람은 누구일까요? 하나님께서 원하시는 사람, 하나님께서 그토록 찾으시는 그 한 사람이 누구이겠습니까? 저는 바로 예레미야가 그런 사람이라고 생각합니다. 사실 예레미야는 하나님께서 찾아내신 사람입니다. 하나님께서 그를 '모태에서 생기기도 전에 선택하고, 태어나기도 전에 구별해서 예언자로 세웠다.'고 말씀하셨지요. 하나님께서 친히 선택하여 예언자로 세운 사람이라면, 얼마나 완벽하고 얼마나 대단한 사람이겠습니까? 그런데 예레미야는 하나님께서 부르셨을 때 이렇게 대답했습니다. '저는 어린아이입니다!' '저는 말도 잘 하지 못하는 아이입니다.'

무슨 말일까요? 예레미야는 하나님 없이도 혼자서 완벽하게 모든 것을 해낼 수 있는 어른이 아니라는 말입니다. 하나님께서 가르쳐 주시지 않는다면 말 한마디 제대로 할 수도 없는 어린아이라는 말입니다. 하나님의 도우심 없이도 능히 바르고 진실하게 살 수 있는 성인이 아니라 하나님께서 지켜주시지 않는다면 한순간도 살 수 없는 어린아이라는 말입니다. 이 말은 곧 하나님께서 보내주셔야 갈 수 있고, 하나님께서 말씀을 주셔야 말할 수 있는, 그런 어린아이 같은 사람이라야 진정한 예언자라는 말이지요. 나는 어린아이라고 고백하는 예레미야에게 하나님께서 말씀하셨습니다. '두려워 말아라. 내가 늘 너와 함께 있으면서 보호해주겠다.'

비참한 사람

오늘 우리는 로마서에서 바울의 고백을 함께 들었습니다. 오늘 읽은 본문에서 바울은 자신을 가리켜 누구라고 고백합니까? 바울은 자신을 '비참한 사람'이라고 말합니다. 여기서 '비참하다'는 말을 예전에는 '곤고하다'로 번역하기도 했지요. '탈라이포로스'라는 그리스 말은 곤혹스럽고 불쌍하고 참담하다는 말입니다. 바울은, 나는 참으로 '참담한 인간'이라고 탄식하며 토로합니다.

바울은 어떤 사람이었습니까? 본 이름이 사울이었던 바울은 바리새파 사람들의 지도자였지요. 사실 바울은 그의 출신으로나, 학문으로나, 신분으로나 그 어느 것 하나 모자랄 것이 없었습니다. 자신만만하고 패기 넘치는 사람이었지요. 바리새인 사울은, 자신은 '의로운 사람'이라고, 다른 사람들과는 달리 자신은 옳은 사람이라고 확신했습니다. 그래서 자기가 생각하기에 의롭지 못한 사람들을 배척하고 박해했습니다. 그렇게 해야 세상이 바뀌고, 그래야 새 역사가 열리고, 그래야 하나님께서 기뻐하시지 않겠습니까? 이렇게 바리새파의 지도자였던 바울은 자긍심에 가득 찬 사람이었고, 확신에 찬 능력자였고, 정의로운 심판자였습니다.

그러던 그가 그리스도의 사람이 되었지요. 바리새파 사람 사울이 그리스도의 사람 바울이 된 셈입니다. 그런데 그리스도의 사람이 된 바울에게서 결정적으로 달라진 것이 있다면, 그게 무엇일까요? 무엇보다도 그의 자의식이 달라졌습니다. 그리스도의 사람이 된 바울은 더는 자신을 스스로 의롭다고 생각하지 않게 되었습니다. 오히려 바울은 자신을 '비참한 사람'이라고 생각합니다. 심하게는, 아니 더 깊게는, 자신은 '죄인의 괴수'라고 고백합니다. 죄인의 우두머리 두목이라는 얘기이지요.

바울이 자신을 가리켜 '비참한 인간'이라고 고백하는 것은, 그저 자신을 겸손히 낮추어 부르는 겸양의 미덕이 아닙니다. '비참한 사람'이라는 것은 바울의 가장 근원적인 자기의식을 보여줍니다. 로마서 이전에 쓴 바울의 편지들을 보아도, 바울은 언제나 일관되게 자신을 '비참한 사람'이라고 고백합니다. 고린도교회에 쓴 편지에서 바울은 기껏 자랑한다고 하면서 무엇을 자랑하였습니까? 자신은 약함밖에, 못난 것밖에, 능력이 없는 것밖에 없다고, 자랑할 게 없는 것을 자랑하지요. 바울은 병약하고 모욕받고 옥에 갇히고 매 맞고 곤욕을 치르는 것을 자랑합니다. 바울의 비참함은 다만 정신과 신념의 문제만도 아니었습니다. 그는 평생 몸에 찌르는 가시 같은 고통을 달고 살았습니다. 불치의 병이지요. 얼마나 아팠으면 제발 이 찌르는 가시를 없애달라고 세 번이나 간절히 기도하였을까요? 그렇지만 하나님은 그의 병을 고쳐주지 않으셨습니다.

바울이 자신의 사도직을 주장할 때에는 또 어땠습니까? 사도는 거룩한 직분이니까, 하나님이 세우신 고귀한 직분이니까 무조건 절대 복종하라고 했나요? 아닙니다. 바울은 '하나님께서는 사도들을 마치 사형수처럼 세상에서 가장 보잘것없는 사람들로 내놓으셨다.'고 말합니다. 이 말은 사도직을 가지고 신도 위에 군림하며 자신의 탐욕을 채우는 거짓 사도들과 그런 거짓 사도들에게 열광하는 맹신자들을 부끄럽게 하는 말입니다. 그렇지만 이 말은 또한 사도가 자신을 어떻게 생각해야 하는지를 보여주는 아주 중요한 말입니다. 바울은 만물의 찌꺼기가 된 곤혹스러운 사도를, 참으로 참담하고 비참한 사도를, 팔삭둥이처럼 미숙한 사도를 우리에게 보여줍니다. 바울은 이러한 참담한 사도직을 그리스도에게서 배웠지요.

예레미야가 예언자로서 자신은 완성된 어르신이 아니라 끊임없이 부르짖고 눈물을 흘려야 하는 '한낱 어린아이'일 뿐이라고 말했지요. 바울은 사도로서 자신이 완벽한 의인이 아니라 끊임없이 무릎 꿇고 하나님의 도우심을 구할 수밖에 없는 '비참한 인간'이라고 고백했습니다. 무엇보다 바울은 자신이 아무리 선을 행하려고 해도 자신에게는 악이 붙어 있다고 고백합니다. 자신은 선을 행하려 하지만, 도리어 원하지 않는 악을 행하고 있다고, 자신의 지체에 있는 죄의 법이 자신을 포로로 만든다고 몸부림치며 괴로워하지요. 누가 이 죽음의 몸에서 나를 건져주겠느냐고 탄식합니다.

사랑하는 여러분, 이렇게 몸부림치는 바울은 어떤 사람이었습니까? 그는 분명 아직 선한 사람은 아니었지요. 그는 완벽한 의인은 결코 아닙니다. 그러나 여기서 분명한 것은, 그는 선을 행하려고 하는 사람이라는 사실입니다. 바울은 선하게 살려는 사람입니다. 바울의 곤고함, 그의 비참함은 바로 여기, 선을 행하려고 애쓰는 데 있습니다. 선을 포기하면 곤고함도 사라질 것입니다. 그렇습니다. 바울은 의인도 아니고 진인도 아닙니다. 그는 다만 바르고 진실하게 살려는 사람입니다. 이 세상에서 그렇게 살려고 하면 곤고함을 피할 수 없지만, 그러나 그렇게 살려고 애쓰고 기도하는 사람입니다.

하나님이 찾으시는 사람

사랑하는 여러분, 신앙인이란 무엇일까요? 신앙인이란 자신을 믿는 사람이 아니지요. 다만 하나님을 믿는 사람입니다. 그런데 왜 어째서 하나님을 믿는 것일까요? 우리는 한낱 어린아이이기 때문입니다. 우리에게는 하나님의 도우심이 절실하기 때문입니다. 우리는 한순간도 하나님의 은총 없이는 살아갈 수 없는 어린아이요, 그리스도의 십자가 없이는 자신을 구할 수 없는 비참한 사람입니다. 그렇습니다. 신앙인이란 자신이 한낱 어린아이라는 것을 뼈아프게 아는 사람입니다. 그리스도의 사람은 자신이 그리스도 없이는 살 수 없는 '비참한 인간'이라는 것을 뼈저리게 알고, 무릎 꿇고 고백하는 사람입니다. 진정한 신앙인이란 완벽한 의인이 아니라 다만 바르고 진실하게 살려고 애쓰고 기도하는 사람입니다.

 하나님께서는 이스라엘의 위기에 자신이 한낱 어린아이라고 고백하는 예레미야를 찾으셨습니다. 예루살렘의 죄악이 하늘에 사무쳤을 때, 그래도 바르고 진실하게 살려는 사람 하나를 찾으셨습니다. 오늘 우리에게도 자신이 한낱 어린아이임을 아는 사람, 바르고 진실하게 살려고 애쓰고 기도하는 사람 하나가 있다면, 우리에게 희망이 있습니다. 하나님께서는 오늘도 그런 사람을 찾으셔서 그를 통하여 구원을 이루실 것입니다.

 또한 하나님께서는 자신이 '비참한 인간'이라고 고백하는 바울을 통해서 교회를 바르게 세워가셨습니다. 오늘 우리의 교회에도 자신이 완벽한 의인이라고 착각하는 위선자들이 아니라, 자신이 '비참한 인간'이라고 고백하는 그리스도의 사람이 있다면 우리 교회에도 희망이 있습니다. 세상과 교회의 위기는 모두 자신이 한낱 참담한 인간임을 잊어버리고, 스스로 하나님처럼 되려는 교만한 인간으로부터 시작되었습니다.

사랑하는 여러분, 어린아이 같은 사람, 자신이 비참한 사람임을 아는 사람, 이 한 사람이 필요합니다. 이런 사람을 하나님께서 찾으십니다. 우리가 하나님 앞에서 어린아이처럼 살아갔으면 좋겠습니다. 우리가 하나님 앞에서 바르고 진실하게 살려고 애쓰고 기도하는 사람들로 살아가면 좋겠습니다. 우리는 비참한 사람들이지만, 아니, 비참한 사람들이기 때문에 날마다 그리스도의 십자가를 붙잡고 살아가는 그리스도의 사람들이 되었으면 좋겠습니다. 하나님께서 어린아이 같은 우리를 도우시고 지켜주셔서, 우리가 함께, 우리 주 예수 그리스도를 통하여 우리를 건져주신 하나님을 찬미하며 살아갈 수 있기를 바랍니다.

그는 내 심장입니다

빌레몬서 1:8-16　그가 전에는 그대에게 쓸모 없는 사람이었으나, 이제는 그대와 나에게 쓸모 있는 사람이 되었습니다. 나는 그를 그대에게 돌려보냅니다. 그는 바로 내 마음입니다.(몬 1:11-12)

시간 여행

울산에 가면 반구대 암각화가 있습니다. 바위에 그림을 새긴 것이지요. 이 암각화는 1971년에 발견되었습니다. 그림의 내용은 물고기와 호랑이와 사슴 같은 동물들 그림인데, 그것을 사냥하는 사람들의 모습도 있습니다. 얼핏 보면 어린아이들이 낙서한 것처럼 보이는 이 암각화는 우리나라 국보 285호로 지정되어 있습니다.

　이 그림들은 적어도 7,000-8,000년 전에 살았던 우리 선조들이 그린 것이랍니다. 정말 신기한 일이지요. 그 오래전의 사람들이 자신들의 이야기를 그렇게 그림으로 남긴 것입니다. 자신들의 삶과 역사를 이야기하고 싶었던 것입니다. 그래서 우리는 그 그림들을 보면서, 우리 선조들이 배를 타고 고래를 사냥하고, 호랑이와 사슴을 사냥하며 살았던 그 생활을 생생하게 상상할 수 있게 되었습니다. 이렇게 우리는 그 그림을 통해 수천 년의 시간을 뛰어넘어 그들과 소통할 수 있게 되었습니다.

빌레몬서는 아주 짧은 편지입니다. 한 장으로 되어 있고, 불과 25절밖에 안 되지요. 그리고 이 편지는 공적인 편지가 아니라 바울이 빌레몬이라는 개인에게 보내는 사적인 편지입니다. 그런데 우리는 이 짧은 편지를 읽으면서, 교회가 처음 시작될 즈음에 그리스도인들이 무엇을 생각하고 있었는지, 어떤 세상을 꿈꾸고 있었는지를 생생하게 상상해볼 수 있습니다. 이 편지는 2,000여 년 전에 쓰인 것이지요. 그러니까 우리는 이 편지를 읽으면서 2,000년의 시간 여행을 할 수 있습니다. 그 시간 여행을 통해서 처음 그리스도인들을 만나게 됩니다.

한 편지의 사연

우선 빌레몬서는 바울이 빌레몬에게 쓴 편지입니다. 바울은 우리가 아는 대로 그리스도의 사도이고, 빌레몬은 그리스도인이 된 사람입니다. 그런데 바울이 빌레몬에게 편지를 쓰게 된 데에는 사정이 있습니다. 빌레몬에게는 노예가 있었습니다. 그 노예의 이름은 오네시모입니다. 그런데 무슨 연고인지 모르지만 오네시모가 빌레몬으로부터 도망을 쳤던 것 같습니다. 주인으로부터 떠난 오네시모는 바울을 만나서 그리스도인이 되었습니다. 이때 바울은 나이를 많이 먹었고, 또 갇혀 있었습니다.(몬 1:9 참조) 이렇게 갇혀 있는 동안에 바울은 오네시모를 만났고, 오네시모는 바울의 시중을 들고 있었던 것이지요.

그런데 바울이 오네시모가 빌레몬의 노예였던 사실을 알게 되었습니다. 어떻게 해야 할까요? 바울은 오네시모를 다시 빌레몬에게 돌려보내기로 했습니다. 오네시모를 빌레몬에게 돌려보내면서, 바울은 편지를 써서, 이제는 오네시모를 종이 아니라 형제로 대해달라고 당부합니다.

그런데 우리는 이렇게 바울과 빌레몬과 오네시모 사이의 사적인 이야기를 담은 편지를 읽으면서, 그 당시 사람들이 살던 삶의 모습을 볼 수 있고, 무엇보다 사람과 사람 사이의 관계를 엿볼 수 있습니다. 당시 사람들의 관계는 어떻게 이루어졌을까요? 가장 기본적인 것은 무엇보다 주인과 종의 관계입니다. 빌레몬과 오네시모의 관계가 그것입니다. 16절에서 바울은 이렇게 말합니다. "이제부터는 그는 종으로서가 아니라, 종 이상으로 곧 사랑받는 형제로 그대의 곁에 있을 것입니다."

오네시모는 '종'이었습니다. 그리고 여기서 종이라고 번역한 그리스 말은 '둘로스'(δυλος)입니다. 노예라고 할 수 있지요. 빌레몬과 오네시모의 관계는 주인과 종의 관계, 곧 갑과 을의 관계입니다. 주인-종의 관계는 로마가 지배하는 세계에서 가장 기본적인 관계였습니다. 그런데 이 주-종 관계에서 누가 주인이 되고 누가 종이 될까요? 당연히 힘이 있는 쪽이 주인이 되지요. 노예는 전쟁에서 패하여 잡혀왔거나, 아니면 빚에 팔려서 노예가 되었거나, 그 사회에서 밀려난 약자입니다. 돈과 권력에 의해 주종관계가 이루어집니다. 그리고 주인과 종의 관계는 절대적입니다.

둘로스

본래 '둘로스'라는 말은 로마 말이 아니라 소아시아에서 온 말이라고 합니다. 로마인이 아니라 이방인, 외국인이라는 뜻이지요. 아마도 바울이 빌레몬에게 편지를 보냈을 기원후 60년경에 로마에서 일어났던 한 사건을 보면, 둘로스가 어떤 존재인지 잘 알 수 있습니다. 당시에 세쿤두스라는 원로원 의원이자 총독이 그의 한 노예에게 살해당한 사건이 발생했습니다. 이름도 없는 그 노예는 열심히 일해서 노예에서 벗어나기 위해 속량금을 마련했지만, 주인은 약속을 어기고 속량을 거부했습니다. 그뿐 아니라 그 노예의 젊은 애인을 욕보였습니다. 이에 분노한 그 노예가 주인을 살해한 것입니다. 그런데 이 사건으로 인해서 그 노예뿐 아니라 세쿤두스가 소유하고 있던 400명의 노예가 모두 한꺼번에 처형당했습니다. 57년에 공포된 원로원 법에 따르면, 살해된 주인의 집에 살았던 노예들은 모두 다 사형에 처하도록 되어 있었기 때문입니다. 세쿤두스의 노예 400명은 모두 십자가에서 처형당했습니다.

이렇게 당시의 주인과 종의 관계에서 노예는 하나의 소유물과 같았습니다. 그런데 이런 상황에서 노예에게, 소유물에게 중요한 것은 무엇일까요? 바로 '쓸모'입니다. 쓸모가 없으면 버림받을 수 있고, 더 힘든 처지로 내몰리게 되었지요. 도무지 쓸모도 없으면서 밥이나 축내는 노예라면 어디에 써먹겠습니까? 노예계약서에는 대부분 "이 자는 건강하며, 도둑놈이 아니며, 자주 가출하거나 도망치는 놈이 아니며, 간질 병자가 아님을 보증함"이라고 명시했습니다.

쓸모 있는 놈

이런 상황에서 보면, '오네시모'라는 이름은 그의 이름이라기보다 그냥 부르는 호칭인 것 같습니다. 오네시모라는 말은 '쓸모 있다'는 뜻입니다. 어쩌면 오네시모는 빌레몬의 노예로서 꽤 쓸모 있는 노예였던 것 같습니다. 그래서 '쓸모 있는 놈'이라고 불렸을 것입니다.

그런데 바울은 오네시모가 빌레몬에게 쓸모 없는 사람이었다고(몬 1:11) 말합니다. 추정해본다면, 본래 오네시모는 노예계약서에 흠 없이 보증할 수 있는 쓸모 있는 노예였고, 그래서 '오네시모/쓸모 있는 놈'이라고 불렸는데, 무슨 이유에서인지 모르지만 '쓸모 없는' 노예가 된 것입니다. 어쩌면, 도망친 이력이야말로 '쓸모 없는' 자가 된 가장 확실한 이유일지도 모릅니다. 어쨌거나 이렇게 빌레몬에게 쓸모 없는 사람인 오네시모를 바울은 '쓸모 있는 사람'이라고 말합니다. 바울뿐 아니라 빌레몬에게도 오네시모가 쓸모 있는 사람이 되었다는 것입니다.

무슨 얘기일까요? 오네시모가 이제는 개과천선해서 아주 충실한 노예가 되었다는 말일까요? 아니면 오네시모에게 자신의 속량금을 다 갚을 만큼 돈이 생겼다는 얘기일까요? 그렇지는 않습니다. 오히려 오네시모는 속량금은커녕 갚아야 할 빚이 많았는데, 그 빚을 갚을 능력조차 없었던 것 같습니다. 바울은 이렇게 말합니다. "그가 그대에게 잘못한 것이 있거나, 빚진 것이 있거든, 그것을 내 앞으로 달아놓아 주십시오. 나 바울이 친필로 이것을 씁니다. 내가 그것을 갚아 주겠습니다."(몬 1:18-19)

빌레몬의 입장에서는 오네시모를 받아들이는 것은 결코 쉬운 일이 아닙니다. 그를 노예로 다시 받아들이는 것도 어려운데, 바울의 요구는 오네시모를 다시 노예로 받아들이라는 것도 아닙니다. 바울이 빌레몬에게 오네시모를 돌려보내며 그토록 신중하고 간절하게 요구한 것은, 오네시모를 다시 노예로 받아들이는 것이 아니라, 전혀 새로운 관계로 받아들이라는 것입니다. 바울은 오네시모를 종이 아니라 형제로 받아들이라고 간청합니다. 형제입니다! 종이 아닙니다! 이것은 당시 로마세계의 근간인 주-종 관계를 그 밑바닥에서부터 부정하라는 요청입니다.

로마세계에서 '쓸모'는 무엇입니까? 말을 바꾸면 이것은 '이용가치'이지요. 로마 시대를 우리는 '원조 세계화' 시대라고 부릅니다. 로마는 세계를 제패하고 세계 시장을 열었지요. 로마가 지배하는 세계 시장에서 가장 중요한 것이 바로 '이용가치'입니다. 시장에서는 모든 것이 상품화되지요. 상품은 쓸모가 있어야 합니다. 물건도 그렇고 사람도 쓸모가 없으면 영원히 퇴출되고 맙니다. 이 로마세계의 최고신은 화폐, 돈입니다. 이 돈을 신격화한 것이 맘몬이지요. 맘몬은 '쓸모'를 신성화한 우상입니다. 맘몬은 신성한 최고신으로서 로마세계를 명실공히 지배하고 있었습니다.

심장에 생기를 주는 사람들

이렇게 '이용가치'가 숭배되는 세상에서, 쓸모 없는 노예를 받아들이는 것은 정말 간단치 않은 문제이지요. 더구나 형제로 받아들이는 것은 말도 안 되는 일 아닙니까. 그래서 바울은 아주 간곡하고 절절하게 요청합니다. 이 짧은 편지에서 바울의 마음이 얼마나 절절한지를 보여주는 말이 있습니다. 바울은 오네시모를 보내면서 '그는 바로 내 마음'이라고 했습니다. 오네시모가 바울 자신의 '마음'이라는 말입니다. 여기서 '마음'이라고 번역한 그리스 말은 '스플랑크나'(σπλαγχνα)입니다. 이 말은 '창자', '심장'이라는 말입니다. 바울의 생생한 표현을 그대로 담아 다시 표현하면, 그는 바로 내 심장이다, 그 말입니다. 그는 내 심장이요, 내 형제요, 곧 나와 같다는 말이지요. 바울은 빌레몬에게 보내는 이 짧은 편지에서, 다른 편지에서는 거의 사용하지 않는 이 '심장'이라는 말을 세 번이나 씁니다.

7절에 보면, 빌레몬은 믿음이 깊고 사랑이 많은 사람인데, 그로 인해 성도들의 '심장'에 생기를 주었다고 말합니다. 그리고 20절에 가면, 오네시모를 형제로 받아달라면서, 그렇게 해서 바울의 '심장'에 생기를 넣어달라고 말합니다. 그리고 12절에서는 오네시모가 바울의 '심장'이라고 말합니다. 다시 정리하지요. 오네시모와 바울은 '심장'으로 통하는 관계입니다. 빌레몬과 바울 그리고 그리스도인들은 서로 '심장'에 생기를 주는 관계입니다.

무슨 말입니까? 그리스도인이란 그리스도 안에서 서로 '마음'이, '심장'이 통하는 사람이란 말입니다. 서로 심장이 뛰게 해주는 사람들이라는 말입니다. 심장에 생기가 없으면, 뛰지 않으면 어떻게 됩니까? 죽을 수밖에 없지요. 심장에 생기를 주는 사람이란 나를 살리는 사람, 내 생명과 같은 사람이라는 말입니다. 나의 존재 이유라는 말입니다. 서로 생각하는 것만으로 심장이 뛰고, 도저히 받아들일 수 없는 관계를 뛰어넘어 받아줌으로써 심장이 뛰는 사람들, '쓸모'에 따라 이리저리 계산하며 움직이는 사람들이 아니라 '심장'으로 통하는 사람들, 그들이 바로 그리스도인이다, 그 말입니다.

다시 갑-을의 세상에서

앞에서 우리는 빌레몬서가 개인적인 편지라고 했습니다. 그런데 이 편지가 그저 사적인 편지에 그쳤다면, 아마 사라지고 말았을 것입니다. 그렇지만 이 편지는 사적인 편지에 머물지 않고 교회의 공적인 편지가 되었습니다. 많은 그리스도인이 이 편지를 읽고 또 필사해서 돌려가며 읽었다는 말입니다. 왜 그랬을까요? 무슨 연애편지라고, 무슨 재미가 있다고 이 작은 편지를 그렇게 애지중지 계속 돌려가며 읽었을까요? 왜 반체제 인사로 몰릴 위험을 무릅쓰고 이 편지를 소중히 보관했던 걸까요? 그래서 마침내 우리 손에까지 오게 된 것일까요?

    이 편지가 쓰일 무렵 로마에서는 주인을 살해한 노예와 그의 집에 있던 노예 400명이 한꺼번에 처형당했다고 했습니다. 편지를 쓴 바울이 그 사건을 알고 있었을까요? 그 사건은 당시에 너무 유명한 사건이었으니까, 아마 알고 있었을 것입니다. 뭐 몰랐을 수도 있겠지요. 그렇지만 그때 수많은 오네시모들/둘로스들이 처한 현실은 저 세쿤두스의 노예들의 현실과 별반 다르지 않았습니다. 이런 로마세계의 한복판에서 둘로스를 형제로, 심장으로 대해달라는 이 편지는 엄청난 충격을 주었을 것입니다. 이 편지는 로마세계 맘몬 숭배의 숨통을 정조준하고 있습니다.

만약 이 편지를 둘로스들/오네시모들이 읽었다면 어땠을까요? 그야말로 심장이 뛰지 않았을까요? 반대로 이 편지를 저 로마의 '주인'들이 읽었다면 또 어땠겠습니까? 그렇습니다. 그 시대의 '주인-갑'들에게 이 편지는 그저 사적인 편지가 아니라 매우 위험한 '불온문서'였을 것입니다. 어쩌면 이 편지는 처음부터 사적인 편지가 아니라, 사적인 편지 형태를 취한 것이었을지도 모릅니다. 어쨌거나 이 편지는 그저 사적인 편지로 사라지지 않고 교회의 공적인 편지로 읽히고 또 읽혔습니다. 그리고 마침내 우리의 '성서'가 되었습니다.

빌레몬서라는 짧은 편지가 쓰인 그때, 세상은 주인과 종의 관계로 이루어져 있었습니다. 주인은 무소불위의 권력으로 노예를 학대하고 수탈했지요. 그런 로마세계에서 보면, 바울이나 빌레몬은 주인의 자리에 앉을 수 있었습니다. 바울은 로마 시민이었고, 빌레몬은 이미 노예를 부리고 있었지요. 그런데 바울은 오네시모라는 한 '둘로스'를 다시 빌레몬 주인에게 돌려보냈습니다. 그런데 그 행동은 주인과 종으로 이루어진 로마세계의 현실을 인정하는 것이 아니라, 그것을 바닥으로부터 뒤집는 일이었습니다. 그렇게 주-종 관계로 이루어진 로마세계의 한복판에서 그리스도인들은 형제들의 공동체, 심장에 생기를 주는 사람들의 공동체를 이루어갔습니다.

오늘 우리 사회는

그리고 그렇게 그리스도인들이 새로운 공동체를 꿈꾼 지 2,000년이 지났습니다. 로마세계가 주-종 관계에 기초했다면, 오늘 우리 사회는 어떤 기초 위에 세워지고 있을까요? 우리는 우리 사회를 가리켜 갑-을 사회라고 말합니다. 얼마 전에 '땅콩'을 부사장에게 잘못 주었다고 이미 출발했던 비행기를 후진시키고, 승무원을 내려놓고 떠난 초유의 사건이 일어났지요. 그야말로 갑만 있고 을은 안중에도 없는 것입니다. 기업을 살린다고, 정확하게 말하면 갑을 살리기 위해 수많은 을은 하루아침에 길거리로 쫓겨나기도 합니다. 교수는 갑이 되고 학생은 을이 되어서 성추행을 당하기도 합니다. 목사는 갑이 되고 신도는 을이 되어서 순종을 강요당합니다. 우리 사회에서도 여전히 갑은 주인이고, 을은 종입니다.

주-종으로 이루어진 로마세계의 근간을 부정하고, 그리스도인들은 형제의 공동체를 세우려 했습니다. 그런데 갑-을의 관계를 넘어서 형제의 공동체를, 서로의 심장에 생기를 주는 사람들의 공동체를, 함께 더불어 섬기는 사랑의 공동체를 세우는 사람들은 오늘 어디에 있을까요? 우리의 심장에는 언제 생기가 돌아올까요?

내가 흘린 눈물을

시편 56:1-13 나의 방황을 주님께서 헤아리시고, 내가 흘린 눈물을 주님의 가죽부대에 담아 두십시오. 이 사정이 주님의 책에 기록되어 있지 않습니까?(시 56:8)

요한복음 11:28-35 예수께서는 마리아가 우는 것과, 함께 따라온 유대 사람들이 우는 것을 보시고, 마음이 비통하여 괴로워하셨다.(요 11:33)

웃음 치료

예전에 목회자 모임에 갔는데, 중간에 웃음 치료 시간이 있었습니다. 엄청 잘 웃기는, 보기만 해도 웃음이 터지는 개그맨 같은 사람이 나올 줄 알았지요. 그런데 웃음기라고는 찾을 수 없는, 진짜 치료사 같은 근엄한 분이 나왔습니다. 그러고는 무슨 치과의사처럼 사람들에게 허리를 쭉 펴고 입을 크게 벌리라고 합니다. 그렇게 입을 최대한 벌리게 하고는, "아하 하하" 하고 크게 소리를 지르랍니다. 한 5분 동안 "하하 호호"만 계속 소리치게 했지요. 그러고는 이제 여러분 수명을 보름 늘려주었다며 퇴장했습니다. 그게 무슨 웃음 체조라지요?

사람이 그렇게 하루 5분씩 웃음 체조를 하면 100세 시대를 맞을 수 있답니다. 웃음 체조를 하면, 심장과 폐가 움직이고 간과 온갖 장기가 다 운동하기 때문에 다이어트도 되고, 엔돌핀이 돌아서 면역력이 강화된답니다. 웃음이 만병통치라는 것입니다. 요즘 웃을 일이 많지 않으니까, 그런 웃음 체조라도 열심히 해서 건강하게 산다면, 그것도 좋은 일이겠지요. 어쨌거나 우리가 많이 웃으며 살면 좋겠습니다.

그런데 웃음 못지않게 중요한 것이 또 하나 있습니다. 뭘까요? 우는 것입니다. 눈물을 흘리는 사람, 잘 울 줄 아는 사람이 행복하고 건강하다는 것입니다. 실제로 학자들이 연구한 결과, 눈물은 스트레스와 관련된 나쁜 물질을 씻어낸답니다. 우리 몸에 해로운 것을 밖으로 내보내는 거지요. 또 눈물을 흘리면 마음이 진정되고 몸도 안정됩니다. 의료계에서 낸 통계를 보면, 88.8%의 사람들이 눈물을 흘린 다음에 심리적으로 신체적으로 호전되었다고 합니다. 그러고 보면 억지로 눈물을 참을 일도 아닙니다. 잘 우는 것도 필요하겠지요.

하나님 앞에서 우는 사람들

"내가 흘린 눈물을 주님의 가죽부대에 담아 두십시오!" 다윗의 노래로 알려진, 시편 시인의 호소입니다. 다윗이 블레셋 사람들에게 잡혔을 때 지은 시라고 알려졌지요. 그러나 어찌 다윗뿐이겠습니까. 세상을 살아가면서 수많은 고통 앞에 서야 하는, 눈물을 흘리지 않고는 살아갈 수 없는 모든 신앙인의 시이며, 우리의 시이기도 합니다. 시인은 자신이 흘린 눈물을 하나님의 가죽부대에 담아달라고 탄원합니다. 그가 세상을 살면서 얼마나 많은 눈물을 흘렸으면, 그 눈물을 하나님의 가죽부대에 담아달라고 할까요? 포도주를 잘 보존할 수 있는 튼튼한 가죽부대 말입니다.

로마의 폭군이던 네로 황제는 '눈물단지'를 가지고 있었답니다. 그걸 보물단지처럼 곁에 두고 아꼈답니다. 그리스-로마의 연극 중에서도 비극은 아주 정평이 나 있지요. 아리스토텔레스는 인간이 눈물과 슬픔을 통해 정화될 수 있다고 생각했습니다. 연극은 통치 수단으로서도 효과 만점이었습니다. 그래서 그리스-로마에서는 공연장이 많이 건설되었고, 그곳에서 비극이 많이 공연되었습니다. 스스로 문화예술의 '인싸'라고 자처하던 네로는 비극을 보면서 찔끔찔끔 눈물 짜는 걸 즐겼습니다. 자신이 쓴 허술한 시를 사람들 앞에서 낭송하다가 도취하면, 눈물을 짜내서 눈물단지에 담았습니다. 그가 로마 시가에 불을 지른 것도, 그 생생한 비극을 보며 눈물을 흘려서 눈물단지를 채우려 했다는 얘기도 있지요.

그러나 시편 시인들의 눈물은 그런 추악하고 끔찍한 가식의 눈물이 아닙니다. 우리가 잘 아는 것처럼 시편에서 압도적으로 많은 부분을 차지하는 것이 '탄식시'입니다. 시편 시인은 밤새도록 눈물을 흘리며 울고 또 울다가 눈이 짓물러서 앞이 안 보일 정도라고 탄식하기도 하지요. 그렇게 시편은 눈물과 탄식으로 가득합니다. 시편을 읽다 보면, 어쩌면 우리 인생이란 하나님의 가죽부대에 눈물을 채우는 일인지도 모른다는 생각이 듭니다. 사실 우리는 모두 울며 태어나서 울음 속에서 떠나가지요. 우리 인생은 울음이라는 괄호 안에 있습니다. 시편의 시인처럼 우리도 때로, 아니 자주 알 수 없는 고통으로 몸부림치기도 하고, 친구의 배신으로 치를 떨며 괴로워하기도 하고, 억울한 심정을 억누르며 피눈물을 삼키게 되지 않습니까. 헛된 욕망에 휘둘려 잠 못 이루고 헤매다가, 깊고 무거운 회한으로 뜨거운 눈물을 흘리기도 하지 않습니까. 그래서 우리 인생을 가리켜 고통이라 하고, 세상을 고해라 하지 않습니까.

그런데 시편에 나타나는 모든 눈물에는 한 가지 공통점이 있습니다. 시인들은 여러 가지 다른 고통과 슬픔을 겪고 있지만, 그들은 오직 하나님 앞에서 울부짖는다는 사실입니다. 하나님 앞에서 하나님을 향하여 우는 것입니다. 그 모든 눈물을 하나님의 가죽부대에 담는 것입니다. 이게 뭘까요? 그렇습니다. 이것이 바로 신앙입니다. 신앙인이라고 해서 눈물도, 아픔도 없는 게 아닙니다. 신앙은 우리를 아무런 통증도 모르게 마취시켜 버리는 마약이 아닙니다. 신앙은 우리를 깊은 슬픔으로 이끕니다. 신앙은 우리의 눈물샘을 터뜨립니다. 신앙은 다만 오로지 하나님 앞에서 눈물을 흘리게 합니다. 우리가 다만 하나님 앞에서 울며 살아간다면, 우리는 진짜 신앙인이라 할 수 있을 것입니다.

눈물을 흘리셨다

예수님은 어떤 분이실까요? 오늘 우리가 웃음과 울음 이야기를 하고 있는데, 예수님은 잘 웃는 분일까요, 아니면 잘 우는 분일까요? 예수님의 얼굴을 떠올리면 웃는 모습인가요, 아니면 우는 모습인가요? 우리가 보는 예수님 얼굴은 대부분 중세 어간에 그려진 것입니다. 그 시대 사람들은 성인의 얼굴을 무표정하고 근엄하게 그렸지요. 성숙한 인격을 갖춘 사람이라면 감정에 휘둘리지 않고 초지일관하는 심지가, 곧 평정심(平靜心)이 그 얼굴에 드러난다고 생각한 것입니다. 더구나 성인 정도가 아니라 하나님의 아들 얼굴이라면 어떻게 그려야 하겠습니까? 인간의 세속적인 감성인 희로애락을 초월하는 모습이어야 했지요. 그렇게 가장 이상적인 모습으로 그려낸 것입니다.

그런데 복음서들이 그리는 예수님 얼굴은 그런 초상화 속의 얼굴과는 사뭇 다른 것 같습니다. 예수님 자신이 스스로 인자(人子), 곧 '사람의 아들'이라고 말씀하셨지요. 복음서가 그리는 예수님은 '기뻐하고 분노하고 사랑하고 즐거워하는', 사람의 감성이 풍부한 분이었습니다. 예수께서 갈릴리의 동산에 올라 복음을 가르치실 때, 그 첫 단어가 무엇입니까? '행복하여라!' 그렇습니다. 예수님의 첫 가르침에는 '행복'이라는 말이 아홉 번이나 계속 울려퍼집니다. 이 행복 선언은 '기뻐하고 즐거워하라.'는 말씀으로 갈무리됩니다. 예수님의 복음은 곧 '행복과 기쁨'이라고 할 수 있습니다.

이렇게 행복과 기쁨을 말씀하시는 예수님은 어떤 얼굴이었을까요? 여전히 근엄하고 무표정한 성인군자의 얼굴일까요? 아니지요. 환하게 웃는 얼굴이었을 것입니다. 우리 예배실 뒤에 걸려 있는 것처럼 기쁨 가득한, 행복한 얼굴이었을 것입니다. 저는 예수님이 잘, 많이 웃는 분이었다고 생각합니다. 예수님은 바리새파 사람들을 '회칠한 무덤' 같다고 말씀하셨지요. 회칠한 무덤이 무엇입니까? 아무런 감정도 없고, 희로애락을 모른다는 말입니다. 미라의 얼굴처럼 죽은 얼굴이라는 말이지요. 또 예수님은 그 세대 사람들이 피리를 불어도 춤을 추지 않고 곡을 해도 울지 않는다며 안타까워하셨습니다. 예수님은 세리와 죄인들과 함께 먹고 마셨습니다. 예수님은 사람들과 함께 기뻐하고 즐거워하셨습니다. 함께 웃으셨습니다.

"예수께서는 눈물을 흘리셨다." 오늘 우리가 받은 본문의 마지막 구절의 말씀입니다. 사실 이 말씀은 상당히 많은 논란을 일으킨 말씀입니다. 아주 짧은 이 말씀이 주목을 받은 것은, 예수님이 눈물을 흘리셨다고, 그냥 우셨다 하는 정도가 아니라 '눈물'을 흘리셨다고 구체적으로 표현한 것 때문입니다. 지금 우리에게는 그게 무슨 문제냐고 지나칠 일이지만, 옛 사람들에게 이 문제는 상당한 걸림돌이 되었습니다. 중세 시대까지만 해도 하나님의 아들이신 예수님이, 그것도 한낱 인간을 위하여 눈물을 흘렸다는 것은 보통 일이 아니었습니다.

그런데 이 짧은 구절이 주목을 받는 보다 중요한 이유는, 이 구절이 다른 곳이 아니라 요한복음에 있다는 것 때문이었습니다. 요한복음은 우리가 잘 알다시피 영지주의와 맞서고 있었지요. 영지주의를 받아들인 사람들은, 예수님은 도무지 눈물 따위와는 상관없는 영적인 존재라고 주장했습니다. 더구나 요한복음은 예수님이 세상 만물을 창조하신 그 태초의 '말씀'이라 하지 않습니까. 창조된 모든 물질 이전에 계신 분이라는 것입니다. 그렇게 순도 100% 영적 존재인 예수님이 어떻게 울 수 있으며, 어떻게 눈물을 흘리냐는 것입니다. 티끌보다 작고 미미한 인간사를 보고 어찌 울 수 있느냐는 것이지요. 만약에 진짜 눈물을 흘리는 자가 있다면, 그것은 그가 하나님의 아들이 아니라는 확고한 증거라는 것이지요. 그래서 그들은 예수님의 눈물도 '가짜'였고, '연기'였을 뿐이라고 주장합니다.

그런데 요한복음은 예수께서 우는 척하신 게 아니라, 실제로 눈물을 흘리셨다고 말합니다. 눈물을 흘리는 하나님의 아들! 이것은 영지주의에 대한 정면 도전이지요. 그뿐 아닙니다. 예수님은 마르다와 마리아의 오라비인 나사로가 죽었다는 소식을 듣고 그 집으로 찾아가셨지요. 마리아는 얼마나 슬펐을까요? 사랑하는 가족을 잃은 슬픔은 얼마나 비통합니까? 그들이 슬피 울고 있었습니다. 그리고 그들이 우는 것을 예수님이 보셨습니다. 어떻게 하셨을까요? 한낱 비루한 육체를 떠났을 뿐인데 왜 우느냐고 호통이라도 치셨을까요? 인간의 목숨이란 하루아침의 안개와 같은 것이라고 선문답이라도 들려주셨을까요? 아닙니다. 그들이 우는 것을 보신 예수님의 마음도 비통했습니다. 예수님은 그들을 보시고 비통하여 괴로워하셨습니다. 그리고 죽은 나사로를 보시고는 눈물을 흘리셨습니다. 비통해하시는 예수님, 눈물을 흘리시는 예수님, 그분이 바로 우리 예수님입니다. 우리 예수님은 슬퍼하는 사람들과 함께 슬퍼하시고, 우는 사람들과 함께 눈물을 흘리시는 분입니다.

우리의 슬픔을 아시는 분

사랑하는 여러분, 우리 하나님은 어떤 분입니까? 우리 하나님은 긍휼히 여길 자를 긍휼히 여기시는 분입니다. 그런데 긍휼히 여긴다는 것은 무엇일까요? 자식이 아파할 때, 그 심장이 찢어질 듯 아파하는 마음, 오장육부가 토막토막 끊어지는 듯 비통한 부모의 마음, 그것이 바로 긍휼한 마음이지요. 슬퍼하는 자와 함께 슬퍼하는 마음입니다. 우는 사람과 함께 우는 뜨거운 눈물입니다. 그렇습니다. 우리 하나님은 우리의 슬픔을 아십니다.

　우리 예수님은 또 어떤 분입니까? 우리 예수님은 불쌍한 사람을 긍휼히 여기시는 분입니다. 긍휼하신 하나님처럼 우리 예수님도 긍휼하신 분입니다. 당연하지요. 예수님은 하나님의 아들이 아닙니까! 예수님은 하나님을 닮았습니다. 예수님은 굶주린 무리를 긍휼히 여기셨습니다. 예수님은 병들어서 고통당하는 사람을 긍휼히 여기셨습니다. 예수님은 불쌍한 우리를 긍휼히 여기십니다. 그래서 우리가 아파할 때, 당신의 심장이, 오장육부가, 아니 온몸이 다 찢기도록 아파하십니다. 그렇게 예수님은 우리의 슬픔을 아시는 분입니다.

　사랑하는 여러분, 시편 시인은 다만 하나님 앞에서 울었지요. 그때 무슨 일이 일어났습니까? 하나님께서 그의 아픔을 알아주시니까, 놀랍게도 시인의 울음은 찬미로 바뀌었습니다. 하나님께서 함께하시니까, 시인의 그 지독한 두려움과 공포가 바위처럼 든든한 믿음과 용기가 되었습니다. 시인의 침잠한 슬픔은 넘치는 기쁨이 되었습니다.

　예수께서 마리아와 함께 우셨지요. 그때는 또 무슨 일이 일어납니까? 예수께서 우리와 함께 우실 때 무슨 일이 일어납니까? 그때, 예수께서 우리의 비통함을 함께하실 때, 어느새 우리의 마음은 따뜻한 위로로 가득 차고, 주검처럼 지치고 차가운 몸에 다시 생기가 돌아옵니다. 그리하여 마침내 절망의 무거운 돌문을 열어젖히고 부활 생명으로 다시 일어나게 됩니다. 그때 우리의 가난은 행복이 되고, 우리의 슬픔과 눈물은 기쁨이 됩니다. 모욕과 박해와 터무니없는 비난이 오히려 행복이 되고, 우리의 삶은 기쁘고 즐거운 찬미가 됩니다.

　사랑하는 여러분, 참 어둡고 고통스러운 시절입니다. 모두 어렵고 힘이 들고 답답합니다. 그러나 우리에게는, 우리의 눈물을 가죽부대에 담아주시는 하나님이 계십니다. 우리의 슬픔을 아시는 하나님이 계십니다. 우리가 다만 하나님 앞에서 눈물을 흘리며 살아가면 좋겠습니다. 우리의 두려움과 공포를, 우리의 모든 아픔을 하나님께서 감싸주시고, 새 믿음과 용기를 주실 것입니다. 또 우리에게는 우리와 함께 아파하시는 예수님이 계십니다. 우리와 함께 눈물을 흘리시는 예수님이 계십니다. 우리가 예수님과 함께, 그리고 예수님의 사람들과 함께 눈물을 흘리며 살아가는데, 그 이상 더 무엇이 필요하겠습니까.

오늘은 개천절이지요. 하늘을 연 날, 우리나라가 시작된 날입니다. 단기 4354년을 맞는 우리에게 가장 필요한 것은 무엇일까요? 남쪽에서는 한미 연합으로 상륙작전 훈련을 하고, 북쪽에서는 미사일을 쏘았습니다. 정녕 우리에게 가장 시급한 것이 또다시 칼과 창일까요? 핵무기와 미사일이라는 말입니까? 아닙니다. 우리에게 가장 필요한 것은, 사도 바울처럼 민족을 위한 크고 깊은 슬픔을 지닌 사람들입니다. 비통한 분단을 극복하고 평화를 이루어내기 위하여 하나님 앞에서 눈물로 기도하는 사람들입니다.

사랑하는 여러분, 우리가 주님과 함께 울고 웃으며 살아가도록, 우리가 서로의 눈물을 닦아주며 살아가도록 성령께서 우리 마음을 궁휼한 사랑으로 가득 채워주시기를 바랍니다.

나는 아니지요

시편 139:1-6	주님께서 나의 앞뒤를 두루 감싸 주시고, 내게 주님의 손을 얹어 주셨습니다. 이 깨달음이 내게는 너무 놀랍고 너무 높아서, 내가 감히 측량할 수조차 없습니다.(시 139:5-6)
마태복음 26:23-25	예수를 넘겨 줄 사람인 유다가 말하기를 "선생님, 나는 아니지요?" 하니, 예수께서 그에게 "네가 말하였다" 하고 대답하셨다.(마 26:25)

쓰레기 치우기

한 젊은이가 있었습니다. 아주 슬기롭고 경건한 데다가 겸손한 사람이었지요. 이 젊은이가 어느 마을에 이르자 사람들은 그가 얼마나 끼끗한 인물인지 금방 알아보았습니다. 그래서 그가 머물 곳은 수도원이라고 생각하고, 수도원에 묶게 했습니다. 수도원이야말로 이런 사람이 지내기에 적합한 곳이 아니겠습니까. 수도원장은 이 젊은이에게 지내는 동안 할 일도 맡겨주었습니다. 쓰레기를 치우는 일이었지요. 그런데 저녁 식사 시간이 되었는데 젊은이가 보이지 않았습니다. 아무 말 없이 사라져버린 것입니다. 사람들은 그깟 청소하는 일 좀 시켰다고 나가버렸느냐면서 투덜댔습니다.

이튿날 한 수도승이 거리에 나갔다가 그 젊은이를 보았습니다. 수도승은 젊은이를 나무랐습니다. 어떻게 원장님이 시킨 일을 거절했느냐, 사람이란 모름지기 겸손해야 한다며 따끔하게 훈계했지요. 그때 젊은이가 대답했습니다. 자기는 쓰레기를 치우라는 말씀에 수도원 구석구석을 다 살펴보았다는 것입니다. 그렇지만 수도원이 얼마나 깨끗한지 도무지 치울 쓰레기가 없었답니다. 그때 문득, 이 수도원에 쓰레기가 있다면, 어쩌면 그것은 바로 나 자신일지도 모르겠다는 생각에 조용히 수도원을 나갔다는 것입니다. 자기 자신을 쓰레기로 생각하는 사람, 수도원을 깨끗하게 하려고 스스로 밖으로 나간 젊은이! 이 사람 도대체 얼마나 맑은 사람일까요!

사람은 모름지기 성찰하는 존재입니다. 그리고 모든 성찰의 끝, 그 완성은, 나 자신을 깨닫는 데 있는 것 같습니다. 세상에 모르는 것이 없는 듯 다 안다고 나대는데, 정작 자기 자신을 모르는 사람을 만나면 얼마나 답답하고 깜깜합니까. 그래서 어느 철학자는 '너 자신을 알라.'고 했나 봅니다.

자기성찰

우리가 신앙인이라는 것은 무엇일까요? 우리는 하나님을 찾는 사람들이라는 말 아닐까요? 하나님을 알아가는 길이 신앙의 길이겠지요. 그런데 우리가 하나님을 안다는 것은 또한 나 자신을 아는 것과 다르지 않습니다. 하나님을 아는 것은 차가운 지식의 문제가 아니라, 놀랍고 두려운 깨달음의 문제일 수밖에 없습니다. 그리고 어쩌면 가장 깊은 깨달음, 근원적인 깨우침은, 내가 '한 줌의 흙'이라는 깨달음이 아닐까요? 신앙은 내가 하나님의 자녀라는 놀라운 자각이지만, 그것은 동시에 내가 쓰레기요 먼지라는 깨달음이어야 할 것입니다. 이 깨달음은 우리를 기고만장하게 하는 것이 아니라 겸손하게 하고 무릎 꿇게 합니다.

시편 139편의 시인도 내가 하나님을 아는 것이 아니라, 하나님이 나를 아신다고, 샅샅이 아신다고 고백합니다. 하나님이 나를 아시되 속속들이, 내 오장육부에서부터 숨겨둔 마음자락까지, 아니 내가 조성되기 전부터, 내가 태어나기도 전에 이미 알고 계신다는 것입니다. 내가 알고 있는 것, 내가 알 수 있는 것 그 이상으로, 하나님의 아심이 견줄 수 없이 깊고 높고 넓기에, 다만 놀랍고 두렵고 감사할 뿐이라는 것입니다. 그렇습니다. 하나님을 아는 지식은 다만 신비요 두려움입니다. 하나님 앞에서 내가 슬기로우면 얼마나 슬기롭겠습니까. 내가 경건하면 또 얼마나 경건하겠습니까. 하나님의 크심을 깨달으면 깨달을수록 나 자신의 작음 또한 절절히 깨우치게 되는 것이지요.

유다

유다가 대제사장들에게 돈을 받고 예수를 넘겨주기로 한 이야기에 바로 이어 예수께서 제자들과 유월절 식사를 하는 이야기가 있습니다. 그리고 뒤이어 베드로의 부인이 예고됩니다. 예수님의 마지막 만찬 이야기 앞뒤를 유다의 배반 이야기와 베드로의 부인 예고가 괄호처럼 둘러싸고 있는 것입니다. 자기 몸을 내어주시는 예수님은 이 배반과 부인을 이미 다 알고 계십니다. 유월절 식탁에서 예수님은 '나와 함께 이 대접에 손을 담근 사람이 나를 넘겨줄 것'이라고 말했지요. 그때 유다가 반문합니다. "선생님, 나는 아니지요?"

유다는 어떤 사람일까요? 우리는 유다의 사람 됨됨이를 자세히 알지 못하지만, 짐작해보면 꽤 잘난 인물이었던 것 같습니다. 우선 '유다'라는 이름 자체가 자랑할 만한 이름입니다. 유다 지파는 우리가 이스라엘을 유대 나라라고 부를 만큼 열두 지파의 대표적인 지파이지요. 특별히 야곱이 마지막으로 열두 아들에게 유언을 남기면서 축복할 때에, 유다는 다른 형제들로부터 칭송을 받을 것이라고, 찬양을 받을 것이라고 예언해주었습니다. 본래 '유다'라는 이름도 히브리 말 '오다', 즉 '찬양'이라는 말에서 유래했다고 합니다. 유다는 이스라엘의 모든 지파로부터 찬양받을 이름입니다. 실제로 이 유다 지파에서 다윗 왕이 나왔고, 또 예수님도 이 지파의 계보를 타고 태어나셨습니다. 예수 시대 어간에 이스라엘 백성들을 이끌던 전설적인 지도자의 이름도 유다였습니다.

유다라는 이름의 배경이 그렇고, 또 실제로 복음서의 기록으로 유추해보면, 유다는 열두 제자 중에서도 매우 두드러진 제자였던 것 같습니다. 무엇보다 유다는 돈주머니를 맡았다고 합니다. 돈주머니는 아무에게나 맡기지 않지요. 계산을 잘하고 매사 분명해야 합니다. 계산을 잘해야, 주고받고를 잘해야 하는 겁니다. 요한복음은 나사로의 누이 마리아가 예수님의 머리에 향유를 부었을 때, 그 향유의 값이 300데나리온이었다고 즉각 계산해낸 제자가 유다였다고 지목합니다.(요 12:5-6) 참 계산이 빠르지 않습니까? 유다가 대제사장들에게 예수님을 넘길 때도 이 계산 능력이 한껏 발휘됩니다. 유다는 이렇게 말했지요. "내가 여러분에게 예수를 넘겨주면, 여러분은 내게 무엇을 주실 작정입니까?"(마 26:15) 내가 주면 너희도 줘라. 주는 게 있으면 받는 것도 있다. 이른바 '기브 앤 테이크'(give and take) 아닙니까.

유다는 똑똑했을 뿐 아니라 강직하기까지 했던 것 같습니다. 예수님이 체포되었을 때, 베드로는 밖으로 나가서 회한의 눈물을 짰다고 하지요. 참 찌질하고 못난 모습입니다. 그러나 유다는 자신의 잘못을 깨닫자마자 밖으로 나가 스스로 목숨을 끊었습니다.

나는 아니지요

어쨌거나 이 유다에게 예수께서는 마지막으로 경고하는 말씀을 주셨습니다. 제자들과 함께 유월절 음식을 들면서, 너희 중 한 사람이 나를 넘겨줄 것이라고 말씀하셨지요. 그러자 제자들은 걱정하면서 "나는 아니지요?" 하고 말했습니다. 예수께서는 나와 함께 대접에 손을 담근 사람이 나를 넘겨줄 것이라고, 그에게 화가 있을 것이라고, 그는 차라리 태어나지 않았더라면 좋았을 것이라고 거듭 말씀하셨습니다. 이때 유다는 이미 대제사장들에게 예수님을 넘기기로 하고 은돈 서른 닢을 받아 가지고 있었습니다. 이 유다에게 주신 예수님의 경고는 참 맵지요. 스승을 배반할 사람, 태어나지 않았으면 좋았을 사람, 이 말은 얼마나 끔찍하고 아픈 말입니까. 그게 나라면 얼마나 참담한 일입니까. 그런데 만약 이때 유다가, 스승을 팔아넘긴 자, 차라리 태어나지 말았어야 할 배반자가 나라고, 그게 바로 자기라고 가슴을 칠 수 있었다면, 그랬다면 어땠을까요? 스승을 은돈 서른 닢에 팔아먹은 비열한 쓰레기가 바로 자신임을 퍼뜩 아프게 깨달을 수 있었다면 어땠을까요? 그러나 유다는 끝끝내 그렇게 말하지 않았습니다. 자신의 오장육부를 파고드는 말씀, 자신의 치부를 고통스럽게 들추어내는 말씀을 모르는 척 피하고 거부하고 말았습니다. 유다는 참으로 오래된 유명한 화법, 유체이탈 화법으로, 천연덕스럽게 반문합니다.

"선생님, 나는 아니지요?"

나는 아니지요? 이것이 예수님의 경고에 대한 유다의 대답이었습니다. 그러나 어찌 유다뿐이겠습니까? 어쩌면 '나는 아니다.'라는 이 반문은 모든 아담의 후예들이 했던 변명이요 반문인지도 모릅니다. 아담이 에덴동산 한가운데 있는 금지된 나무 열매를 먹었을 때, 하나님께서 '네가 먹었느냐?' 하고 물어오셨지요. 그때 아담은 뭐라고 대답했습니까? 하나님이 짝지어주신 여자 때문이라고 했지요. 나는 아니라는 말 아닙니까? 하나님께서 여자에게 물으셨을 때도, 여자는 뱀 때문이라고, 나는 아니라고 변명했습니다.

가인은 또 어땠습니까? 자기 동생 아벨을 끔찍하게 살해하여 땅에 묻어두었을 때, 아벨의 피의 부르짖음을 하나님께서 들으셨지요. 그래서 하나님께서 가인을 찾아가 물으셨습니다. "너의 아우 아벨이 어디에 있느냐?"(창 4:9) 그때 하나님의 물음에 가인은 내가 아우를 지키는 사람이냐고, 시치미 떼며 반문했습니다.

예수님을 재판한 빌라도는 또 어땠습니까? 예수님에게 죄가 없다는 사실을 잘 알면서도 십자가에 넘겨주면서 그가 어떻게 했습니까? 대야에 물을 가져다가 사람들 앞에서 손을 씻었지요.(마 27:24)

이게 무슨 짓입니까? 나는 아니라는 것 아닙니까? 나는 고문과도, 음모와도, 불법과도 무관하다, 나는 죄 없는 사람들의 죽음과 아무 상관이 없다, 그러니 나는 대법관의 자리에 설 자격이 차고 넘친다, 이 말 아닙니까?

 나는 아니지요? 이 말, 참 무책임할 뿐 아니라 무서운 말입니다. 영혼 없는 말, 유체 이탈한 유령의 말, 죽은 자들의 말입니다. 예수께서는 유다에게 대답하셨습니다. "네가 말하였다!"

감어인*(監於人)

나는 아니다!
박태기나무** 아래에서 그가 그렇게 말하였다
나는 모기가 감히 물지 못한다
나를 문 모기는 결코 날아가지 못한다
나를 물고 날아가는 모기는 반드시 죽는다
……
저것은 절대 모기가 아니다
아,
이 사람
치기일까
치매일까
아니면
지독한 자괴일까

그래
너를 문 것은
모기가 아닐지도 몰라
날아가 버린 것도
모기가 아닐지 몰라
그건 어쩜
너 자신일지도 모르지
모기에게 물린 자욱쯤이야
침 한두 번 바르면 그만이지만
자신에게 물린 상처는
바르면 바를수록 더욱 성나는 법
모든 배반의 꽃은 언제나
너 자신의 나무 위에 피지 않더냐
모든 배반의 꽃은 어디서나
너 자신의 나무 아래 지지 않더냐
그런데 왠지
낯익은 이 인간
누구냐?
너는

＊감어인: 거울이 아니라 사람에게 비추어보다.
＊＊박태기나무: 유다나무.

눈물의 사람 베드로

시편 56:8-13   나의 방황을 주님께서 헤아리시고, 내가 흘린 눈물을 주님의 가죽부대에 담아 두십시오.(시 56:8)

마태복음 26:69-75   베드로는 "닭이 울기 전에 네가 나를 세 번 부인할 것이다" 하신 예수의 말씀이 생각나서, 밖으로 나가서 몹시[비통하게] 울었다.(마 26:75)

눈물 한 방울

어떤 사람이 세상을 살다가 죽어서 심판을 받게 되었습니다. 심판은 그가 살면서 행한 선행과 악행을 커다란 천칭 저울에 달아보는 것이었습니다. 착한 일이 더 무거우면 천국으로 가고, 악한 일이 더 무거우면 지옥으로 떨어지는 것이지요.

먼저 그가 평생 저지른 악행의 창고를 열었습니다. 엄청 많았지요. 창고가 터져나갈 듯 가득 찼습니다. 그것을 악행 쪽에 올리니 저울이 부서질 것 같았습니다. 다음으로 선행의 창고를 열었습니다. 그런데 창고가 썰렁하게 텅 비어 있었습니다. 그래도 눈에 불을 켜고 샅샅이 쓸어보니 창고 한구석에서 아주 작은 단지가 하나 나왔습니다.

이게 뭘까요? 자세히 보니, 그가 아주 오래전에 흘린 눈물 한 방울이었습니다. 이거 저울에 달아보나마나 아닐까요? 이거 승우와 하진이가 시소를 타는 격 아닙니까? 그래도 심판은 정확해야 하니까, 그 눈물 한 방울을 선행 쪽 저울에 올렸습니다. 어떻게 되었을까요? 놀랍게도 저울이 조금씩 조금씩 움직이기 시작하며 균형을 이루더니, 마침내 선행 쪽으로 기울었습니다.

이게 무슨 일일까요? 그 눈물 한 방울이 그렇게 무거웠다는 말일까요? 아니지요. 저울을 자세히 보았더니, 그 작은 눈물 한 방울을 감싸고 있는 것이 있었습니다. 그게 무엇이었을까요? 바로 하나님의 은총이었습니다. 긍휼하신 하나님의 은총이 눈물 한 방울을 포근히 감싸주고 있었습니다.

시편 56편의 시인은 '내가 흘린 눈물을 주님의 가죽부대에 담아달라.'고 호소합니다. 하나님께서 나의 눈물을 아신다는 것, 그것이 시인의 믿음이요, 희망이었습니다. 아니지요. 하나님은 나의 슬픔을 기억하실 뿐 아니라, 나와 함께 아파하시는 분입니다. 우리 하나님은 긍휼하신 하나님이시지요. 긍휼하신 하나님, 곧 나의 아픔을 나보다 더 아파하시는 분, 창자가 끊어지는 고통으로 아파하시는 분이라는 말씀입니다.

예수님의 십자가는 바로 우리와 함께 아파하시는 하나님의 긍휼하신 사랑을 보여줍니다. 긍휼하신 하나님께서 놀랍고 신비로운 은총으로 우리의 슬픔과 우리의 눈물을 감싸주십니다.

베드로의 울음

오늘 우리는 마태복음에서 베드로가 몹시 울었다는 이야기를 들었습니다. 여기서 '몹시'라고 번역한 그리스 말은 '쓰다', '비통하다'라는 뜻입니다. 그냥 운 정도가 아니라 쓰라리고 비통하게 펑펑 울었다는 얘기이지요. 베드로의 울음은 그가 어떤 사람이었는지를 보여줍니다.

베드로는 어떤 사람이었을까요? 복음서를 읽어보면, 베드로는 상당히 감성적인 인물로 보입니다. 베드로는 갈릴리 바다에서 예수님을 처음 만났지요. 아마 이른 새벽이었을 것입니다. 밤새도록 그물을 던졌지만, 잡은 것은 변변치 않았지요. 그래도 내일을 위해 찬바람 맞으며 그물을 손질하고 있었는데, 예수님이 거기에 오셨습니다. 베드로가 예수님의 말씀대로 깊은 곳에 그물을 던지자, 그물이 찢어질 만큼 많은 고기가 잡혔지요. 그때 베드로는 예수님 앞에 무릎을 꿇고서, 나는 죄인이니 나에게서 떠나달라고 말합니다. 그렇지만 예수께서 나를 따르라고 말씀하시자 곧바로 가족과 배와 모든 것을 버려두고 따라갔습니다. 금방 떠나달라고 했다가 또 금방 모든 것을 버리고 따라가는 남자, 그가 시몬 베드로였습니다.

주님은 그리스도이시라고 예수님께 처음 신앙고백을 한 사람도 베드로였습니다. 예수께서 사람들이 당신을 누구라 하느냐고 제자들에게 물으셨지요. 그러자 더러는 엘리야라고 하고, 더러는 요한이라고도 한다며, 제자들이 세간에 떠도는 얘기를 전했습니다. 그러자 예수께서 너희는 나를 누구라 하느냐고 단도직입으로 물으셨지요. 그때 역시 베드로가 나서서 선생님은 그리스도이시라고, 하나님의 아들이

시라고 신앙을 고백했습니다. 이 베드로의 신앙고백은 교회의 신앙고백이 되었지요. 그런데 예수님이 그리스도이시라고 고백한 베드로는 금방 예수에게 사탄아 물러나라는 책망을 들었습니다. 예수께서 십자가 고난을 말씀하시자 '윽박지르듯' 안 된다고 막아선 것이지요. 방금 예수님을 주님이요 그리스도요 하나님의 아들이라고 고백했는데, 또 금방 예수님의 십자가 길을 가로막는 베드로입니다.

　이렇게 오락가락하는 베드로의 모습은 마지막까지 변함이 없습니다. 사실 사람이 변한다는 게 그렇게 어렵지요. 예수께서 예루살렘에서 배반당하고 체포될 때도 베드로는 여전합니다. 예수께서 제자들의 발을 씻어주시자, 이런 일은 있을 수 없다고, 내 발은 절대 씻으실 수 없다고, 베드로는 펄쩍 뛰었지요. 그랬지만 또 금방 발뿐 아니라 얼굴과 머리까지 씻어달라고 들이댑니다. 예수께서 잡히셨을 때는 어땠습니까? 칼을 휘둘러 제사장 종의 귀를 잘랐다가, 또 금방 달아나 버립니다. 예수께서 오늘밤에 너희가 나를 버린 것이라 말씀하셨을 때는 또 어땠습니까? 직접 베드로의 말을 들어볼까요? "비록 모든 사람이 다 주님을 버릴지라도, 나는 절대로 버리지 않겠습니다." "주님과 함께 죽는 한이 있을지라도, 절대로 주님을 모른다고 하지 않겠습니다." 베드로의 말입니다. 정말 의리 있고 분기탱천한 베드로였습니다. 그러나 그는 예수님이 체포되자마자 도망쳐서 멀찍이서 바라보다가 제사장의 하녀에게 '나는 예수가 누군지 모른다.'고 부인합니다. 심지어 예수를 저주하고 맹세까지 하면서, 모른다고, 도무지 모른다고 시치미를 떼었지요.

　이렇게 베드로는 조변석개하는, 아니 순식간에 급변하는 그런 인물이었습니다. 그의 본명은 '시몬'이었지요. 아주 평범하고 흔한 이름입니다. 어쩌면 예수께서 그에게 '베드로'라는 이름, 바위라는 이름을 주신 까닭은, 그가 바위처럼 든든한 사람이 아니라, 바람에 구르는 낙엽처럼 가볍게 팔랑이는 사람이었기 때문인지도 모릅니다. 반석이 되어라, 하는 염원을 담은 이름이지요.

그런데 이런 경망스러운 베드로가, 그래도 끝끝내 예수를 따르는 제자가 될 수 있었던 것은 무엇 때문일까요? 예수께서 왜 그를 교회의 반석이 되는 제자로 부르신 것일까요? 그가 비록 예수님을 배반하고 훼방했지만, 그래도 끝까지 예수를 떠나지 않고, 십자가에 거꾸로 달리기까지 달려갈 수 있었던 그 원동력은 무엇일까요? 그것은 물론 그의 힘이 아니라 하나님의 은혜였을 것입니다. 그렇지 않습니까? 바울이 고백했듯이 우리가 이 세상에서 예수를 바라보며 살 수 있는 것은, 우리의 능력이 아니라 다만 하나님의 한없는 은혜 때문이 아닙니까? 그렇지만 그래도 베드로에게는 아주 중요한 것이 하나 있었습니다. 오늘 우리가 읽은 26장의 마지막 장면은 바로 그것을 보여줍니다. 그것은 베드로의 비통한 울음, 그 쓰라린 눈물입니다. 베드로는 눈물을 흘리는 사람이었습니다. 그리고 긍휼하신 하나님은 놀랍고 신비로운 은총으로 그의 눈물을 감싸주셨습니다.

눈물을 모르는 사람

사실 마태복음 26장에서 베드로와 아주 극적으로 대비되는 인물이 하나 있습니다. 바로 유다입니다. 유다는 어떤 인물일까요? 베드로가

'눈물의 사람'이었다면, 유다는 '눈물을 모르는 사람'이라 할 수 있습니다. 마태복음 26장, 제자들의 배반과 부인 이야기가 시작되는 그 처음에, 한 여인이 예수님의 머리에 향유를 부은 사건이 있습니다. 아주 값진 향유 옥합을 깨뜨려서 예수님의 머리에 부었지요. 이로써 신비롭게도 예수님의 머리에 기름이 부어졌습니다. 예수님이 기름 부음을 받은 사람, 곧 그리스도가 된 것입니다. 그런데 이 일로 제자들이 분개했지요. 그 비싼 것을 왜 깨버렸느냐, 그걸 팔아서 가난한 사람들에게 주어야 하지 않겠느냐 하면서 비분강개했습니다. 요한복음을 읽어보면, 이 사건으로 가장 분개한 사람이 바로 유다입니다. 이걸 팔면 300데나리온이나 된다고, 그 가치를 정확하게 계산해낸 것도 유다이지요. 그 사건이 있고 나서 유다는 곧바로 대제사장들에게 달려갑니다.

유다가 대제사장들을 찾아가서 그들에게 제안한 말도 참 흥미롭습니다. 유다는 이렇게 말했습니다. "내가 예수를 여러분에게 넘겨주면, 여러분은 내게 무엇을 줄 작정입니까?" 무슨 말입니까? 이건 완벽한 거래이지요. 내가 너에게 주면, 너는 나에게 무엇을 줄 것이냐, 그 말입니다. 이른바 '기브 앤 테이크'이지요. 참 정확하고 깔끔한 상업적 사고의 기본입니다. 세계 시장을 개설한 로마의 원칙도 그것이었지요. 사람 관계는 모름지기 주고받는 것이 분명해야 합니다. 그런데 여기서 지금 유다가 주려고 하는 것, 그가 제사장들에게 팔려고 내놓은 상품이 무엇입니까? 물건이 아니라 사람입니다. 사람 목숨입니다. 유다는 지금 사람의 생명을 가지고 흥정하고 있습니다. 더구나 그가 팔려는 사람은 또 누구입니까? 스승, 선생님입니다. 유다는 지금 선생님을 돈으로 환산하고 있습니다. 그 선생님의 값이 얼마였을까요? 무슨 박사

학위도 없고, 카이스트 근처에는 간 일도 없고, 강남에 살지도 못하는 가난한 선생이니까, 그냥 저렴하게 은 30냥이었습니다. 노예 하나 값이었습니다.

유다가 어떤 사람인지 보여주는 또 다른 장면도 있습니다. 예수께서 마지막 식탁을 나누면서 나와 함께 빵을 떼는 사람 가운데 나를 팔 자가 있다고 말씀하셨지요. 그때 유다는 이미 제사장들과 흥정해서 계약서까지 쓰고 잔금까지 다 받은 상태였습니다. 누가 예수님을 파는 자인지 누구보다 잘 아는 자입니다. 유다가 그때라도, 지금 자기가 무슨 짓을 벌였는지 알았더라면, 자기가 한 짓을 슬퍼했더라면 얼마나 좋았을까요. 예수님이 말씀하신 그가 바로 자기 자신임을 쓰라리게 깨닫고, 눈물 한 방울쯤 흘렸더라면 얼마나 좋았을까요. 그러나 유다는 자기 자신을 도무지 볼 수도, 깨달을 수도 없었습니다. 아니 자신을 보려고 하지 않았습니다. 예수께서 그에게 아주 뼈아픈 말씀을 하셨지요. "나와 함께 이 대접에 손을 담근 사람이, 나를 넘겨줄 것이다." "그 사람은 차라리 태어나지 않았더라면, 자기에게 좋았을 것이다."(마 26:23-24) 예수님의 말씀을 듣고 유다는 이렇게 말했습니다. "선생님, 나는 아니지요?" 정말 지독한 자기변명, 철통 같은 자기방어입니다. 유다는 끝내 자기를 볼 수 없었습니다. 아니, 한사코 고개를 돌려 자기 자신을 보지 않았습니다.

참 변함없는 유다입니다. 누구에게나 그렇듯이, 그래도 그에게 마지막 기회가 있었지요. 제사장들은 예수님을 빌라도에게 넘겼습니다. 그때 유다는 예수님이 유죄판결을 받는 것을 보고 뭔가 잘못되었다는 것을 알았습니다. 어떻게 해야 할까요? 유다는 예수님을 판 값으로 받은 은 30냥을 들고 제사장들에게 찾아갔지요. 그것을 다시 돌려주려 했지만, 거래는 이미 끝이 났습니다. 돌이킬 수 없게 되었습니다. 어떻게 해야 할까요? 바로 앞에서, 베드로는 잘못을 깨달았을 때 어떻게 했습니까? 밖으로 나가서 새벽 수탉보다 더 큰 소리로, 참 모양새 빠지게 쓰라린 눈물을 흘리며, 꺼이꺼이 비통하게 울었지요. 그러나 유다는 그렇게 하지 않았습니다. 유다는 끝끝내 눈물을 흘리지 않았습니다. 유다는 은돈을 성전에 내던지고 돌아가서 스스로 목을 매어 죽었습니다. 유다의 마지막 거래는 제사장들이 거래의 달인답게 마무리했지요. 유다의 은돈으로 유다가 목맨 토기장이의 밭을 사서, 그 밭을 나그네의 묘지로 쓰게 했습니다. 그렇게 유다의 거래는 끝이 났습니다.

공감

사랑하는 여러분, 베드로는 눈물의 사람이었습니다. 그에 반해 유다는 눈물이 없는 사람이었습니다. 그런데 이 눈물은 무엇일까요? 눈물은 눈에 티가 들어가거나 슬픈 일을 당했을 때 눈물샘에서 흘러나오는, 염도 0.9%의 물에 불과한 것일까요? 아니지요. 눈물은 무엇보다 '공감'입니다. 나의 아픔을 느낄 때 눈물이 나옵니다. 다른 사람의 아픔을 느낄 때도 눈물이 흐릅니다. 자기 자신의 슬픔도 모르고 다른 사람의 고통도 볼 수 없는 사람에게는 눈물이 없지요. 더구나 다른 사람의 고통을 보면서 오히려 즐거워하는 괴물이라면, 어떻게 눈물을 알 수 있겠습니까?

성서가 말하는 신앙인은 어떤 사람일까요? 신앙인은 무엇보다 내 영혼의 슬픔을 아는 사람입니다. 그리고 다른 사람의 아픔을 함께 아파하는 사람입니다. 함께 우는 사람, 함께 뜨거운 눈물을 흘리는 사람입니다. 애통하는 사람, 슬피 우는 사람입니다. 그리스도인은 예수님을 닮은 사람이지요. 예수님을 닮아가는 사람입니다. 그런데 예수님은 어떤 분입니까? 슬픔을 아시는 분이요, 눈물을 흘리시는 분입니다. 예수님은 고통당하는 사람들을 보시고 불쌍히 여기시며 아파하셨습니다. 예루살렘의 불행을 바라보시며 탄식하셨고, 눈물을 흘리셨지요. 무엇보다 예수님은 십자가에서 극심한 고통을 당하며 부르짖으셨습니다.

예수께서는 장터에서 노는 아이들이 부르는 노래로 그 시대를 갈파하셨지요. "우리가 너희에게 피리를 불어도 너희는 춤추지 않았고, 우리가 애곡을 하여도 너희는 울지 않았다." 그때 아이들이 부르던 노래입니다. 함께 기뻐하지 않고 함께 울 줄 모르는 시대, 불행한 아이들의 노래입니다. 그런데 그 노래를 아이들이 어디에서 불렀습니까? 장터, 시장입니다. 주고받는 곳, 팔고사는 곳입니다. 물건만 사고파는 게 아니지요. 사람까지 생명까지 사고파는 곳, 무한경쟁의 세계 시장입니다. 바빌론의 시장이 그랬고, 로마의 시장이 그랬습니다.

그런데 오늘 우리의 시대는 어떨까요? 우리의 시대는 자유경쟁이라는 가면을 쓴 맘몬의 폭력적 시장원리가 군림하는 시대이지요. 짓밟힌 역사의 아픔도 모르고, 분단의 고통도 모르쇠이고, 민중의 부르짖음은 뭉개버리는 위정자의 정치는 얼마나 깜깜하고 숨이 막힙니까? 피조물의 탄식과 진통에도 핵 오염수를 바다에 방류하는 자들은 어떤 괴물들일까요? 그저 자신의 영달만을 위해 생떼같은 병사들을 거센 강물에 밀어넣는 사령관의 군대는 또 얼마나 참담합니까? 우리 사회는 그저 돈이 지배하는 세상, 지독한 폭력적 시장원리가 진리가 된 세상이 아닙니까? 이 자유시장 원리가 장터를 넘어서 마침내 우리 아이들의 학교도 지배하고 있습니다. 선생님은 아이들을 사랑하고 가르치는 선생님, 존경하는 스승이 아니라, 내가 돈 내서 산/고용한 직원이 되어버렸지요. 그러니 내 돈 내고 샀는데 왜 내 뜻대로 하지 않느냐고, 당장 바꾸라고 소리칩니다. 나는 카이스트 나오고 내 시부모는 의사이고 내 시누이는 강남 사는데, 너 따위 싸구려는 무릎 꿇으라는 거 아닙니까? 이 지독한 불통, 너무도 천박하고 포악한 이런 물신숭배는 어디에서 생겨난 것일까요? 이런 바알세불의 유령이 우리의 가정과 학교와 사회에, 심지어 교회에까지 들어와 판을 치고 있는데, 우리 아이들은 어디에서 누구와 함께 춤추고 누구와 함께 울 수 있겠습니까?

예수께서는 그 불통의 시대에 눈물의 사람 베드로를 부르셨습니다. 그리고 오늘 이 삭막한 불통의 시대에 우리를 부르셨습니다. 사랑하는 여러분, 우리가 이 세상을 살아가면서 함께 눈물을 흘리며 살았으면 좋겠습니다. 우리가 하나님 앞에서, 하나님 안에서 함께 기뻐하고 함께 슬퍼하며 살아가면 좋겠습니다. 우리가 때로 슬퍼하며 눈물을 흘릴지라도 하나님께서는 우리의 눈물을 잊지 않으시고 하나님의 가죽부대에 담아 기억해주십니다. 하나님께서 놀랍고 신비로운 은총으로 우리의 눈물을 감싸주시기를 바랍니다.

얼굴이 물에 비치듯이

잠언 27:17–22	사람의 얼굴이 물에 비치듯이, 사람의 마음도 사람을 드러내 보인다.(잠 27:19)
고린도후서 4:7–18	그러므로 우리는 낙심하지 않습니다. 우리의 겉사람은 낡아가나, 우리의 속사람은 날로 새로워집니다.(고후 4:16)

최후의 만찬

레오나르도 다빈치의 〈최후의 만찬〉이라는 그림이 있습니다. 누구나 한번쯤은 보았을 아주 유명한 그림이지요. 예수께서 십자가를 지시기 전에 열두 제자와 함께 마지막 식사를 나누시는 장면을 그린 그림입니다. 이 그림은 그 유명세만큼이나 많은 에피소드를 만들어내기도 했습니다. 예수님의 마지막 식탁은 유월절 식탁이지요. 유월절 식탁에서는 누룩 없는 빵과 양고기를 먹습니다. 그런데 다빈치의 그림에는 생선이 올라 있답니다. 그래서 이 만찬은 마지막 만찬이 아니라는 논란이 생기고, 복음서에서 물고기는 예수님을 상징하므로 마지막 만찬이라고 볼 수 있다는 주장도 나왔지요. 또 이 만찬에서 포도주를 마신 잔이 '성배'라는 전설 때문에 사람들이 성배를 찾아나서는 일도 일어났습니다.

그런데 이 그림을 둘러싼 수많은 에피소드 중에서도 가장 흥미로운 것은 그림의 모델에 관한 이야기일 것입니다. 다빈치는 예수님과 열두 제자들을 그리기 위해서 그에 맞는 모델을 찾아야 했답니다. 예수께서는 마지막 식사를 하면서 제자 중 한 사람이 자신을 배반할 것이라 말씀하셨지요. 그림은 바로 그 장면을 그린 것이랍니다. 예수님의 말씀을 듣고 깜짝 놀라 당황하는 제자들의 표정이 다양하게 드러납니다. 다빈치는 각각 제자들의 성품에 어울리는 얼굴을 찾아서 모델로 삼았답니다.

이 그림에서 가장 정하기 어려운 모델이 누구였을까요? 만찬 식탁 중앙에서 만찬을 베푸시는 예수님의 모델이 아니었을까요? 십자가를 앞두고 만찬을 베푸시는 예수님의 그 깊은 고뇌를 담은 얼굴을 어디에서 찾겠습니까? 다빈치는 모델을 찾아 수많은 수도원을 찾아다니다가 드디어 한 젊은 수도사를 만났답니다. 온 마음을 다해 오롯이 진리를 추구하는 젊은 수도사의 얼굴에서 예수님의 얼굴을 발견한 것이지요. 그렇게 예수님의 얼굴을 그리고, 다른 제자들도 하나하나 섬세하게 모델을 찾아 그려나갔습니다.

그런데 마지막까지 그 모델을 찾지 못한 제자가 있었습니다. 누구일까요? 바로 가룟 유다입니다. 신실함으로 돈 자루까지 맡았지만, 그러나 이미 스승을 돈에 팔아넘긴 유다입니다. 배반자가 자신일 걸 알면서도 "나는 아니지요?" 하고 모르는 척 시치미 떼는, 그러나 또 얼마 지나지 않아 후회하며 스스로 목숨을 끊은 유다입니다. 어디에서 이런 얼굴을 찾을 수 있겠습니까? 다빈치는 유다의 모델을 찾으려고 온 도시 구석구석을 헤매고 또 헤매야 했습니다. 다빈치는 모델을 찾아 헤매던 중 어느 날 후미진 뒷골목에서 술과 약에 찌든 사람 하나를 만났지요. 다빈치는 그에게 돈을 주기로 하고, 가롯 유다의 모델로 썼습니다. 그렇게 그림은 완성되어 갔습니다. 그때 유다의 모델이 된 사람은 누구였을까요? 그는 바로 예수님의 얼굴 모델이었던 그 젊은 수도사였답니다. 예수님의 얼굴을 가졌다는 것이 그를 교만하게 했고, 교만은 그 얼굴을 유다의 얼굴로 만들어버린 것이지요.

얼굴이 물에 비치듯이

오늘 우리는 잠언이 전하는 지혜의 말씀을 함께 받아 읽었습니다. 특별히 오늘은 27장 19절의 말씀을 마음에 새겨 간직했으면 좋겠습니다. "사람의 얼굴이 물에 비치듯이, 사람의 마음도 그 사람을 드러내 보인다." 바로 이 구절입니다.

　옛날에는 거울이 참 귀했지요. 그래서 자기 얼굴을 들여다볼 기회가 그리 많지 않았을 것입니다. 그런데 값비싼 거울이 없어도 자기 얼굴을 들여다볼 수 있는 게 하나 있습니다. 바로 물이지요. 잔잔한 물을 들여다보고 있으면 거기에 자기 얼굴이 보입니다. 그러니까 '물'은 곧 '거울'과 같습니다. 옛사람들은 자기 얼굴을 물에 비추어보았습니다. 그리고 오늘에는 거울에 비추어봅니다. 우리는 물에, 거울에 자기 얼굴을 비추어보고, 고춧가루도 떼어내고 얼룩도 닦아냅니다. 우리는 거울로 우리 얼굴을 성찰하고 바로잡습니다.

　그런데 잠언은 우리에게 물만 들여다보지 말라고 합니다. 물에 우리의 얼굴이 비치듯이 우리의 진짜 얼굴을 비추어 보여주는 것이 또 있다는 말입니다. 그것이 무엇입니까? 바로 우리 마음입니다. 우리 마음이 우리의 얼굴을, 아니 우리 자신을 드러내 보여준다는 것입니다. 물이 우리의 겉모습을 보여준다면, 마음은 우리의 속사람을 드러내 보여줍니다. 우리가 물만 들여다보고 살면 어떻게 되겠습니까? 우리의 겉모습에 잡착하겠지요. 계속 우리의 겉모습만 꾸미고 고치며 살지 않겠습니까? 그렇게 겉모습에 집착하고 겉모습을 꾸미며 사는 삶은 어떻게 되겠습니까? 요즘에는 의술이 발달했으니까, 환골탈태 신출귀몰하게 변신해서 검사도 만나고 승승장구 희희낙락하지 않을까요? 아닙니다. 잠언은 이렇게 경고했습니다. 27장 20절입니다. "스올과 멸망의 구덩이가 만족을 모르듯, 사람의 눈도 만족을 모른다."

그리스 신화에는 아주 완벽한 미모를 갖춘 인물이 하나 나옵니다. 스스로 자기 얼굴을 보아도 어디 한군데 흠잡을 데가 없는 아름다운 얼굴입니다. 보고 또 보아도 보고 싶은, 전혀 질리지 않는 얼굴이지요. 누굽니까? 나르시스이지요. 이 나르시스는 어떻게 되었습니까? 그는 물에 비친 자기 얼굴을 보고 또 보다가, 견딜 수 없는 매력에 반해서 그만 물속으로 들어가 버렸습니다. 멸망의 늪 속으로 가라앉아 버린 것이지요. 물에 집착하는 자는 물에 빠져 망할 것입니다.

그렇다면 우리가 물만 들여다보며 살지 말아야 한다면, 우리는 어떻게 우리 자신을 성찰하고 우리 얼굴을 아름답게 가꿀 수 있을까요? 잠언은 우리에게 우리의 마음을 들여다보라고 말합니다. 우리의 마음을 성찰하고 마음을 가꾸라는 말입니다. 그 마음이 우리의 진짜 얼굴을 보여주기 때문입니다. 우리 마음이 우리의 얼굴을 만듭니다.

무엇보다 우리는 거울이 아니라 사람에 비추어서 우리를 성찰해야 합니다. 잠언은 이렇게 조언해줍니다. 27장 17절입니다. "쇠붙이는 쇠붙이로 쳐야 날이 날카롭게 서듯이, 사람도 친구와 부대껴야 지혜가 예리해진다." 사람의 지혜란 친구와 서로 부대끼며 깊어지고 밝아진다는 말입니다. 나의 아름다움이란 내가 집착하고 도취하는 것이 아니라 다른 사람이, 친구가 보는 것입니다. 일찍이 묵자도 '무감어수 감어인'(無鑑於水 鑑於人)이라고 말했지요. 물에만 비추어보지 말고 사람에게 비추어보라, 사람들과 함께 부대끼며 나를 성찰하라, 그 말입니다. 사랑하는 여러분, 우리가 물이 아니라 마음을 들여다보며 살 수 있었으면 좋겠습니다. 우리가 함께 부대끼면서 나를 성찰하며 살 수 있었으면 좋겠습니다.

바울의 얼굴?

오늘 우리는 고린도교회에 보낸 사도 바울의 편지 한 대목을 함께 읽었습니다. 사도 바울은 초대교회를 이끌던 사도 중의 사도입니다. 신약성서의 절반이 바울의 글이지요. 그런데 한 가지 궁금합니다. 과연 사도 바울의 얼굴은 어떻게 생겼을까요? 어떤 인물이기에 그런 사도가 되었을까요? 우리는 사도 바울의 정확한 얼굴 모습을 알 수 없습니다. 지금까지 남아 있는 바울의 형상이나 그림도 후대에 만들어진 것이지요. 그렇지만 바울이 쓴 편지들을 읽으면서, 우리는 바울의 얼굴을 어느 정도 상상해볼 수는 있습니다.

바울이 고린도교회에 보낸 편지를 보면, 바울은 소위 잘난 사도들에 대해 노골적으로 경계합니다. 말도 번드르르하고 본새도 그럴듯한 사도들을 싫어했지요. 그러면서 자신은 이 세상의 쓰레기처럼, 온 우주 만물의 쓰레기처럼 되었다고 말합니다. 하나님께서는 사도인 우리를 마치 사형수처럼 세상에서 가장 보잘것없는 자들로 내놓으셨다는 것입니다. 바울이 이렇게 말하는 것은 그저 자신을 낮추는 겸손 때문만은 아닙니다. 실제로 당시 교인들은 바울의 소문을 듣고 바울의 편지를 읽고 큰 기대를 했습니다. 바울의 편지는 참 힘이 있지요. 그래서 바울의 인기는 대단했습니다. 요즘 아이돌 못지않았지요. 그런데 정작 바울의 얼굴을 본 사람들은 완전히 실망했습니다. 바울은 볼품도 없고, 목소리도 작고, 말주변도 형편없었다는 것입니다. 굉장히 위엄차고 카리스마 있는 사도를 기대했는데 왕창 깨졌다는 말이지요.

실제로 편지에 나타나는 바울의 상태를 생각해보면, 그런 실망은 당연한 귀결이었을 것입니다. 우선 바울은 아픈 병자였습니다. 바울은 그 몸에 평생 찌르는 가시를 품고 살았다고 하지요. 그게 얼마나 괴롭고 아픈지 주님께 세 번이나 기도했다고 말합니다. 바울은 자기 자신의 안위를 위해서 기도하는 사도가 아니었지요. 그런데 자기를 위해 세 번 기도했다는 것은 그저 기도의 횟수를 말하기보다는 아주 간절하게 기도했다는 뜻입니다. 그렇게 간절하게 드린 그의 기도는 이루어졌을까요? 아닙니다. 그의 기도는 이루어지지 않았고, 바울은 죽을 때까지 아파하며 살아야 했습니다. 학자들은 바울의 질병이 무엇인지 추적하면서 아마 간질일 수도 있고, 심장병일 수도 있다고 판단했습니다. 바울은 그 아픔을 자신을 교만으로부터 지키는 파수라고 말했습니다. 어쨌거나 바울은 아픈 사람이었고, 그의 얼굴은 불치병자의 얼굴이었습니다.

　게다가 바울은 평생 심한 고생을 했습니다. 일생 복음을 전하며 떠돌았고, 감옥살이에 이골이 났습니다. 맞을 복도 터져서, 유대 사람에게 마흔에서 하나 뺀 매를 다섯 번이나 맞았고, 채찍으로 세 번, 돌로 한 번 맞았습니다. 배를 타고 가다가 파선하여 망망대해를 떠돌고, 여행하면서 강물의 위험과 강도와 동족과 이방 사람과 도시와 광야와 바다와 거짓 형제의 위험을 당했습니다. 천지 사방이 위험이었습니다. 고역에 시달리고, 잠 못 자고, 주리고, 목마르고, 헐벗고, 추위에 떨었습니다. 그런데 바울에게는 이 모든 위험과 고통에 더해서, 아니 그 모든 고통보다 더욱 무겁게 그의 마음을 짓누르는 것이 있었다고 말합니다. 그게 무엇일까요? 무엇이 그를 한시도 편안하게 쉬지 못하게 한 것일까요? 그것은 교회를 향한 그의 염려입니다. 교회를 향한 애타는 마음입니다. 바울은 그렇게 살았습니다.

　이런 바울의 얼굴, 어땠을까요? 병색이 깊고, 영양실조로 누렇게 뜨고, 염려와 걱정에 찌든 그런 얼굴이었을까요? 그럴지도 모릅니다. 바울의 얼굴은 그래서 그를 만나는 사람들에게 실망을 주는, 바울의 말 그대로 만물의 찌꺼기같이 찌든 얼굴이었을지도 모릅니다.

질그릇 같은 사람

오늘 우리가 읽은 본문에서 바울은 자신을 질그릇이라고 말합니다. 우리가 아는 것처럼 고린도는 그리스의 아주 크고 화려한 도시였지요. 풍요로운 향락의 도시입니다. 이 도시에는 품위 있고 아름다운 그릇들이 유명했습니다. 번쩍이는 금그릇도 있고, 품격 있는 은그릇도 있고, 아름다운 도자기 그릇들도 많았습니다. 그런데 바울은 이런 좋은 그릇들 다 놔두고, 자신은 질그릇이라고 말합니다. 질그릇, 투박하고 못난 그릇, 값싼 그릇이지요. 금방 깨지기 쉬운 약한 그릇입니다. 바울은 자신이, 그리고 그리스도의 사람인 우리가 이 질그릇이라고 말합니다. 투박하고 거친 싸구려 질그릇입니다.

우리는 질그릇이다, 이게 무슨 말일까요? 거대한, 부요하고 화려한 세상의 쾌락 문화에 질려서 절망하는 자조적인 말일까요? 저들이 누리는 부와 권력이 부러워서 하는 말일까요? 우리의 약함을 한탄하는 말일까요? 아닙니다. 여기 자신을 질그릇이라고 말하는 바울은, 조금도 기가 죽거나 주눅 들지 않았습니다. 바울은 말합니다. "우리는 사방으로 죄어들어도 움츠러들지 않으며, 답답한 일을 당해도 낙심하지 않으며, 박해를 당해도 버림받지 않으며, 거꾸러뜨림을 당해도 망하지 않습니다."

바울은 참 당당합니다. 왜, 무엇 때문일까요? 뭐가, 가진 것 쥐뿔도 없는 바울을 그토록 당당하고 자신 있게 만든 것일까요? 세상의 그 많은 화려하고 아름다운 그릇들 앞에서 이 질박한 질그릇이 뭐라고 그리 당당한 것입니까? "우리는 이 보물을 질그릇에 간직하고 있습니다!" 바울의 말입니다. 바울은 지금 그릇이 아니라 그 속에 담긴 보물을 보라고 말합니다. 그릇이란 무엇입니까? 그릇은 무엇인가 담는 것이지요. 그릇은 그 자체가 아니라 그 속에 무엇을 담느냐가 중요합니다. 그것이 그릇의 목적이요, 존재 이유입니다. 그 속에 무엇을 담느냐가 그 그릇의 이름을 결정합니다. 같은 그릇에 밥을 담으면 밥그릇이 되고 국을 담으면 국그릇이 되지요. 그릇은 그 겉모양이 아니라 그 속 내용이 중요합니다.

바울은 자신이, 그리고 우리가 질그릇이라고 말합니다. 우리가 질그릇임을 알고 있습니다. 그런데 중요한 것은 그 질그릇에 보물이 담겨 있다는 것입니다. 질그릇 같은 우리 안에 하나님께서 하나님의 영광을 아는 지식을 담아주셨습니다. 질그릇 같은 우리 안에 하나님의 형상이신 예수 그리스도의 빛나는 얼굴을 담아주셨습니다. 바울은 질그릇 같은 우리의 겉사람이 약하다는 것을 압니다. 질그릇 같은 우리의 겉사람은 날마다 낡아집니다. 그러나 우리의 속사람, 우리 안에 있는 그리스도의 영광, 그 아름답고 빛나는 그리스도의 얼굴은 날로 새로워집니다. 그리스도인은 질그릇 같은 우리 안에 그리스도라는 보물을 품고 사는 사람들입니다. 우리의 겉사람은 낡아지지만, 그러나 우리의 속사람은 날로 새로워집니다.

우리의 속사람은?

오늘 우리는 '얼굴'이라는 얘기를 나누었습니다. 그런데 이 '얼굴'이란 무엇일까요? 어떤 분은 이 '얼굴'이라는 말을 '얼'의 '굴'이라고 풀었습니다. '얼'이란 정신, 혼이라고 말할 수 있지요. 그리고 '굴'은 말 그대로 굴 또는 골이라고 해서 집이라고 볼 수 있습니다. 얼굴이란 정신이 깃드는 곳이다, 그런 말이지요. 다른 말로 하면 영혼이 깃드는 곳이라는 말입니다. 오늘 우리가 읽은 잠언에서는 얼굴이란 물에 비치는 겉모습이 아니라 마음이 드러내는 그 사람의 생각, 정신, 곧 그 사람 자체를 말한다고 보았습니다. 우리의 얼굴은 거울과 칼로, 보톡스와 실리콘으로 만드는 게 아니라, 우리의 마음으로 만든다는 말입니다.

사랑하는 여러분, 바울은 우리의 겉사람은 날로 후패하여 간다고, 날이 갈수록 낡아간다고 말했습니다. 우리의 얼굴이란 질그릇처럼 약하고 깨질 수밖에 없습니다.

돌이켜보면, 제가 처음 전도사로 목회를 시작할 때가 스물여섯 살이었습니다. 그런데 어느새 은퇴할 때가 되었습니다. 저의 겉사람은, 우리의 겉사람은 그렇게 속절없이 낡아갔습니다. 그러나 우리는 낙심하지 않습니다. 질그릇 같은 우리 안에는 참으로 귀하고 아름다운 보물이 담겨 있기 때문입니다. 우리의 겉사람은 낡아졌지만, 우리의 속사람은 날로 새로워지기 때문입니다.

그리스도인이란 무엇일까요? 신앙인이란 우리 안에 그리스도의 얼굴을 간직하고 사는 사람이 아닐까요? 우리의 마음 한 가온에, 우리의 영혼에 그리스도의 빛나는 얼굴을 품고 사는 사람, 그가 바로 그리스도인입니다.

생각해보면 기독교는 참 이상한 종교입니다. 모든 종교는 각각 자신의 신을 가지고 있습니다. 그리고 그 신들에게는 각각의 얼굴이 있습니다. 그런데 우리에게는 그 어떤 신의 형상도 없습니다. 그렇다면 기독교는 얼굴이 없는 종교일까요? 아닙니다. 하나님께서는 당신의 형상을, 당신의 얼굴을 우리에게 주셨습니다. 우리를 하나님의 형상대로 지으셨다는 것이 그것입니다. 하나님께서 우리를 하나님의 형상대로 지으셨다는 것은 우리가 다른 사람의 얼굴에서 하나님의 얼굴을 보며 살라는 말씀 아닙니까? 우리가 서로 하나님을 뵙는 듯 존중하고 사랑하라는 뜻 아닙니까? 예수님은 우리가 잃어버린 하나님의 얼굴, 우리가 보지 못하는 그 영광의 빛나는 얼굴을 우리에게 보여주셨습니다. 우리는 예수님 안에서, 우리가 잃어버린 하나님의 얼굴을 다시 뵙게 되었습니다. 그리고 우리는 예수 안에서, 우리 서로의 얼굴에서 그리스도의 얼굴을 보며 살게 되었습니다.

사랑하는 여러분, 우리가 질그릇 같은 우리 안에 진정한 보물을 품고 살면 좋겠습니다. 우리가 그리스도의 빛나는 얼굴을 우리 마음에 간직하고 살면 좋겠습니다. 우리가 서로의 얼굴에서 그리스도의 얼굴을 보며 서로 존중하고 사랑하면 좋겠습니다. 비록 우리의 겉사람은 낡아가지만, 우리의 속사람은 날로 새로워지도록 성령께서 언제 어디서나 우리와 함께하시기를 바랍니다.

그 여자가 거둔 결실은 그 여자에게 돌려라

잠언 31:10-31	아내가(그 여자가) 손수 거둔 결실은 아내(그 여자)에게 돌려라. 아내(그 여자)가 이룬 공로가 성문 어귀 광장에서 인정받게 하여라.(잠 31:31)
누가복음 12:22-31	그러므로 너희는 그의 나라를 구하여라. 그리하면 이런 것들을 너희에게 더하여 주실 것이다.(눅 12:31)

무서운 사람

중국 명나라에 척계광이라는 장수가 있었습니다. 군대의 조직체계를 세우고, 오합지졸들을 일당백의 용사들로 훈련한 대장군입니다. 우리의 이순신에 견줄 만한 장수입니다. 실제로 그가 쓴 병서들은 조선 군대의 교과서가 되었습니다. 대군을 지휘하는 대장군의 위엄은 얼마나 대단했을까요? 사람들은 그의 이름만 들어도 두려워할 정도였습니다. 그런데 그에게도 무서운 사람이 하나 있었습니다. 누구일까요? 바로 그의 아내였습니다. 전장에서는 불화살도 두렵지 않은데, 무슨 일인지 아내 앞에만 서면 기가 죽었다는 것입니다.

어느 날 척계광이 큰 전투를 치르게 되었습니다. 전투에서 이기려면 무엇보다 맨 앞에 용맹한 병사들을 세워서 밀리지 말아야 합니다. 그런데 누가 가장 용감한 사람일까요? 세상에서 자기 마누라가 무섭지 않다면, 이보다 더 용감무쌍한 자가 없겠지요. 척계광은 연병장에 모인 병사들에게 이렇게 명령했습니다. "마누라가 무서운 자는 오른쪽에, 무섭지 않은 자는 왼쪽에 서라!" 어떻게 됐을까요? 병사들이 우르르 오른쪽으로 몰려갔습니다. 그런데 유독 한 사람이 왼쪽에 서 있었습니다. 정말 대단한 사람이지요. 척계광이 흡족해서 너는 왜 그곳에 섰느냐고 물었지요. 그 병사가 이렇게 대답했답니다. "오늘 아침에 마누라 말씀하시길, 사람 많은 곳에는 절대 가지 말라 했습니다."

그런데 척계광은 왜 아내를 무서워한 걸까요? 아내의 신분이 높았다는 얘기도 있고, 태초부터 마누라는 원래 무서운 거라는 얘기도 있습니다. 어쨌거나 마누라 무서운 것은 어제오늘의 일은 아닌 듯합니다. 천하의 대장군도 아내를 무서워했다니까, 혹시 아내가 무서워지더라도 너무 기죽지는 마십시오.

그런데 저는 척계광 이야기를 들으면서, 요즘 부부 사이에, 심지어 부모와 자식 사이에 벌어지는 끔찍한 폭행과 참담한 살인 사건을 보면, 아내는 물론 다른 사람을 무서워해야 하는 것 아닌가 하는 생각을 하게 됩니다. 사람을 두려워할 줄 모르는 세상, 생명을 가벼이 여기는 사람은 얼마나 무섭습니까. 그런 측면에서 아내를 무서워하기보다는 존중하고 존경한다면 어떨까요. 다른 사람을 존중하고 존경하는 마음, 서로 조심하고 존경하는 마음으로 살아야 할 것입니다. 무엇보다 신앙의 기본은 '두려워하는 마음'입니다. 하나님을 경외하는 것은 곧 사람을 경외하는 것이며, 모든 생명을 경외하는 것이지요.

여자를 조심하라

오늘 우리는 잠언의 마지막 가르침을 함께 받아 읽었습니다. 인생과 역사의 지혜를 가르치는 잠언의 결론과 같은 말씀입니다. '잠언'이란 삶의 지혜를 담은 속담을 가리키는데, 한자에서 '잠'(箴)은 '바늘 잠' 자입니다. 바늘로 한 땀 한 땀 꿴 말씀, 바늘로 찌르듯 마음에 새기는 말씀, 뭐 그런 뜻이겠지요. 잠언을 시작하는 1장 1절은 잠언을 "솔로몬의 잠언"이라고 말합니다. 그런데 우리가 읽은 마지막 장은 "르무엘 왕의 잠언"이지요. '르무엘'이란 '하나님을 향하여' '하나님께 드린 자'라는 뜻이 있습니다. 르무엘과 솔로몬은 같은 사람으로 보아도 무방합니다. '솔로몬의 잠언'이라고 할 때도 솔로몬이 지었다는 얘기는 아니지요. 이스라엘에 오랫동안 전해 내려오는 잠언을 지혜의 왕 솔로몬의 이름으로 모아서 엮은 것입니다.

그렇다면 아주 오래전부터 전해 내려오는 삶의 지혜, 모든 인생과 역사의 지혜를 가르치는 잠언을 결론짓는 마지막 가르침은 무엇일까요? 먼저 31장의 첫 가르침은 두 가지를 경계하라고 말합니다. 그 하나는 여자이고, 다른 하나는 독주, 독한 술입니다. 먼저 여자입니다. 사실 잠언은 처음부터 계속해서 '여자'를 조심하라고 말합니다. 여신도들이 듣기에 영 마뜩잖고 언짢을 수도 있겠지만, 잠언은 극도로 여자를 경계합니다. 이 잠언은 왜 그토록 여자를 조심하라고 할까요? 아무래도 잠언을 기록할 당시가 남성 중심의 가부장적인 사회였다는 현실을 고려해야 합니다. 그렇지만 '여자를 경계하는' 잠언의 가르침은 단지 가부장적 사회에서 여자를 무시하고 폄훼하려는 것은 결코 아닙니다. 거기에는 그래야 했던 보다 확실한 이유가 있습니다. 너무나도 치명적인 역사적 경험이 그 바탕에 있습니다.

　잠언은 말씀드린 대로 인생의 지혜를 말하지요. 무엇을 경계하고 무엇을 따라야 하는지를 깨우칩니다. 그런데 우리가 먼저 생각할 것이 있습니다. 이 잠언은 누구에게 주는 잠언일까요? 누구를 바늘로 콕 찔러서 퍼뜩 아프게 깨우치려는 것일까요? 남자인 왕입니다. 특정하면 솔로몬 왕이지요. 잠언의 날카로운 바늘이 찌르는 것은 솔로몬 왕입니다. 그런데 솔로몬 왕은 어떤 왕이었습니까? 지혜의 왕이었지요. 잠언을 솔로몬의 이름으로 집대성한 까닭도 그가 지혜를 상징하기 때문입니다.

　우리가 아는 대로 지혜의 왕 솔로몬은 정말 대단한 왕이었습니다. 그는 자신의 지혜로 얼마나 큰 업적을 이루었습니까? 그의 돈과 권력과 명예는 정말 엄청났지요. 그의 1년 수익으로 얻은 금만 해도 666달란트였습니다. 거칠게 환산해도 7,000억 원이 넘습니다. 왕궁에 얼마나 금이 넘쳐났는지 방패도 금으로 만들었습니다. 그의 권력은 근동 멀리까지 펼쳐져서 사방으로부터 조공과 선물이 끊이지 않았습니다. 그의 지혜는 세상에 모르는 게 없을 정도였지요. 그런데 그토록 완벽하던 솔로몬은 무엇 때문에 무너졌을까요? 바로 여자입니다.

　솔로몬은 여자를 무서워하지 않았습니다. 유대 여자로 모자라서 이방 여자들까지 모아들였습니다. 이집트, 모압, 암몬, 에돔, 시돈, 헷에서 이방 여자들까지 들여왔지요. 그래서 솔로몬은 700명의 후궁과 300명의 첩을 두었습니다. 그리고 이 여자들은 솔로몬과 그의 나라를 무너뜨리는 시작이 되고 말았습니다. 솔로몬의 잠언은 여자에게 넘어가는 남자를 이렇게 조롱합니다. "그는 선뜻 그 여자의 뒤를 따라나섰다. 마치 도살장으로 끌려가는 소와도 같고, 올가미에 채이러 가는 어리석은 사람과도(사슴과도) 같다. 마치 자기 목숨을 잃는 줄도 모르고 그물 속으로 쏜살같이 날아드는 새와 같으니, 마침내 화살이 그의 간을 꿰뚫을 것이다."(잠 7:22-23) 솔로몬의 잠언이 희롱하는 이 어리석은 남자가 누구입니까? 가장 지혜롭다는 남자 솔로몬, 바로 그가 아닙니까!

정말 잠언의 가르침은 예리하고 날카로운 바늘입니다. 솔로몬만이 아니지요. 그의 아비 다윗도 그랬고, 이스라엘의 수많은 왕이 그랬습니다. 아합 왕과 이세벨 이야기는 그 절정을 보여줍니다. 그렇습니다. 이스라엘의 남자 왕들의 몰락은 여자로부터 시작되었습니다. 정확하게 말하면, 미혹에 넘어가는 왕의 어리석음이 더 문제이지요. 그런데 이 어리석은 남자/왕 이야기는 어제오늘의 이야기가 아닙니다. 오늘도 우리는 손에 이상한 '왕'(王) 자를 새기고 독주에 취해 건들거리는 남자와 주술과 풍수와 변검술로 세상을 미혹하는 여자를 보고 있지 않습니까!

지혜로운 여자

잠언이 왕에게, 특별히 솔로몬에게 주는 가르침이라는 것을 생각하면, 왜 그렇게 줄곧 여자를 경계했는지, 왜 여자를 무서워하라 했는지, 그 이유를 조금은 알 것 같습니다. 그런데 잠언은 그 마지막 결론으로, 무서워하고 경계해야 하는 여자가 아니라 존경하고 칭송해야 하는 여자 이야기를 우리에게 들려줍니다. 오늘 우리가 읽은 본문, 잠언 31장 10절 이하는 한 지혜로운 여자를 우리에게 보여줍니다.

 잠언이 보여주는 지혜로운 여자, 어떤 여자일까요? 이 여자는 주어진 삶을 아주 열심히 살아내는 사람입니다. 일하는 것을 즐거워하고, 식구들의 음식을 만들어주고, 따뜻한 옷도 지어주고, 논과 밭도 경영하지요. 안팎으로 정말 열심히 삽니다. 혹시 여자가 너무 혹사당하는 것 아니냐고 불평하는 사람이 있을지도 모르겠습니다. 그러나 잠언이 말하려고 하는 것은 자기 삶을 스스로 당당하게 살아내는 사람입니다. 자세히 들여다보면, 이 여자가 하는 일은 당시에 남자들이 하는 일이었습니다. 이 여자는 능동적으로 모든 일을 스스로 결정하고 처리합니다. 오히려 남편이 수동적이지요. 가난한 사람들을 돕는 일도 이 여자가 합니다. 솔로몬의 별궁에서 분칠하고 왕을 기다리는 여자들을 생각하면, 이 여자가 사는 모습은 정말 파격적입니다. 31장 25절은 이 여자의 모습을 이렇게 그립니다. "자신감과 위엄이 몸에 배어 있고, 미래에 대한 두려움이 없다." 참 당당한 여자입니다. 자신감과 위엄이 몸에 배어 있고, 두려움이 없는 여자, 이 얼마나 무서운 여자입니까. 아니, 이 얼마나 당차고 존경스러운 여자입니까. 그런데 그 뒤에 이어지는 말은 더욱 놀랍습니다. "입만 열면 지혜가 저절로 나오고, 혀만 움직이면 상냥한 교훈이 쏟아져 나온다."(잠 31:26) 정말 놀라운 얘기입니다.

 모름지기 잠언은 지혜의 책이지요. 그런데 그 지혜가 여자의 입에서 나옵니다. 스스로 위엄이 몸에 배어 있는, 두려움을 모르는 여자의 혀에서 지혜가 쏟아집니다. 당시 사람들의 생각에는 여자가 '지혜'를 말한다는 것은 있을 수 없는 일이었습니다. 여자에게 지혜를 가르치는 것도 허락되지 않았습니다. 그런데 잠언이 그토록 찾던 그 지혜가 여자에게서 저절로 나옵니다. 거룩하신 하나님에게서 나와야 할 지혜가 여자의 혀에서 쏟아져 나옵니다.

도대체 이 여자는 어떤 사람일까요? 스스로 당당하게 자기 삶을 살아내는 여자, 그 입에서 지혜가 저절로 나오는 여자는 얼마나 완벽한 사람일까요? 아마 머리도 좋고, 힘도 세고, 얼굴도 예쁘고, 음식도 잘하고, 그런데 무섭지도 않고, 그야말로 완벽한 사람이겠지요? 하늘에서 내려온 천사 같은 사람 아니겠습니까? 이 여자는 어떤 사람일까요? 잠언은 이렇게 말합니다. "고운 것도 거짓되고, 아름다운 것도 헛되지만, 주님을 경외하는 여자는 칭찬을 받는다."(잠 31:30) 그렇습니다. 이 여자는 바로 '주님을 경외하는 여자'입니다.

주님을 경외하는 여자! 이것이 잠언의 결론입니다. 다시 잠언의 처음으로 돌아가면, 잠언은 1장에서 그 지혜가 무엇인지, 지혜의 근본을 밝혔습니다. 잠언이 말하는 지혜의 근본이 무엇이었습니까? 바로 '주님을 경외하는 것' 그것이었습니다. 그리고 잠언은 그 모든 가르침을 마무리하면서 마지막으로 '주님을 경외하는 여자' 이야기를 들려준 것입니다. 그토록 남자 왕에게 여자를 조심하라고, 경계하고 또 경계하라고 했는데, 마지막 장에서는 역설적으로, 스스로 자기 삶을 당당하게 살아가는 한 여자를 지혜의 실체요, 지혜의 모범으로 보여주고 있습니다.

그러고 보면, 잠언은 그 구성 자체가 참 절묘합니다. 이건 허를 찌르는 반전의 반전이지요. 잠언의 바늘 끝은 정말 예리하고 날카롭습니다. 잠언은 모든 가르침을 마치면서 이렇게 노래합니다. "그 여자(아내)가 손수 거둔 결실은 그 여자에게 돌려라. 그 여자가 이룬 공로가 성문 어귀 광장에서 인정받게 하여라!"(잠 31:31)

하나님을 경외하는 사람

얼마 전 전청조라는 여자가 나타나서 세상을 온통 분탕질하였습니다. 거짓과 몰아일체가 된 여자이지요. 자신이 재벌의 숨겨진 아들이라면서 황당무계한 사기 행각을 벌였습니다. 이 작은 여자가 하늘 무서운 줄 알았더라면, 그런 기괴한 짓을 벌였을까요? 그녀의 거짓말에 속아 넘어가는 사람들은 또 얼마나 가벼웠을까요? 그 사악한 거짓으로 파라다이스를 쌓고 올라앉아 '아이 엠 신뢰'(I am 신뢰) 하고 사람들을 조롱하면서, 그녀는 자신이 지혜롭다고 생각했겠지요? 그녀뿐 아니지요. 변검술과 주술로 용산에 들어앉아 있는 여자에게는 또 하늘과 사람이 얼마나 우습겠습니까? 하나님도 까불지 말라는 전광훈에게 하나님은 있기나 할까요? 그러나 하나님 두려운 줄 모르는 그들의 점술은 지혜가 아닙니다. 그것이야말로 자기 간이 썩는 줄도 모르는 허망한 어리석음일 뿐입니다.

　사랑하는 여러분, 오늘 잠언은 우리에게 한 지혜로운 여자를 보여주었습니다. 저는 그 여자가 그토록 마음을 다해 살아가는 모습, 사랑하는 자식에게 밥 한술 더 먹이고 가족에게 따스한 옷 입히려고 온 마음과 정성을 다하는 그 모습을 보면, 그게 어쩌면 우리네 어머니/부모의 모습은 아닐까 생각해봅니다. 우리 부모들은 참 모진 세월을 견디고 살아내셨습니다. 살면서 무슨 벤틀리를 받은 일도 없고 명품시계를 받은 일도 없지만, 오롯이 자신의 삶을 살아내셨습니다. 어쩌면 지혜는 먼 곳이 아니라 우리네 어머니의 삶 속에 있는 것이 아닐까요?

사랑하는 여러분, 잠언의 그 여자는 어떻게 그리 당당하게 스스로 자기 삶을 살아낼 수 있었을까요? 우리가 세상을 살다보면 참으로 힘겹고 버거운 일도 있고, 견딜 수 없이 고통스러운 일도 많지 않습니까? 인생은 '고'(苦)요 '생로병사'(生老病死)라고 하지요. 그런데 그 여자는 어떻게 고해를 살아가면서 그렇게 아름다운 삶을 살 수 있었을까요? 그 여자의 팔자가 행운에서 행운으로 이어지는 행복의 연속이었기 때문일까요? 아니면 누구처럼 무슨 신통방통한 무당이라도 만나서 주술과 변검술로 액을 피하고 요행의 길로만 갔기 때문일까요? 아닙니다. 그 여자 또한 살면서 많은 어려움을 만나고 때로 실패하고 쓰러지기도 했을 것입니다. 그러나 그러함에도 불구하고 그녀가 그렇게 자기 삶을 스스로 지켜내고 살아낸 것을 두고, 잠언은 그녀가 '하나님을 경외하는 사람'이었다고 말합니다. 다만 하나님을 바라보는 것, 오직 하나님을 경외하는 것, 그 인생의 지혜로 그 여자는 모든 어려움을 이겨냈겠지요. 잠언은 그렇게 하나님을 경외하는 마음으로 당당하게 아름다운 삶을 살아가는 여자에게, 마땅히 그녀에게 돌아가야 할 존경과 칭송을 돌려야 한다고 말합니다.

오늘은 어쩌다가 아내/여자 얘기로 시작해서 여자 얘기로 끝나게 되었습니다. 하지만 굳이 사족을 붙일 필요가 없지만, 여기서 잠언이 말하는 '여자'는 남자를 배제하는 게 아니지요. 그것은 '모든 사람'

을 말하는 것입니다. '하나님을 경외하는 사람'은 예수께서 말씀하신 '하나님의 나라와 그의 의'를 위해 기도하는 모든 여자와 남자입니다. 우리의 마음 깊은 곳에 '하나님을 두려워하는 마음'이 있다면, 지혜는 우리 마음에 있는 것입니다. 때로 고통스러울 때, 흔들릴 때, 도망치지 말고 그 마음을 붙잡아야 합니다. 하나님을 두려워하는 그 마음이 우리의 어리석음을 아프게 찔러 퍼뜩 깨우쳐주고, 우리의 어둠과 혼돈에 밝은 빛을 환하게 비추어줄 것입니다.

사랑하는 여러분, 지난 한 해를 돌아보고, 또 지금까지 살아온 날들을 생각하면, 우리에게도 참 많은 어려움이 있었습니다. 어려움을 겪다 보면 우리의 마음과 몸도 우리의 믿음도 참 약하다는 것을 새삼 절감하게 됩니다. 그러나 그러함에도 불구하고 우리가 이렇게 하나님 앞에서 살아가는 것, 우리가 함께 예배하고 서로 걱정하고 위로하며 살아가는 것은, 우리가 하나님을 두려워하는 사람들이기 때문입니다. 사랑하는 여러분, 하나님을 경외하는 그 마음이, 그 믿음이, 그 지혜가 우리를 든든히 붙잡아줄 것입니다. 우리가 하나님을 경외하는 마음으로 살아가도록, 우리가 서로 무서워하는 게 아니라 서로 존중하고 존경하며 살아가도록 지혜의 성령께서 언제 어디서나 우리와 함께하여 주시기를 바랍니다.

주님께 드리는 두 가지 간청

잠언 30:1-9 허위와 거짓말을 저에게서 멀리하여 주시고, 저를 가난하게 도 부유하게도 하지 마시고, 오직 저에게 필요한 양식만을 주십시오.(잠 30:8)

요한계시록 22:12-15 개들과 마술쟁이들과 음행하는 자들과 살인자들과 우상 숭배자들과 거짓을 사랑하고 행하는 자는 다 바깥에 남아 있게 될 것이다.(계 22:15)

추사체의 탄생

해남에 가면 두륜산 대흥사가 있습니다. 대흥사로 올라가는 두륜산 골짜기는 동백꽃이 유명하지요. 겨울 끝자락 이른 봄에 피었던 동백꽃이 한꺼번에 후두둑 떨어지면, 길바닥이 온통 붉은꽃 세상으로 변하고 맙니다. 그 꽃길 끝즈음에 대흥사가 나타나지요. 병풍처럼 둘러선 산자락에 기대어 터 잡은 아늑한 절입니다. 이 대흥사에는 추사 김정희의 글씨가 있습니다. '무량수각' 현판 글씨는 아주 유명합니다. 그런데 추사는 대흥사의 대웅보전 현판 글씨도 쓴 적이 있습니다. 하지만 지금은 추사가 아니라 이광사가 쓴 현판이 걸려 있지요. 여기에는 사연이 있습니다.

추사는 8년 동안 제주도 유배생활을 했습니다. 추사는 제주도로 유배 가는 중에 대흥사에 머물렀지요. 그때 대흥사에는 대웅보전에 현판이 걸려 있었습니다. 이광사라는 사람이 쓴 글씨였지요. 강진 백련사에 걸린 현판도 그의 글씨입니다. 그런데 이광사가 쓴 글씨는 어딘지 좀 어눌해 보입니다. 뭔지 좀 힘없이 흔들리는 듯하지요. 추사도 이광사의 글씨가 영 아니라고 생각했던 것 같습니다. 주지에게 그 현판을 내리고 대신에 자기가 써주는 걸 달라고 했지요. 그래서 이광사의 글씨를 내리고 추사의 글씨가 대웅보전에 걸렸습니다. 그런데 제주도에서 8년 유배를 마치고 한양으로 돌아가는 길에 추사가 다시 대흥사에 들렀습니다. 추사는 주지에게 자기가 쓴 현판을 내리고 다시 이광사가 쓴 것을 올리라고 했지요. 그래서 이광사의 글씨가 대웅보전에 걸린 것입니다.

무엇이 추사 김정희를 변하게 했겠습니까? 이전에는 형편없다고 치워버렸던 그 글씨를 다시 보게 만든 까닭이 무엇이겠습니까? 고난이지요. 가난의 경험입니다. 8년 동안의 제주도 유배 생활이 글씨를 보는 그의 눈을 다시 뜨게 했습니다. 사실 추사는 지금으로 치면 엄친아 중의 엄친아였고, 금수저 중의 금수저였습니다. 추사의 증조부가 영조의 딸 화순옹주의 남편이었지요. 왕실의 일가로 태어난 데다가 재주도 뛰어났으니, 도무지 어려움이라고는 모르고 자랐습니다. 그런데 왕가에서 경주 김씨가 밀려나고 안동 김씨가 득세하면서 세상이 바뀌었고, 권력에서 밀려나 제주도로 유배까지 가게 된 것입니다.

그런데 이 제주도 유배에서 겪은 가난과 고통, 외로움과 슬픔이 추사를 변화시켰습니다. 그의 글씨도 변하게 했지요. 추사의 글씨는 느끼한 기름기가 빠져서 고졸하고 담백해졌습니다. 소박하고 겸손해 졌지요. 이른바 추사체가 탄생한 것입니다. 사실 추사체는, 얼핏 보면, 뭐 이걸 글씨라고 썼느냐고 의아해할 수 있습니다. 규격에 매이지 않고 자유로워서 마치 아이들의 글씨처럼 보이지요. 그렇게 고통과 가난의 경험은 추사의 글씨를 변화시켰습니다. 그런데 추사의 글씨만 변한 것이 아닙니다. 다른 사람의 글씨를 보는 그의 눈도 바뀌었습니다. 나와 다른 사람을 보게 되었고, 다른 사람의 글씨도 새롭게 볼 수 있게 돼 이광사의 글씨에 배여 있는 결핍의 힘도 보게 된 것이지요.

그런데 또 제주도 유배의 고난이 추사의 글씨만 바꾸어준 게 아닙니다. 가난과 고통은 추사의 입맛과 밥상도 변하게 했습니다. 본래 추사는 어릴 때부터 왕가와 가까워서 입맛도 까탈스러웠습니다. 추사는 유배생활을 하면서도 한양의 부인에게 먹을 걸 보내라고 편지를 했습니다. 뭘 보내라고 했을까요? 진장, 민어, 어란, 잣, 호두, 곶감 같은 걸 보내라고 재촉했지요. 이거 수라상에 오르는 음식들이지요. 그런데 말년에 추사는 최고의 밥상을 이렇게 말했습니다. 대팽두부과강채(大烹豆腐瓜薑菜), 최고의 요리는 두부와 오이와 생강과 채소이다, 그런 얘기이지요. 고통과 가난은 추사의 글씨만 담백하게 한 게 아니라 밥상까지 소박하게 했습니다.

나는 사람도 아니다

추사 얘기가 좀 길어졌습니다. 오늘 우리는 '아굴'이라는 사람의 잠언을 함께 받아 읽었습니다. 아굴은 어떤 사람일까요? 우리는 아굴의 어떤 이력서도 가지고 있지 않습니다. 잠언은 단지 그가 야게의 아들이라고 소개합니다. 사실 사람은 모두 누군가의 아들이거나 딸이지요. 아굴도 우리네와 다를 게 없는 누군가의 자식입니다. 그렇다면 그의 잠언, 그가 깨친 지혜는 어디서 왔을까요? 무슨 특별한 신의 계시라도 받은 걸까요? 아니면 그가 불세출의 천재라서 단박에 깨친 것일까요? 아닙니다. 그의 잠언은 야게의 아들 아굴이 이디엘에게 말하고, 또 이디엘과 우갈에게 말한 것입니다. 무슨 말입니까? 아들의 잠언은 사람에게서 사람에게로 계속 이어지고 전승되는 것이라는 말입니다. 아굴이 깨달은 지혜, 아굴의 잠언은 그렇게 사람을 통해 전승된 인생의 지혜입니다.

그렇다면 아굴이 깨달은 것은 무엇일까요? 그가 무슨 하늘의 비밀을 알게 된 것일까요? 인생의 운명과 미래를 내다본 것일까요? 아닙니다. 아굴이 깨달은 것은 '나는 어리석은 사람'이라는 것입니다. "참으로 나는, 사람이라기보다는 우둔한 짐승이며, 나에게는 사람의 총명이 없다." 아굴이 말한 잠언의 첫마디입니다. 나는 사람도 아니다, 나는 어리석기 짝이 없는 존재이다, 이것이 그의 절절한 깨달음입니다. 그런데 나는 어리석다, 나에게는 지혜가 없다는 게 무슨 지혜의 깨달음일까요? 이게 무슨 말이겠습니까? 그렇습니다. 나는 어리석지 않다고 생각하는 사람, 나는 이미 지혜를 가지고 있다고 자만하는 사람은 지혜로부터 멀다는 말입니다. 역설이지요. 내가 어리석다는 걸 아는 것, 그것이 지혜입니다.

아굴은 지혜를 얻으려고 애를 썼지만, 지혜를 얻을 수 없었습니다. 거룩한 하나님을 알고 싶었지만, 도무지 알 수 없었습니다. 그가 알게 된 것은 인간의 한계였습니다. 인간은 한 줌 흙이며 하늘 아래 사는 찰나의 존재일 뿐이고, 인간이 잡은 것은 손에 쥔 바람처럼 헛될 뿐이라는 것이었지요. 아굴은 하늘에 오른 사람이 누구냐고, 바람을 움켜쥔 사람이 있느냐고 탄식합니다. 아굴은 자신이 어리석은 존재라는 것을 절절히 깨닫게 되었습니다. 그런데 그때, 그가 자신의 한계와 어리석음을 깨달았을 그때, 그가 비로소 깨닫게 된 것이 있었습니다. 그것이 바로 하나님입니다.

내가 창조자가 아니고 하나님이 창조자이시다, 이것이 아굴의 깨달음입니다. 그는 내게 생명을 주신 이는 하나님이시라는 것도 알게 되었지요. 모든 인생과 역사와 만물의 주인은 인간이 아니라 다만 하나님이시라는 지식에 이르게 되었습니다. 어떻게 해야 할까요? 아굴은 하나님께 항복했습니다. 다만 하나님을 의지하며, 그는 하나님께 두 가지 간청을 드리게 되었습니다.

필생의 기도

아굴은 하나님께 어떤 기도를 드렸을까요? 본문에서, 아굴은 하나님께 두 가지 간청을 드립니다. 온 마음으로 바라고 구하는 두 가지 간절한 기도입니다. 아굴은 하나님께 자신의 간청을 이루어달라고, 죽기 전에 이루어달라고 간절하게 기도합니다. 죽기까지 드리는 기도, 필생의 기도입니다. 세상을 살아가는 동안 모든 날 모든 곳에서 드리는 기도이지요.

필생의 기도라면 참으로 소중한 것일 텐데, 아굴은 무엇을 기도

했습니까? "허위와 거짓말을 저에게서 멀리하여 주십시오." 아굴의 첫 간청은 허위와 거짓말을 자신에게서 멀리하여 달라는 것이었습니다. 여기서 '허위'(虛僞)는 무엇입니까? 거짓이지요. 진실이 아닌 것을 진실인 것처럼 꾸미고 조작하는 것이지요. 날조하는 것입니다. 거짓말도 마찬가지이지요. 그런데 왜 필생의 기도의 첫 간청이 '허위와 거짓말'로부터 멀리하게 해달라는 것일까요? 그게 그렇게 중요한 것일까요? 그렇습니다. 허위와 거짓은 무엇보다 자기 자신을 무너뜨립니다. 거짓된 나는 참 나를 망가뜨릴 수밖에 없지요. 내 영혼은, 내 생명은 내 안에 설 자리가 없습니다. 그리고 허위와 거짓은 다른 사람을 해칩니다. 그뿐 아니지요. 허위와 거짓말은 한 나라를 흔들어 무너뜨리기도 합니다. 지금 우리나라는 그 존재 자체가 허위와 거짓말인 사람들 때문에 얼마나 어둡고 혼란스럽게 되었습니까.

오늘 우리는 요한계시록의 마지막 장에서 말씀을 받아 읽었지요. 요한계시록은 마지막 절정에서 하나님께서 열어주시는 새 하늘과 새 땅을 보여줍니다. 새 예루살렘의 비전도 열어 보여줍니다. 수정같이 빛나는 생명수의 강이 흐르는 곳이지요. 그런데 요한은 그곳에 들어갈 수 없는 사람들이 있다고 말합니다. 하나님 나라에 들어갈 수 없는 사람들, 그들은 어떤 사람들입니까? 15절입니다. "개들과 마술쟁이들과 음행하는 자들과 살인자들과 우상 숭배자들과 거짓을 사랑하고 행하는 자는 다 바깥에 남아 있을 것이다." 여기서 '거짓을 사랑하고 행하는 자'가 눈에 띄지요. 그 앞에 요한계시록 21장 8절에서도 거짓말쟁이들이 차지할 몫은 불과 유황이 타오르는 바다뿐이라고 말하고 있습니다.

그런데 여기서 정말 궁금합니다. 거짓을 사랑한다고 했는데, 왜 거짓을 사랑하는 것일까요? 사람은 잘못하면 부끄럽지요. 치부가 드러날까 봐 진실을 고백하지 못합니다. 거짓이 좋아서 하는 게 아닙니다. 그런데 세상에는 거짓을 도무지 부끄러워하지 않는 사람들이 있습니다. 왜 그렇게 될까요? 그 거짓이, 사기가 엄청난 이익을 가져다준다는 걸 알기 때문입니다. 주가를 조작해서 대박을 치고, 역사를 날조해서 출세하고, 허위와 거짓으로 권력을 잡았기 때문이지요. 거짓이 새 얼굴도 주고 학위도 주고 돈도 주고 권력도 주었는데, 어찌 거짓을 사랑하지 않을 수 있겠습니까. 그렇습니다. '거짓을 사랑하고 행하는 자들'은 거짓을 능력으로 아는 자들입니다. 거짓을 오히려 자랑하고 능사로 행하는 자들입니다. 자기들의 권력을 위해서, 자기들의 탐욕을 위해서 허위와 거짓을 명예로 삼는 자들입니다.

어쩌면 아굴이 살아가는 세상은 허위와 거짓이 난무하는 세상이었을 것입니다. 그 세상의 정점에는 한낱 인간으로서 자신이 온 세상의 주인이요, 신 그 자체라고 주장하는 권력자들이 있었습니다. 그런데 아굴은 그 거짓과 허위가 저 힘 있는 권력자들에게만 있다고 보지 않았습니다. 그 허위와 거짓은 시나브로 사람들의 일상 구석구석에 스며들어서 어느 틈에 내 곁 가까이에 와 있다는 것입니다. 허위와 거짓이 일상화된 사람들, 허위와 거짓이 능사가 된 세상입니다. 이런 세상을 살아가면서 허위와 거짓을 멀리하는 것은 결코 쉬운 일이 아닙니다. 더구나 어리석고 나약한 인간이 어떻게 허위와 거짓을 멀리할 수 있겠습니까. 아굴은 필생의 기도로, 간절한 마음으로 허위와 거짓을 나에게서 멀리하여 주시라고 하나님께 간청하였습니다.

다음으로 아굴의 두 번째 기도는 무엇일까요? "저를 가난하게도 부유하게도 하지 마시고, 오직 저에게 필요한 양식만을 주십시오." 바로 이 기도입니다. 아굴은 자신이 이렇게 기도드리는 이유를 분명하게 말하지요. 사람은, 아니, 나는 배가 부르면 주님을 부인하면서 '주가 누구냐?'고 말하게 된다는 것입니다. 또 가난하면 도둑질을 하거나 하나님의 이름을 욕되게 할 수 있다는 것이지요. 아굴은 자신이 어리석은 자라는 것, 나약한 인간이라는 것을 너무나 잘 압니다. 기도하지 않고서 탐욕을 이겨낼 인간이 어디 있겠습니까. 그래서 아굴은 자신의 탐욕을 끊임없이 내려놓을 수 있게 해달라고, 일용할 양식으로 만족하게 해달라고, 끊임없이 주님께 간청한 것입니다.

우리의 기도

사랑하는 여러분, 아굴은 자신이 어리석다는 것을 깨달았습니다. 자신이 한낱 인간이라는 것을 알았습니다. 그것이 그가 깨달은 지혜였지요. 그래서 그는 다만 하나님을 의지하며 하나님께 간청했습니다. 저 멀리 저들에게만 있는 게 아니라 어느새 가까이 다가와 내 살갗에 스멀거리는 '허위와 거짓'으로부터 멀리하게 해달라고 간청했습니다. 자신을 부유하게도 가난하게도 마시고 필요한 양식만을 달라고 기도했습니다. 그리고 아굴은 이 깨달음과 이 기도를 이디엘에게 말하고 이디엘과 우갈에게 전했습니다. 그리하여 이 지혜의 기도는 마침내 우리에게까지 전해졌습니다.

그런데 이 아굴의 기도는 어쩌면, 아마도, 예수님에게도 전해졌을 것입니다. 유대 사람들에게 기록으로 계속 전해 내려왔으니, 당연히 예수님도 이 기도를 아셨겠지요. 어떻게 보면, 예수님이 가르쳐주신 '주의 기도'는 아굴의 기도와 너무도 닮았습니다. 특히 주기도문의 우리 기원은, 크게 보면, 일용할 양식을 구하는 기도와 악의 유혹에 빠지지 않게 지켜달라는 기도라고 할 수 있습니다. 이렇게 보면 '주의 기도'는 아굴의 기도가 싹트고 자라서 꽃을 피운 향기로운 기도라고 할 수 있지 않을까요!

    사랑하는 여러분, 아굴은 자신의 어리석음을 깨달았습니다. 그리고 자신은 다만 하나님의 놀라운 은총의 섭리 안에 있다는 것도 깨달았습니다. 이 아굴의 깨달음이 우리의 깨달음이 되었으면 좋겠습니다. 십자가의 어리석음이 바울의 지혜였던 것처럼 아굴의 어리석음이 우리의 지혜가 되었으면 좋겠습니다. 아굴은 또한 자신이 사는 날 동안 허위와 거짓으로부터 멀리하도록 지켜달라고 하나님께 간청했고, 자기에게 필요한 양식만을 달라고 기도했습니다. 우리도 우리가 사는 모든 날 동안 허위와 거짓으로부터 멀리하기를 구하고, 날마다 필요한 양식만을 기도하며 살면 좋겠습니다. 우리가 허위와 거짓을 멀리하고 날마다 우리에게 주시는 일용할 양식으로 만족하고 감사하면서, 다만 하나님의 은혜로운 섭리 안에 살아갈 수 있도록 성령께서 날마다 우리를 지켜주시기를 바랍니다.

제2부

너
사람아

그 영들을 시험해보라

열왕기상 22:18–23	'제가 거짓말하는 영이 되어 아합의 모든 예언자들의 입에 들어가서, 그들이 모두 거짓말을 하도록 시키겠습니다.'(왕상 22:22)
요한1서 4:1–6	예수 그리스도께서 육신을 입고 오셨음을 시인하는 영은 다 하나님에게서 난 영입니다.(요일 4:2)

뻐꾸기 알

어느새 여름입니다. 지난주에는 집을 고칠 일이 있어서 원주에서 지냈습니다. 지금 그곳은 온통 짙푸른 녹색입니다. 회색 건물만 보다가 푸른 숲을 보면, 그것만으로도 마음이 평온해집니다. 게다가 마스크 때문에 눈치 보지 않아도 되지요. 여러분에게 그 싱그럽고 푸른 생기를 가져다 드릴 수 있으면 좋겠습니다. 초여름이 되면 숲이 우거지고, 무엇보다 새들이 바빠집니다. 둥지를 틀고 알을 품는 철입니다. 장로님 집에도 제비와 할미새가 둥지를 지었습니다. 그런데 이 계절에 가장 바쁜 새는 아무래도 뻐꾸기일 것입니다. 다른 새의 둥지를 찾아서 몰래 틈을 보아 전격적으로 알을 낳아야 하니까요. 특히 '검은등뻐꾸기'

는 온종일 시끄러울 정도로 울어대며 이 산 저 산 날아다닙니다.

　이 뻐꾸기는 다른 새의 둥지에 알을 낳습니다. 그것도 꼭 아주 작은 새 둥지에다 알을 낳습니다. 뻐꾸기와 덩치가 비슷한 꾀꼬리 둥지에 낳으면 속이기도 쉬울 텐데, 뻐꾸기 새끼보다 훨씬 작은 딱새나 개개비 집에다가 낳지요. 그 작은 새 둥지에 낳은 뻐꾸기 알은 작은 메추리 알 속에 커다란 달걀을 둔 것처럼 한눈에 확 표가 납니다. 알 색깔도 다르고 영 어울리지 않고 어색합니다. 그런데도 그걸 눈치채지 못하고 속는 딱새가 이상할 정도이지요. 그 알에서 갓 깨어난 뻐꾸기 새끼는 또 얼마나 큽니까. 새끼가 어미 딱새보다 훨씬 더 큽니다. 눈도 뜨지 못한 뻐꾸기 새끼가 딱새 알을 다 밀어내 떨어뜨리고, 어미가 물어다 주는 벌레를 그야말로 독식하지요. 덩치가 커져서 둥지가 비좁을 정도로 꽉 찬 뻐꾸기 새끼 입에 딱새는 머리를 처박으며 열심히 먹이를 줍니다. 새끼가 다 자라면 뻐꾸기 어미가 와서 데려갑니다.

　그런데 그 딱새는 왜 뻐꾸기에게 속는 걸까요? 누가 봐도 제 알이 아닌 걸 어떻게 그렇게 모르고, 암만 봐도 제 새끼가 아닌데 그걸 그렇게 죽자고 모를까요? 어쩌면 딱새가 '큰 것'을 무조건 좋아하기 때문이 아닐까요? 자기 둥지에 엄청나게 큰 알이 있는 걸 보고 이게 웬 떡이냐 하며 좋아하고, 자기 새끼가 자신보다 훨씬 큰 걸 보고 이게 웬 횡재냐 하며 좋아하는 것이 아닐까요?

　모르겠습니다. 제가 딱새한테 물어볼 수도 없으니까요. 그런데 딱새만이 아니라 사람도 가끔, 아니 자주, 큰 것만 좇다가, 큰 거 한 방에 목을 매다가, 텅 빈 둥지 앞에서 절망하여 코가 빠지기도 합니다. 이 알이 자기 알인지, 이 삶이 나의 삶인지 구별하는 것은, 딱새가 뻐꾸기 알과 자기 알을 구별하지 못하는 것처럼, 쉽지만은 않습니다. 신앙도 그렇습니다.

속이는 영, 거짓 영

오늘 우리는 열왕기상에서 거짓 영, 속이는 영 이야기를 읽었습니다. 영인데, 심지어 하나님께서 보내신 영인데, 그것이 성령이 아니라 거짓 영이었습니다.

아합 왕은 '라못 길르앗'이라는 땅을 차지하고 싶었습니다. 시리아가 점령한 땅인데, 본래 자기 땅이었지요. 그런데 당시에 왕은 어떤 일을 실행하기에 앞서서 특히 전쟁 같은 거사를 치르려면 먼저 하나님의 뜻을 물어야 했습니다. 그래서 아합 왕은 400명의 예언자에게 물었습니다. 그런데 그 400명이나 되는 예언자들은 모두 왕의 뜻대로 하라고, 하나님이 이루어주실 것이라고 말했습니다. 더구나 그 예언자 무리의 우두머리 격인 시드기야는 철뿔(쇠창? 뿔은 능력을 뜻함)을 만들어 가지고 와서, 이 뿔로 적을 무찌를 것이라고 확신을 주었습니다. 더 망설일 일이 무엇이겠습니까? 그런데 그때 유다 왕 여호사밧이, 혹시 다른 예언자는 없느냐고 물었습니다. 다른 예언자가 있었지요. 그 400명의 예언자와는 다른 한 예언자가 있었습니다. 미가야라는 예언자입니다. 아합 왕이 싫어하는 예언자이지요. 미가야는 좋은 말만 하는 예언자가 아니라 왕에게 싫은 말을 하는 예언자였습니다.

그래도 그의 말을 들어보아야 한다는 여호사밧의 뜻을 따라 아합은 미가야를 불렀습니다. 미가야는 아합 왕에게 비유를 들려주었지요. 하늘에서 천상회의를 하는 내용입니다. 하나님께서 '누가 저 아합을 꾀어내서 라못 길르앗으로 쳐들어가서 죽게 만들겠느냐?'고 말씀하셨지요. 그러자 영 하나가 나섭니다. 하나님께서 그 영에게 어떻게 아합을 속이겠느냐고 물으시자, 그 영이 대답하지요. 자신이 거짓말을 하는 영이 되어서 아합의 예언자들의 입에 들어가겠다는 것입니다. 그래서 그 예언자들이 모두 거짓말을 하게 하겠다는 것입니다. 거짓 영, 거짓말을 하는 영입니다. 그것이 왕을 파멸로 이끄는 거짓 영의 계략입니다.

　이 비유는 뭘 말하는 것일까요? 그렇습니다. 지금 아합에게 '당신의 뜻대로 하시라.'고 아첨하는 400명의 예언자는 거짓 영을 받은 자들이라는 말입니다. 그 400명의 달콤한 말에 빠진 아합 왕은 지금 속고 있다는 말입니다. 아합은 어떻게 해야 할까요? 400명은 하라고 하고, 단 한 사람, 그것도 참 맘에 안 드는 한 사람이 하지 말라고 할 때, 어떻게 해야 할까요? 아합은 400명의 소리를 따랐습니다. 거짓 영을 따랐습니다. 그리고 그는 결국 비참하게 죽고 말았습니다.

　구약성서의 열왕기서는 그 외형을 보면 역사서라고 할 수 있습니다. 그런데 이 열왕기서는 예언서로 분류됩니다. 예언이란 역사 속에서 이루어지는 것이지요. 무엇보다 열왕기서는 예언자란 어떤 사람인지, 어떤 사람이어야 하는지를 생생하게 보여줍니다. 진짜 예언자는 모두가, 400명의 예언자가 이구동성 좋은 말만 할 때에도, 다른 말을, 싫은 말을 할 수 있어야 합니다. 예언자는 왕의 욕심에 아부하지 않고 다만 하나님의 뜻에 따라야 합니다. 그런데 더욱 중요한 것은 우리가 그 예언자를 분별할 줄 알아야 한다는 것입니다. 그 알이 뻐꾸기 알인지 내

알인지 구별할 줄 모른다면, 결국 남의 알을 품을 수밖에 없기 때문입니다. 거짓 영의 결말은 파멸이기 때문입니다.

그렇다면 왜 아합은 참예언과 거짓예언을 분별할 수 없었을까요? 문제는 언제나 자기 자신에게 있습니다. 아합은 '큰 것'을 좋아합니다. '큰 것'에 환장합니다. 탐욕이지요. 그는 자기 집 앞에 있는 나봇의 포도밭을 보았을 때도, 그것은 제 것이 아닌데, 나봇의 것인데, 자기 왕궁을 더 크게 늘이고 싶어서 나봇을 죽였습니다. 그는 그것이 제 것이 아닌데 제 것인 줄 알았습니다. 스스로 속았습니다. 아합은 큰 것, 큰 소리, 발광하는 소음에 귀가 먹어서 작고 여린 음성으로 말씀하시는 하나님의 말씀을 듣지 못하였습니다.

'큰 것'을 따르는 욕심이 제일 먼저 속이는 것은 자기 자신이라고 할 수 있습니다. 남의 것을 내 것이라고 스스로 속이고, 심지어 하나님의 것을 제 것이라고 스스로 세뇌합니다. 무엇보다 탐욕에 속아 넘어간 사람은 거짓 영에 너무도 쉽고 허망하게 속아 넘어갑니다. 정말 황당무계한 허섭스레기 거짓에 좀비처럼 속절없이 끌려가는 것이지요. 이미 스스로 속을 준비가 다 완비된 사람을 속이는 일이 뭐가 그리 어렵겠습니까. 거짓 영은 언제나 자신만만하지요. 큰 것을 따르는 사람, 거짓 영에 속아 넘어간 사람은 마침내 자기 자신을, 자기 영혼을 빼앗기고 맙니다.

사랑하는 여러분, 우리가 큰 것에, 요란한 소음에 속지 말고, 작고 여린 소리로 말씀하시는 하나님의 말씀을 듣고 따르도록 성령께서 지켜주시기를 바랍니다.

그 영들을 시험하라

오늘 우리는 요한1서에서 거짓 영을 시험해보라는 말씀을 들었습니다. 요한은 어느 영이든지 다 믿지 말라고 말합니다. 믿음은 '무조건 아멘' 하는 것이 결코 아닙니다. 신앙은 맹신이 아닙니다. 거짓 영에게 속지 말아야 합니다. 요한은 거짓 예언자들이 세상에 나타났는데, 그것도 많이 나타났다고 합니다. 요한의 편지들이 기록된 때는, 교회가 탄생한 지 얼마 되지 않은 때였습니다. 그런데 그때부터 벌써 거짓 예언자들이 많이 나타났다는 것은, 우리가 거짓 영을, 거짓 예언자를 분별하는 것이 얼마나 중요한지를 말해줍니다.

그렇다면 우리는 어떻게, 무슨 수로 거짓 영을 알아볼 수 있을까요? 우리가 어떻게 거짓 예언자를 식별할 수 있겠습니까? 요한은 그 영이 하나님에게서 난 영인지 시험해보라고 합니다. 요한은 당시의 그리스도인들에게 거짓 영을 분별하는 한 가지 '시금석'을 가르쳐주었습니다. 본문 2절입니다. "곧 예수 그리스도께서 육신을 입고 오셨다는 것을 시인하는 영은 다 하나님에게서 난 영입니다." 무슨 말입니까? 예수님이 육체를 입고 오셨다는 것을 인정하는 것, 그것을 믿는 것이 영을 분별하는 시금석이다, 그 말입니다. 하나님에게서 난 영은 예수님이 육신을 입고 오셨다는 것을 시인하지만, 거짓 영은, 거짓 예언자들은 예수님이 육신을 입고 오셨다는 것을 부정한다, 그 말이지요. 우리가 잘 아는 대로, 같은 요한 계열의 문서인 요한복음은 1장 14절에서 '말씀이 육체가 되셨다.'고 선언합니다. 이 말은 요한을 따르는 그리스도인들에게 아주 중요한 말입니다. 말씀이 육체가 되셨다, 예수님이 육신을 입고 오셨다, 같은 말이지요.

    그런데 왜 예수님이 '육체'를 입고 오셨다는 것이 그렇게 중요할까요? 거짓 예언자들은 왜 그것을 부정하는 것일까요? 요한은 특히 그리스 문화권에 사는 그리스도인들에게 예수님을 전합니다. 그런데 그리스 문화, 헬레니즘 문화권에서 '신'(神)은, 하나님은 육신을 입을 수가 없다고 생각했습니다. 이것을 흔히 영지주의라고 부르는데, 영지주의에서는 영혼은 영원하고 고결하며 육체는 유한하고 비루하다고 생각합니다. 그래서 고결하고 영원한 하나님은 비천하고 유한한 육체 따위를 가질 필요도, 이유도 없다는 것입니다. 초대교회는 그리스 로마의 문화가 지배하는 시대였지요. 특히 영지주의를 신봉하던 그리스도인들은, 예수님은 초월적이고 완벽한 신이니까 육체를 입을 수 없고, 단지 육체를 입은 것처럼 가장했다고 생각했습니다. 이른바 가현설입니다.

    이렇게 예수님은 육체와는 전혀 상관없는 순수한 영적 존재라고 주장하는 것인데, 무엇이 문제일까요? 예수님을 영원하고 거룩하고 순수한 영적인 하나님이라고 믿는 게 무슨 문제가 되겠습니까? 문제는 이런 신앙은 인간의 육체를 한낱 부정한 살덩이로 폄훼하고 저주하게 된다는 것입니다. 그래서 빨리 이 육체라는 감옥을 깨부수고 저 하늘로 도망치자고 주장합니다. 이런 신앙은 인간의 육신을 가진 사람을 학대하고 혐오하게 되기도 하지요. 우리의 몸이, 우리의 육신이 부모님으로부터 받은 귀한 몸이며, 더구나 거룩하신 하나님께서 지으신 소중한 몸이라는 것을 부정하는 것입니다. 무엇보다 자신을 학대하는 것을 넘어 다른 사람을 함부로 대하게 됩니다. 우리가 육신을 가지고 살아가는 모든 날, 모든 생활은 소중합니다. 무엇보다 사람은 그 자체로 소중합니다. 몸은 하나님이 지으신 것이고, 육신을 입고 오신 예수님이 구원하신 것입니다. 우리가 육신을 가지고 살아가는 역사도 소중하고 귀합니다. 그것은 하나님께서 섭리로 이끄시는 역사이기 때문입니다. 영혼 지상주의는 이렇게 소중한 삶을 무너뜨리고, 역사를 외면하게 만듭니다. 예수님이 육신을 입고 오셨다는 것을 부정하는 거짓 영의 사악한 모략의 목표가 바로 여기에 있습니다.

그런데 한편 당시 그리스 로마세계에서 육신을 입은 하찮은 존재들과는 전혀 다른 영적인 존재, 신의 아들이라는 자가 있었지요. 황제입니다. 황제는 스스로 신이라고 주장했습니다. 황제는 신이니까 다른 모든 인간의 생명도 마음대로 농락하고 처분할 수 있었습니다. 육체를 가진 인간을 노예로 삼고, 마음대로 학대하고 억압하고 살육해도 되는 자가 바로 신이요, 신의 아들입니다. 그런데 그리스도인들은, 하나님의 유일한 참 아들이신 독생자 예수님은 육체를 입고 오셨다고 말하는 것입니다. 황제는 육체를 벗어났다고 말하는데, 예수님은 육체가 되셨다는 것입니다. 이렇게 육체를 입고 오신 분, 육체가 되신 분, 우리 예수님만이 진짜 하나님의 아들이시다, 그 말입니다. 몸으로 오신 예수님은 우리의 영혼만 쏙 빼내가시는 분이 아니라 우리의 몸을, 우리의 온 생명을 구원하시는 분입니다. 예수 그리스도는 육신을 입고 오셨다, 말씀이 육체가 되셨다, 참으로 귀한 그리스도인의 신앙의 시금석입니다. 예수 그리스도께서 육신을 입고 오셨다는 믿음이 우리의 믿음이요, 우리의 찬미가 되기를 바랍니다.

그리스도의 몸, 교회

얼마 전까지도 한국교회는 '성령운동'으로 '기적적인' 성장을 이루어냈다고 스스로 자랑했습니다. 그런데 코로나19를 겪으면서 교회는 많은 문제점을 드러내게 되었습니다. 신천지로부터 시작하여 계속해서 교회들의 추악한 문제들이 세상 밖으로 알려지게 되었지요. 그러다가 지난주에는 한국 교계에서 스스로 가장 개혁적이고 진보적인 교단이라고 하는 곳의 총감독의 추악한 치부가 방영되었습니다. 그 목사는 일찍이 미국에 유학해서 엘리트 코스를 밟고 들어와 이른바 능력자로 살아왔습니다. 가는 곳마다 교회를 성장 부흥시켰답니다. 그래서 마침내 서울에 입성하여 아주 유망한 큰 교회의 담임이 되었고, 교단의 총감독에까지 올랐습니다. 그런데 그가 목회 초년부터 지금까지 끊임없이 교회의 여신도들, 특히 어린 여성들을 성폭행해 왔다는 사실이 드러났습니다. 수많은 여신도가 당했는데, 목사는 승승장구하고 당한 사람들만 교회에서 쫓겨났습니다.

어떻게 이런 일이 교회에서 가능했을까요? 밝혀진 것은, 이런 일이 벌어질 때마다 교회는 교회의 안보를 위한다며 덮어왔다는 것입니다. 결국 교단 총회석상에서 고발하고 소리 지르고 난리가 났는데, 이 사람, 얼마나 능력자인지 위로금을 듬뿍 받고 총감독직에서만 물러났답니다. 그 위로금으로 사놓은 부동산도 대박이 났다지요. 참으로 희한한 것은 어떻게 이런 목사가 교회를 부흥시키고, 어떻게 이런 자에게 신도들이 속는 것일까요? 이 사람이 소위 말하는 대로 성령의 사람이라면, 그 영은 어떤 영일까요? 이것은 거룩한 영이 아니라 거짓 영, 속이는 영, 더러운 영이 아닙니까? 그렇다면 그렇게 성장한 교회란 교회가 아니지 않습니까? 참으로 가슴이 답답하고 무너지는 일입니다. 이렇게 성장한 것이, 이렇게 기적적으로 부흥한 것이 어떻게 교회일 수 있겠습니까? 한국교회가 뻐꾸기 알처럼 '큰 것'만 바라보고, '큰 것'만 따라간 것이 아닐까요? 이 땅의 그리스도인이라는 사람들이 '한 사람의 진실한 예언'이 아니라 '400명의 요란한 소음'에 열광한 것 아니겠습니까? 무엇보다 한국교회가 '예수 그리스도가 육신을 입고 오셨다.'는 고백을 버리고, 그저 허깨비 환상을 좇아 헤맨 것이 아닐까요?

오늘은 우리 교회 창립기념주일입니다. 올해는 코로나19로 함께 밥상을 나눌 수도 없게 되었네요. 그래도 우리가 함께 모여 예배드리는 것은 참 소중하고 고마운 일입니다. 무엇보다 우리 교회의 생일을 맞아 교회가 무엇인지 다시 그 뜻을 마음에 새길 수 있었으면 좋겠습니다. 우리 교회는 '큰 것'이 아니라 '참된 것'을 기도하는 사람들의 교회가 되었으면 좋겠습니다. 많은 사람의 열광하는 소음이 아니라 작고 여린 하나님의 음성을 듣는 사람들이 바로 하나님의 사람들입니다. 무엇보다 예수 그리스도가 육신을 입고 오셨다고 고백하고 찬미하는 사람들, 그들이 교회입니다.

교회는 아무런 생각도 없는 좀비 집단도 아니고, 허깨비 유령 집단도 아닙니다. 교회는 이 세상에서 몸으로 존재합니다. 하나님께서 우리의 몸을 창조하셨지요. 그리스도는 몸으로 오셨고, 그 살과 피로 우리를 구원하셨으며, 몸으로 부활하셨습니다. 성령께서 우리 몸 안에 거하십니다. 이것이 우리 믿음의 놀랍고 신비로운 비밀입니다. 우리의 예배는 그리스도의 몸을 나누는 것이고, 교회는 우리가 그리스도와 함께 이루는 한 몸입니다. 사랑하는 여러분, 바울이 말한 대로, 우리 몸은 하나님의 거룩한 영을 모신 성전이 아닙니까. 교회는 다만 오직 그리스도의 몸이요, 우리는 그 지체가 아닙니까. 그리스도 안에, 그리스도와 함께 있는 우리가 교회입니다.

　사랑하는 여러분, 우리는 하나님에게서 난 사람들입니다. 우리에게는 세상의 영이 아니라 하나님께서 주신 영이 있습니다. 우리는 하나님께 몸을 받은, 하나님께서 사랑하시는, 하나님의 자녀입니다. 우리의 몸도, 우리의 삶도, 우리의 역사도 정말 귀하고 귀한 것입니다. 무엇보다 우리의 교회는 그리스도와 우리가 함께 이루는 거룩한 한 몸입니다. 우리가 거짓 영에 속아서 허망한 탐욕을 품고 사는 것이 아니라, 다만 하나님의 뜻을 따라 살아가도록 성령께서 우리를 지켜주시고 인도하여 주시기를 바랍니다. 그리스도의 몸 안에서 나누는 우리의 마음과 우리의 생활에 언제나 하나님의 사랑과 은혜가 가득하기를 바랍니다.

니고데모에 대한 단상

요한복음 3:1-8 바람은 불고 싶은 대로 분다. 너는 그 소리는 듣지만, 어디에서 와서 어디로 가는지는 모른다. 성령으로 태어난 사람은 다 이와 같다.(요 3:8)

밤중에 찾아온 사람

요한복음에는 '니고데모'라는 사람이 등장합니다. 오늘은 본문을 토대로, 가능한 한 문학적 상상의 나래를 펼치면서 니고데모라는 사람을 따라가 보려고 합니다. 니고데모는 요한복음에만 세 번 나오는데, 초반 3장에 나타났다가, 중간쯤인 7장에 다시 나오고, 예수님이 십자가에 돌아가셨을 때 마지막으로 나옵니다. 첫번 만남에서는 예수님과 대화하고, 두 번째 만남에서는 예수님을 변호하고, 마지막으로는 십자가에 돌아가신 예수님을 위해 몰약에 침향을 섞은 것을 백 근 (약 35kg)이나 가지고 옵니다. 이런 모습을 보면, 니고데모는 예수님의 제자인 것 같기도 하고, 아닌 것 같기도 합니다. 그는 예수님의 활동 초반부터 십자가에 돌아가실 때까지 줄곧 예수님 곁을 맴돕니다. 참 묘한 데가 있지요. 이 니고데모는 어떤 사람일까요?

우선 본문을 보면, '니고데모'는 바리새파 사람이고, 그중에서도 지도자입니다. 갈릴리 촌부들과는 격이 달라 보이는(?) 인물입니다. 공관복음서에 보면, 예수님을 찾아온 부자 청년 지도자가 있었지요. 예수님에게 자기 무덤을 내어준 요셉도 있습니다. 부유한 사람들이지요. 그들과 조금 겹쳐 보이는 부분이 있기도 하지만, 정확하게 같은 인물인지는 도무지 확인할 길이 없습니다.

'니고데모'라는 이름은 유대식 이름이 아니라 그리스-로마식 이름입니다. '겐네사렛 호수'가 '디베랴 바다'로 된 것처럼 나중에 개명한 이름일 수도 있습니다. 먼저 '니고'(니코)는 그리스 말 '니카오'에서 온 것으로 '승리'라는 뜻을 가지고 있습니다. 그리스 신화의 '니케' 여신이 바로 승리의 여신이지요. 로마식으로는 빅토리아입니다. '데모스'는 '사람'을 뜻합니다. 그렇게 보면 니고데모라는 이름의 의미는 '승리한 사람'이라는 뜻 정도가 되겠네요. '승리자', '승리자가 되라'는 의미를 지닌 이름입니다.

이 유력한 인사인 니고데모가 예수님을 찾아왔습니다. 그런데 언제 왔지요? 밤중에 왔습니다. 그가 밤에 왔다는 것은 그냥 생각 없이 지나치는 표현은 아닙니다. 예수님이 돌아가셨을 때, 그를 가리켜 '밤중에 왔던 사람'이라고 명시한 것을 보면, 밤중에 온 것이 예삿일은 아니라는 말이지요. 니고데모는 밤손님입니다. 그런데 이 사람은 왜 밤에 왔을까요? 한낱 갈릴리 촌부인 예수님을 유력인사인 바리새파 지도자가 찾아가는 것이 남들 눈에 띌까봐 꺼림칙해서 그랬을까요? 그런 측면이 있을지도 모릅니다. 바리새파 사람들은 자신들이 남들과 다른 특별한 사람이라는 자부심이 대단했으니까요. 그런데 바로 그런 점에서, 그가 밤중에 예수님을 찾아온 것은, 밤에라도 찾아가야 했던 아주 중대한 문제가 있었기 때문이라고 생각할 수 있습니다. 밤중에 찾아갔다는 것은, 혹시 모를 오해를 감수하면서라도 꼭 찾아가야 하는 절실한 이유가 있었다는 말이 됩니다. 그리고 그것은 상당히 예민한 문제라는 것도 미루어 짐작할 수 있습니다. 그게 뭘까요? 바리새파 사람 니고데모는 예수님에게서 뭘 보았던 것일까요? 뭐가 그렇게 궁금했을까요?

고뇌하는 지식인

요한복음에서 니고데모가 예수님을 찾은 때는 예수님이 활동을 시작한 직후입니다. 아마 그는 예수님에 관한 소문을 들었겠지요. 예수님이 무슨 사건을 일으켰는지 소문을 들었을 것입니다. 그래서 그 사건을 일으킨 사람이 궁금해졌고, 꼭 만나야겠다고, 위험을 무릅쓰고서라도 만나야겠다고 다짐했을 것입니다. 그렇다면 니고데모가 들은 예수님에 관한 소문, 예수님이 일으킨 범상치 않은 사건이 무엇일까요? 우리는 그것을 그리 어렵지 않게 확인할 수 있습니다. 왜냐하면 니고데모가 찾아오기 전에 예수님이 일으킨 사건은 두 가지뿐이기 때문입니다.

먼저 예수께서 가나 혼인잔치에서 물이 포도주가 되게 하신 일이 있습니다. 예수님이 이루신 첫 번째 표징이었지요. 잔치에 포도주가 떨어지자 일꾼들에게 물을 길어오라고 했고, 그 물이 포도주가 되었습니다. 니고데모는 예수님이 물로 포도주를 만들었다는 기적 이야기를 들었을까요? 그래서 예수님이 어떤 분인지 궁금했을까요? 물로 포도주를 만드는 그 오묘한 '레시피'라도 알고 싶어서 찾아온 것일까요? 그건 아닌 것 같습니다. 포도주를 만든 사건은 갈릴리 가나에서 일어났는데, 니고데모는 주로 예루살렘에서 예수님을 만납니다. 동선이 서로 어긋나지요. 게다가 포도주 사건은 일꾼들과 몇몇 사람들만 알고 있었습니다.

포도주 사건이 아니라면, 다음은 예수님이 성전을 숙청하신 일이 있습니다. 예수님은 유월절이 가까웠을 때 예루살렘 성전으로 올라가셨습니다. 거기 성전 뜰에서 소와 양과 비둘기를 팔고, 돈을 바꾸어주는 사람들이 앉아 있는 것을 보셨지요. 그것을 보시고 어떻게 하셨습니까? 노끈으로 채찍을 만들어서 소와 양과 비둘기를 장사꾼들과 함께 내쫓으시고, 돈을 쏟아버리고 상을 둘러엎으며 말씀하셨지요. "이것을 걷어치워라. 내 아버지의 집을 장사하는 집으로 만들지 말아라." (요 2:16)

이거 참 이래도 되는 걸까요? 채찍을, 흉기를 제작하여 휘두르고, 상을 둘러엎어 재물을 손상하고, 허가받은 장사꾼들을 다 걷어치우라며 내쫓았으면, 이거 무슨 법에 걸리지 않을까요? 걸려도 여러 가지로 걸리지 않겠습니까? 이런 난동을 벌이다가 로마 검찰에게 걸리면 어떻게 되겠습니까? 그냥 조용하게 비무장 시위를 해도 목을 조르는 판인데, 이거 예수님은 처음부터 십자가 처형감이 아닙니까?

더구나 예수님은, 무슨 권리로 이렇게 하느냐며 항의하는 유대 사람들에게 성전을 헐어버리라고, 아예 이런 상업 종교의 뿌리를 뽑아버리라고 말씀하셨습니다. 그저 제물의 유통을 투명하게 하고, 속죄

사업을 좀 공평하게 하고, 하나님께는 유기농 제물만 드려서 성전을 순화하라는 게 아닙니다. 그 근본을, 그 기초를 허물어버리라는 것입니다. 46년이나 걸려 건설되고 있는 그 위대하고 거룩한 사업을 뒤엎어버리라는 것입니다. 너무도 과격하고 충격적입니다. 그렇게 온 백성의 숙원인 예루살렘 성전을 허물어버리면, 예수님이 사흘 만에 다시 세우시겠다는 것입니다. 참 대책 없는 과격분자 아닙니까. 참으로 엄청나고 충격적인 이 사건은, 예수님이 예루살렘에서 백주에, 그것도 온 백성이 예루살렘 성전을 순례하는 유월절에 벌이신 사건입니다. 그냥 순식간에 소문이 퍼졌겠지요. 그러니 당연히 니고데모도 이 엄청난 사건을 소문으로 듣게 되었을 것입니다.

그런데 니고데모는 바리새파 사람이었지요. 본래 바리새파는 개혁파였습니다. 바리새파의 뿌리는 '하시딤'이라는 개혁파에 있습니다. 성전과 사제들이 권력과 야합하면서 추악하고 음란한, 참으로 말할 수 없는 더러운 야바위판을 벌이는 것을 보고 성전의 순수성, 신앙의 거룩함을 회복하고자 하는 운동이 일어났던 것입니다. 그렇게 요즘으로 치면 평신도 개혁운동으로 일어난 것이 바리새파 운동입니다. 성전의 제사/예배가 제물/헌금을 매개로 타락하고 부패하자 율법을 중심으로 백성을 일깨우고, 제도/규칙을 정비하고, 생활 속에서 실천하자는 것이 바리새파의 기본입니다.

그렇게 보면, 바리새파 사람 니고데모가 성전을 숙청한 예수님 이야기를 들었을 때, 얼마나 속이 시원하고, 또 한편 궁금했을까요? 그토록 거침없이 성전에서 채찍을 휘두르고 장사꾼을 내쫓고 상을 둘러엎었다는 이야기를 듣고, 니고데모는 예수님을 꼭 만나보아야겠다고 다짐했을 것입니다. 성전이 이래서는 안 된다고, 성전을 개혁하지 않으면 이 백성은 희망이 없다고 고민하는 시대의 지성인에게, 무엇을 어떻게 해야 할지 고뇌하고 탄식하는 신앙인에게 예수님은 너무도 크고 중대한 도전이었습니다.

위로부터 나지 않으면

그래서 니고데모는 밤중에 예수님을 찾아왔습니다. 니고데모는 예수님을 만나서 뭐라고 부릅니까? '랍비님'이라고 부르지요. 이 호칭은 바리새파 사람들로서는 최고의 존경을 표현하는 말입니다. 명예로운 이름이지요. 요즘 식으로 말하면, '난 당신에게 반했다.'는 표현입니다. 게다가 니고데모는 예수님에게 '당신은 하나님께로부터 온 분'이라고 말합니다. '랍비'라는 호칭, '하나님께로부터 온 사람'이라는 표현, 정말 정중하고 예의 바른 말입니다. 유력인사에게 이런 존경과 찬사를 받으면, 그에 걸맞는 답례를 해야 하겠지요? 가는 말이 고우면 오는 말도 곱다고 하지 않습니까? 그런데 우리 예수님은 니고데모에게 단도직입적으로 말씀하십니다. "누구든지 거듭나지 않으면 하나님 나라를 볼 수 없다." 진정으로, 진정으로, 아멘으로, 아멘으로, 더없이 단호하게 그에게 하신 말씀입니다. 무슨 말일까요?

완전한 변화, 근본적인 개혁이어야 한다는 말이 아닐까요? 여기서 '거듭난다'라는 말은 두 번 난다는 말이 아닙니다. '위로부터' 난다는 말이지요. 진정한 개혁이란 성전을 무너뜨리고 다시 세우는 것이 아니다, 그 말입니다. 다시 반복하는 수평적 개혁이 아니라, 위로부터 나는 근본적인 개혁이라야 한다는 말입니다. 사실 이스라엘 역사에서 성전 개혁은 여러 차례 있었습니다. 그때마다 제단을 바꾸고, 성전을 다시 세우고 했지요. 당시의 성전도 무너진 성전을 다시 세우는 중이었습니다. '다시', '거듭' 세우는 것입니다. 이 건물을 허물어 저 건물을 세우고, 이 제도를 바꿔서 저 제도를 세우고, 그런 일을 흔히 개혁이라는 이름으로 행합니다. 특히 바리새파 사람들은 '성전 제사'를 '율법 조문'으로 개혁하려 했습니다.

예수께서는 거듭나야 한다고, '위로부터' 나야 한다고 말씀하셨지요. 그런데 여기서 우리가 주목할 것이 있습니다. 거듭나야 한다는데, 위로부터 나야 한다는데, 그것이 무엇입니까? 건물과 제도, 성전과 율법인가요? 아니지요. 사람입니다. 예수님은 지금 건물과 제도가 아니라 '사람'을 말씀하십니다. 사람이, 너 자신이, 바로 내가 다시 나야 한다는 말씀입니다. 사람이 변해야 한다, 너 자신이 바뀌어야 한다, 그 말입니다. 성전의 개혁을 묻는 그에게 예수님은 사람의 개혁, 너 자신을 개혁하라고 말씀하셨습니다.

우리의 니고데모, 여기 이르러서 예수님에게 푸념하듯 묻습니다. "사람이 늙었는데, 어머니 뱃속에 들어갔다가 다시 날 수는 없지 않습니까?" 맞는 말입니다. 사람이 늙으면 다시 날 수 없습니다. 그런데 여기서 니고데모는 아직도 거듭나는 것을 '반복'이라고 생각하고 있습니다. 어머니 뱃속에 들어갔다가 다시 나올 수도 없겠지만, 설령 그렇게 들어갔다가 나온다고 해서 그것이 곧 거듭나는 것은 아니지요. 그것은 그저 반복일 뿐 아닙니까.

예수께서는 그에게 다시 분명하게 말씀하십니다. "누구든지 물과 성령으로 나지 않으면, 하나님 나라에 들어갈 수 없다." 역시 진정으로, 진정으로, 아멘으로, 아멘으로, 단호하고 분명하게 하신 말씀입니다. 앞에서 예수님은 '누구든지 위로부터 나지 않으면, 하나님 나라를 볼 수 없다.'고 말씀하셨지요. 똑같은 말씀이 반복되었지요. '위로부터 나지 않으면'이라고 한 말이 '물과 성령으로 나지 않으면'이라고 바뀌었을 뿐입니다. '위로부터 나는 것은 곧 성령으로 나는 것이다.', 그 말입니다.

성령으로 나는 것, 그것이 진정한 개혁입니다. 바리새파 사람들처럼 '성전'을 '율법'으로 바꾼다고 해서 그것이 개혁은 아닙니다. 또한 '율법'을 '복음'이라고 바꾸었다고 해서 그것이 개혁은 아닙니다. 실제로 유대교에서 오늘 기독교에 이르기까지, '오직 성전' 했다가, '오직 율법' 했다가, '오직 믿음'이라고 한들 달라진 것이 있었나요? 이스라엘이 '오직 성전' 하면서 하나님을 배반했다면, 바리새파 사람들이 '오직 율법' 하면서 하나님을 슬프게 했다면, 오늘 기독교는 '오직 믿음' 하면서 하나님을 참람하게 모독하고 있지 않습니까? 추악한 사이비일수록 시뻘건 글씨로 '오직 믿음', '무조건 믿음'이라고 발악을 하지 않습니까?

왜 그러는 것일까요? 그들은 성령으로 난 것이 아니라 맘몬의 더러운 영으로 났기 때문입니다. 그들은 영으로 난 게 아니라 육으로 났기 때문입니다. 사람은 누구나 하나님과 맘몬을 양다리 걸치고 섬길 수 없습니다. 더구나 하나님 앞에서 맘몬을 섬긴다면, 하나님을 맘몬이라고 우긴다면, 그것이야말로 참람한 우상숭배일 뿐입니다.

바람은 불고 싶은 대로 분다

그런데 성령으로 난 사람은 또 어떤 사람일까요? 위로부터 나야 한다는데, 그런 사람은 어떤 사람일까요? 궁금하지요? 저도 궁금합니다. 그런데 우리 예수님의 대답은, '너희는 알 수 없다.'고 합니다. 성령으로 나면 하얀 옷만 즐겨 입는다든지, 갑자기 얼굴의 여드름이 싹 사라진다든지, 불판 위에 오른 원숭이처럼 펄쩍펄쩍 뛴다든지, 뭔가 분명한 확증이 있으면 좋겠는데, 그런 게 아닙니다. 어떤 사이비 교주들은 성령의 확실한 증거를 보여준다는데, 예수님은 그게 아닙니다. 예수님의 표현이 참 알쏭달쏭 절묘합니다. "바람은 불고 싶은 대로 분다. 너는 그 소리는 듣지만, 어디에서 와서 어디로 가는지는 모른다."

무슨 말씀일까요? 어떤 노랫말처럼, 바람만이 아는 대답이라는 말일까요? 우리가 아무리 꽉 움켜쥔다고 해도 바람을 잡을 수 없듯이, 우리가 성령을 잡는 게 아니라는 말 아닐까요? 우리가 성령을 부리는 게 아니라 성령이 우리를 사로잡는 거라는 말씀 아닐까요? 아니, 이미 성령께서, 하나님의 영이 우리를 감싸고 계시는데, 우리가 그것을 모른다는 말씀 아닐까요? 하나님께서 우리를 그토록 사랑하시는데, 하나님께서 우리를 처음부터, 우리가 태어나기 전부터 생각하시고, 당신의 독생자를 주시기까지 사랑하시는데, 우리가 이미 하나님의 숨을 받아 살고 있는데, 하나님의 영이 우리를 그리스도의 몸으로, 교회로 세워주시는데, 바람이 이미 불고 있는데, 우리가 그것을 모르고 엉뚱한 데서 헤매고 있다는 말씀 아닐까요? 하나님의 영은 바람처럼 우리의 아침에도 계시고, 우리의 저녁에도 계시는데, 아침 이슬 머금은 이름

모를 풀꽃에도 넉넉히 계시고 너의 슬픈 눈망울에도 그렁그렁 계시는데, 우리만 그걸 보지 못하고, 우리만 그걸 도무지 모른다는 말씀 아닐까요? 우리는 그저 크고 요란하고 파괴적인 태풍만 좇아가느라, 정작 부드럽고 조용하게 부는 바람을, 하나님의 한없이 고요하고 평온한 음성을 듣지 못하는 게 아닐까요? 우리는 이미 하나님의 숨을 쉬며 살고 있다는 말씀 아니겠습니까? 모르겠습니다. 그러니 다만 바람에 오롯이 맡길 수밖에요.

사랑하는 여러분, 저 밤이슬 맞고 다니던 니고데모는 예수님의 말씀을 듣고, 위로부터, 성령으로 태어났을까요? 그것도 잘 모르겠습니다. 다만 알 수 있는 것은, 믿을 수 있는 것은, 어쩌면 조금은 우유부단하기도 하고, 또 어쩌면 그래도 진리를 잡으려고 애쓰기도 하고, 평생 고민줄을 놓지 못하고 살아갔을 그를, 성령께서는 언제나 감싸고 가셨을 것이라는 사실입니다. 또한 성령께서는 우리도, 여러분과 저도, 언제나 어디서나 감싸주신다는 것을 알 수 있습니다. 믿을 수 있습니다. 성령께서 우리가 위로부터 태어나도록 솔바람처럼 감싸주시기를 바랍니다. 우리가 부드럽고 조용하게, 바람결에 말씀하시는 하나님의 음성을 들으며 위로받고, 새 힘을 얻으며 살아갔으면 좋겠습니다. 여름 무더위를 식혀주는 바람처럼 성령께서 우리를 지켜주시고 이끌어주시기를 바랍니다.

다른 보혜사를 보내셔서

창세기 2:15-25 "남자가 혼자 있는 것이 좋지 않으니, 그를 돕는 사람, 곧 그에게 알맞은 짝을 만들어 주겠다."(창 2:18)

요한복음 14:15-26 그리하면 아버지께서 다른 보혜사를 너희에게 보내셔서, 영원히 너희와 함께 계시게 하실 것이다.(요 14:16)

키다리 아저씨

〈키다리 아저씨〉라는 소설이 있습니다. 1912년 미국 여류작가 웹스터가 쓴 아동문학 작품이지요. 한 고아 소녀가 자신의 후원자에게 보내는 편지 형식의 소설입니다. 주인공 소녀는 후원자의 이름도 성도 모르고, 나이도 얼굴도 모릅니다. 다만 그의 다리가 길다는 인상이 남아 있었지요. 그래서 그냥 '키다리 아저씨'라고 부릅니다. 이 '키다리 아저씨'는 나중에 애니메이션과 영화로도 만들어졌습니다.

    이 동화가 발표되기 직전인 1907년에 미국은 대공황이라 불리는 심각한 금융위기를 겪었습니다. 수많은 은행이 파산하고 기업이 도산했지요. 서민들의 일상이 파괴되어서 오갈 데 없는 사람들이 길거리로 내몰렸습니다. 이런 힘겹고 어려운 시기에는 무엇이 필요할까요? 삶의 터전을 잃어버린 막막한 사람들에게는 무엇이 중요했을까요? 무엇보다 집도 잃고 부모도 잃어버린 고아들에게 가장 절실한 것이 무엇이었겠습니까? 그들이 다시 일어설 수 있도록 손잡아주는 사람, 돕는 사람, 바로 후원자입니다. 키다리 아저씨는 그런 후원자입니다. 그런데 그는 이름도 없고 얼굴도 없습니다. 조용히 그림자처럼 뒤에서 도와줍니다. 이런 후원자, 눈에 보이지 않지만, 언제든 든든하게 지지해주고 응원하는 키다리 아저씨, 참 멋진 사람 아닙니까.

그런데 〈키다리 아저씨〉 이야기의 배경에는 당시 미국의 상황이 있습니다. 당시 미국에서는 금융위기를 계기로 금융재벌들이 급부상했습니다. 이른바 금융재벌들이 지배하는 세상, 돈이 지배하는 세상이 열린 것이지요. 돈은 곧 권력이요 명예였습니다. 이들은 자신들의 돈으로 정치도 지배하고, 문화예술도 농락하고, 사회도 조종하고, 종교까지 쥐락펴락했습니다. 한마디로 이들이 후원하지 않으면 누구도 대통령이 될 수 없었습니다. 이전에는 뒤에 숨어서 그림자처럼 세상을 지배하던 자본이 이제는 자신의 얼굴을 드러내고 노골적으로 권력을 휘두르기 시작한 것입니다. 그들의 다른 이름이 바로 '후원자'입니다. 스폰서라고 하지요. 그런데 그들은 실제로는 '지배자'였습니다. 당시의 그런 상황을 생각하면, '키다리 아저씨'는 어쩌면 지배의 야욕을 숨긴 음흉하고 탐욕스러운 후원자를 희롱하는 것인지도 모릅니다.

어쨌거나 자신의 이름과 얼굴을 숨기는 후원자, 전폭적으로 지지하고 후원하지만, 그러나 지배하려 하지 않는 후원자, 그런 따뜻한 후원자가 있다면 정말 든든하지 않을까요. 그런 후원자가 있다면 팍팍한 세상도 좀 살 만하지 않을까요.

보혜사

오늘 우리는 성령강림절의 말씀으로 요한복음의 말씀을 함께 받아 읽었습니다. 여기서 우리는 놀라운 말씀을 듣게 됩니다. 예수님은 세상을 떠나시면서 남겨진 제자들을 위해 하나님께서 누군가를 보내실 것이라고 말씀하십니다. 누구일까요? 하나님께서 세상에 남겨진 제자들에게, 그리스도의 사람들에게 누구를 보내주신다는 것입니까? 하나님께서 보내주시는 그분은 바로 '보혜사'입니다. 보혜사, 도와주는 분입니다. 그리스도의 사람들을 지켜주시고 도와주시는 '보혜사'입니다.

그런데 왜 하필 '보혜사'일까요? 사실 요한복음을 기록할 당시는 그리스도인들이 참 어려움을 많이 당할 때였습니다. 요한복음 9장 22절을 보면, 그때가 어떤 때였는지 짐작해볼 수 있습니다. "예수를 그리스도라고 고백하는 사람은 누구든지 회당에서 내쫓기로, 유대 사람들이 이미 결의해 놓았기 때문이다." 바로 이 구절입니다. 우리가 아는 것처럼, 당시는 로마가 지배하던 시기였습니다. 기원후 70년 유대전쟁으로 예루살렘 성이 무너지고, 완전히 로마제국이 지배하는 세상이 되었지요. 그런데 로마는 식민지의 종교 문제에 대해서는 유화정책을 폈습니다. 본디 로마의 대표적인 신전 '판테온'은 그 말 자체가 '모든 신'이라는 뜻입니다. 세상의 모든 신을 다 수용한다, 그런 말입니다. 다만 한 가지 전제가 있다면, 신들의 위계질서를 깨뜨려서는 안 된다는 것이었습니다. 로마의 최고 신의 대리자인 황제의 지배와 통제를 받으면 되는 것이지요. 그래서 기원후 90년에 유대교는 로마의 공식 종교로 인정을 받고, 유대교의 율법학교를 세우고, 유대교의 본격적인 재건을 시작했습니다. 유대교가 합법 종교가 되면서 로마의 후원하에 성장과 부흥을 도모할 수 있게 된 것이지요.

그렇다면 그리스도인들은 어떻게 되는 것일까요? 그리스도인은 본래 유대교 안에 있었으니까, 그냥 유대교 회당 안에서 법적으로 보장된 신앙생활을 하면 되지 않을까요? 그런데 그렇게 하려면 문제가 있었습니다. 우리가 복음서와 바울의 편지에서 보는 것처럼, 그리스도인들은 유대교의 지도자인 바리새파 율법학자들과 갈등을 겪고 있었습니다. 여러 면에서 부딪혔지요. 그중에서 가장 핵심되는 문제는 이방 사람 문제였습니다. '이방 사람' 중에서도 본디 유대 사람이었지만 바빌론 포로 이후 태어난 유대 사람이 있었습니다. 할례를 받지 못한 사람들입니다. 이들은 그래도 할례를 받으면 받아들여질 수 있었습니다. 부계나 모계 하나만 유대 사람이라도 할례를 받으면 받아들여졌습니다. 그런데 유대 혈통과 상관없는 완전한 이방 사람도 교회에 들어오기 시작했습니다. 이들은 할례가 문제가 아니었지요. 이들을 어떻게 해야 할까요?

이 이방인들은 유대 회당은 언감생심이고, 교회 안에서도 문제가 되었습니다. 사도 바울이 심각하게 다룬 것도 주로 이 문제였습니다. 그래도 다행히, 정말 다행히, 초대교회 그리스도인들은 문제를 피하지 않고 공식적으로 이 문제를 다루어서 해결했습니다. 초대교회의 사도들과 장로들이 모여서 정말 치열한 토론과 논쟁을 벌였습니다. 그리고 이렇게 결론을 내렸습니다. "우리가 주 예수의 은혜로 구원을 얻고, 그들도(이방 사람들 곧 할례받지 않은 사람들도) 꼭 마찬가지로 주 예수의 은혜로 구원을 얻는다고 우리는 믿습니다."(행 15:11) 정말 지금

들어도 가슴 벅찬 고백입니다. 참으로 놀랍고 멋진 결정 아닙니까. 마땅하고 마땅한 결정입니다. 이게 2,000년 전에 내린 교회의 결정이었습니다.

그런데 이런 결정은 동시에 교회를 어렵게 만들었습니다. 이 결의는 제 발로 불구덩이에 들어가는 사생(死生)의 결의였습니다. 안전한 보금자리, 회당이라는 안전한 울타리 바깥으로 추방당할 수밖에 없는 결정이었습니다. 거기에 더해 그리스도인들은 '십자가'라는 위험한 징표를 숨기지 않았습니다. 이 십자가는 무엇입니까? 당시에도 로마는 자신들에게 저항하는 자들을 '십자가'로 위협하고 처단했습니다. 기록을 보면, 끔찍하게도 한꺼번에 수천 명을 십자가에 처형한 일도 있습니다. 로마제국 안에서는 '십자가'라는 말 자체가 '빨갱이'보다 더 위험한 금기어였습니다. 그런데 대놓고 "우리는 그리스도의 '십자가'밖에는 아무것도 알지 못한다."라고 선포한다면, 그게 무엇이겠습니까? 로마제국은 십자가에서 죽은 그리스도를 따른다는 종교를 결코 인정할 수 없었습니다. 그러니 안전이 보장된 회당에서 모이는 것이 얼마나 중요했겠습니까!

그러나 그리스도인들은 타협하지 않았습니다. 그리스도인들은 할례 문제 정도가 아니라 완전한 이방인까지 받아들이기로 결의함으로써, 율법의 문자가 아니라 복음의 은혜를 따름으로써 돌아올 수 없는 강을 건너버렸습니다. 어떻게 거룩한 율법을 훼손하는 무리를 신성한 회당에 들일 수 있겠습니까. 유대교는 공식적으로 '예수를 그리스도로 고백하는 사람들' 곧 '그리스도인들'을 자신들의 회당에서 추방하기로 결의했습니다. 그리스도인들은 아무런 보호장치 없이 길거리로 내몰리게 되었습니다.

"나는 너희를 고아처럼 버려 두지 아니하고."(요 14:18) 제자들에게 하신 예수님 말씀입니다. 무슨 말씀입니까? 제자들이, 그리스도인들이 고아처럼 되었다는 말입니다. 그리스도인들이 고아처럼 아무도 의지할 수 없이 오갈 데 없는 처지가 되었다, 그 말씀입니다. 실제로 교회는 성전도 회당도 없이 이 집 저 집 떠돌면서 모였습니다. 그것도 위험하니까 심지어 땅속 무덤에서 모이기도 했습니다. 더구나 당시 그리스도인들은 너무도 작은 무리였습니다. 그 쪽수라도 많으면, 그래도 좀 위로가 될 텐데, 그리스도인들은 너무 작고 너무 약했습니다. 무엇보다 예수님은 당신이 떠나시고 나면 예수님을 미워하던 세상이 그리스도인들을 미워할 것을 아셨습니다. 그리스도인들은 회당에서 내쫓기고(요 16:2) 세상은 그리스도인들을 박해하고 죽이려 한다는 것입니다. 참 어렵고 막막한 때였습니다. 예수님은 그리스도인들이 그 어려움을 감당하지 못할 것도 아셨습니다. 그리스도인의 길이 슬픈 길이며 고난의 길이며 십자가의 길이라는 것을 너무도 잘 아셨습니다. 어떻게 해야 할까요?

이렇게 망망대해 같은 세상에 고아처럼 덩그러니 내던져진 그리스도인들에게 무엇이 가장 필요하겠습니까? 그리스도인들이 당하는 그 어려움, 그 박해와 고난을 헤쳐나가기 위해서는 누가 있어야 할까요? 그렇습니다. 바로 '보혜사'입니다. 여기서 보혜사라고 번역한 그리스 말 '파라클레토스'(παρακητος)는 '변호사, 대변자, 후원자'라는 뜻입니다. 특히 로마가 지배하는 세계 시장에서는 극한의 경쟁이 벌어졌지요. 돈이 지배하는 시장(아고라)에서 살아남기 위해서는 무엇보다 후원자/보혜사가 중요했습니다. 서로 속고 속이고 등쳐먹는 정글 같은 세상에서, 만약 김앤장 같은 후원자를 둘 수 있다면 얼마나 든든하겠습니까. 재벌이 뒤에서 지지한다면, 아니지요, 술 잘 처먹는 검사가 뒤에 있다면, 못할 일이 없겠지요. 뒤에 있는 사람, 후원자, 이른바 '백'이 관건이었습니다. 정치에도 후원자가 중요하고, 예술에도 후원자가 필요하고, 교육에도 후원자가 문제이고, 종교에는 더욱더 후원자가 간절했습니다. 후원자는 그 시대를 살아가는 사람들에게 성패와 생사의 관건이었습니다. 무엇보다 실제로 로마의 황제는 후원자들이 만들어낸 희대의 걸작 중의 걸작이었습니다. 따라서 황제는 언제나 후원자들의 이익을 창출하는 그 자신의 거룩한 소명에 충성을 다해야 했습니다.

이런 세상에서, 예수님은 제자들에게 '보혜사'를 약속하셨습니다. 망망대해 같은 세상에서 고아처럼 살아가는 그리스도인들을 지켜주시고 위로하시고 인도하여 주시는 성령입니다. 보혜사! 성령의 또 다른 이름 보혜사는 그렇게 험한 세상에서 그리스도의 사람들과 함께하셔서 지켜주시고 인도하여 주시는 분을 가리키는 이름입니다. 물론 여기 예수님이 말씀하신 보혜사 성령은 저 세상의 '후원자'들과는 전혀 다른 분입니다. 저 세상의 후원자들은 어떤 자들입니까? 자신들의 돈과 권력으로 후원하는 척하지만, 실제로는 자기들의 권력과 돈을 무한 확대 재생산하기 위해서 그렇게 하는 것이지요. 그들은 탐욕스럽고 음흉한 스폰서일 뿐입니다. 도우려는 자가 아니라 지배하려는 자입니다. 무엇보다 저 세상의 후원자는 온갖 불법과 불의와 거짓을 무기로 삼아 횡포를 부립니다. 그렇지만 보혜사 성령은 진리의 영입니다. 보혜사 성령은 우리를 도와주셔서, 우리를 지지하고 후원하셔서 진리로 이끄시는 영입니다.

서로 돕는 사람들

보혜사, 후원자, 돕는 분! 사랑하는 여러분, 이것이 하나님이 보내주신 성령의 이름입니다. 그런데 여기서 한 가지 중요하고도 본질적인 질문을 던져봅니다. 하나님의 영, 거룩하신 성령이 보혜사라는 것은 무엇을 말하는 것일까요? 그것은 보혜사 안에 있는 그리스도인 또한 서로 후원하고, 서로 돕고, 서로 사랑하는 사람들이라는 말입니다. 그것이 보혜사 성령의 진정한 열매입니다.

    오늘 우리는 창세기에서, 하나님께서 사람을 지으시는 이야기를 읽었습니다. 이 이야기는 사람이 무엇인지를 보여주는 이야기입니다. 하나님께서 흙으로 사람을 지으시고 그에게 숨을 불어넣으셨지요. 그래서 사람은 비로소 산 존재가 되었습니다. 그런데 그렇게 창조된 아담, 곧 사람은 아직 완전하지 못합니다. 하나님께서는 피조물을 지으시고는 '참 좋다'고 하셨지요. 그런데 남자가 혼자 있는 것은 '좋지 않다'고 하셨습니다. 그래서 하나님은 그를 '돕는 사람/짝'을 지으시기로 합니다. 어떤 짝이 좋을까요? 하나님은 들의 모든 짐승과 공중의 새들을 빚으셔서 데려오셨지만, 그중에는 그를 '돕는 사람'이 없었습니다. 맞는 짝이 없었지요. 그래서 하나님은 마침내 아담의 갈비뼈로 여자를 만드셨습니다. 그렇게 해서 비로소 사람의 창조가 완성되었습니다. 사람은 본디, 그렇게 혼자가 아니라 짝(one＋one)으로 창조되었습니다.

　이게 무슨 얘기일까요? 이 첫 사람의 창조 이야기는 뭘 말하는 것이겠습니까? 그렇습니다. 사람은 처음부터 '더불어 사는 존재'로 창조되었다는 것입니다. 사람은 애초부터 서로 '돕는 존재'입니다. 그런데 이 '돕는 사람'은 무엇입니까? 바로 '후원자'입니다. 사람은 서로 지켜주고, 무거운 짐을 함께 지고, 어려움에 함께 맞서고, 더불어 살아가도록 지음을 받았습니다. 사람은 그렇게 함께 더불어 살아가는 존재입니다.

우리를 도우시는 분

사랑하는 여러분, 우리 하나님은 어떤 분입니까? 우리는 우리 하나님의 이름을 모릅니다. 우리 하나님의 얼굴도 모르지요. 우리는 하나님의 그 어떤 형상도 만들어서 모실 수가 없습니다. 유일하게 모세가 하나님의 뒷모습을 보았다지만, 하나님이 다리가 긴 키다리 아저씨인지 아니면 다리가 짧은 아저씨인지 아무것도 말해주지 않았습니다. 세상에 이름도 모르고 성도 모르는 하나님, 그 얼굴도 모르는 하나님이 우리의 하나님이십니다. 세상에 자기들이 믿는 신의 얼굴을 모르는 종교가 어디 있습니까? 자기들이 섬기는 신의 이름을 맘껏 부르지 못하는 종교가 무슨 종교란 말입니까? 바울이 아테네 사람들에게 말했듯이, 대신학자 바르트가 끝내 무릎 꿇고 고백했듯이 우리 하나님은 알지 못하는 하나님입니다. 우리는 하나님을 모릅니다.

　그러나 우리는 하나님을 압니다. 우리를 도우시는 분, 우리의 후원자, 그분이 우리의 하나님이십니다. 시편 시인이 노래했듯이 하나님은 우리의 '도움'입니다. 또 우리 하나님의 아들, 예수 그리스도는 어떤 분입니까? 병자들을 어루만져 주시고, 제자들의 발을 씻어주시고, 식탁에서 떡을 떼어 나누어주신 분입니다. 우리를 섬기러 오신 분, 우리를 도우시는 분입니다. 아니지요. 돕는 정도가 아니라 당신의 살과 피를, 우리를 위하여 다 내어주신 분입니다. 우리 하나님의 영, 성령은 또 어떤 분입니까? 성령은 보혜사, 우리를 도우시는 분입니다. 그렇습니다. 이 하나님이 참 하나님입니다. 우리를 도우시는 하나님이 우리의 삼위일체 하나님입니다.

 오늘은 성령강림절이지요. 또 우리 한민교회 창립기념주일이기도 합니다. 성령의 강림으로 초대교회가 시작되었습니다. 우리 한민교회는 어떤 교회일까요? 우리 교회는 무엇보다 보혜사 성령의 교회입니다. 우리에게는 언제 어디서나 우리를 든든히 지켜주시는 후원자, 보혜사가 있습니다. 사도 바울은 '나의 나 된 것은 내가 아니라 다만 주님의 은혜'라고 고백했지요. 우리가 함께 모이고 함께 기도하고 찬양하며 예배드리는 것은 오직 주님의 은혜가 아닙니까. 또한 앞으로도 변함없이 보혜사 성령께서는 우리를 전폭적으로 지지하고 위로하고 지켜주실 것입니다. 그 무엇보다 든든한 우리의 후원자, 보혜사, 진리의 영이 언제 어디서나 우리를 지켜주시고 인도하여 주실 것입니다.

 그렇다면 보혜사 성령과 함께, 보혜사 성령 안에서 우리는 어떻게 살아가야 할까요? 보혜사 성령 안에서 사는 사람은 어떤 사람이겠습니까? 마땅히 다른 사람에게 '후원자'가 되어주는 사람입니다. 서로에게 보이지 않는 보혜사가 되어주는 사람들입니다. 교회는 마땅히 서로 위로하며 사는 사람들, 서로 지지해주고 응원해주는 사람들입니다. 교회는 서로 기도하고 서로 돕는 사람들입니다. 예수께서는 '너희가 나를 사랑하면 내 계명을 지키라.'고 말씀하셨지요. 예수님이 간곡하게 당부하신 마지막 계명이 무엇입니까? 서로 사랑하라, 이 계명입니다. 교회는 예수님의 계명, 서로 사랑하라는 계명을 지키는 사람들입니다.

사랑하는 여러분, 우리가 험한 세상에서 서로 돕는 사람들로 살아갈 수 있도록, 우리가 서로 사랑하며 살아갈 수 있도록 보혜사 성령께서 함께해 주시기를 바랍니다.

성령의 바람

창세기 2:4b-9 주 하나님이 땅의 흙으로 사람을 지으시고, 그의 코에 생명의 기운을 불어넣으시니, 사람이 생명체가 되었다.(창 2:7)

갈라디아서 5:16-26 그러나 성령의 열매는 사랑과 기쁨과 화평과 인내와 친절과 선함과 신실과 온유와 절제입니다.(갈 5:22-23)

가장 값진 것

어느 깨달음 깊은 스승에게 제자가 물었습니다. "선생님, 가장 값진 것이 무엇입니까?" 그러자 스승은 물끄러미 바깥을 내다보며 말했습니다. "죽은 고양이지." 아마 바깥 어디쯤 고양이 사체라도 있었나 봅니다. 그런데 하필 죽은 고양이라니, 그게 무슨 값이 있다는 걸까요? 스승의 말을 도무지 이해할 수 없었던 제자가 다시 투덜대며 물었지요. "죽은 고양이가 무슨 값이 있습니까?" 그러자 스승이 대답했습니다. "값이 없는 것이 가장 값진 것이지!"

죽은 고양이가 가장 값지다는 것은 무슨 얘기이며, 값이 없는 게 가장 값지다는 건 또 무슨 얘기입니까? 다시 생각해보라는 말입니다. 지금 내가 값지다고 매달리는 그것이 정녕 값진 것인지, 지금 내가 값없다고 지나친 그것이 진짜 값없는 것인지, 다시 한번 물어보라는 말입니다. 내가 값없다고 내버린 그것이야말로 진짜 가장 값진 것은 아닌지, 다시 정색하고 그 본질을 잘 톺아보라, 그 말입니다.

    우리는 세상을 살면서 무엇을 값지다고 생각합니까? 보석 중의 보석이라는 다이아몬드, 그중에서도 캐럿 당 13억 원이 넘는다는 핑크 다이아몬드가 가장 값진 것일까요? 그게 정녕 그렇게 가치 있는 것일까요? 반면에 우리가 아무 값도 없다고 생각하는 것, 그래서 아무 생각 없이 맘대로 공짜로 누리는 것들이 있습니다. 대표적인 것으로 바람과 비, 공기와 물이 있지요. 우리는 아무런 값을 내지 않고 맘껏 공기를 들이마시며 삽니다. 우리는 하늘에서 내리는 비를 값없이 누립니다. 그런데 그게 진짜 값없는 것일까요? 아니지요. 그것이야말로 진짜 값진 것입니다. 우리는 평생 다이아몬드 없이도 불편 없이 살 수 있습니다. 하지만, 그러나, 공기가 없다면, 숨을 쉴 수 없다면 한순간도 견딜 수 없습니다. 생각해보면, 우리가 지켜야 할 가장 값진 것은 깨끗한 바람과 공기, 그리고 맑은 물입니다.

바람

우리는 지금 성령강림절기를 지내고 있습니다. 그런데 성령은 어떤 분일까요? 성서에서 말하는 성령이란 다름 아닌 바람이요, 공기입니다. 구약성서에서 성령은 '루아흐'이고, 신약성서에서는 '프뉴마'이지요. 둘 다 바람이라는 말입니다. 흔히 많은 사람이 '성령' 하면 '불'을 생각합니다. 그래서 성령을 상징하는 것은 무엇보다 불이 아니냐고 물을 수 있습니다. 그런데 실제로 사도행전에서 성령은 불같이 내린 게 아닙니다. 정확하게는 '불처럼 갈라진 혀들' 모양으로 내렸지요. 왜 혀들(복수)일까요? 혀는 언어 곧 말을 의미하지요. '혀들'이라면 여러 가지 언어를 말합니다. 당시 예루살렘에는 세계 여러 지방에서 온 사람들이 있었습니다. 아프리카와 아시아에서 온 사람들도 있었지요. 그런데 갈릴리 출신의 제자들은 다른 나라의 말, 곧 '방언'을 할 수가 없었습니다. 복음을 전해야 하는데 말을 할 수 없었습니다. 그때 성령이 '혀들'로 곧 여러 언어, 방언으로 내린 것입니다. 실제로 여러 지방에서 온 사람들은 방언을 자기들의 말로 알아들었습니다. 첫 방언은 소통하는 언어였습니다.

　창세기 1장을 열면 하나님께서 하늘과 땅을 창조하시는 이야기가 펼쳐집니다. 하나님께서 천지를 창조하실 때, 땅은 혼돈하고 공허하며 어두웠습니다. 그때 그 짙은 어둠 속에서 움직이는 것이 있었습니다. 바로 하나님의 영입니다. 하나님의 바람이지요. 하나님의 영은 혼돈과 공허와 어둠을 물리치고 하늘과 땅을 창조합니다. 하나님의 영은 창조의 영입니다. 하나님께서 사람을 지으실 때도 마찬가지였습니다. 하나님께서 땅의 흙으로 사람을 지으셨지요. 아다마/흙으로 아담/사람을 만드신 것입니다. 그러나 그것은 아직 완전한 사람이 아니었습니다. 하나님께서 그 사람의 코에 생명의 기운, 하나님의 숨을 불어넣으시자 사람은 생명체가 되었습니다. 무슨 말입니까? 사람은 하나님의 숨을 받아야 비로소 사람이다, 그 말이지요. 하나님의 영을 받은 사람이라야 참사람이라는 말입니다. 여기서 우리는 아주 중요한 사실을 보게 됩니다. 구약성서에서 '하나님의 영'은 인간만이 아니라 하늘과 땅과 그 안에 있는 모든 것을 지으신 창조의 영입니다. 하나님의 영/바람은 땅을 새롭게 하는 영이며, 사람을 사람답게 하는 영입니다. 하나님의 바람이 불어오면 땅이 새롭게 되고 사람이 사람답게 됩니다.

그뿐이 아닙니다. 하나님의 영은 역사를 새롭게 하는 영입니다. 에스겔 예언자는 하나님의 영/바람이 일으키는 새로운 역사를 바라봅니다. 우리가 아는 것처럼 에스겔은 바빌론 포로 시기의 예언자입니다. 나라가 망하고 백성은 바빌론으로 사로잡혀가서 노예로 살아야 했지요. 정말 혼돈하고 공허하고 깜깜한 역사 아닙니까? 그 바빌론은 마르둑이라는 신의 나라였지요. 그런데 공교롭게도 마르둑은 폭풍의 신이었습니다. 가공할 폭력으로 상대를 제압하고 파괴하는 태풍의 신입니다. 바빌론의 신화를 보면 마르둑은 그 태풍의 위력으로 세상을 창조합니다. 모든 것을 날려버리는 태풍 같은 바빌론의 폭력 앞에서, 포로로 사로잡혀 온 이스라엘 백성은 얼마나 낙담하고 얼마나 절망했을까요?

에스겔의 골짜기는 그 역사의 암담한 절망을 보여줍니다. 골짜기에 뼈들이 널브러져 쌓여 있습니다. 모두 어그러지고 말라버린 뼈들입니다. 마치 마르둑의 허리케인에 휩쓸려 흩어져버린 폐허 같습니다. 이 뼈들을 어떻게 해야 할까요? 이 마른 뼈들에 그 무슨 희망이 있겠습니까? 말 그대로 혼돈과 공허입니다. 그 바닥을 모르는 깊은 어둠, 한 치 앞을 볼 수 없는 짙은 암흑입니다. 그 마른 뼈들이 가득 찬 골짜기에서 하나님이 에스겔에게 이렇게 물으셨습니다. "사람아, 이 뼈들이 살아날 수 있겠느냐?" 이게 가능하기나 한 일이냐? 여기에 무슨 희망이 있다는 말이냐? 에스겔이 대답했지요. "주 하나님, 주님께서는 아십니다." 사람으로는, 나로서는 도저히 아무런 희망이 없다는 말입니다. 그런데 그때 하나님께서 말씀하셨습니다. "내가 생기를 불어넣어/바람을 불어넣어 너희가 다시 살아나게 하겠다." 하나님께서 말씀하시자, 마른 뼈들이 요란한 소리를 내며 이어지기 시작하였지요. 그 뼈들 위에 힘줄이 뻗치고, 살이 오르고, 살갗이 덮였습니다. 그러나 그들 속에 아직은 바람이, 영이 없었습니다. 하나님께서 에스겔에게 외치라고 말씀하셨지요. "바람아, 사방에서 불어와 이 살해당한 사람들에게 불어서 그들이 다시 살아나게 하여라." 에스겔이 말씀대로 외치자 바람이 불어왔지요. 하나님의 바람, 하나님의 영입니다. 하나님의 바람이 사방에서 불어와 그들 속으로 들어가자 무슨 일이 일어났습니까? 죽었던 그들이 다시 살아나서 제 발로 일어나서 섰습니다. 그리고 마침내 엄청나게 큰 군대가 되었습니다.

　사랑하는 여러분, 이것이 하나님의 영이요, 이것이 성령의 역사입니다. 하나님의 영, 하나님의 바람은 세상을 새롭게 하는 바람이며, 사람을 사람답게 하는 바람이며, 역사를 역사답게 다시 일으키는 바람입니다. 하나님께서 오늘 우리에게, 이 땅 한반도에 하나님의 바람이 불어오도록 은총을 내려주시기 바랍니다.

악령의 바람

지난주에 한 방송에서 수원에 있다는 어느 병원에서 벌어진 사건을 보도했습니다. 성형외과 병원인데, 그 병원에서 벌어진 일로 174명이 검

거되고 5명이 구속되었습니다. 보험사기 사건이었지요. 이 병원은 조폭을 동원해서 주로 다한증 실손보험에 든 가짜 환자를 모았습니다. 이들에게 허위진단서를 떼어 수술한 것처럼 만들어서 보험금을 청구한 것입니다. 가짜인 게 발각되지 않도록 환자들에게 수술한 것처럼 흉터를 만들기도 했답니다. 수술할 때 쓰는 프로포폴은 빼돌려서 팔아먹거나, 의료진들이 자기 팔에 주사하기도 했지요. 이렇게 해서 드러난 것만 200여 회에 12억 원을 벌어들였습니다. 그 돈을 환자에게 20%, 브로커에게 10-20%, 병원에서 50%로 나누어 가졌습니다.

참 이거 이 멀쩡한 사람들이 왜 이렇게 사는 걸까요? 이 사람들, 의사 면허를 따기 위해서 얼마나 오랜 세월 얼마나 많은 공부를 해야 했습니까? 요즘 의사가 되기 위해서는 초등학교 때부터 그야말로 온 집안이 다 달라붙어야 한다지요? 의사가 된다는 것은 무엇입니까? 아파서 고통당하는 환자들을 돌보며 사는 것 아닙니까? 그런데 그 공부를 하고 이런 짓을 하고 삽니다. 어째서 이런 일이 벌어지는 것일까요? 이 사람들에게 삶이란 도대체 무엇일까요? 그저 돈밖에 없는 것 아닙니까? 삶이란 그저 육체의 탐욕을 채우는 일뿐 아닐까요? 이들에게 영혼이라는 게 있기는 한 걸까요?

얼마 전에 들은 얘기인데, '하인리히 법칙'이라는 게 있답니다. 한 사회에서 어떤 충격적인 큰 사건이 터지려면, 그 이전에 그보다는 좀 약한 유사한 사건이 27번 터진답니다. 그 이전에는 그런 비슷한 작은 사건이 200번 터진다는 것입니다. 무슨 말입니까? 우리 사회에서 일어나는 사건들은 그냥 우연히 일어나는 게 아니라는 말입니다. 그 이전에 이미 그런 일이 터질 만큼 사회가, 사람들이 그렇게 준비되어 있다는 말이지요. 윤석열 권력 이전에 그보다 작은 27명의 윤석열이 있었고, 그 아래에는 200명이 잘 보이지 않는 윤석열이 있었다는 얘기입니다. 용암이 터질 듯, 터질 듯 예후를 보이다가 어느 순간에 폭발하듯이, 대사건은 그런 식으로 일어나는 것입니다. 정말 정신 차려야 할 것은, 우리 사회가, 우리나라가 이미 엄청난 사건이 터질 임계점에 이르러 있다는 것입니다. 아니지요. 참으로 해괴한 사기 권력의 등장으로 인해 우리나라는 이미 혼돈과 공허와 깜깜한 어둠에 뒤덮여 있지 않습니까? 그리고 이 기괴한 권력의 밑바닥에는 기괴한 집단들이 있고, 참 이상한 사람들이 있고, 무엇보다 정말 기괴한 종교가 있지 않습니까? 탐욕의 바람이 허리케인처럼 몰아치고 있는 것입니다. 정말 우리 사회에야말로 저 맘몬의 악령을 몰아낼 성령의 바람이 절실합니다. 성령의 바람이 일어나야 합니다. 성령을 따르는 사람들이 필요합니다.

성령의 징표

그런데 하나님의 바람, 하나님의 영을 받은 사람들은 어떤 사람들일까요? 성령을 받은 사람들의 징표는 무엇이겠습니까? 한때 우리나라의 보수적인 교계에서는 성령을 받으면 반드시 '방언'을 해야 한다고 생각했습니다. 제 친구 목사 중 한 분은 한신대학교에 오기 전에 보수적인 신학교에 다녔는데, 그때 신학교에 들어가기 위해서는 '방언'을 해야 했답니다. 방언이 성령의 보증수표라는 것이지요. 그래서 방언을 하려고 엄청 연습하고 노력해서 마침내 합격했습니다. 그렇게 방언을 해야 성령을 받은 걸까요? 성령을 강하게 받으면 갑자기 작두도 탈

수 있고, 신비한 황홀경에 빠지는 걸까요? 아니지요. 아닙니다.

사실 성령을 받으면 어떻게 되는 것일까, 성령의 보증수표는 무엇일까 하는 것은 이미 초대교회 때부터 문제였습니다. 바울은 소아시아와 그리스로 복음을 전하면서 이런 문제와 씨름해야 했습니다. 특히 그 지역의 종교들은 신비 체험과 황홀경을 중시하였기에 황홀경에 들어가서 신과 합일하는 쾌락을 느끼기 위해서 마약을 쓰기도 하고, 심지어는 성행위를 실현하기도 했습니다. 지금도 많은 사이비 종교에서 그런 일들이 벌어지고 있지요. 바울이 고린도교회에 간곡하게 경계한 것도 그 문제였습니다.

그렇다면 바울은 성령의 징표를 무엇이라고 보았을까요? 오늘 우리가 읽은 갈라디아서 본문은 바로 그 문제를 말합니다. 바울은 성령을 받은 사람들은 성령이 이끄시는 대로 살아가야 한다고 말합니다. 성령은 그 사람의 삶으로, 생활로 나타나야 한다는 것입니다. 육체의 탐욕을 따라 사는 것이 아니라 하나님의 영을 따라 사는 삶, 그것이 중요합니다. 바울은 성령을 따라 사는 사람들이 맺는 아홉 가지 열매를 소개합니다. 사랑, 기쁨, 화평, 인내, 친절, 선함, 신실, 온유, 절제, 이것이 성령의 열매입니다. 성령을 받은 사람, 성령을 따르는 사람은 이렇게 사는 사람입니다.

이 성령의 열매들은 어떤 것입니까? 이 열매들은 그 어떤 특별한 종교적인 것이 아닙니다. 그것은 사람이 마땅히 그렇게 살아야 할 삶의 길입니다. 그렇습니다. 성령을 받으면 무슨 알라딘의 램프 요정처럼 요술을 부려서 금은보화 일확천금을 얻는 게 아닙니다. 성령을 받으면 무슨 두통, 치통, 생리통도 사라지고, 지긋지긋한 발톱무좀도 낫고, 머리카락도 나고, 쌍꺼풀도 생기는 게 아닙니다. 우리가 성령을 부려먹는 게 아닙니다. 우리가 하나님의 영을 따라 사는 것입니다. 성령을 따르는 그 길이 비록 십자가의 길일지라도 오히려 기뻐하고 감사하며 그 길을 따라 사는 것입니다.

우리의 생활 속에서

오늘 우리의 시대는 어떤 시대입니까? 참 혼돈하고 공허하고 캄캄한 시대입니다. 하나님의 바람이 절실한 때입니다. 하나님께서 이 땅에 하나님의 바람을 불어주시기를 바랍니다. 참 거짓되고 사악한 맘몬의 악령을 몰아내고 다시 생명과 평화의 길을 찾을 수 있도록 생명의 바람을 불어주시기를 바랍니다. 메마른 우리의 몸과 마음에도 다시 하나님의 숨을 불어주시기를 바랍니다. 하나님의 영으로 우리를 가득 채워주시기를 바랍니다.

사랑하는 여러분, 어떤 사람이 이 왜곡되고 혼돈된 세상을 바로잡을 수 있겠습니까? 누가 이토록 공허하고 헛헛한 삶을 다시 생기로 채울 수 있겠습니까? 성령을 따라 사는 사람입니다. 우리의 삶 속에서 비록 작을지라도 사랑, 기쁨, 화평, 인내, 친절, 선함, 신실, 온유, 절제, 성령의 열매를 맺는 사람입니다. 우리가 함께 성령의 인도하심을 따라 우리의 생활 속에서 성령의 열매를 맺으며 살도록 하나님께서 우리에게 성령의 바람을 불어주시기를 바랍니다.

성령을 모독하는 것은

에스겔 37:15-23	그리고 두 막대기가 하나가 되게, 그 막대기를 서로 연결시켜라. 그것들이 네 손에서 하나가 될 것이다.(겔 37:17)
마태복음 12:22-32	그러므로 내가 너희에게 말한다. 사람들이 무슨 죄를 짓든지, 무슨 신성모독적인 말을 하든지, 그들은 용서를 받을 것이다. 그러나 성령을 모독하는 것은 용서를 받지 못할 것이다.(마 12:31)

고르디우스의 매듭

'고르디우스의 매듭'이라는 말이 있습니다. 고대 프리기아에는 '테르미소스에 우마차를 타고 오는 자가 왕이 될 것'이라는 신탁이 있었습니다. 그런데 시골 농부였던 고르디우스가 아들 미다스와 함께 우마차를 타고 테르미소스 성으로 들어갔지요. 사람들은 신탁이 이루어졌다고 기뻐하면서 고르디우스를 왕으로 삼았습니다. 그의 아들 미다스가 왕위를 이어받았지요. 그런데 이 우마차가 문제였습니다. 만약에 다른 어떤 자가 이 우마차를 타고 들어오면 어떻게 되겠습니까? 그래서 미다스는 마차를 신전 기둥에 단단히 묶어버렸습니다. 그 누구도 매듭을 풀 수 없도록 복잡하게 꼬았지요. 이게 바로 '고르디우스의 매듭'입니다. 이후로 '고르디우스의 매듭'은 도저히 풀 수 없는 난제를 가리키는 말이 되었습니다.

지금 우리 사회에 고르디우스의 매듭이 있다면 그게 무엇일까요? 많은 문제가 있겠지만, 아마 그중에서도 극도의 분열, 분단이 아닐까요? 우리는 새해를 시작하자마자 부산에서 야당 대표가 피습당했다는 소식을 들었습니다. 이송하고 치료하는 과정에서도 참 비열한 시비가 끊이지 않았지요. 이 과정에서 드러난 우리의 정치 현실은 어땠습니까? 극단의 적대와 혐오의 정치 그 자체였지요. 혐오의 정치는 우리 사회 전체를 가르는 거대한 벽을 보여주었습니다.

사회는 그렇다 치고, 종교는 또 어떨까요? 그래도 예전에는 '보수'라는 종교인들이 (뒤에서는 별짓을 다 해도 적어도 앞에서는) 종교가 정치에 참여하면 안 된다고, 사람은 누구나 권력에 복종하라고 했다면서 로마서를 들먹였습니다. 그런데 지금은 아예 내놓고 정치와 교잡합니다. 정확하게는 권력과 야합하는 것이지요. 그렇게 기독교, 불교 할 것 없이 보수 종교는 극한의 혐오와 적대를 부추기고 있습니다. 이 참에 사이비 교주들은 자기들이 권력 창출의 주역이라며 다시 깃발을 들고 광장과 길거리로 쏟아져 나옵니다. 이렇게 정치와 종교가 교잡하면서 이념과 신앙이 뒤섞이고, 사람들은 지독한 '확증편향'에 빠져버렸습니다. 확증편향, 한번 묶이면 아무도 풀 수 없는 '고르디우스'의 매듭에 묶여버린 것입니다.

이 난제를 어떻게 풀어야 할까요?

성령을 거슬러 말하는 사람들

오늘 우리는 마태복음에서 예수님이 귀신 들린 사람을 고치신 이야기를 함께 읽었습니다. 예수님은 갈릴리에 오셔서 복음을 선포하고 가르치고 일하셨습니다. 예수님이 하시는 일은 무엇이었습니까? 병자를 고치고 귀신을 쫓아내는 일, 고통당하는 사람들을 그 고통으로부터 풀어주는 일이었지요. 사람이 마땅히 사람답게 살도록 돕는 일이었습니다. 아파하는 사람과 함께 아파하고 위로하고 힘을 주는 일은 사람이 마땅히 해야 할 일이지요.

사람들이 예수님께 한 사람을 데려왔습니다. 귀신이 들려서 눈이 멀고 말을 하지 못하는 고통당하는 사람입니다. 어떻게 해야 할까요? 그의 주민등록번호를 물어야 할까요? 그의 출신지를 따져야 할까요? 그가 신용불량자가 아닌지 조회해야 할까요? 그가 그리스도인인지, 아니면 교회 나오겠다고 서약이라도 했는지 확인해야 할까요? 예수님은 어떻게 하셨습니까? 그냥 그를 고쳐주셨습니다. 그러자 귀신이 쫓겨나고, 그 사람이 말을 하게 되고 볼 수 있게 되었습니다. 참 감사한 일입니다. 얼마나 놀라운 일입니까. 사람들은 그것을 보고 놀라서, 이런 일을 하시는 분이 바로 다윗의 자손이 아니냐고 말했습니다.

그것을 바리새파 사람들이 보았습니다. 바리새파 사람들, 그 누구보다 하나님의 뜻을 잘 알고, 율법대로, 말씀대로 산다는 자들입니다. 성전 제사를 빠뜨리지 않고, 안식일 성수도 하고, 십일조에, 감사에, 특별 헌금도 열심히 하는 사람들입니다. 물론 이웃도 뜨겁게 사랑한다고 선전하는 사람들이지요. 그들은 예수께서 귀신을 쫓아내신 것을 보고 어떻게 했습니까? 감사했겠지요. 그 고통당하던 사람이 나았으니 마땅히 하나님을 찬양했겠지요? 그런데 아닙니다. 그들은 이렇게 말했습니다. "이 사람이 귀신의 두목 바알세불의 힘을 빌리지 않고서는, 귀신을 쫓아내지 못했을 것이다." 무슨 말입니까? 귀신의 일이랍니다. 그들은 오히려 예수님이 귀신의 졸개라고, 귀신이 쫓겨난 게 그 증거라고, 빨갱이가 분명하다고 거꾸로 덮어씌웠습니다.

참으로 지독한 '확증편향' 아닙니까. 내편 네편 가르는 잘못된 신념이 신앙으로 굳어지면 이렇게 되고 맙니다. 독선과 맹신에 빠지는 것이 이렇게 무섭습니다. 바리새파 사람들의 지독한 자부심, 자기들만은 특별하다고, 자기들은 선민 중에서도 가장 특별하게 구별되었다는 맹신, 우리와 다른 사람들은 모두 악이라고 혐오하는 독선, 그 확증편향은 결국 하나님을 거부하는 데까지 이르고 맙니다. 하나님도 내 앞에서 까불지 말라는 패악에 이르지요. 바리새파 사람들은 결국 예수님을 바알세불의 간첩이라고 기소하고 맙니다. 이 바리새파 사람들이 차라리 불신자들이었다면, 그랬다면 얼마나 좋았을까요!

"사탄이 사탄을 쫓아냈다는 말이냐?" 예수께서 바리새파 사람들에게 하신 말씀입니다. 너희의 생각처럼 바알세불의 힘으로 귀신을 쫓아냈다면, 사탄이 사탄을 쫓아냈다는 말인데, 그렇다면 결국 사탄의 나라가 망하고 말지 않겠느냐는 것입니다. 그렇지요. 그렇다면 사탄이 자폭한다는 말이 되지요. 바리새파 사람들의 독선이 얼마나 어리석은지 돌아보라는 말씀입니다. 더구나 그 바리새파 사람 중에서도 귀신을 쫓아내는 사람들이 있었습니다. 그들은 또 누구의 힘으로 귀신을 쫓아내는 것이겠습니까? 독선은 결국 자기 자신을 무너뜨리는 것입니다. 악한 귀신을 쫓아내는 것은 귀신의 일이 아닙니다. 사탄을 몰아내는 일은 하나님의 영이 하시는 일입니다. 사람을 고통으로부터 구하는 것, 그것은 사탄이 아니라 하나님의 영이 하시는 일입니다.

이렇게까지 말씀하셨으니, 이제 바리새파 사람들도 좀 알아들었을까요? 그들의 멀었던 눈이 뜨이고, 막혔던 귀가 뚫려서, 하나님의 영이 하시는 일을 볼 수 있었을까요? 그들의 확증편향에, 그 지독한 독선에 좀 균열이 생겼을까요?

예수께서 그들에게 말씀하셨습니다. "사람들이 무슨 죄를 짓든지, 무슨 신성모독적인 말을 하든지, 그들은 용서를 받을 것이다. 그러나 성령을 모독하는 것은 용서를 받지 못할 것이다." 무슨 말씀입니까? 그 무슨 죄도, 심지어 신성모독 죄도 용서받을 수 있다는 것입니다. 세상에 하나님을 모독하는 죄보다 더 큰 죄가 어디 있겠습니까. 그러나 그 엄청난 죄도 용서받을 수 있다는 것입니다. 그러나 성령을 모독하는 죄, 한 사람을 고통으로부터 풀어주시는 성령을 훼방하는 죄는 용서받을 수 없다는 것입니다. 그 뒤 32절에서는 또 이렇게 말씀하셨습니다. "또 누구든지 인자를 거슬러 말하는 사람은 용서를 받겠으나, 성령을 거슬러 말하는 사람은, 이 세상에서도, 오는 세상에서도, 용서를 받지 못할 것이다." 이게 또 무슨 말씀입니까? 인자를 거슬러 말하는 것, 곧 예수님을 거슬러 말하는 것도 용서받을 수 있다는 것입니다. 그렇지만 성령을 거슬러 말하는 사람은 이 세상에서도, 오는 세상에서도 용서받을 수 없다는 것입니다.

정말 놀랍고 또 놀라운, 두려운 말씀입니다. 하나님을 모독하는 것, 그것도 참으시겠답니다. 예수님을 거스르는 것, 그것도 뭐 괜찮으시답니다. 그러나 도무지 해서는 안 되는 것, 그 누구도 넘어서면 안 되는 선이 있습니다. 그것이 무엇입니까? 성령을 모독하고 성령을 거스르는 것입니다. 이게 무슨 말씀일까요? 삼위일체 하나님 중에서도 성부와 성자보다 성령이 최고라는 말일까요? 그래서 성부를 모독하고 성자를 거슬러도 괜찮지만, 성령만은 절대 신성불가침이라는 말일까요? 아니지요. 그게 아닙니다. 이 말씀은 삼위일체 하나님에게 그 무슨 위계 계급이 있다는 황당무계한 얘기가 결코 아닙니다. 이 말씀은 한 사람을 고통으로부터 구하는 일, 그 일이 그토록 귀하고 그토록 거룩한 일이라는 말씀입니다.

한번은 이런 일이 있었습니다.(막 9:38-41) 어떤 사람이 예수님의 이름으로 귀신을 쫓아내고 있었지요. 그런데 그는 예수님을 따르는 사람이 아니었습니다. 제자 요한이 그걸 보았지요. 어떻게 해야 할까요? 막아야지요. 우리 편도 아닌데, 더구나 예수님 이름을 팔다니, 이건 도저히 용납할 수 없는 일 아닙니까? 그래서 요한이 그런 짓을 하지 못하게 막았습니다. 어떻습니까? 참 잘했지요? 요한이 예수님께 자초지종을 보고했습니다. 어떻게 되었을까요? 당연히 참 잘했다고 예수님이 칭찬해주셨겠지요? 아닙니다. 예수님은 그를 막지 말라고 하셨습니다.

그렇습니다. 고통당하는 사람을 구하는 그 일이 중요합니다. 그 일을 보아야 합니다. 하나님의 영의 일입니다. 생명을 구하는 일입니다. 고통받는 그 한 사람은 누굽니까? 그는 하나님께서 지으신 사람이며, 하나님께서 영/숨을 불어넣어 주신 사람이며, 하나님의 형상대로 지으신 사람입니다. 그 사람은 또 누굽니까? 그 한 사람은 성자이신 그리스도가 십자가에서 몸을 찢고 피를 흘려서, 온 생명을 바쳐서 구원하신 그 사람입니다. 그리고 성령께서는 지금 성부와 성자가 한 그 일, 곧 생명을 구하는 것입니다. 그 일을 모독해서는 안 됩니다. 그 일을 훼방해서는 안 됩니다. 그 무엇으로도! 그 누구도!

화해와 평화의 영

오늘 우리는 에스겔서의 말씀을 읽었습니다. 에스겔 37장은 하나님께서 이스라엘을 다시 살리시는 약속/환상을 보여줍니다. 하나님께서는 흩어진 이스라엘을 어떻게 다시 일으키실까요? 그들에게 새 영을 넣어주셔서 그들을 다시 살리십니다. 하나님의 영입니다. 하나님의 영은 죽어 흩어진 백성을 다시 일으킵니다. 오늘 우리가 읽은 본문 앞(겔 37:1-14)에서는 골짜기에 흩어진 마른 뼈들이 다시 살아나는 환상이 나오지요? 골짜기에 흩어져 버린, 이미 말라버린 뼈들이 어떻게 다시 살아납니까? 하나님의 바람이, 하나님의 영이 마른 뼈들 위로 불어옵니다. 그러자 뼈가 이어지고 힘줄이 생기고 살이 차오르고 살갗이 덮입니다. 그러나 아직 다 살아난 게 아닙니다. 사방에서 불어온 영이 그들 속으로 들어가자 마침내 그들은 다시 살아서 일어났습니다. 마른 뼈들이 다시 살아 일어나 군대가 되었습니다.

    그런데 이것으로 이스라엘은 완전하게 살아났을까요? 이것으로 하나님의 영의 역사는 완성된 것일까요? 아니지요. 아직 아닙니다. 이스라엘이 온전하게 살아나기 위해서는 그들이 패망하게 한 그것, 이스라엘을 죽게 만든 그 매듭을 풀어야 합니다. 그게 무엇입니까? 바로 이스라엘의 분열, 분단입니다. 남과 북을 가르는 혐오와 적대감입니다. 서로 가르고 서로 찌르고 서로 공격하며 포탄을 쏘아대고 핵무기로 위협하는 그 비참한 분단, 그 끔찍한 확증편향입니다. 하나님께서는 에스겔에게 이렇게 말씀하셨습니다. "너 사람아, 너는 막대기 하나를 가져다가 그 위에 '유다 및 그와 연합한 이스라엘 자손'이라고 써라. 막대기를 또 하나 가져다가 그 위에 '에브라임의 막대기 곧 요셉 및 그와 연합한 이스라엘 온 족속'이라고 써라. 그리고 두 막대기가 하나가 되게, 그 막대기를 서로 연결시켜라. 그것들이 네 손에서 하나가 될 것이다."

이스라엘은 남유다와 북이스라엘로 분단되었습니다. 남북은 서로 적대하고 혐오하며 싸웠지요. 서로 죽이기 위해서 주변 강대국을 끌어들였습니다. 그들을 노예로 억압하던 이집트도 끌어들이고, 끊임없이 약탈하려 노리는 아시리아도 끌어들였습니다. 그 제국들과 함께 온갖 우상과 잡귀와 주술이 들어오고, 독주와 마약도 들어왔지요. 어떻게 되었을까요? 하나님의 백성은 온갖 더러운 우상과 역겨운 것으로 더럽혀지고, 서로 배타하고 혐오하고 적대하며 분열되었습니다. 그리고 마침내 그들이 우방이라 철석같이 믿었던 제국의 침략으로 말미암아 멸망했습니다. 예루살렘은 황무지가 되고, 백성들은 이방 땅 바빌론의 노예로 흩어져 버렸습니다.

이렇게 흩어진 이스라엘을 다시 살리려면 무엇이 필요하겠습니까? 그렇습니다. 그 지독한 혐오와 적대감을 버리고, 그 참담한 분열과 분단을 극복하고, 다시 하나가 되어야 합니다. 부러진 두 막대기가 하나가 되도록 이어야 합니다. 남과 북이 그렇게 다시 연결되어서 하나가 되면, 하나님께서 다시 평화의 언약을 세워주실 것입니다. 하나님의 영은 그렇게 하나가 되게 하시고, 화해하게 하시는 평화의 영입니다.

사람의 마음

지난 연초에 영월의 한 식당에서 밥을 먹던 손님 하나가 갑자기 쓰러졌습니다. 어떻게 되었을까요? 멀리서 밥 먹던 어떤 여자가 뛰어오고, 어떤 남자도 뛰어오고, 사람들이 모두 뛰어왔습니다. 그 여자는 쓰러진 남자를 살피고는, 바닥에 눕히고 가슴을 눌러 심폐소생술을 했습니다. 다른 어떤 사람은 119로 전화하고, 여자가 힘이 들면 다른 남자가 교대하고, 그렇게 식당 안에 있던 모든 사람이 숟가락을 던지고 달려들었습니다. 그리고 한 사람을 살려냈습니다. 그 장면을 보는데 왜 그렇게 가슴이 벅차올랐는지요.

    그런데 궁금합니다. 그 사람들 모두 왜 그렇게 달려든 걸까요? 그 여자는 누가 시켰기에 모르는 남정네 가슴을 눌러댄 걸까요? 아마 그 사람들에게 왜 그랬느냐고 물으면, 모른다고 할 것입니다. 그렇습니다. 누가 시킨 게 아니지요. 자기 자신도 모르게 고통당하는 사람에게 달려간 것입니다. 그냥 무언가 내 속에 있는 그 무엇이 달려가게 한 것이지요. 이 내 안에 있는 그 무엇, 나를 일으켜서 숟가락을 내던지고 달려가게 한 그것, 그게 뭘까요? 그것이 바로 마음이요, 그것이 바로 영 아닐까요? 네가 아프니 나도 아픈 그 마음입니다. 그게 사람의 마음입니다. 맹자는 이걸 측은지심(惻隱之心)이라고 했지요. 이 마음이 없으면 사람이 아니라 했습니다. 성서는 이것을 '긍휼히 여기는 마음'이라고 말합니다. 곧 하나님의 마음입니다. 예수님은 이것을 '가난한 마음'이라고 하셨습니다. 하나님의 마음이요, 예수님의 마음이요, 곧 사람의 마음입니다. 그렇습니다. 이것이 영입니다. 생명의 바람/영입니다. 이 '생명의 영'으로 그 식당 안에 있는 사람들은 그 순간 하나가 되었습니다.

사랑하는 여러분, 성령이 하시는 일이 바로 그런 일 아닐까요? 성령이 내리면 작두를 타고 독주에 취한 듯 환각에 빠지는 것이 아닙니다. 성령이 임하면 그 누구도 말릴 수 없는 독선과 맹신의 전사가 되는 것은 더욱 아닙니다. 성령은 사람이 마땅히 사람답게 살도록 돕는 영입니다. 무엇보다 성령의 일은 '생명을 살리는 일'이요, '평화를 이루는 일'입니다. 성령은 고통당하는 사람을 풀어주고 죽은 백성을 다시 일으키십니다. 성령은 모든 갈라진 것들을 이어서 하나가 되게 하시고 평화를 이루게 하십니다.

앞에서 말씀드린 고르디우스의 매듭은 어디에서 왔을까요? 자기 권력을 지키려는 탐욕에서 나왔습니다. 따라서 탐욕으로는 풀 수 없습니다. 우리 사회의 죄악은 탐욕을 채우기 위해서 영혼까지 팔아버린 데 있습니다. 영이 없다면 그것은 좀비요 마른 뼈다귀입니다. 다시 바람이 불어야 합니다. 탐욕의 광풍이 아니라 성령의 조용한 바람이 불어야 합니다. 눈을 떠서 성령의 바람을 보아야 합니다. 귀를 열어 성령의 세미한 음성을 들어야 합니다. 성령이 이끄시는 대로, 육체의 욕망이 아니라 영이 이끄시는 대로 살아가야 합니다. 무엇이 생명을 살리는 일인지, 어떻게 평화를 이루어야 하는지 생각하고 고민하고 성찰해야 합니다. 마음을 모아 기도해야 합니다. 할 수 있는 일부터 하나하나 실천해가야 합니다.

사랑하는 여러분, 하나님께서 메마른 우리 마음에 생명의 바람을 불어넣어 주시기를 바랍니다. 지독한 분열과 분단으로 진통하는 이 땅에도 다시 평화의 바람을 일으켜주시기를 바랍니다. 생명과 평화의 성령께서 우리의 모든 날 모든 곳에 함께하시기를 바랍니다.

예수님의 영이 허락하지 않으셨다

민수기 22:21-35 그 때에 주님께서 발람의 두 눈을 열어 주셨다. 그제야 그는, 주님의 천사가 칼을 빼어 손에 들고 길에 선 것을 보았다.(민 22:31)

사도행전 16:6-10 (그들은) 무시아 가까이 이르러서, 비두니아로 들어가려고 하였으나, 예수의 영이 그것을 허락하지 않으셨다.(행 16:7)

물웅덩이

엊그제 목요일에 원주에서 교회로 돌아오는 길이었습니다. 장마철이라 고속도로에 차가 많지 않아서 운전하기도 아주 여유롭고 편안했지요. 그런데 용인휴게소를 지나면서 갑자기 경찰차가 비상등을 켜고 요란하게 사이렌을 울리면서, 갓길에서 6차선을 가로질러 급하게 1차선으로 끼어들었습니다. 뭐 조금 놀라기는 했지만, 제 차가 과속한 것도 아니니까 천천히 차선을 바꾸었지요. 그랬더니 또 다른 경찰차가 차선을 물고 지그재그로 가면서 앞을 막았습니다. 커다란 트레일러를 탑재한 트럭들이 내달리는 6차선에도 경찰차가 있었습니다. 그렇게 경찰차 세 대가 아주 천천히 앞에 가고, 무슨 영문인지도 모르는 차들이 달팽이처럼 줄지어 따라가는, 참 이상한 카퍼레이드가 벌어진 것입니다. 그렇게 마장터널을 지나 신갈 가까이 이르러서야 경찰차들이 멈추었습니다. 멈춘 차에서 내린 경찰들이 이리저리 뛰면서 길에 떨어진 검은 물체들을 집어서 갓길로 던졌지요. 그러고는 차선 하나를 완전히 가로막고 나머지 선으로 차들을 유도했습니다.

지나가면서 살펴보니, 고속도로 한가운데에 커다란 물웅덩이가 생겼습니다. 요즘 장맛비가 심상치 않다고 하지요. 어떤 곳에서는 하늘이 뚫린 듯 폭우가 쏟아지고, 어떤 곳에서는 빗방울만 비치고 맙니다. 그렇게 갑자기 퍼부어댄 폭우가 허술한 도로에 물웅덩이를 만든 것입니다. 이 웅덩이에 물이 가득 차 있으니 보이지도 않지요. 얼마나 큰지 승용차는 물론이고 트럭도 넘지 못할 정도였습니다. 갓길에는 그 웅덩이에 걸렸던 차 수십여 대가 줄지어 서 있었습니다. 뒤늦게 한참 더 가다가 바퀴가 터진 걸 알고 길가에 서 있는 차들도 많았지요. 경찰들이 집어던진 시커먼 조각들은 타이어가 터져나간 조각들이었습니다. 천천히 오면서 자세히 길을 보니까 작은 물웅덩이도 많았습니다. 여름철에, 특히 비가 쏟아진 뒤에는 정말 조심해야 하겠습니다.

발람의 나귀 이야기

돌이켜 생각해보면, 참 아찔한 일입니다. 제 차를 가로막는 경찰차를 보면서, 몇 초만 빨리 왔어도 넘어갈 수 있었는데 생각하며 아쉬워했지요. 뭔 대단한 일이 있다고 길을 막느냐고 괜한 불평을 하기도 했습니다. 그런데 그 경찰차가 막지 않았다면, 아마 제 차도 그 물웅덩이를 피하지 못했을 것입니다. 차선을 바꾸어서 미꾸라지처럼 빠져나가려 할 때 지그재그로 쫓아와서 손을 흔들며 막아준 경찰이 참 고맙지요. 누군가 나를 막을 때, 때로 내 길이 막힐 때, 마냥 답답해하고 불평할 일이 아닐 수도 있습니다.

그 일을 생각하면서 문득 민수기에 나오는 '발람의 나귀' 이야기가 떠올랐습니다. 이스라엘 백성이 이집트에서 나와 가나안 땅으로 들어가기 전 모압평지에 이르렀을 때 일입니다. 모압 왕 발락은 이스라엘 백성이 두려웠습니다. 그래서 이스라엘 백성을 내쫓으려고 발람을 불러들였습니다. 발람은 이스라엘의 예언자는 아닙니다. 여호수아서(수 13:22)는 그가 점쟁이였다고 말하지요. 발람이 메소포타미아의 브돌에 살았던 것을 보아도, 그는 이스라엘의 예언자는 아닙니다. 그런데 민수기는 발람이 이방인이지만 야훼 하나님의 말씀을 듣는 자였다고 말합니다. 이방인, 심지어 이스라엘이 가장 혐오하는 '점쟁이'였다는 발람이 하나님의 말씀을 듣고 하나님의 말씀을 전했다는 것이지요. 정말 놀라운 일입니다.

어쨌든 모압 왕 발락은 메소포타미아의 브돌까지 원로들을 보내서 발람을 정중히 초대했습니다. 물론 빈손으로 가지 않고 복채도 넉넉히 챙겼습니다. 그에게 이스라엘 백성을 저주해달라고 하려는 것이었지요. 그렇지만 발람은 하나님께서 가지 말라고 하셨다며 그 초청을 거절했습니다. 발락은 먼저 보냈던 원로들보다 더 지위가 높은 사람들을 다시 보냈습니다. 당연히 복채도 엄청나게 가져갔습니다.

그런데 발람은 모압 왕의 사신들과 복채를 또 거절했습니다. "비록 발락이 그 궁궐에 가득한 금과 은을 나에게 준다고 해도, 야훼 나의 하나님의 명을 어기고서는, 크든 작든, 아무 일도 할 수 없습니다."
발람이 한 말입니다. 정말 대단한 사람이지요. 과연 이스라엘의 어느 예언자와 비교해도 조금도 모자람이 없지 않습니까. 그런데 발람은 분명히 거절하는 듯 말하지만, 여지를 남깁니다. 발람은 그 사신들을 바로 보내지 않고, 하룻밤을 더 묵으라고 하지요. 하나님께서 무엇을 더 말씀하실지 알아보겠다는 것입니다. 무슨 말입니까? 하나님께서는 이미 분명하게, 더 보태고 뺄 것 없이 말씀하셨는데, 발람은 또 다른 말씀을 더 듣겠다는 것입니다. 발람이 듣고 싶은 말이 있다는 얘기이지요. 어떻게 되었을까요? 하나님께서는 그가 원하는 대로, 그들과 함께 가라고 허락하셨습니다. 정말 조심해야 합니다. 사람이 한 번 욕심에 사로잡히면 하나님의 말씀까지 입맛대로 듣고 싶게 만듭니다.

그렇게 해서 그들을 따라가게 된 발람은, 아침에 일찍 일어났습니다. '아침에 일찍 일어났다.'는 이 표현은 발람의 들뜬 마음 자락을 내비쳐주지요. 아마 그는 밤새 잠을 이루지 못했을지도 모릅니다. 발람은 서둘러 나귀에 안장을 얹고 모압 고관들을 따라나섰습니다. 그렇게 길을 재촉하는데 갑자기 나귀가 길을 벗어나 밭으로 들어섭니다. 나귀를 때려서 다시 길로 들어서게 했지요. 그랬더니 이번에는 비좁은 벽 사잇길로 들어서는데, 나귀가 벽에 빠짝 붙어서 가는 바람에 발람의 다리가 거친 벽에 긁혔습니다. 발람은 나귀를 한 대 더 때렸습니다. 그랬더니 이번에는 나귀가 아예 길바닥에 주저앉아 버렸습니다. 발람은 화가 났습니다. 갈 길이 바쁜데, 가다가 옆으로 새지를 않나, 벽에 문지르질 않나, 아예 퍼질러 앉아버리니, 얼마나 분통이 터집니까? 발람은 화가 나서 지팡이로 나귀를 마구 때렸습니다.

그때 하나님께서 나귀의 입을 열어주셔서 나귀가 발람에게 항의하게 하셨습니다. 제가 주인님께 뭘 잘못했다고 이렇게 세 번씩이나 때리냐는 것입니다. 발람이 더 화가 나서 '네가 나를 우습게 아느냐고, 내가 지팡이가 아니라 칼을 가지고 있었다면 이 자리에서 널 죽였을 것'이라고 말하지요. 그러자 나귀도 지지 않고 대듭니다. 저야말로 어른께서 늘 타시던 어른의 나귀가 아니냐고, 제가 언제 이렇게 버릇없이 군 적이 있느냐는 것입니다. 그렇지요. 발람이 생각해봐도 나귀가 그런 적은 한번도 없었습니다. 그렇게 늘 주인의 말에 순종하던 나귀가 이상하게 행동한 것이지요. 그리고 그것은 뭔가 이상한 일이 있다는 신호였습니다.

그때 하나님께서 발람의 눈을 열어주셨지요. 그제야 앞을 보니, 서슬 퍼런 칼을 든 주님의 천사가 길을 막고 서 있었습니다. 나귀가 길을 벗어난 것도, 벽으로 붙었던 것도, 그 자리에 주저앉은 것도 다 천사의 칼을 피하려던 것이었습니다. 나귀가 멈추었을 때, 발람도 멈추어야 했습니다. 그의 생각을 멈추고 그의 길을 멈추어야 했습니다. 발람은 자신의 길을 막은 나귀에게 고마워해야 했습니다.

성령이 막으시므로

오늘 우리는 사도행전에서 사도 바울이 아시아에서 복음을 전하는 이야기를 함께 읽었습니다. 바울과 그의 일행은 예루살렘 사도회의에서 인정을 받고 아시아 지역에서 복음을 전했습니다. 그들은 정말 열심히 일했지요. 시리아와 길리기아를 돌아다니면서 모든 교회를 튼튼하게 하였습니다. 더베와 루스드라에서는 바울이 아들처럼 여기던 디모데를 얻기도 했습니다. 바울의 아시아 선교는 대단히 성공적이었습니다. 사도행전 16장 5절에 보면, 교회들은 그 믿음이 점점 더 튼튼해지고, 그 수가 나날이 늘어갔습니다. 그런데 갑자기 그들의 아시아 선교가 막혔습니다. 누가 막았을까요? 적대자들이 나타났을까요? 아닙니다. 성령께서 막으셨습니다. 성령께서 왜 느닷없이 사이렌을 울리면서 길을 막는지 아무 설명도 없이 그들의 길을 막은 것입니다. 이제 막 교회들이 든든히 서기 시작했으니 아쉽지만 그래도 순종해야겠지요. 그래서 바울과 일행은 북쪽으로 방향을 틀어서 비두니아로 가려 했습니다. 그런데 비두니아로 가려는 그들의 길을 이번에는 예수님의 영이 막으셨습니다. 참 답답한 일이지요. 어떻게 해야 할까요?

사실 사도행전이 말하는 사도의 길은 무엇보다 '성령이 이끄시는 길'입니다. 예수님이 부활 승천하신 후 오순절에 모여 기도하던 사도들에게 '성령'이 임하셨지요. 그리고 사도들은 성령이 이끄는 대로 길을 가고, 성령이 시키는 대로 말하였습니다. 그리고 성령이 이끄는 대로 가고, 성령이 시키는 대로 말할 때, 놀라운 성령의 역사가 일어났습니다. 무엇보다 교회는 바로 성령의 열매였습니다. 그런데 성령께서 기껏 잘나가는 길을 막으신 것입니다. 그럴 때 어떻게 해야 하겠습니까? 성령께서 길을 터주실 때에는 기꺼이 순종하겠지만, 갑자기 막으신다면 우리는 어떻게 해야 할까요? 참으로 답답하고 당황하겠지요.

그러나 그때 사도 바울은 막으시는 성령을 따랐습니다. 막으시는 예수님의 영을 기꺼이 따랐습니다. 그래서 그들은 그들의 계획과는 달리 마케도니아 맞은편 드로아에 이르렀습니다. 그리고 드로아에서 밤중에 마케도니아 사람 하나가 '우리를 도와달라'고 간청하는 환상을 보았습니다. 마케도니아는 사정이 좋지 않은 어려운 곳이었습니다. 실제로 마케도니아에 가자마자 바울은 감옥에 갇히게 됩니다. 전도하는 곳마다 폭력배 같은 훼방꾼들이 따라붙지요. 마케도니아는 잘나가는 곳이 아니라 어려움이 있는 곳, 박해가 있는 곳이었습니다. 그러나 바울은 하나님의 부르심이라 확신하고 기꺼이 마케도니아로 갔습니다. 그렇게 사도행전의 선교는 바울의 선교가 아니라 다만 성령이 이끄시는 하나님의 선교가 되었습니다. 성령께서 막으실 때 멈추는 것, 그것이 바로 사도의 믿음이었습니다.

멈출 줄 아는 믿음

발람이 모압 왕 발락의 복채를 따라가려 할 때, 하나님께서는 나귀를 통해 멈추라는 신호를 보내주셨습니다. 그러나 욕심에 사로잡힌 발람은 끝내 복채를 따라갔습니다. 이 발람은 어떻게 되었을까요? 민수기는 발람이 발락에게 가기는 했지만, 이스라엘을 저주하지는 않은 것으로 이야기합니다. 그러나 신명기는 발람이 이스라엘을 저주했지만, 하나님께서는 그 저주를 오히려 복으로 바꾸셨다고 말합니다.(신 23:4-5) 여호수아서에서는 점쟁이 발람이 나중에 이스라엘 자손에게 처형당했다고 말하지요.(수 13:22) 신약성서 베드로후서와 유다서에서 발람은 불의한 삯을 사랑한 불의한 삯꾼 목자의 표본이 되었습니다.(벧후 2:15, 유 11) 발람은 왕실의 금과 은을 다 준다고 해도 하나님만 따른다면서도 정작 복채를 따라갔습니다. 그것이 바로 삯꾼 목자의 모습이지요. 겉으로는 시뻘겋게 '오직 예수'라 외치면서 속으로는 새파랗게 '오직 돈'을 세습하는 삯꾼 목자들은 오늘 교회를 얼마나 깊은 수렁에 빠뜨리고 있습니까?

발람 이야기는 인간이 욕심에 빠지면, 한낱 나귀도 볼 수 있는, 코앞에 들이닥친 위험도 보지 못한다고, 멈추어야 할 때 멈출 수 없다고 우리에게 경고합니다. 어쩌면 나귀를 통해서 발람에게 경고하신 하나님께서는 오늘도 꿀벌을 통해서, 박쥐를 통해서, 초여름 밤에 반짝이는 반디를 통해서 우리에게 멈추어야 한다는 비상신호를 보내주시는지도 모릅니다. 우리가 하나님의 신호를 늦지 않게 볼 수 있도록, 그래서 우리가 멈추어야 할 때 멈출 수 있도록 하나님께서 우리의 눈을 열어주시기를 바랍니다.

사도 바울은 성령께서 막으셨을 때 멈추었습니다. 예수님의 영이 허락하지 않으셨을 때 무릎 꿇고 주님의 뜻을 기다렸습니다. 잘나가고 있는데 왜 멈추어야 하는지 다 알지는 못하지만, 그가 가야 할 마케도니아에는 많은 어려움과 박해가 기다리고 있었지만, 부르심에 순종하여 그곳으로 갔습니다. 그래서 사도 바울은 진짜 사도가 되었습니다. 사도란 본디 주님께서 가라 하시는 대로 가는 사람이지요. 바울은 자신의 업적을 쌓은 것이 아니라 다만 성령의 역사에 참여했습니다. 자신의 이름이 아니라 예수님의 이름을 땅끝까지 전했습니다.

요즘 참 많은 교회가 혼란에 빠져 헤매고 있습니다. 특히 크게 성장한 교회들이 심하게 흔들립니다. 그런데 왜 교회들이 그렇게 혼란에 빠지는 것일까요? 그 교회들의 속을 가만히 들여다보면, 거기에는 한 가지 공통되는 문제가 있습니다. 그것은 멈추어야 할 사람들이 멈추지 않는다는 것입니다. 가장 먼저 멈추어야 할 목회자가 멈추지 않습니다. 이미 은퇴를 하고도 도무지 멈출 줄 모릅니다. 서로 갈라진 교인들도 도대체 멈추지 않습니다. 모두 죽어도 멈출 수 없답니다. 죽어도 못 멈추겠다니 죽을 수밖에 무슨 수가 있겠습니까. 성령께서 막으셔도 직진하겠다는 사람들을 어떻게 무엇으로 멈출 수 있겠습니까. 믿음은 몸을 불사르는 직진본능이 아니라 고요한 멈춤입니다. 멈출 줄 아는 사람이야말로 진짜 신앙인입니다.

사랑하는 여러분, 우리의 믿음의 중심, 확고한 중심이 무엇일까요? 바로 십자가 아닙니까? 그런데 십자가는 또 무엇일까요? 멈추는 것입니다. 십자가는 우리의 생각을 멈추고 하나님의 뜻을 듣는 것입니다. 우리의 길을 멈추고 하나님의 길을 따르는 것입니다. 우리 예수께서는 자기 뜻을 꺾고 다만 아버지의 뜻에 순종하셔서 십자가의 길을 가셨습니다. 우리가 험한 세상에서 살아가는 동안, 성령께서는 언제나 우리의 길에 동행하셔서 우리를 지켜주시고 인도하여 주십니다. 우리의 막힌 길을 열어주시고, 우리의 어둠을 빛으로 밝혀주십니다. 믿는 마음으로, 감사하는 마음으로 주님의 인도하심을 따라 함께 찬미하며 걸어갑시다. 그러나 때로 성령께서는 우리의 길을 막으십니다. 예수님의 영이 우리의 길을 가로막으실 때가 있습니다. 그때 오히려 기쁜 마음으로 감사하며 순종해야 합니다. 예수님의 영이 우리를 막으실 때, 그때 우리는 멈추어서 죽음의 길을 돌이켜 생명의 길로 함께 가야 합니다. 주님께서 우리에게 우리의 길을 열어주시는 성령을 따라갈 수 있는 믿음을 주시기 바랍니다. 또한 우리의 길을 막으실 때 우리가 멈출 수 있는, 진정한 믿음과 용기를 허락하여 주시기를 바랍니다.

너 사람아!

미가 6:6-8 너 사람아, 무엇이 착한 일인지를 주님께서 이미 말씀하셨다. 주님께서 너에게 요구하는 것이 무엇인지도 이미 말씀하셨다. 오로지 공의를 실천하며 인자를 사랑하며 겸손히 네 하나님과 함께 행하는 것이 아니냐!(미 6:8)

중산층의 조건?

사람이 세상을 살아가면서 잘살기 위해서는 무엇이 필요할까요? 오늘날처럼 변화 많고 복잡한 사회에서 그래도 안정되게, 사람답게 살기 위해서 갖추어야 할 조건이 있다면, 그게 무엇이겠습니까? 요즘 흔히들 '중산층'이라는 말을 씁니다. 이 '중산층'이란 그 사회에서 비교적 안정된 삶을 살아가는 계층을 일컫는 말입니다. 그 사회의 중심이 된다는 뜻도 있는 것 같습니다. 그런데 어떤 사람들을 중산층이라고 말할 수 있을까요? 우리는 중산층에 속한 것일까요?

영국에서는 그 사회의 중심이 되는 중산층에 들려면 몇 가지 기준을 갖추어야 한답니다. 그 첫째는, '페어플레이'를 하고 있어야 한다는 것입니다. 무슨 일을 하든 공정한 룰을 따라 행한다면, 반칙을 하지 않는다면 첫 조건을 갖춘 셈입니다. 둘째는, 자신의 주관, 신념을 가지고 있느냐는 것입니다. 자기 삶에 대한 가치관이 분명하고, 역사관을 가지고 있어야 둘째 조건을 갖춘 것입니다. 셋째는, 약자의 편을 들고 강자에 맞서느냐는 것입니다. 넷째는, 불의와 불평등, 불법에 의연히 맞서는가 하는 것입니다. 다섯째는, 집에 있는 책상 위에 비평지 한 권쯤 놓여 있어야 한다는 것입니다. 이런 조건을 충족시킨다면, 그렇게 살고 있다면, 그 사회의 중산층, 중간 계층에 속한다는 것이지요. 어떻습니까?

　조금 다른 기준을 볼까요? 프랑스의 퐁피두(G. Pompidou) 전 대통령은 나름 특색 있는 기준을 제시했습니다. 첫째는, 외국어 하나쯤 구사할 수 있느냐는 것입니다. 둘째는, 스포츠 중 한 가지 정도를 하고 있느냐는 것입니다. 셋째는, 악기를 하나 이상 연주할 수 있어야 한다는 것입니다. 넷째는, 자기만의 요리 하나쯤 할 수 있어야 합니다. 다섯째는, 봉사단체에 가입해서 활동하는가 하는 것입니다. 여섯째는, 좀 독특한데, 남의 아이를 내 아이처럼 꾸중할 수 있어야 한답니다. 이런 조건들을 보면, 프랑스 사람들답게 낭만적인 구석이 있지요? 어떻습니까?

　이런 기준을 가지고 우리 자신을 재어본다면, 우리가 과연 중산층에 들 수 있을지 잘 모르겠습니다. 대체로 이런 기준은 무슨 생각을 하고 사는지, 무엇을 좋아하고 즐겨 실천하는지 하는 문제, 즉 삶의 문제를 중시하는 것 같습니다. 또 내 생활, 나만의 문제를 넘어 공익에 대해 생각하고 실천하는지를 문제삼고 있습니다.

　이와는 다른 중산층의 조건도 있습니다. 첫째는, 가구의 월 소득

이 500만 원 이상인가 하는 것입니다. 둘째는, 강남 정도에 30평 이상의 아파트를 소유하고 있느냐는 것입니다. 셋째는, 중형 이상의 자가용을 타고, 넷째는, 1년에 한 번 이상 해외여행을 하고, 다섯째는, 현금 자산이 1억 원 이상 있어야 한답니다. 뭐 이 정도만 하지요. 좀 기분 나쁘지만 어딘지 이미 알겠지요? 이게 2012년에 제시된 조건이라니까, 요즘은 많이 달라졌을지도 모르겠습니다. 어떻습니까? 우리는 지금 중산층에 속해 있는 것일까요? 기왕이면 우리에게도 중산층에 대한 좀 더 의미 있는 기준이 생겼으면 좋겠습니다.

이런 조건들을 보면, 우리의 중산층 자격은 온통 '경제', '돈' 문제로 결정되는 것 같습니다. 참으로 안타깝고 불행한 일입니다. 우리의 삶을 온통 '돈'이 지배하는 모양새가 아닙니까? 진정한 삶에 대한 고민은 사치가 되고 말았습니다. 그 사람의 생각과 그 사람의 삶은 보이지 않고 그 사람의 돈만 보는 사회는 참으로 불행한 사회입니다. 이런 사회는 맘몬이 지배하는 사회요, 맘몬을 숭배하는 사회요, 맘몬의 제국입니다.

신앙과 우상숭배 사이

신앙이란 무엇일까요? 신앙은 무엇보다 우리 삶의 중심을 바로 세우는 일입니다. 우리의 마음을, 우리의 생각을 깨우는 일입니다. 우리가 믿음으로 사는 것은, 복을 왕창 받아서 중산층이 되려고 아등바등하는 것이 아니라, 우리 생각을 바로 세우고 우리 삶을 바로 세우는 것입니다.

우리는 함께 미가 예언자의 말씀을 읽었습니다. 이 구절은, 도대체 신앙이 무엇인지를 아주 간결하고 분명하게 밝혀줍니다. 예언자 미가는 유다 왕 요담, 아하스, 히스기야 시대에 활동했습니다. 그의 예언은 특히 아하스의 시대를 배경으로 하고 있지요. 아하스 왕의 시대는 온통 돈이 지배하는 시대였습니다. 부자가 되는 것이 삶의 목표가 되어버린 시대, 어딘지 그리 낯설지 않은 시대입니다. 그런데 이렇게 돈을 버는 것이 '지고의 선'이 되어버린 시대에 돈을 많이 그리고 빨리 버는 가장 확실한 방법이 무엇이겠습니까? 예나 지금이나 남의 것을 착취하고 약탈하는 것이지요. 권력과 특권을 가지고 약자들의 것을 빼앗는 것처럼 쉽고 확실한 방법은 없습니다. 권력자들은 탐나는 밭을 빼앗고, 탐나는 집을 제 것으로 만들었습니다.(미 2:2) 거짓과 속임수로, 폭력으로 약자들을 약탈한 것입니다. 그렇게 약자를 약탈하는 모습을 미가는 '산 채로 그 가죽을 벗기고, 뼈에서 살을 뜯어내고, 뼈를 산산조각 부수고, 고기를 삶듯이, 내 백성을 가마솥에 넣고 삶는다.'고 고발합니다.(미 3:2-3)

그런데 이런 시대의 통치자 아하스 왕은 어떤 인물이었을까요? 그는 아무런 신앙도 없는 불신자였을까요? 아닙니다. 아하스 왕은 신앙인이었습니다. 그것도 아주 열광적인 신앙인이었습니다. 그가 얼마나 열렬한 신앙을 가졌는지를 보여주는 두 가지 사건이 있습니다. 하나는, 아하스가 자기 맏아들을 불태워서 제물로 바친 일입니다.(왕하 16:3) 세상에 자기 아들을 태워 제물로 바칠 수 있는 신앙이 있다면, 이보다 더 열렬한 신앙이 있을 수 있을까요? 믿음의 선조 아브라함은 실행하지 못했지만, 아하스는 자기 아들을 제물로 태워서 바쳤습니다.

　다른 하나는, 그가 성전을 더 크고 화려하게 꾸민 일입니다. 아하스 왕이 아시리아 제국의 수도 다마스쿠스에 간 적이 있습니다. 그런데 거기에는 제국의 신전답게 거대한 신전이 있었고, 제물을 드리는 크고 화려한 제단이 있었습니다. 아하스는 그 제단이 부러웠습니다. 그래서 그 모형을 세밀하게 그려서 우리야 제사장에게 보냈습니다. 그렇게 해서 예루살렘 성전에 크고 웅장한 새 제단을 만들었습니다. 그리고 그 제단에서 하나님께 엄청난 제물을 드렸습니다. 아하스는 성전 제단을 수축한 인물입니다. 하나님의 성전을 크고 화려하게 꾸민 사람입니다. 성전 제단을 크고 웅장하게 꾸민 아하스 왕, 과연 대단한 신앙인 아닙니까? 아하스는 제단을 만들고 나서 우리야 제사장에게 명령했습니다. "아침 번제물과 저녁 곡식 예물, 왕의 번제물과 곡식 예물, 또 이 땅의 모든 백성의 번제물과 곡식 예물과 부어 드리는 예물을, 모두 이 큰 제단에서 드리도록 하고, 번제물과 희생제물의 모든 피를 그 위에 뿌리시오."(왕하 16:15)

　아하스의 이 신앙은 무엇입니까? 엄청난 제물을 드리고, 심지어 자기 자식까지 불태워 드리면서 그가 원하던 것이 무엇입니까? 약자들의 땅을 빼앗고, 백성의 뼈를 바수고 가죽을 벗겨서 자신이 부자가 되는 것, 그것 아닙니까? 하나님이 원하시는 것은 아랑곳없이, 자신의 탐욕만을 위해서 하나님마저 부려먹으려는 지독한 신성모독이 아닙니까? 이런 게 신앙이라면, 이런 신앙은 차라리 없는 게 좋습니다. 탐욕과 신앙이 손잡으면 신앙이 아니라 우상숭배가 됩니다. 우상숭배의 동력은 탐욕입니다. 우상숭배는 곧 맘몬 숭배입니다.

정의와 사랑

미가는 바로 이러한 잘못된 신앙을 묻고 있습니다. 하나님을 섬기는 것이 아니라 하나님까지 이용해서 탐욕을 채우려는 우상숭배를 고발합니다. 미가는 질문합니다. 하나님 앞에 나아가려면 무엇을 가지고 나아가야 합니까? 도대체 하나님께서 요구하시는 것이 무엇이냐는 물음입니다. 무엇일까요? 제사장들은 무엇이라고 대답해줍니까? 오늘날 교회에서는 또 무엇이라고 말합니까? '제물을 가지고 가야 한다, 송아지를 가져가야 하고, 양을 가져가야 하고, 올리브 기름을 가져가야 하고, 곡식 예물을 가져가야 한다.' 이 대답이 당시의 종교 지도자들, 제사장들이 해준 대답입니다. 어쩌면 오늘날에도 많이 듣게 되는 대답이지요. 제물은 깨끗해야 하고, 기왕이면 많을수록 좋겠지요. 그래야 하나님이 기뻐하시지 않겠습니까? 좋은 것을 제물로 바쳐야 한다면, 값진 것을 바쳐야 한다면, 가장 귀한 자기 아들이라도 바쳐야 하지 않겠습니까?

그러나 우리의 미가는 그렇게 대답하지 않았습니다. 아니, 그런 것들이 아니라고 단호하게 부정합니다. 1년 된 송아지도, 수천 마리의 양도, 수만의 강줄기를 채울 올리브 기름도 아니라는 것입니다. 자기 맏아들을 태워 바치는 일은 더더욱 아니라는 것입니다. 그것은 하나님이 요구하시는 것이 아니라는 말입니다. 그런데 여기서 이렇게 많은 제물을 바치고 자기 아들까지 살라 바친 자가 누구였지요? 그렇습니다. 미가는 무엇보다도 아하스가 벌이고 있는 참람한 짓거리들을 신랄하게 근원적으로 부정합니다. 신앙이라는 이름으로 성전에서 벌어지는 모든 폭력과 약탈을 폭로하고 심판합니다.

다시 미가는 문제의 핵심으로 파고듭니다. "너 사람아! 무엇이 착한 일인지를 주님께서 이미 말씀하셨다. 주님께서 너에게 요구하시는 것이 무엇인지도 이미 말씀하셨다." 무슨 말입니까? 대답은 벌써 다 알고 있다는 말입니다. 정말 하나님이 원하시는 것이 무엇인지는 처음부터 누구에게나 모호하지 않고 분명하다, 이 말입니다. 그것은 나도 알고 너도 아는 일이다, 그 말이지요. 무엇입니까? 하나님께서 이미 말씀하셨고, 사람이라면 누구나 알 수 있고, 우리가 이미 알고 있는 것이 무엇입니까? 하나님이 정말로 원하시는 것이 무엇입니까? "오로지 공의를 실천하며 인자를 사랑하며 겸손히 네 하나님과 함께 행하는 것이 아니냐!" 그렇습니다. 이것이 미가의 대답입니다. 이것이 하나님이 원하는 것이요 신앙인의 조건입니다. 먼저 '공의', '정의'입니다. 우리가 하나님께 예배하는 사람들이라면, 우리가 신앙인이라면 마땅히 정의를 따라야 한다, 그 말입니다. 우리가 정의를 생각하고 정의를 추구하며 산다면, 그때 우리는 신앙인이라는 말입니다. 신앙은 제물에 있지 않습니다. 신앙은 우리를 부자로 만들어주는 도깨비방망이도 아닙니다. 신앙은 우리가 정의를 따라 살게 합니다. '정의'가 신앙인과 비신앙인을 가르는 첫 번째 시금석입니다.

참신앙과 거짓신앙의 분명한 시금석이 '정의'라면, 참으로 엄중한 기준이지요. 만약 이 기준에 우리의 신앙을, 우리의 생각과 생활을 비추어본다면 어떨까요? 어쨌거나 미가는 하나님을 따르는 것인지 아닌지로 갈라지는 분명하고 간결한 기준을 제시해주었습니다. 적어도 미가에게 정의 없이, 정의를 피하고서 신앙인이 되는 길은 없습니다.

미가는 '정의'와 함께 또 하나의 기준을 말하지요. 그것 또한 우리가 너무도 잘 아는 것입니다. 바로 사랑입니다. 인자를 사랑하는 것, 사람을 사랑하는 것입니다. 사랑에 대해서는 굳이 더 설명할 필요가 없지요. 이렇게 미가는 진정한 신앙의 시금석으로 정의와 사랑을 제시했습니다. 정의를 실천하고 사람을 사랑하며 하나님과 동행하는 것, 그것이 신앙의 알짬입니다. 우리가 정의와 사랑을 생각하고 실천하며 산다면, 중산층인지 아닌지는 잘 몰라도, 진정한 신앙인임에 틀림이 없을 것입니다.

이미 말씀하셨다

정의와 사랑이라는 신앙의 알짬은 이미 잘 알려진 것입니다. 그것은 하나님께서 처음부터 이미 말씀하신 것입니다. 그렇지 않습니까? 성서는 처음부터 끝까지 우리에게, 말 그대로 귀에 못이 박히도록 정의와 사랑을 말합니다. 성서가 정의와 사랑을 말한다는 이 사실은 결코 숨겨진 비밀이 아닙니다. 그야말로 상식입니다. 사실은 성서뿐이 아니지요. 동서양의 옛 성현들이 그토록 강조한 것이 바로 정의와 사랑 아닙니까? 공자가 인(仁)과 의(義)를 가르쳤다는 사실을 모르는 사람이 있을까요? 심지어 까만 양복을 입고 몰려다니는 깍두기 아저씨들도 '차카게(착하게) 살자'고 사랑과 의리를 말하지 않습니까?

정의와 사랑은 신앙을 가르는 기준을 넘어 '사람'을 가르는 시금석이기도 합니다. 사람이면, 그것을 알아야 하고, 그것을 생각해야 하고, 그것을 실천해야 합니다. 사랑과 정의는 보편적 인간의 기준이요 신앙의 시금석입니다. 하나님께서 원하시는 것, 하나님께서 그토록 요구하시는 것이 바로 정의와 사랑입니다. 사람이 되는 것, 참사람이 되는 것, 그것이 우리 하나님께서 그토록 우리에게 바라시는 것입니다. 문제는 그렇게 살아가는 것, 실천이지요. 아하스를 생각해보면, 그리고 오늘의 한국교회를 생각해보아도, 정의와 사랑을 실천하는 일은 엄청난 제물을 드리는 일보다 훨씬 더 어려운 일인 것 같습니다. 하나님이 원하시는 일은 나의 탐욕을 꺾어야 하는 일이기 때문입니다. 내 뜻을 꺾지 않고서 하나님의 뜻을 이루는 길은 어디에도 없기 때문입니다.

"정의를 실천하고 사람을 사랑하며 겸손히 하나님과 동행하는 것이 아니냐!" 이 말씀이 새 날을 살아가는 우리의 말씀이 되었으면 좋겠습니다. 우리의 고백이 되고, 우리의 노래가 되었으면 좋겠습니다. 우리가 정의와 사랑을 생각하고 기도하고 실천하며 살 수 있도록 하나님의 은총이 함께하시기를 바랍니다.

저 비석은 무엇이냐

열왕기하 23:16-20 요시야가 물었다. "저기 보이는 저 비석은 무엇이냐?" 그 성읍의 백성이 그에게 대답하였다. "유다에서 온 어느 하나님의 사람의 무덤입니다."(왕하 23:17)

마태복음 23:29-33 "율법학자들과 바리새파 사람들아! 위선자들아! 너희에게 화가 있다. 너희는 예언자들의 무덤을 만들고, 의인들의 기념비를 꾸민다."(마 23:29)

"초연이 쓸고 간 깊은 계곡 / 깊은 계곡 양지녘에 / 비바람 긴 세월로 이름 모를 / 이름 모를 비목이여!" 목 좀 풀었다는 사람이면, 한번쯤 불러보았을 〈비목〉이라는 노래입니다. 노래를 들으면, 깊은 계곡에 고요한 숲이 펼쳐지는 듯합니다. 그런데 '비목'은 무엇일까요? '초연'은 또 뭐지요? 얼핏 비목이라는 무슨 슬픈 나무가 있나 싶고, 또 호젓한 바람이 불었나 하는 생각도 듭니다. 그런데 여기서 '비목'(碑木)은 무덤 앞에 세운 나무 묘비이고, '초연'(硝煙)은 화약 연기입니다.

    분위기가 좀 비감해지지요? 한바탕 전투가 벌어진 험한 산속에, 수풀에 덮인 무덤이 있습니다. 누구의 무덤일까요? 오랜 세월 비바람에 삭아버린 비목은 도무지 알아볼 수 없습니다. 한 가지 알 수 있는 것은, 그가 치열하게 싸우다가 거기서 목숨을 바쳤다는 것입니다. 어찌 그 비목의 주인뿐이겠습니까. 수많은 젊은이가 비목 하나 남기지 못하고 스러져서 어딘가 묻혔을 것입니다. 그리고 그렇게 희생한 무명의 용사들로 인해 지금 이 나라가 있고, 역사가 있습니다. 이 땅은 어떤 한 영도자가 지켜낸 게 아닙니다. 유명한 장군만 기억할 것이 아니라 이름 모를 비목의 주인들을, 무명의 용사들을 기억해야 합니다.

요시야 개혁

열왕기하의 마지막 즈음에 요시야 왕의 성전 개혁 이야기가 나옵니다. 요시야는 성전을 수리하다가 '율법' 책을 발견하고, 율법을 읽으면서 성전이 얼마나 변질되고 타락했는지 알게 되었습니다. 루터의 종교개혁도 '성서'로부터 시작되었지요. 요시야는 율법의 가르침을 따라 성전을 단호하게 정화/개혁했습니다. 성전 안에 있는 온갖 잡된 것들을 바깥으로 끌어내서 부수고 불태워버렸지요. 우상들은 아예 가루로 만들어서 공동묘지에 뿌리고, 우상을 숭배하는 사제들은 모두 몰아냈습니다. 성전을 정화한 요시야는 지방 성소도 정화했습니다. 베델 성소에는 여로보암이 만든 제단이 있었는데, 이것도 헐어버렸습니다. 그런데 요시야가 한 일 중에 좀 이해하기 어려운 것이 하나 있습니다. 산에 있는 '무덤'을 부수고, 그 뼈들을 불태운 것입니다. 오늘 우리가 읽은 본문은 바로 그 이야기를 전해줍니다. 이것은 무슨 일일까요? 그 무덤들은 누구의 무덤일까요? 무덤을 훼파하는 것이 무슨 개혁이고 무슨 정화일까요?

명당

사람은 죽으면 좋은 자리, 이른바 명당(明堂)에 묻히고 싶어합니다. 이스라엘 백성들에게 최고의 명당은 예루살렘, 그중에서도 성전이었습니다. 성전은 온 세상에서 가장 거룩하고 좋은 장소였습니다. 그곳은 하나님의 자리이니까, 인간은 감히 넘볼 수가 없습니다. 하지만 그곳에 가까이 갈 수 있는 사람이 있지요. 바로 왕입니다. 왕은 성전 곁에 왕궁을 짓고, 하나님 버금가는 영화를 누리다가, 죽은 후에도 거기서 떠나지 않으려고, 성전에 왕실 묘지를 조성했습니다. 다윗도 죽어서 예루살렘 왕실 묘지에 묻혔습니다.

　왕들은 그렇게 명당에 묻히는데, 백성은 어디가 좋을까요? 성소가 있는 산입니다. 특히 베델은 어떤 곳입니까? 조상 야곱이 돌베개를 베고 자다가 하나님을 만난 곳입니다. 이름 그대로 '하나님의 집'이요, 하늘로 들어가는 문입니다.(창 28:17) 천하의 명당이지요. 성소의 입장에서도 누구의 무덤을 유치하는지는 아주 중요했습니다. 유명한 예언자의 무덤을 유치하면 산당도 따라서 유명해지고, 많은 사람이 찾아오겠지요. 니체(F. Nietzsche)가 당시의 교회를 '납골당'이라고 비판했을 때, 성당에 유명한 '성인'의 뼛조각이라도 안치하고 잘 소문내면, 거기에 사람들이 죽자고 몰려들었습니다. 사람들은 성인의 뼈를 붙잡고 기도해야 이루어진다고 맹신했습니다. 그래서 유명한 성소일수록 무덤의 전시장이 되고, 성황을 이루었습니다. 산 욕망이 죽은 욕망에게 소원을 비는 것입니다. 성소는 하나님의 뜻을 듣는 곳이 아니라 인간의 탐욕을 비는 곳이 되어버렸습니다.

무덤 숭배

에스겔서의 마지막 부분에 이르면(40장), 새 예루살렘 성전의 비전이 파노라마처럼 펼쳐집니다. 새롭게 설계된 성전이 완성되면, 마침내 하나님께서 거기 임재하시지요. 그런데 그렇게 새 성전에 드신 하나님께서 내리신 첫 명령이 있습니다. 하나님의 첫 명령이라면 너무도 중요할 텐데, 그게 뭘까요? 그것은 왕들의 시체를 하나님 앞에서 치워버리라는 명령입니다.(9절) 이것은 무슨 말일까요? 왕들이 성전에다 자기들의 무덤까지 만들어서 하나님의 이름을 더럽혔다는 것입니다. 한낱 인간에 불과한 왕을 마치 반신반인(半神半人)인 것처럼 우상화하고, 그 인간의 무덤을 회칠하고 꾸몄다는 말이지요. 그래서 그 왕들의 무덤을 훼파하고, 그 시체를 하나님 앞에서 치워버리라는 것, 그것이 하나님의 첫 명령이었습니다.

그런데 왕들의 무덤을 꾸미는 것이 왜 그렇게 큰 죄일까요? 무엇보다 왕의 무덤을 꾸미는 일은, 그들이 떠나온 이집트의 파라오가 했던 일입니다. 그 불가사의한 왕의 무덤 피라미드를 만들고, 왕의 시체인 미라를 치장하느라 히브리 노예들은 얼마나 큰 고역을 치러야 했습니까. 그런데 약속의 땅에서 다시 왕들의 무덤을 꾸미는 일을, 그것도 하나님 앞에서 했으니, 이것이야말로 출애굽의 하나님을 정면으로 모독하는 일이 아니고 무엇이겠습니까. 하나님 앞에서 인간을 우상화하는 것만큼 참람한 신성모독은 없습니다. 예수께서도 바리새파 율법학자들에게, 예언자의 무덤을 만들었다고 신랄하게 비판하셨지요.

무명의 무덤

요시야는 베델 성소 산에 있는 무덤들을 훼파하고, 그 뼈들을 산당 제단에서 불태워버렸습니다. 그런데 거기서 이상한 무덤이 하나 나왔습니다. 비석은 있는데 이름이 없습니다. 그곳에는 아무나 묻힐 수 없을 텐데, 이름 없는 무덤이 나온 것입니다. 왕이 그곳 백성에게 물었지요. "저기 보이는 저 비석은 무엇이냐?" 백성이 대답했습니다. "유다에서 온 어느 하나님의 사람의 무덤입니다." 그 무덤은 유다에서 온 이름 모를 '하나님의 사람'의 무덤이었습니다. 요시야는 그 무덤은 그대로 두고, 아무도 유해를 건드리지 못하게 했습니다. 그래서 산당의 모든 무덤이 훼파되었지만, 이 무명의 무덤만은 남게 되었습니다.

그런데 이 무덤의 주인, 무명의 '하나님의 사람'은 어떤 사람일까요? 이 하나님의 사람 이야기는 열왕기상 13장에 나옵니다. 그러니까 이 하나님의 사람은 열왕기서의 초반에 등장했다가 이름 없이 사라지고, 다시 열왕기서가 끝날 즈음에 무덤에서 다시 나타납니다. 존재감이 없는 듯한데, 실제로는 열왕기상·하 전체를 꿰뚫고 있는 '숨은 주인공' 같은 인물입니다.

하나님의 사람

북이스라엘의 첫 왕이 된 여로보암은, 북쪽 백성이 예루살렘 성전으로 가지 못하게 하려고, 베델과 단에다가 제단을 만들었습니다. 그러고는 거기에 금송아지를 안치하고, 출애굽의 하나님이 여기 계신다고 선포했습니다. 이집트 종교가 했던 일, 십계명에서 그토록 금했던 일, 곧 우상을 만든 것입니다. 그리고 제사장을 임명해서 제사도 드리고 절기 행사도 성대하게 치르게 했습니다. 이렇게 해서 나라가 남북으로 갈라지고, 종교도 예루살렘 성전과 지방 성소로 갈라졌습니다.

그렇게 세운 베델 제단에서 여로보암이 제사를 드릴 때, '하나님의 사람'이 그곳으로 찾아왔습니다. '하나님의 사람'은 여로보암의 제단을 저주하며, 장차 다윗 가문에서 난 요시야가 산당 제사장들을 죽여 그 제단에 제물로 바치고, 거기서 그들의 뼈를 태울 것이라고 외쳤습니다. 참 끔찍한 예언 아닙니까? 화가 난 여로보암이 손을 내밀며 '저자를 잡아라.' 하고 소리치자, 그 손이 마비되고, 제단이 갈라지며 재가 쏟아졌습니다. 왕은 두려움에 사로잡혀 '하나님의 사람'에게 손이 회복되게 기도해달라고 간청했지요. 하나님의 사람이 은총을 비니 그 손이 회복되었습니다. 그러자 왕은 하나님의 사람에게 자기 집에 가서 쉬고, 선물도 받아달라고 청했습니다. 어떻게 해야 할까요? 하나님의 사람은 왕실 재산의 절반을 준다 해도 안 된다며, 단칼에 거절하고 떠났습니다.

그런데 베델에 한 늙은 예언자가 살았습니다. 나귀를 타고 뒤쫓아가서 상수리나무 아래 쉬고 있는 하나님의 사람을 만났지요. 늙은 예언자는 함께 가서 뭘 좀 먹고 가라고 했지만, 하나님의 사람은 단호하게 거절했습니다. 늙은 예언자는 하나님께서 대접하라 하셨다고 거짓말을 합니다.

어떻게 해야 할까요? 아무런 이해관계도 없는데, 겨우 밥 한 끼에 물 한 대접이라는데, 더구나 같은 예언자라는데, 더더구나 하나님의 천사가 그렇게 하라 했다는데, 너무 까칠해도 안 되겠지요? 하나님의 사람은 늙은 예언자를 따라가서 식탁에 앉았습니다. 그런데 그때 늙은 예언자가 외쳤습니다. 하나님의 명을 어겼으니, 그의 주검은 조상의 무덤에 묻히지 못한다는 것입니다. 그야말로 청천벽력 아닙니까? 너무 억울하지 않습니까? 목숨 걸고 소명을 다하고, 어르신 예언자의 강권에 마지못해 한 끼 대접받았다고, 비명횡사한다는 것은 너무 심하지 않습니까? 그러나 하나님의 사람은 그 길로 일어나서, 나귀를 타고 가다가 사자에게 물려 죽었습니다. 그 소식을 들은 늙은 예언자가 그의 주검을 수습해서 장사를 치르고, 자기 무덤에 안장하였지요. 늙은 예언자는 훗날 자신의 뼈도 '하나님의 사람' 곁에 묻어달라고 유언했습니다. 이것이 무명의 무덤에 얽힌 사연입니다.

예언자의 사표

무슨 얘기일까요? 왜 열왕기서는 이름 모를 하나님의 사람을 '예언'이 아주 중요해지는 초반에 등판시켰다가, 열왕기서 전체를 마무리하는 요시야 종교개혁 시점에 무덤에서 다시 소환해낸 것일까요? 이 '하나님의 사람'이야말로 열왕기서가 말하려는 예언자의 사표와 같은, 진짜 예언자라는 말 아닐까요? 이 무명의 예언자는 그의 '이름'이 아니라 그의 '소명'을 통해서 진정한 예언자의 길을 보여줍니다.

    그렇다면 이 예언자, 하나님의 사람이 보여주는 예언자의 길은 어떤 길입니까? 그가 사자에게 찢기면서까지 보여준 '하나님의 사람'의 길은 무엇입니까? '다만 하나님이 주신 말씀만 전하는 것' 그리고

'다만 하나님의 명령대로만 행하는 것' 이것이 아닐까요? 이스라엘이 멸망한 것은 거짓 예언자들을 따랐기 때문입니다. 그런데 그 거짓 예언자들은 무엇을 따라 예언했습니까? 탐욕입니다. 왕궁에는 왕에게 하나님의 뜻을 전하는 직무를 맡은 어용 예언자들이 많았습니다. 그러나 불행하게도 그들은 그 임무를 제대로 수행하지 못했습니다. 왜 그럴까요? 왕이 주는 '선물' 때문입니다. 아모스가 하나님의 뜻을 선포했을 때, 그를 막아선 아마샤가 한 말이 있지요. "다른 데 가서 예언하여 네 밥벌이나 해라."

무슨 말입니까? 예언이 밥벌이가 되었다는 말입니다. 예언자들은 왕이 주는 '선물'을 따라 아첨하고, 백성이 주는 '복채'를 따라 복을 남발했습니다. 왕이 만든 허영의 무덤을 치장하고, 백성이 쌓은 허욕의 담을 회칠하는 일을 했습니다. 헛된 환상과 아첨하는 점괘를 파는 야바위꾼이 되고 만 것입니다. 제사장과 예언자가 '하나님의 사람'이 아니라 '왕의 사람'이 되었고, '대중의 아이콘'이 되었습니다. 예언자들은 유명해지면서 무너져갔습니다.

열왕기서의 '하나님의 사람'은 끝까지 성공하지도 못했지요. 그러나 실패했을 때도 그는 묵묵히 하나님을 따랐습니다. 그 작은 실수(?)가 사자에게 찢길 중죄냐고, 억울하다고 항변하지도 않았습니다. 요즘 참담한 죄악을 저지르고도 구차하고 치졸하게 변명하고, 증거 있냐며 잡아떼고, 비싼 변호사 사서 법망을 빠져나가는 자들을 보면, 이들이 과연 하나님을 믿기는 하는 걸까요? 내가 하나님 앞에 죄를 지었다며 가슴을 찢는, 그런 사람을 보았으면 좋겠습니다.

하나님의 사람들

오늘, 하나님의 사람이 참 그립습니다. 사실 이 '하나님의 사람'이 예언자인지, 제사장인지, 아모스처럼 농부인지, 아무도 모릅니다. 열왕기서는 끝끝내 그를 '예언자'라고 기록하지 않습니다. 예언서로 분류되는 열왕기서가 그를 예언자라고 부르지 않는 까닭은 무엇일까요? '하나님의 사람'은 제사장이네 예언자네 하며 무슨 특권을 가진 듯 행세하는 사람이 아니라, 그냥 그대로 하나님의 사람이라는 말일까요? 하긴 제사장이나 예언자는 인간의 계보와 스펙을 따라 임명되고 직분을 받지요. 줄 잘 서면 승진도 한다지요? 그러나 '하나님의 사람'은 인간의 제도나 권력이 임명할 수 있는 게 아닙니다. 그러니 '하나님의 사람'으로 충분합니다. 사제고 평신도고, 여자고 남자고, 어른이고 아이고 아무 상관 없습니다. 하나님의 사람, 그 이상 무엇이 더 필요할까요? 유명한 사람? 하나님이 아시면 됐지, 그게 무슨 소용이란 말입니까?

사랑하는 여러분, '하나님의 사람'은 어떤 사람이겠습니까? 헛된 환상과 아첨하는 점괘를 따르지 않는 사람들, 욕망의 무덤을 꾸미지 않는 사람들, 다만 하나님만 바라보며 말씀의 빛을 따라 살려는 사람들, 이름 없는 사람들이지만 하나님이 사랑하는 사람들, 하나님을 사랑하는 사람들, 서로 사랑하는 사람들, 그들이 '하나님의 사람'입니다. 우리가 '하나님의 사람'으로 살 수 있도록 하나님의 영이, 하나님의 사랑이 우리를 지키시고 인도해주시기를 바랍니다.

나를 본받으라

고린도전서 4:16   그러므로 나는 여러분에게 권합니다. 여러분은 나를 본받는 사람이 되십시오.

고린도전서 11:1   내가 그리스도를 본받는 사람인 것과 같이, 여러분은 나를 본받는 사람이 되십시오.

만약 어떤 사람이 다른 누군가에게 '나를 본받으라'고 말한다면, 그 사람은 인생을 아주 잘 산 사람이거나, 아니면 늦더위를 먹고 정신이 나간 사람이거나 둘 중의 하나일 것입니다. 부모로서 자녀에게, 선생으로서 제자에게, 목사로서 신도에게 나를 본받으라고 할 수 있다면, 그 이상 무엇이 더 필요하겠습니까. 예전에 어떤 유명한 스님은 마지막 유언으로, 세 치 혀로 많은 사람을 어지럽혔으니 모두 잊으라고 했다지요. 그렇지만 그의 가르침은 오히려 더욱 많은 사람을 깨우치는 죽비가 되었습니다. 그걸 보면, 진짜 본받을 만한 사람은 자신을 본받지 말라고 하는 사람일는지도 모릅니다.

나를 본받으라

그런데 사도 바울은 '나를 본받으라'고 말합니다. 여기서 바울이 나를 본받으라는 것은, 그냥 지나치며 하는 가벼운 말이 아닙니다. 아주 간곡하고 절박하게, 그리고 당당하게 힘주어서 하는 말입니다. 바울은 한 편지에서 두 번이나 거듭 분명하게 나를 본받으라고 말합니다.

그렇다면 바울은 왜 자신을 본받으라고 말하는 것일까요? 스스로 생각해도 자신이 만족스럽고 대견해서, 엄청난 성공을 거두어서 사람들에게 그것을 과시하려는 것일까요? 그것은 아닙니다. 우리는 바울이 자신을 본받으라고 말하는 그 진의를 알기 위해서 본문 4장 초두부터 자세히 읽어보아야 합니다.

바울은 4장에서 자신의 사도 직분에 대해 말합니다. 여기서 말하는 사도란 그리스도의 일꾼이요 하나님의 비밀을 맡은 관리인을 가리킵니다. 사도란 그리스도의 사람이요, 하나님의 사람입니다. 사람들은 하나님의 사람으로서 사도를 인정하고 존경하지요. 그렇다면 바울이 자신을 본받으라고 말하는 것은, 자신을 그리스도의 사도로 그 권위를 인정하고 존경하고 따르라는 말일까요? '그리스도의 사도니까 본받아라!' '하나님의 종이니 따라라!' 그럴 수도 있겠지요. 그러나 그것이 아닙니다.

문제가 그렇게 간단하지는 않습니다. 바울의 말을 계속 따라가면 분위기가 아주 이상해집니다. 4장 9절에 가서는, 하나님께서 당신의 사도를 위풍당당하고 그럴듯하게 만드신 것이 아니라, 세상에서 가장 보잘것없는 자들로 내놓으셨다고 말합니다. 보잘것없는, 별 볼 일 없는, 사형수처럼 초라하고 참담한 꼴이 사도의 모습이라는 말입니다. 세상에 기품 있고 고상하고 위엄 가득한 사도라면 누구나 본받으려 하겠지만, 사형수처럼 비참한 꼴이라면 누가 그를 본받으려 하겠습니까?

바울은 멈추지 않고 계속해서 사도의 모습을 그려갑니다. 사도는 세계와 천사들과 사람들에게, 총체적으로, 우주적으로 구경거리가 되었다는 것입니다. 사람에게만이 아니라 천사들에게도 조롱거리라는 말입니다. 그뿐이 아닙니다. 사도는 그리스도 때문에 어리석고 약하고 천대받습니다. 주리고 목마르고 얻어터지고 정처 없이 떠돌아다닙니다. 고된 노동으로 지치고, 욕을 먹고, 박해받고, 온갖 비방을 받습니다. 이러한 사도의 모습은 한마디로 '이 세상의 쓰레기요 만물의 찌꺼기'(고전 4:13)와 같습니다. 이 세상의 쓰레기! 만물의 찌꺼기! 이것이 바울이 말하는 사도의 진상입니다.

바로 이러한 사도의 모습을, 이런 사도인 바울 자신을 본받으라는 것입니다. 그것도 아주 간절하게, 애타는 심정으로 나를 본받으라고 호소합니다. 바울은 마치 아버지가 자녀에게 말하는 것처럼 간곡하게 호소합니다. 당신들에게 일만 명의 스승이 있을 수 있지만, 아버지는 한 분뿐 아니냐, 나는 지금 스승의 하나로서 말하는 것이 아니라, 당신들을 직접 낳은 아버지의 심정으로 말한다는(고전 4:15) 것이지요. 정말 간곡하고 애틋한 마음으로, 아버지의 심정으로 나를 본받으라고 말하는 것입니다. 이 세상의 쓰레기 같은 나를, 만물의 찌꺼기 같은 나를 본받아라, 이 말입니다.

무슨 뜻일까요? 고생고생하는 자신을 잘 알아주지도 않고, 권위를 부리지 않는다고 오히려 얕잡아보는 고린도 교인들에게 야속하고 섭섭한 마음이 들어서, 작정하고 한번 따져보는 것일까요? 그것은 아닙니다. 바울은 고린도 교인들에게, 자신이 말하는 것은 당신들을 부끄럽게 하려는 것이 아니라고 말합니다.

훈계/경고

바울은 고린도 교인들에게 그저 푸념이나 늘어놓으려는 것이 아닙니다. 바울은 고린도 교인들을 향하여 사랑하는 자녀에게 하듯이 '훈계'하려는 것입니다.(고전 4:14) '훈계'입니다. 여기 표준새번역에서 '훈계하다'라고 번역한 말을 개역개정에서는 '권하다'라고 번역했는데, 본래 이 말은 '경고하다'라는 뜻입니다. 말하자면 훈계한다는 것은 그저 한 가지 더 가르친다는 정도가 아니라, 무언가 매우 중대한 문제에 대해 강력하게 경고한다는 말입니다.

 그렇습니다. 바울은 고린도교회가 사도에 대하여, 소명에 대하여 아주 잘못 생각하고 있는 것을 경고하여 바로잡으려 하는 것입니다. 고린도교회 사람들은 사도직을 비롯한 하나님의 소명을 세상의 권위와 계급체계와 같은 것으로 생각했습니다. 겸손의 소명을 교만의 특권으로 바꾸어버린 것이지요.

 은사란 무엇입니까? 소명이란 무엇입니까? 교회의 직분이란 또 무엇입니까? 그것은 다만 하나님께 받은 것이 아닙니까? 그런데 고린도교회는 그 하나님의 은사를 마치 세상의 계급인 양 시위하고 자랑했습니다. 사도직을 무슨 절대 특권인 것처럼 내세우며 행세하고 군림하고 지배하는 권력으로 변질시켰습니다. 하나님의 소명과 은사를 소유하고 치부하고 누리고 세습하는 사적 소유로 만들어버린 것입니다. 결국 고린도교회에서 은총의 소명은 교만의 면류관이 되어버렸습니다. 그리하여 마침내 특출한 소명, 특출한 사도직을 주장하는 사도들을 따라 고린도교회는 분열되어 갔습니다.

    바울은 이렇게 잘못 생각하는 고린도교회에게, 특출한 사도에 열광하는 교인들에게 세상의 쓰레기요 만물의 찌꺼기가 된 사도를 내세웁니다. 군림하고 지배하는 기품 있고 폼 나는 사도가 아니라 사형수처럼 참담하고 보잘것없는 사도를 보여줍니다. 가장 낮고 참담한 사도의 모습을 보라는 것입니다. 이런 사도를 본받으라는 것입니다. 나를 본받으라는 말은 이렇게 간곡하고 애타는 마음으로 전하는 바울의 훈계/경고입니다.

그리스도를 본받아서

그런데 그토록 특출하고 기품 있는 사도를 추앙하는 고린도에서 세상의 쓰레기요 만물의 찌꺼기 같은 사도를 내세우는, 바울의 이 사도상은 어디에서 온 것일까요? 바울의 이런 사도직은 누구에게 배운 것일까요? 바울은 이 사도직의 소명을 다름 아닌 그리스도에게서 배웠습니다. 바울은 고린도전서 11장 1절에서 이렇게 말합니다. "내가 그리스도를 본받는 사람인 것과 같이 여러분은 나를 본받는 사람이 되십시오."

    그렇습니다. 바울은 지금 스스로 먼저 그리스도를 본받고 있습니다. 바울은 사도인 자신의 모습을 사형수처럼 별 볼 일 없는 비참한 모습이라 했지요. 그런데 사실은 그리스도가 바로 그 사형수의 모습이 아닙니까? 아니, 그리스도는 사형수 그 자체가 아닙니까? 십자가란 무엇입니까? 십자가에 처형당하는 사람은 또 누구입니까?

　놀랍게도 바울은 4장에서 자신의 사도직을 말하면서, 다름 아닌 그리스도의 모습을 말하고 있습니다. 가장 낮은 곳으로 내려가신 그리스도 말입니다. 주리고 목마르고, 헐벗고 매 맞고, 쫓겨나고 떠도는 그리스도입니다. 갇히고, 조롱당하고, 모욕당하는, 하늘과 땅과 우주의 조롱거리가 된 그리스도입니다. 마침내 십자가에 달려 이 세상의 쓰레기요 만물의 찌꺼기처럼 버림받은 그리스도 말입니다. 바울은 이 그리스도를 본받는 것입니다. 낮아지시고, 고난받으시고, 사형수가 되신 그리스도, 이 세상의 쓰레기요 만물의 찌꺼기처럼 되신 그리스도 말입니다. 사도직은 본디 그리스도를 본받는 소명입니다. 그러므로 사도가 된 자는 마땅히, 스스로 사도라 생각하는 자는 더욱 그리스도를 본받아야 합니다. 그리스도를 본받는 사람인 사도 바울을 본받아야 합니다.

　그런데 여기서 한 번 뒤집어 생각해봅시다. 저 특출하다는 사도들, 되지도 않는 서 푼어치 권위로 군림하려 하고, 사도직을 무슨 특권처럼 생각하고, 온갖 불법과 거짓으로 치부하고 세습하는 사도들의 그 사도직은 어디에서 난 것일까요? 그 교만하고 뻔뻔한 사도직은 도대체 누구를 본받고 있는 것일까요? 그렇습니다. 그것은 그리스도를 본받는 소명이 아닙니다. 그것은 그저 카이저를 흠모하여 흉내나 내는 짓거리일 뿐입니다. 나를 본받으라는 바울의 경고는 카이저의 소명을, 맘몬의 노예 문서를 그 밑바닥으로부터 거부합니다.

나를 본받으라는 바울의 말은 참으로 맵고 두려운 말입니다. 이 말은 사도직의 근본을 묻는 말이며, 그리스도인의 모든 소명의 본질을 묻는 말입니다. 이 말은 스스로 사도직을 특권으로 착각하고 군림하고 지배하려 들던 고린도교회 사람들에게, 그리고 오늘도 특출한 사도를 꿈꾸는 자들에게 아버지의 심정으로 주는 바울의 간곡한/강력한 경고입니다.

나를 본받으라! 사도 바울의 이 말씀을 다시 들어보니 요즘 유난히 등골이 서늘합니다. 아마도 가을이 깊어가는 탓이겠지요?

흰옷을 입은 사람들

요한계시록 7:9-17   그 뒤에 내가 보니, 아무도 그 수를 셀 수 없을 만큼 큰 무리가 있었습니다. 그들은 모든 민족과 종족과 백성과 언어에서 나온 사람들인데, 흰 두루마기를 입고, 종려나무 가지를 손에 들고, 보좌 앞과 어린 양 앞에 서 있었습니다.(계 7:9)

달항아리

제게는 작은 달항아리가 하나 있습니다. 경기도 광주에 있는 도원요에서 박부원 장로님이 만든 것입니다. 박 장로님은 도자기 명장으로 특히 달항아리를 가장 잘 만드십니다. 저는 도자기를 잘 몰랐습니다. 어쩌다가 장로님의 달항아리를 보게 되었고, 좋아하게 되었습니다. 달항아리는 보통 40cm가 넘는 백자대호를 말하는데, 보면 볼수록 참 흥미롭습니다. 우선 그 모양이 둥근 원 형태입니다. 둥글지만 완벽한 원이 아닌 비대칭 형태로 무척 자유로워 보입니다. 매끈한 원이 아니라 손맛이 그대로 살아나는 질박한 모습이지요. 그런데 이렇게 큰 항아리를 원으로 만드는 것은 매우 어려운 일이랍니다. 1,300도가 넘는 가마 안에서 주저앉아 버리거나 터져버리기 때문입니다. 그래서 예전에는 항아리의 아랫부분과 윗부분을 나누어서 따로 만든 다음 이어 붙여서 하나로 만들었지요. 왜 이렇게 어렵게 만들었을까요?

그런데 형태 못지않게 더 흥미로운 것은 색깔입니다. 백자라는 말 그대로 흰색이지요. 그런데 이 흰색도 완벽한 흰색이 아닙니다. 불에 따라 그 색이 항아리마다 다 다른데, 부드럽고 깊은 흰색입니다. 인위적이지 않고 화려해 보이지도 않지요. 밝은 빛을 받으면 정말 부드럽고 맑게 보입니다. 이렇게 둥글고 커다란 항아리에 아무런 문양도 그림도 없이 그냥 흰색뿐입니다. 이 달항아리가 절정을 이룬 시기가 정조 시대라고 합니다. 잘 모르기는 해도 그 당시의 중국 도자기를 보면, 거대한 데다 완벽한 정형을 이루고, 화려하고 정교한 문양과 그림과 색으로 현란할 정도였지요. 그런데 우리는 왜 이렇게 투박하고 질박한 항아리를 만든 것일까요? 그릇 하나에는 그 시대의 삶과 정신이, 그 역사의 고민이 깃들어 있는 것이라고 생각하면, 이 대책 없이 희고 둥그런 항아리는 무엇을 말하는 것일까요? 어쩌면 백성을 중시하고 개혁을 지향하던 정조의 통치 이념과 관련이 있지 않을까요?

항아리 얘기는 그냥 질문으로 남겨야 할 것 같습니다. 더 나가면 저의 무지가 만천하에 드러날 뿐일 테니까요. 오늘 함께 생각하려는 것은 그릇이 아니라 '옷' 이야기입니다. 하얀 옷, '흰옷' 이야기이지요.

흰옷을 입은 사람들

오늘 읽은 요한계시록 본문은 마지막 심판 날에 하나님 앞에 서는 사람들에 관한 이야기입니다. 민족과 종족과 백성과 언어에서 나온 큰 무리가 보좌와 어린양 앞에 서 있습니다. 그런데 그들이 입은 옷이 무슨 옷입니까? 그들은 모두 '흰 두루마기'를 입고 있습니다. 그 사람들은 하얀 옷을 입고 종려나무 가지를 들고 하나님 앞에 서 있습니다. 예전에 시한부 종말론자들이 종말에는 하얀 옷을 입어야 한다고 새하얀 사기를 치기도 했지요. 그런데 궁금합니다. 마지막 때에 하나님 앞에 선 사람들이 입고 있는 이 흰옷은 무엇을 말하는 것일까요?

본문 14절에 보면, 이 흰옷을 입은 사람들은 "큰 환난을 겪어낸 사람들"이라고 말합니다. 시련을 이기고 믿음을 지켜낸 사람들입니다. 바른길을 걸어간 사람들이지요. 흰옷이란 거룩하고 순결한 옷입니다. 고난을 겪으면서도, 큰 환란을 당하면서도 변절하지 않고 믿음을 지켜낸 사람들의 순결한 옷입니다.

복음서 몇 군데에서도 흰옷은 거룩하고 순결한 옷으로 나타납니다. 예수께서 베드로와 야고보와 요한을 데리고 산에 오른 일이 있습니다. 그때 산 위에서 예수님의 옷이 하얗게 변했다고 하지요. 그 옷이 세상의 어떤 빨래꾼이라도 그렇게 희게 할 수 없을 만큼 새하얗게 변했다는 것입니다.(막 9:3) 예수께서 부활하셨을 때 빈 무덤에 있었던 젊은이도 '흰옷'을 입고 있었습니다. 여기서도 흰옷은 순결함과 거룩함을 뜻한다고 볼 수 있겠지요.

그런데 여기서 한 번 더 질문을 던져봅니다. 왜 '흰옷'일까요? 어째서 고난을 이겨낸 순결한 믿음을 다른 색이 아닌 '흰색'으로 나타내는 것일까요? 이 흰색 반대편에 무슨 다른 색이 있는 것 아닐까요? 흰옷은 그 다른 옷과 정면으로 맞서고 있는 게 아닐까요?

자주색 옷의 정체는

아담이 무화과나무 잎을 엮어 벗은 몸을 가린 이후로 사람은 줄곧 옷을 입었습니다. 그리고 인간의 옷은 계속 변화와 발전을 거듭해왔지요. 우리 생활의 기본에 관해 말할 때 '의식주'(衣食住)라고 하지 않습니까? 그중에서도 '의', 즉 옷이 가장 앞에 있습니다. 옷이 그만큼 중요하다는 말입니다. 사람의 옷은 그저 치부를 가리고 추위를 막는 것을 넘어서 자신을 나타내고 존재를 드러내는 것이 되었습니다. 옷은 역사가 되고 문화가 되었습니다.

시대마다 사람들에게는 가장 입고 싶은 옷이 있었습니다. 그 옷을 가지는 것이 일생의 소망이 된, 그런 옷 말입니다. 야곱의 열두 아들 중에서도 요셉은 채색옷을 입었지요. 그것은 요셉이 그 집안에서 어떤 위치에 있는지를 드러내주고, 결국 채색옷을 입지 못하는 형들에게 시기와 질투를 일으켰습니다.

출애굽 시기를 보면, 이스라엘 백성들이 좋아하는 옷과 좋아하는 색이 있었습니다. 그런데 이스라엘 백성들이 특별히 '흰색'을 선호한 것은 아니었습니다. 출애굽기를 보면, 모세의 율법에 따라 성전을 짓고, 예법에 따라 여러 가지 성전 기구들을 만들라고 합니다. 그중에는 제사장의 옷에 관한 규정도 나옵니다. 제사장직은 하나님 앞에 서는, 거룩하고 순결한 직이지요. 그렇다면 제사장이 하나님 앞에 설 때 입어야 하는 옷은 어떤 색으로 지어야 하겠습니까? 하얀색일까요? 아닙니다. 제사장의 옷은 '금실과 청색 실과 자주색 실과 홍색 실'로 정교하게 만들라고 했습니다. 여기에 '자주색'이 나오지요. 출애굽 시대 이

전부터도 '자주색'은 특별히 선호하는 색이었습니다.

바빌론에서 페르시아에 이르는 시기를 배경으로 하는 다니엘서에 보면, 당시의 옷에 대해 알려주는 장면이 나옵니다. 다니엘에게 꿈을 풀어달라고 명령하면서, 느부갓네살 왕은 이렇게 말합니다. "나에게 뜻을 풀이하여 주면, 그대에게 자색 옷을 입히고."(단 5:16) 자주색 옷은 왕이 하사하는 아주 귀한 옷이라는 말이지요. 그런데 이렇게 자주색 옷을 입는 것은, 그저 좋은 옷 한 번 입고 자랑하는 정도의 문제가 아닙니다. 그것은 그 나라에서 왕 다음가는 자리에 앉는 것을 뜻하였습니다. 자주색 옷을 입는다는 것은, 포로로 잡혀온 노예로부터 왕 다음가는 자리로 올라가는 것이며, 말 그대로 꿈 같은 일이 현실로 이루어지는 일입니다.

예수님 시대, 로마 시대에 옷은 곧 그 사람의 신분이요 계급이었습니다. 옷이 그 존재를 결정하는 시대, 어떤 옷을 입느냐가 결정적으로 중요한 시대였지요. 무엇보다 로마세계에서 자주색 옷은 최고의 가치 그 자체였습니다. 로마세계는 한마디로 '자주색의 위계체제'라 할 수 있었지요. 자주색은 곧 권력이요, 신성한 소명이었습니다. 로마에서는 오직 황제만이 전체가 '자주색으로 물든 망토'(paludamentum)를 입을 수 있었는데, 만약 다른 누군가가 감히 핏빛 자주색 망토를 입는다면, 그것은 곧 황제의 권력에 대한 도전이요, 거룩한 신들에 대한 모반으로 간주되어 응징을 받았습니다. 실제로 프톨로메오(Ptolomeo)라는 왕은 이 자주색 망토를 만들어 입었다가 발각되어 처형당하기도 했습니다.

이 자주색 옷은 만들기도 어려웠습니다. 이 옷을 만들기 위해서는 특별한 염료가 필요했습니다. 뿔고둥과 쇠고둥으로 두 번의 염색 과정을 거쳐 만들어지는 황제의 망토는 그 가격도 엄청났습니다. 이 중 색깔이 나는 황제의 옷을 염색하는 이 염료는 1파운드(약 450g)에 1,000데나리온 이상 갔다고 합니다. 하루 한 데나리온을 받는 사람이 3년 동안 꼬박 일해야 벌 수 있는 거금이지요. 그래서 보통 사람들은 이런 옷을 입을 엄두도 낼 수 없었습니다. 황제 다음가는 원로원 의원이 되면, 옷에 자주색으로 물들인 넓은 띠를 둘러 입었습니다. 그 다음가는 기사쯤 되면, 그보다는 좁은 자주색 띠를 두를 수 있었지요. 그러다 보니 자유민 가운데서도 돈을 좀 벌게 되면 자주색을 옷에 넣기 시작했습니다.

자주색의 원조인 짙은 자주색 염료는 너무 비싸고 위험하니까 저렴한 방법으로 보라색을 만들어내기 시작했습니다. 보라색이 아니면 빨간색이라도 만들어내야 했지요. 이에 따라 연지벌레를 이용한 염료도 나오고, 꼭두서니에서 뽑은 염료도 인기를 누렸습니다. 사람들은 자주색이 안 되면 연홍색이라도 입고 싶어 했습니다. 자주색 옷감을 파는 상인은 말 그대로 대박을 터뜨렸지요. 성서에도 보면 사도 바울을 후원하던 여인 중에 빌립보의 루디아가 있었는데, 그녀는 자주색 옷감 장수였습니다.(행 16:14)

자주색은 이렇게 로마세계의 정치와 경제와 문화의 중심이 되었습니다. 로마세계에서 자주색은 색깔에 대한 호불호의 문제가 아니라 존재의 문제가 되었습니다.

백성의 옷

그런데 이렇게 온통 보랏빛 연가가 울려퍼지는 로마세계에서 요한계시록은 보랏빛은커녕 아무런 색깔도 물들이지 않은 '흰옷'을 노래했습니다. 무슨 말일까요? 하나님 앞에 서는 사람들은 자주색 옷이 아니라 '흰옷'을 입었다고 주장하는 이것은 무슨 뜻이겠습니까? 이것은 저 로마의 '자주색 권력체제'에 감히 맞서겠다는 것이 아닐까요? 환란을 무릅쓰고, 순교를 각오하고, 보라색 옷을 거부하겠다는 것 아닙니까?

무엇보다도 요한계시록에서 '자주색 옷'이란 선망하는 옷이 아닙니다. 자주색 옷은 저주받은 옷입니다. 요한은 바빌론에 빗대어 로마를 저주하면서 이렇게 말합니다. "화를 입었다. 화를 입었다. 고운 모시 옷과 자주색 옷과 빨간색 옷을 입고, 금과 보석과 진주로 꾸민 큰 도시야."(계 18:16) 이뿐 아니지요. 요한계시록에서 자주색 옷이란 깨끗한 옷이 아닙니다. 순결한 옷도 아닙니다. 자주색 옷은 저 로마라는 '큰 창녀'가 입는 옷입니다. "이 여자는 자주색과 빨간색 옷을 입고 금과 보석과 진주로 꾸미고, 손에는 금잔을 들고 있었는데, 그 속에는 가증한 것들과 자기 음행의 더러운 것들이 가득하였습니다."(계 17:4) 자주색 옷은 부정한 옷입니다. 저 음부에 살면서 세상을 더럽히는 큰 창녀가 입는 옷이 바로 자주색 옷이다, 그 말입니다. 자주색 핏빛 망토를 걸치고 스스로 신의 아들임을 자처하는 저 로마 황제는 신성하기는커녕 더러운 음부의 큰 창녀라는 말입니다.

앞에서 로마세계를 '자주색의 위계체제'라고 했지요? 황제를 정점으로 하는 피라미드의 맨 꼭대기는 핏빛 자주색입니다. 그리고 아래로 내려오면서 자주색은 옅어지는 것입니다. 그런데 그 맨 밑바닥은 무슨 색일까요? 아무런 채색도 하지 않은 색, 색을 가질 수 없는 사람들의 색, 그 색은 바로 흰색이 아닐까요? 아마도 그 흰색이란 새하얗게 빛나는 색은 아닐 것입니다. 땀과 먼지로, 눈물과 피로 얼룩진 색이겠지요. 회색에 가깝겠지요.

요한계시록은 그 사람들이 '민족과 종족과 백성과 언어'에서 나왔다고 말합니다. 로마가 침략해서 정복한 여러 나라로부터 온 사람들이라는 말이지요. 전쟁 포로로 잡혀오기도 하고, 먹고 살기 위해 흘러들기도 하였을 것입니다. 그렇게 로마세계에 들어온 이 사람들은 로마라는 피라미드의 맨 밑바닥을 형성했을 것입니다. 그런데 이 사람들이 어떻게 흰옷을 입게 되었습니까? 이들은 거금을 주고 흰옷을 장만한 것이 아닙니다. 이들이 입고 있던 옷을 '그리스도의 피'로 깨끗이 빨았다는 것입니다.(14절) 흰옷이란 깨끗이 빤 옷입니다. 본래 그들이 입고 있던 옷입니다. 바닥 백성의 옷이요, 민중의 옷입니다.

요한계시록은 모든 사람이 '자주색 옷'을 추구하는 로마세계에서 그 자주색 옷의 정체를 꿰뚫어보았습니다. 그것은 더럽고 부정한 옷이며, 저주받은 옷이었습니다. 하나님께서는 그 자주색 옷을 입은 자들과 그 옷을 따라가는 자들을 심판하실 것입니다. 그날이 곧 닥쳐올 것입니다. 또한 요한계시록은 다른 옷을 입은 사람들을 주목했습니다. 그들은 '흰옷'을 입은 사람들입니다. 바닥 사람들이요, 고난받는 사람들입니다. 자주색의 권력체계를 정면으로 거부하는 사람들입니다. 그들은 마침내 환난을 이겨내고 하나님 앞에 서서 구원받고 위로받을 것입니다. 그날이 멀지 않았습니다.

로로 피아나?

몇 년 전에 소위 '땅콩 회항' 사건으로 세간이 떠들썩했습니다. 그때 인터넷을 비롯한 일부 언론에서 아주 흥미로운 관심을 보였던 것이 있지요. 그것은 그 땅콩 부사장이 입고 있던 옷입니다. 텔레비전에서 지나쳐 보았던 그 옷이 아주 특별한 옷이었다는 것입니다. '로로 피아나'라는 곳에서 만든 옷인데, 그 코트 가격이 1억 원이라는 주장이 제기되었지요. 또 그 목도리도 1,000만 원대라 했지요. 그렇다, 아니다, 논란이 많았습니다. 그런데 그 코트는 안데스산맥에 사는 야생 라마의 일종인 '비큐나'라는 동물의 털로 만들었다고 합니다. 이 동물은 멸종위기종이라지요? 원래 희귀한 재료로 만들었기 때문에 그렇게 비싸다는 것입니다.

    모르겠습니다. 그게 진짜 그렇게 비싼 건지 도무지 납득할 수 없습니다. 그렇지만 한 가지는 알 것 같습니다. 그들이 그런 옷을 입는 것은 그게 권력이고 신분이고 계급이구나, 하는 깨달음(?) 말입니다. 그런 신성한 옷을 입고 있는 '절대 갑'을 알아보지 못하고, 감히 말대꾸하는 '하찮은 을'을 어떻게 참아줄 수 있었겠습니까. 비행기가 아니라 지구라도 돌려야 마땅하겠지요!

    4대강을 마구 파헤친 엠비(MB)도 그렇고 유병언도 그 로로 피아나의 옷을 입었답니다. 지금도 소위 명품 옷을 찾는 사람이라면, 일생에 한 번이라도 입고 싶어 하는 옷, 아무나 감히 입을 수 없는 옷이 그런 옷이라네요. 로마세계의 '자주색 옷'은 오늘 또 다른 이름과 또 다른 색으로 우리 곁에 있습니다. 그 옷으로 자기 존재를 드러내려는 사람들이 있고, 그 옷을 입고 절대 권력을 행사하고 싶어 하고, 그 옷을 입고 참담한 '절대 갑질'을 하려는 자들이 있습니다. 그런데 정말 참담한 것은, 심지어 교회 안에서도 그런 '자주색 옷'에 대한 갈망과 숭배가 횡행한다는 사실입니다.

무슨 옷을 입을까

요즘은 교회력으로 사순절에서 부활절에 이르는 시기이지요. 사순절은 성회 수요일로부터 시작됩니다. 성회 수요일은 '재의 날'이라고도 부르는데, 재를 뒤집어쓰고 회개한다는 뜻이지요. 우리의 생각을 돌이키고, 우리의 생활을 돌이키는 것이 사순절의 출발점입니다.

세례자 요한은 '회개'를 부르짖은 예언자였습니다. 그런데 세례자 요한이 요구한 세례란 무엇일까요? 사람들이 '우리가 무엇을 하라는 말이냐?' 하고 물었을 때, 요한은 먼저 '옷' 문제로 대답했습니다. '속옷을 두 벌 가진 사람은 없는 사람에게 나누어주라.'(눅 3:11)는 것이었지요. 사실 세례자 요한의 옷차림은 그 자체가 이미 권력과 야합한 성전을 거부하고 심판하는 것이었습니다.

요한이 입은 낙타털옷은 당시에 제사장들이 입었던 화려한 연미복을 부정하는 옷입니다. 당시에 대제사장이 되면 대제사장의 옷을 입었지요. 율법의 지시에 따라 화려하고 아름답게 만든 대제사장의 예복은 그 자체로 권위를 가지고 있었습니다. 그 옷을 입는다는 것은 참으로 영광스러운 일이었지요. 그런데 불행하게도 대제사장의 예복은 로마수비대가 장악하고서 일 년에 한 번만 내어주었습니다. 그래서 대제사장들은 평소에 입을 옷을 따로 만들었습니다. 주로 대제사장으로 취임할 때에 만들었는데, 갈수록 화려하게 만들었지요. 당시에 엘르아잘이라는 대제사장의 옷은 그 값이 2만 데나리온이었다는 기록이 있습니다. 이렇게 화려한 옷을 입고 백성들의 죄를 위해 제물을 받아 속죄제를 드리는 대제사장의 모습을 상상해보십시오. 얼마나 장엄한 제사였겠습니까. 그런데 세례자 요한은 아무런 제물도 받지 않고 세례를 베풀며 사죄를 선언한 것입니다. 이건 저 성전의 허위를 그 바닥으로부터 뒤엎는 행위가 아닙니까!

　세례자 요한은 자신의 말과 행동으로 '자주색 옷'을 숭상하는 로마 권력과 예루살렘 종교의 허위와 죄악을 심판했습니다. 그리고 사람들에게 '자주색 옷'을 갈망하는 탐욕에서 벗어나라고, 오히려 지금 가지고 있는 두 벌 속옷을 나누어야 한다고 요청했습니다.

　봄이 되었습니다. 봄은 사람들의 옷차림새로부터 온다고 하지요. 어느새 산과 들도 겨울의 칙칙한 옷을 벗고 화사한 옷으로 갈아입고 있습니다. 올봄에는 무슨 옷을 입어야 할까요? 어떤 색을 골라야 좋을까요? 무엇을 입어야 할지 벌써 여간 걱정이 아닙니다. 그런데 우선은 묵은 빨래부터 깨끗하게 빨아야 하겠지요?

주님께서 나를 아십니다

시편 139:1-6 주님, 주님께서 나를 샅샅이 살펴보셨으니, 나를 환히 알고 계십니다.(시 139:1)

요한복음 21:15-17 예수께서 세 번째로 물으셨다. "요한의 아들 시몬아, 네가 나를 사랑하느냐?" 그 때에 베드로는 [예수께서] "네가 나를 사랑하느냐?" 하고 세 번이나 물으시므로, 불안해서 "주님, 주님께서는 모든 것을 아십니다. 그러므로 내가 주님을 사랑하는 줄을 주님께서 아십니다" 하고 대답하였다. 예수께서 그에게 말씀하셨다. "내 양 떼를 먹여라."(요 21:17)

'모른다'

천재지변이 일어나서 어떤 사람이 수도원으로 피신하였습니다. 그런데 수도원도 사정이 어려워서 이 사람을 받아주기가 난감했습니다. 그렇지만 오갈 데 없는 사람을 수도원이 어떻게 거절할 수 있겠습니까? 수도자들은 자기들이 먹을 것도 모자랐지만, 더 허리띠를 졸라매서 식사량을 반으로 줄이기로 하고, 그 사람을 받아들였습니다. 그런데 식사 시간에 보니, 그 피난해 들어온 사람이 밥을 한 그릇 가득 퍼서 먹고 있었습니다. 그 사람 때문에 밥을 반으로 줄인 수도자들은 약이 오르고 화가 났지요. 그렇지 않습니까? 이런 사람 정말 염치없는 사람 아닙니까? 그래도 수도자들은 화를 내면 안 되니까, 얄밉지만 꾹 참았습니다. 아마 저렇게 욕심 많고 자기밖에 모르는 사람은 천국에 못 갈 테니, 오히려 측은한 마음이 들었습니다.

오랜 훗날 이 사람들이 모두 죽었습니다. 맘씨 좋은 수도자들은 모두 천국에 갔지요. 그런데 이 사람들이 기쁜 마음으로 천국을 거닐다가, 거기서 그 밥 많이 먹던 사람을 보았습니다. 천사에게 몰려가서 따졌지요. 어떻게 저런 이기적인 사람이 천국에 왔느냐, 이건 뭔가 잘못돼도 한참 잘못된 것이다, 열을 올리며 항의했습니다. 그랬더니 천사가 미소를 지으며 대답했습니다. "저 사람은 원래 밥을 두 그릇 먹던 사람인데, 수도원에서 한 그릇만 먹느라고 말 그대로 죽을 만큼 고행을 했습니다."

이렇듯 사람이 다른 사람을 이해한다는 것은 참 쉽지 않은 일입니다. 그래서 서로 다른 사람들이 더불어 산다는 것은 정말 어렵고도 어려운 일입니다.

불교계에서 세계적으로 유명한 인물 중에 틱낫한 스님이 있습니다. 이분은 베트남 출신으로 반전평화운동을 하셨지요. 그리고 프랑스에 평화공동체인 플럼빌리지를 세웠습니다. 평화를 기도하고 실천하는 사람들의 공동체입니다. 그런데 이 플럼빌리지에 사는 사람들이 지켜야 할 계율 중에 제1계가 있습니다. 공동체를 이루고 사는 사람들이 지켜야 할 가장 중요한 계율, 평화공동체의 제1계, 그게 뭘까요? '모른다'입니다. 함께 더불어 살면서 평화운동을 하는 공동체 구성원이 가장 먼저 마음에 새기고 지켜야 할 첫 계율이 '모른다'입니다.

'모른다!' 무슨 말일까요? 이 공동체는 무식한 사람들만 받는다, 묻지도 말고 따지지도 마라, 무조건이다, 그런 말일까요? 아닙니다. 플럼공동체는 무엇보다도 자율을 중시하는 공동체요 열심히 공부하는 공동체입니다. '모른다', 이 말은 독선을 경계하는 말이지요. 내가 안다, 내가 다 안다고 나댈 때 공동체는 위태로워진다는 말입니다. '내가 해봐서 다 안다.'는 독선은 억압과 갈등을 일으키고 분열과 폭력을 초래하고 맙니다. 평화의 이상을 위해 자발적으로 투신한 사람들이 매일매일 가슴 깊이 새기고 또 새겨야 할 계율이 바로 '모른다'입니다. 모른다는 것을 알아야, 그래야 듣고 배울 수 있습니다. 열린 마음으로 듣고 배울 수 있어야, 그래야 함께 더불어 살 수 있습니다. 그래야 평화롭습니다.

신앙이란 무엇일까요? 신앙이 성숙한다는 것은 '내가 모른다'는 것을 깨닫는 것, 그것 아닐까요? 현대신학의 기초를 다진 신학자로 칼 바르트(Karl Barth)가 있습니다. 이분이 얼마나 많은 책을 썼는지, 천국에서는 아직도 칼 바르트가 대기실에서 기다리고 있다고 합니다. 천국 심판관이 그 책을 다 읽어야 판결을 내릴 텐데, 너무 많고 어려워서 여태 읽고 있다는 겁니다. 이 칼 바르트가 쓴 『교회교의학』의 중요한 한 대목이 '신인식론'입니다. 어떻게 하나님을 알 수 있느냐는 문제를 다룬 부분이지요. 그런데 그 결론이 뭘까요? "나는 하나님을 모른다."입니다. 다만 하나님께서 나를 온전히 알고 계시다는 그 사실을 '믿는다'는 것입니다. 우리가 섣부르게 하나님을 다 안다고 교만할 때, 그때야말로 가장 무지하고 용감할 때입니다. '모른다!' 이 한 생각을 우리도 가슴 깊이 새기고 살았으면 좋겠습니다.

네가 나를 사랑하느냐

요한복음은 마지막 장에서 베드로가 소명받는 장면을 소개합니다. 어쩌면 이 이야기는 복음서 전체의 결론처럼 읽어도 좋을 것입니다. 부활하신 후 제자들을 다시 만나신 예수님은 베드로에게 세 번이나 거듭해서 같은 질문을 던집니다. "네가 나를 사랑하느냐?" 그런데 요한복음에서 이 질문은 '네가 나를 아느냐?'라는 질문으로 바꿔볼 수 있습니다. 신약성서에서 요한복음과 요한서신은 같은 계열의 책으로 볼 수 있지요. 그런데 우리가 아는 것처럼 요한에게서 하나님을 아는 것과 하나님을 사랑하는 것은 동전의 앞뒤 면처럼 같은 것입니다. 사랑하는 것은 아는 것입니다. 사랑하는 사람은 하나님을 압니다.(요일 4:7) 사랑하지 않고서 하나님을 알 수 있는 길은 없습니다. 본래 히브리 말에서도 '아는' 것과 '사랑하는' 것은 같은 말이지요. 진정한 지식은 사랑입니다.

"네가 나를 사랑하느냐?" "네가 나를 아느냐?" 이 질문은 베드로에게 참 아픈 질문이지요. 가슴 뜨끔한 물음입니다. 왜냐하면 베드로는 예수님을 안다고 자신 있게 말했고, 심지어 목숨을 걸고 죽기까지 따르겠다고 공언했지만, 결국 예수님을 배반했기 때문입니다. 그것도 세 번이나 말입니다.

공관복음서에서, 예수님은 갈릴리에서 제자들에게 "너희는 나를 누구라고 하느냐?"(막 8:29 병행) 하고 물으셨지요. 너희는 나를 아느냐는 질문입니다. 그때 베드로가 나서서 대답했습니다. "선생님은 그리스도이십니다."(막 8:29) "선생님은 살아 계신 하나님의 아들, 그리

스도십니다."(마 16:16)

그런데 요한복음은 베드로의 그리스도 이 고백 이야기를 공관복음서와는 조금 다른 맥락에서 소개합니다. 오병이어의 기적 이야기(요 6:1-15)에 이어서, 예수께서는 자신이 생명의 빵이라고 말씀하시고, 인자의 살과 피를 먹고 마셔야 한다고 말씀하십니다. 여기서 예수님의 고난이 암시되고 있습니다. 그리고 이때부터 제자 중에서 많은 사람이 예수님을 떠나갔습니다. 썩어 없어질 빵을 보고 찾아온 사람들이 생명의 빵을 이야기하자 떠나가는 것입니다. 그러자 예수께서 열두 제자들에게 '너희도 나를 떠나가려느냐?' 하고 물으셨습니다. 그때 베드로가 우리는 떠나지 않겠다면서 예수님께 고백하지요. "우리는, 선생님이 하나님의 거룩하신 분이심을'[다른 고대 사본들에서는 '살아 계신 하나님의 아들 그리스도이심을] 믿고, 또 알았습니다."(요 6:69) 예수님을 안다는 것, 예수님이 그리스도라는 것을 안다는 것은 요한에게 아주 중요합니다. 어쨌든 베드로는 이렇게 예수님을 안다고 당당하게 말할 수 있는 확신에 찬 제자였습니다. 예수님을 믿고 알기 때문에, 사랑하기 때문에 예수님을 떠나지 않겠다고, 예수님을 위해서라면 목숨도 내놓을 수 있다고 공언하는 제자였습니다. 훌륭하지 않습니까. 확신에 찬 제자, 충성심으로 가득한 제자, 그래서 스승을 위해 분연히 칼을 빼서 휘두를 수 있는 제자(요 18:10), 얼마나 믿음직하고 용기 있는 제자입니까.

그러나 이렇게 예수님을 믿고 안다고 나대던 베드로는, 정작 예수님이 체포되고 고문당하고 십자가를 지실 때 어떻게 했습니까? 베드로는 비겁하게 부인하며 배반하고 도망쳤습니다. 베드로의 확신이란 그렇게 허망한 것이었습니다. 그의 앎이란 그렇게 공허한 것이었습니다. 그의 지식과 그의 사랑이란 그토록 나약한 것이었습니다. 그의 지식은 실패했고 그의 사랑은 무너졌습니다.

예수님은 이렇게 실패한 베드로에게 물으셨습니다. "네가 나를 사랑하느냐?" "네가 나를 아느냐?" 어떻게 대답해야 할까요? 뭐라고 변명할 수 있겠습니까? 여러분이라면 어떻게 대답하시겠습니까? 또다시 내가 주님을 안다고, 주님을 믿는다고, 주님을 사랑한다고 뻔뻔하게 나설 수 있을까요? 베드로는 그렇게 할 수 없었습니다. 거듭해서 세 번이나 물어오시는 예수님의 질문에 베드로는 이렇게 대답했습니다. "내가 주님을 사랑하는 줄을 주님께서 아십니다." 예수님도 세 번이나 똑같은 물음을 던지셨고, 베드로도 매번 같은 대답을 드릴 수밖에 없었습니다.

"내가 주님을 사랑하는 줄을 주님께서 아십니다!" 베드로의 이 대답, 무슨 뜻일까요? 이 대답은 그저 자신감도 없고 확신도 없이 미적미적하는 애매한 고백일까요? 참으로 소극적이고 주저하고 회피하는 비겁한 대답일까요? 아닙니다. 저는 베드로의 이 고백이야말로 진정한 신앙고백이라고 생각합니다. 베드로의 이 대답은 정말 중요합니다. 이 베드로의 깨달음, 이 고백은 가장 성숙한 신앙인이 할 수 있는 마지막 신앙고백입니다. 이 고백은 신념의 선포가 아니라 신앙의 고백입니다. 자신이 '모른다'는 것을 뼈저리게 겪어서 아는 사람만이 할 수 있는 고백입니다. 나는 모릅니다! 그러나 주님이 아십니다!

주님께서 아십니다

시편 139편에서 시인은 참으로 놀랍고도 신비한 깨달음을 노래합니다. 가슴 벅찬 깨달음이요, 오묘하고 깊은 깨달음입니다. 그런데 이 시인이 깨달은 것은 무엇일까요? 측량할 수조차 없는 엄청난 깨달음, 그 신비롭고 황홀한 지식이 무엇입니까? 뭘 보았기에, 뭘 알았기에 시인은 이토록 놀라움을 감추지 못하는 것일까요? 그가 천상의 신비한 비밀을 보기라도 한 것일까요? 그가 일찍이 저 모세조차 그 뒷모습밖에 볼 수 없었던 하나님의 얼굴을 정면에서 보기라도 했다는 말일까요? 아닙니다. 그의 놀라운 깨달음은, 그가 하나님을 아는 것이 아니라, 하나님께서 그를 아신다는 바로 그 깨달음이었습니다. 하나님께서 나를 속속들이 아신다는 것, 환히 아신다는 것입니다. 내가 앉아 있어도 서 있어도, 길을 가거나 누워 있어도 하나님께서 다 아십니다. 내가 입을 열어 말하기도 전에 이미 하나님은 다 알고 계십니다. 하나님께서 나를 두루 감싸주시고, 내게 손을 얹어주십니다. 이 깨달음, 이 사실이 너무도 놀랍고, 너무도 높아서, 너무도 깊어서, 도무지 상상할 수도 측량할 수도 없습니다.

얼마나 놀랍습니까! 하나님께서 나를 사로잡으셔서 아무리 도망치려 해도 도망칠 수가 없습니다. 내가 하늘에 올라가도, 스올 저 깊은 나락에 떨어져도, 동녘 끝으로 가서 바다를 건널지라도, 깜깜한 어둠 속에 숨을지라도 나는 하나님 안에 있습니다. 언제나 하나님의 오른손이 나를 꼭 붙들어주십니다. 주님 앞에서는 어둠도 어둠이 아니며, 밤도 대낮처럼 밝습니다. 주님 앞에서는 어둠도 빛도 다 같습니다.

여기 이 시인은 어떤 사람일까요? 이 사람, 세상 물정 모르는 순진무구한 사람일까요? 아닙니다. 그는 여전히 그의 앞에 악한 사람들이 있다는 것을 잘 압니다. 심지어 주님의 이름을 모욕하는 원수들 때문에 괴로워하기도 합니다.(19-22절 참조) 길을 잃고 헤매기도 하고, 비틀거리다가 넘어지기도 하는 사람, 깜깜한 어둠 속에서 좌절하고 절망하기도 하는 사람, 그러나 그러한 시간에도, 그러한 공간에서도 다만 하나님 안에 있다는 것을, 하나님께서 다 아시고 알아주신다는 것을 깨닫고 다시 일어서는 사람, 그가 바로 이 시인입니다. 시인은 저 초월적인 하늘에 계신 하나님을 깨달은 것이 아니라, 악한 세상 한복판에 계신 하나님을 깨달았습니다. 그러므로 시인은 악한 세상에서, 다만 하나님께서 자신이 그릇된 길로 가지 않는지 살펴주시기를 기도하면서, 감사하고 기뻐하며, 희망을 품고 노래할 수 있습니다.

　사랑하는 여러분, 그렇지 않습니까. 우리가 하나님을 안다면 얼마나 알겠습니까. 우리가 하나님을 안다고 해봤자 그게 무슨 힘이 되겠습니까. 그러나 하나님께서 나를 아신다면, 나를 환히 아신다면, 나를 꿰뚫어 아신다면 얼마나 놀라운 일입니까. 하나님께서 나를 그토록 사랑하신다면, 그야말로 놀라운 일이요, 신비롭고 황홀한 일이 아니겠습니까. 세상에서 어떤 이들은 자기가 대통령을 좀 안다면서 사기를 치기도 하는데, 하나님께서 나를 아시고 사랑하신다면 무엇이 문제겠습니까. 하나님께서 우리를 환히 꿰뚫어 아신다는 것은, 또한 두렵고 두려운 일입니다. 우리의 오장육부를 빚으시고 뼛속까지 다 아시는 하나님 앞에서 우리는 한없이 겸손할 수밖에 없습니다.

　사랑하는 여러분, 우리의 구원은 우리가 하나님을 아는 데 있는 것이 아니라 하나님께서 우리를 아시는 데 있습니다. 우리의 사랑이 아니라 하나님의 사랑에 희망이 있습니다.

"주님께서 모든 것을 아십니다. 그러므로 내가 주님을 사랑하는 줄을 주님께서 아십니다."

"주님, 주님께서 나를 샅샅이 살펴보셨으니, 나를 훤히 아십니다."

주님께서 다 아신다는, 참으로 두렵고 가슴 벅찬 이 고백은 우리를 다만 겸손히 무릎 꿇게 합니다. 하나님의 사랑에 대한 이 믿음의 고백은 우리를 위로해주고 힘과 용기를 주며, 우리를 일으켜서 다시 생명의 길로 이끌어줍니다. 이 믿음의 고백이, 이 사랑의 고백이 우리의 신앙고백이요, 우리의 감사 찬미가 되면 좋겠습니다.

제 3 부

우리도 하나님의 자녀이다

사랑하는 어버이, 사랑스러운 자녀들

호세아 11:1-4　　나는 인정의 끈과 사랑의 띠로 그들을 묶어서 업고 다녔으며, 그들의 목에서 멍에를 벗기고 가슴을 헤쳐 젖을 물렸다.(호 11:4)

고린도후서 11:16-33　　누가 여러분을 종으로 부려도, 누가 여러분을 잡아먹어도, 누가 여러분을 골려도, 누가 여러분을 얕보아도, 누가 여러분의 뺨을 때려도, 여러분은 가만히 있습니다.(고후 11:20)

오월은 계절의 여왕이라고 부릅니다. 어느새 산과 들이 온통 푸르게, 생기 가득하게, 싱그럽게 물들었습니다. 이 계절에 우리의 몸과 마음도, 우리의 생활도 생명의 기운으로 가득하기를 바랍니다. 또 오월은 가정의 달이고 스승의 날도 들어 있지요. 무엇보다 고마운 분들을 기억하고 감사하는 달입니다. 우리의 가정마다 하나님의 은총이 가득하기를 바랍니다. 우리의 스승, 선생님들에게도 하나님의 은총이 가득하기를 바랍니다. 우리 아이들도 모두 건강하고 지혜롭게, 사랑 가득하게 자랐으면 좋겠습니다. 우리 부모님들, 어버이들에게 은총을 베푸셔서 늘 평안하시기를 바랍니다. 무엇보다 이 계절이 더 쓸쓸하고 힘겨운 분들에게 하나님의 위로와 은혜가 가득하기를 바랍니다.

젖을 먹여주신 분

옛사람들은 신을 주로 남성적인 이미지로 그렸습니다. 우리나라에서도 신선들은 나이 지긋한 할아버지, 남자 어르신으로 나타났지요. 하얀 머리에 하얀 수염을 날리며 구름을 타기도 하고, 심산계곡에서 말 그대로 신선놀음을 하는 모습입니다. 구약 시대에도 이집트나 바빌론의 주신들은 모두 남성이었습니다. 절대적인 힘, 권력을 가진 강한 남자 이미지입니다. 이런 남성 신의 형상은 가부장적인 남성 권력자와 연관되어 있습니다. 신들의 세계에서도 강한 남성 신이 지배하니까, 세상에서도 강한 남성이 지배하는 것이 마땅하다는 것입니다.

그런데 오늘 우리가 받은 호세아의 말씀은 하나님을 전혀 다른 모습으로 보여줍니다. 물론 하나님이 여성이냐 남성이냐 하는 것을 말하려는 게 아닙니다. 하나님은 인간이 아닙니다. 하나님께는 인간처럼 무슨 성별이 있는 게 아니지요. 다만 하나님이 어떤 분이신지를 설명하기 위해 비유적으로, 상징적으로 사용하는 것이지요. 호세아는 이스라엘의 하나님이 어떤 분이신지를 이스라엘 백성에게 보여주려고 합니다.

그렇다면 호세아가 말하는 하나님은 어떤 분입니까? 1절에 보면, 하나님은 이스라엘이 어릴 때 이집트로부터 그들을 불러내신 분입니다. 이스라엘이 어릴 때, 즉 이스라엘의 초기 그들이 시작될 때에 이집트로부터 그들을 불러내신 분입니다. 이스라엘은, 그들이 이집트에서 노예로 살고 있을 때, 하나님께서 그들을 이집트에서 불러내셨기 때문에 생겨났습니다. 이스라엘이 출애굽을 통해 탄생하였다는 얘기이지요. 하나님께서 그들을 이집트의 노예로부터 구원하셔서, 해방하셔서, 그들은 이스라엘이 되었습니다. 하나님은 이스라엘의 근원으로서 이스라엘의 구원자, 해방자이십니다.

그런데 그렇게 이스라엘을 구원하신 하나님은 또 어떤 분입니까? 하나님은 에브라임에게 걸음마를 가르쳐주시고, 그 품에 안아 길러주신 분입니다. 그뿐 아니라 인정의 끈과 사랑의 띠로 묶어서 업고 다니시고, 가슴을 풀어 젖을 먹여주신 분입니다. 하나님은 이스라엘을 구원하셨을 뿐 아니라, 그들을 길러주시고, 그들을 돌보아주시고, 그들을 가르치고 길러주신 분입니다. 그런데 여기서 품에 안고, 등에 업고, 걸음마를 가르치고, 아기를 기르는 모습은 누구의 모습입니까? 누가 우리를 안고 업고 길러주셨습니까? 바로 어머니이시죠. 무엇보다 4절에서 호세아는 참으로 당시로서는 파격적인 표현을 씁니다. 가슴을 풀어헤쳐 젖을 물려주는 분, 바로 어머니입니다. 호세아가 이렇게 하나님의 모습을 어머니의 모습으로 그리는 것은 정말이지 놀라운 일입니다.

무엇보다 하나님은 이스라엘이 하나님을 배반하고 버리고 떠날지라도 이스라엘을 버리지 못하십니다. 때로 이스라엘의 배반과 죄악 때문에 실망하고 화가 나서 버리려 하지만, 아무리 버리려 해도 차마 버리지 못하시는 하나님입니다. 왜냐하면 하나님은 어머니와 같은 분이시기 때문입니다. 이스라엘을 생각하면 마음이 아프고 미어지고, 그 깊은 속에서부터 불길처럼 강하게 치솟아 오르는 게 있기 때문입니다. 하나님의 마음속 깊은 곳에는 마치 용암이 끓어오르듯, 강한 불길이 타오르듯 치솟아 오르는 것이 있습니다. 그것이 무엇입니까? 그것은 바로 긍휼이요 연민입니다. 사랑입니다. 여기 이 긍휼은 어머니의 모태와 관련된 것입니다.

호세아는 이스라엘 백성에게 바로 이 하나님의 긍휼하심을 보여주려 합니다. 마치 호세아가 탐욕과 쾌락을 좇아 떠난 고멜을 버리지 못했던 것처럼, 하나님은 도무지 이스라엘을 버릴 수 없다는 것입니다. 이 하나님의 마음을 아는 것, 이 하나님의 긍휼하심을 아는 것, 그리고 다시 하나님께로 돌아오는 것, 그것이 바로 신앙입니다. 신앙이란 다른 것이 아닙니다. 하나님의 사랑을 알고, 하나님의 사랑 안에 사는 것, 하나님의 긍휼하신 품안에 살아가는 것, 그것이 신앙입니다. 우리가 세상에 사는 모든 날 모든 곳에서, 무슨 일을 만나든지, 특히 깜깜한 어둠 속에 헤매며 지치고 힘겨울 때일수록 우리가 다만 하나님의 사랑 안에 있음을 기억하고, 하나님의 사랑 안에 살아갔으면 좋겠습니다.

종과 자유인

오늘 우리는 사도 바울이 고린도교회를 향해 쓴 편지의 한 대목을 함께 받아 읽었습니다. 바울은 자기 자신을 가리켜 그리스도의 종이라고 자주 표현합니다. 여기서 '종'이라고 번역한 말은 '둘로스'인데, 노예라는 말입니다. 그저 품값을 받고 일하는 일꾼이 아니라 그 목숨이 주인에게 달려 있는 노예가 '둘로스'입니다. 자신이 그리스도의 종이라는 말은 온전히, 전적으로 그리스도의 것이라는 말입니다.

그런데 바울이 그리스도의 종이라고 말할 때, 이 말은 아무런 생각도 영혼도 없는 좀비 같은 존재라는 말이 결코 아닙니다. 바울은 갈라디아서 5장 1절에서 이렇게 말합니다. "그리스도께서 우리를 해방시켜 주셔서, 자유를 누리게 하셨습니다. 그러므로 굳게 서서, 다시는 종살이의 멍에를 메지 마십시오." 바울은 당당한 자유인이고, 또 우리도, 그리스도인도 마땅히 자유인이 되어야 한다는 말입니다. 당당한 자유인, 온전한 자유인, 그것이 그리스도의 종입니다. 그리스도는 자유롭게 하시는 분이기 때문이지요. 말하자면 그리스도는 해방하시는 분이며 자유롭게 하시는 분이기에, 그리스도는 그 누구도 속박하는 분이 아니기에 그리스도의 종은 곧 자유인이 되는 것입니다. 이것이 종과 자유인의 역설입니다.

그런데 이 종과 자유인의 역설과 긴장이 사라질 때 문제가 되기 쉽습니다. '종'이라는 고백을 잃을 때 '자유인'은 방종과 교만에 이르게 됩니다. '자유인'이라는 자각을 버릴 때 '종'은 비굴한 좀비가 되기 쉽습니다.

바울이 고린도교회를 향해 편지를 쓰면서 참으로 안타까운 마음으로 경계한 것이 있습니다. 그것은 바로 '좀비 신앙'입니다. 당당한 하나님의 자녀가 참담한 노예처럼 사는 것이야말로 안타깝고 잘못된 일입니다. 그렇지 않습니까. 우리의 사랑하는 자녀가 다른 누구에게 억울한 갑질을 당하고 노예처럼 학대받는 것을 본다면, 부모의 마음이 얼마나 아프고 분통 터지겠습니까. 하물며 하나님께서 당신의 사랑하는 자녀들이 천덕꾸러기로 멸시받는 꼴을 보신다면, 얼마나 마음이 아프실까요. 더구나 사랑하는 자녀들이 스스로 그렇게 자학하며 시궁창에 처박혀 산다면, 얼마나 속이 터지겠습니까.

그런데 고린도교회에 있는 그리스도인들이, 하나님의 자녀들이 그렇게 황망한 꼴을 당하고 있었습니다. 더욱 환장하게 분한 것은, 그 하나님의 자녀들이 스스로 그런 부당한 폭력을 거부하고 떨쳐 일어나기는커녕 오히려 자신들을 그렇게 노리개처럼 부리는 자들에게 복종하고 열광하고 환호하는 것입니다. 그러면서 그것을 신앙이라고 믿는 것입니다. 참으로 참담하고 어처구니없는 일이지요.

그런데 고린도교회의 교인들을 그렇게 좀비처럼 만드는 자들은 누구일까요? 바로 그 교회 안에 있는 사도들이었습니다. 사도라는 자들이지요. 거짓 사도들입니다. 거짓 사도들은 자신을 꾸미고, 선전하는 능력을 타고났지요. 온갖 스펙과 자랑거리를 만들어서 그리스도인들을 농락하고 있었습니다. 문제는 신도들이 그 거짓을 분별하려 하지도 않고 분별할 능력도 없다는 데 있습니다. 그렇게 허황한 거짓에 열광하면서도 그들은 자신들이 얼마나 어리석은 좀비인지 도무지 한사코 모릅니다.

오늘 우리가 읽은 19절에 보면, 바울이 얼마나 답답한 마음인지 알 수 있습니다. '당신들은 참 어지간히 슬기로운 사람들이다.', '그래 그렇게 슬기롭다는, 똑똑하다는 사람들이라서 저런 어리석은 사람들을 잘도 받아준다.' 그런 말이지요. 요즘에도 가짜뉴스에 빠진 사람들을 보면, 조금만 정신을 차리고 보면 얼마나 황당하고 말도 안 되는지 금방 알 수 있는데, 도무지 결사적으로 믿지 않습니까? 20절을 보면, 그 거짓 사도들이 교인들을 종으로 부려먹어도, 잡아먹어도, 골려도, 얕보아도, 뺨을 때려도 가만히 있는다는 것입니다. 이것은 정말 아무런 생각도, 아무런 개념도 없는, 넋 빠진 사람들 아닙니까!

좀비 신앙?

지난주에 서울 동대문에 있는 한 교회에서 발생한 문제가 세간에 알려졌습니다. 그 교회의 한 신앙 훈련 프로그램에서 교인에게 '인분', 즉 사람 똥을 먹게 했다는 충격적인 얘기였습니다. 그뿐 아니라 또 얼마 전에는 밤에 잠을 못 자게 해서 한 사람이 뇌출혈로 쓰러졌는데, 그대로 방치해서 돌이킬 수 없게 만들었다고도 합니다. 이게 무슨 일일까요? 어떻게 교인을 잠도 안 재우고 극한 훈련을 시키며, 인분을 먹일 수 있을까요?

코로나19 와중에 신천지 문제가 온 나라를 시끄럽게 만들었지요. 이 신천지는 기독교라는 이름은 가졌지만, 가짜인 이단이지요. 그런데 뒤이어서 만민교회의 실체가 드러났고, 연이어 전광훈의 사랑제일교회가 민낯을 드러냈습니다. 그래도 여기까지는 그리스도의 정신을, 기독교 신앙을 벗어난 자들이라고 비켜서려 했지요. 그런데 이번에는 공식 교단에 속한 교회에서 무슨 일이 벌어지고 있는지 드러난 것입니다.

그 교회는 소위 '비전'을 가진 교회입니다. 요즘 한국에서 무슨 '비전'이 없는 교회는 교회도 아니랍니다. 교회마다 안팎으로 무슨 비전을 플래카드로 내걸고 크게 선전하지요. 그 비전이 뭔지, 그 비전을 이루기 위해서는 소위 '리더'가 필요하답니다. 특별한 리더, 지도자입니다. 비전을 이룰, 하나님의 훈련을 받은, 선택받은 리더이지요. 마치 바울처럼 하나님의 손에 들려 대업을 이룰 리더랍니다. 교회의 존립과 성장이 바로 이 리더에게 달려 있다는 것입니다. 아주 중요한 사람이지요. 그래서 리더가 되려면 그에 맞는 훈련이 필요하다는 것입니다.

어떤 사람이어야 할까요? 하나님의 손에 들려 기적적으로 놀라운 일을 감당하는 리더의 자격은 무엇일까요? 얼마나 훈련을 받아야 그런 리더가 되는 것일까요? 그런데 리더가 되는 것은, 그게 너무도 간단명료한 것이, 리더는 인분을 먹으라면 인분도 먹을 수 있는 사람이어야 한다는 것입니다. 그렇게 무조건적 충성심이 강한 리더를 길러내야 교회가 부흥한다는 것입니다. 이번에 인분을 먹으라고 한 까닭도, 바울이 당했던 그 고난에 동참한다는 뜻이었다지요.

이거 사도 바울이 자다가 벌떡 일어날 일이지요. 이런 사람이 진짜 '리더'일까요? '리더'란 말 그대로 앞에서 이끄는 사람이란 뜻일 텐데, 스스로 판단하고 결정하고 책임질 수 있는 사람이어야 할 텐데, 그저 시키는 대로 무조건 다 하는 사람이라면, 이건 리더가 아니라 노예입니다. 생각도 판단도 없는 이런 걸 좀비라고 하지요.

누가, 도대체 누가 하나님의 자녀들을 이렇게 농락하고 함부로 부리는 것일까요? 누가 그리스도의 사람들을 좀비처럼 얕보고 희롱하는 것일까요? 가만히 들여다보면, 신천지의 비전이나 이재록과 전광훈의 비전이나, 그 이단이 아니라 보수 정통 교단에 속한다는 교회의 비전이라는 게 다른 것이 아닙니다. 또 그들은 모두 교인들을 억압하고 농락하며 착취했지요. 그렇게 세뇌되어 착취당하면서도 신천지의 리더라는 사람들은, 이제 곧 14만 4,000에 들어가서 실제로 세상을 다스리는 통치자가 될 것이라는 허황한 꿈에 부풀어 있었다고 하지요. 이만희가 마침내 신천지를 이루어내면 프랑스를 다스리는 게 좋을지, 피지 같은 낙원을 다스리는 게 좋을지 걱정하고 있었다지 않습니까. 참으로 황당무계한 욕망을 하나님 나라의 실현이라고 믿는 것입니다. 참으로 허망한 욕망이 좀비 신앙의 뿌리입니다. 그들은 교주들의 노예가 되기 전에 이미 자기 탐욕의 노예였습니다.

하나님의 자녀들

일찍이 바울은 고린도교회 교인들에게, 그저 누가 노예로 부려도, 잡아먹어도, 골리고 얕보고 뺨을 때리며 농락해도, 인분을 먹이고 성추행을 해도 그저 순종해야 한다고 생각하는 맹신에서 깨어나야 한다고, 그런 좀비 신앙에서 벗어나야 한다고 애타는 마음으로 호소했습니다. 그런데 바울이 2,000년 전에 고린도교회를 향해 애타는 마음으로 호소하던 이 말씀은, 바로 오늘 우리 한국교회를 향한 경고가 아닐까요?

사랑하는 여러분, 그리스도인이 되는 것은, 그 무엇의 노예가 되는 것이 아니라, 당당한 하나님의 자녀가 되는 것입니다. 하나님의 사랑 안에서, 하나님의 긍휼하심 안에서 사는 것입니다. 우리가 신앙으로 사는 것은 그 누구에게도, 그 무엇에도 노예가 되지 않는 것입니다. 하나님은 우리를 노예로 부리는 분이 아닙니다. 그리스도는 우리를 좀비로 만드는 분이 아닙니다. 하나님은 우리를 사랑하시는 분입니다. 그리스도는 우리를 자유롭게 하시는 분입니다. 우리는 하나님의 자녀요, 그리스도의 친구이며, 형제자매입니다.

예수님은 우리에게 하나님을 '압바' 아버지라 부르게 하셨습니다. 어머니처럼 우리를 품에 안으시고, 우리를 사랑의 띠로 업어주시고, 우리를 향한 사랑이 그 마음속에서 불길같이 솟아오르는 분이 바로 우리의 하나님입니다. 이 놀라운 하나님의 사랑 안에서, 하나님의 긍휼하심 안에서 살아갈 수 있기를 바랍니다. 하나님의 자녀로서 당당하게, 자유롭게, 하나님의 자녀답게 따뜻한 마음으로 사랑할 수 있기를 바랍니다. 하나님의 사랑이 이 땅의 모든 어버이에게, 그리고 하나님께서 사랑하시는 자녀들에게 가득하기를 바랍니다.

그들도 하나가 되게 하옵소서

요한복음 17:9–21   아버지, 아버지께서 내 안에 계시고, 내가 아버지 안에 있는 것과 같이, 그들도 하나가 되어서 우리 안에 있게 하여 주십시오.(요 17:21)

2001년 9월 11일, 그러니까 지금으로부터 20년 전, 미국 뉴욕의 세계무역센터인 쌍둥이 빌딩을 비행기가 들이받은 9·11 테러가 있었습니다. 110층짜리 높은 건물이었지요. 그 테러로 3,000여 명(2,996명)이 사망하고 6,000여 명의 부상자가 발생한 참 끔찍하고 참담한 사건이었습니다. 벌써 20년도 넘게 지난 사건인데, 아직도 그 장면이 뇌리에 생생합니다. 21세기 벽두에 일어난 일이지요.

그런데 이 '9·11 테러'는 어쩌면 21세기를 향해 던지는 참으로 무겁고 엄중한 질문을 포함하고 있는 듯합니다. 이 사건은 단순한 사건이 아닙니다. 특히 이 테러가 세계를 지배하는 미국의 군사력의 심장인 펜타곤과, 경제력의 상징인 무역센터를 공격한 것은, 그저 이 테러가 단순한 종교적 테러가 아니라는 것을 보여주지요. 이 사건은 종교, 정치, 경제, 문화, 인종, 세대 등등 세상의 모든 적대와 증오, 갈등과 분열이 어떤 결과를 초래할 것인지, 아니, 이미 초래하고 있는지를 너무도 고통스럽고 파괴적 방식으로 보여주었습니다.

한편 이 사건을 조사하고 성찰하면서, 이때 어떤 일이 일어났는지 여러 가지 조사를 했습니다. 그 높은 빌딩이 비행기 테러로 무너지면서, 짧은 시간 동안이지만 건물 안에 있던 많은 사람이 대피도 하고, 또 구조도 해서 살아났습니다. 그런데 110층 건물이니 얼마나 사람이 많았겠습니까. 도무지 피할 수 없는 상황, 그 끔찍한 공포 속에서 전화를 한 사람들이 있었습니다. 그들이 남긴 전화기를 복구해서 그때 무슨 말을 했는지, 그 마지막 말이 알려지게 되었지요.

그 마지막 말, 가장 절박하고 가장 무섭고 가장 절망적인 순간에 사람들은 무슨 말을 가장 많이 했을까요? 여러분이라면, 물론 그런 일이 있어서는 안 되겠지만, 만약 그런 순간이라면 무슨 말을 하겠습니까? 참 억울하다고, 왜 하필이면 나냐고, 소리라도 버럭 질러야 할까요? 욕설이라도 질펀하게 해대면 속이 좀 나아질까요? 이 사람들이 그 마지막 시간에 절박하게 가장 많이 한 말은 '사랑한다' 이 말이었습니다. 전화를 받은 상대방에게, 그가 부모일 수도 있고, 친구일 수도 있고, 돈 떼어먹은 사람일 수도 있고, 잘생긴 사람도 못생긴 사람도, 생판 처음인 사람도 있을 텐데, 그가 누구이든 마지막으로, 정말 온 마음을 다해 가장 절실하게 한 말은 '사랑'이라는 말이었습니다. 나는 너를 사랑한다, 나는 혼자가 아니다, 나는 너와 하나다, 그 말입니다.

참으로 극단적이고 폭력적이고 파괴적인 증오와 분열의 테러에 희생당하면서 그들이 부르짖은 말, 온몸을 다해 갈구한 말은 '사랑한다', '우리는 하나다.' 그 말이었습니다. 저는 어쩌면, 이 극단적인 증오와 분열과 갈등과 폭력, 그리고 그 속에서 희생당하며 부르짖은 '사랑', 이 도무지 섞일 수 없어 보이는, 전혀 다른 이 두 가지 '분열과 폭력', '사랑과 일치'를 생각하면서, 어쩌면 여기에 우리 시대의 과제가 무엇인지, 그 해답은 무엇인지, 그 단초, 실마리가 있다고 생각합니다.

그들이 하나 되게 하옵소서

오늘 우리는 요한복음에서 '그들이 하나가 되게 해달라.'는 예수님의 기도를 함께 들었습니다. '그들도 하나가 되게 하옵소서.'라는 이 말씀은, 예수님이 세상을 떠나시기 전에 마지막으로 드린 기도의 핵심 내용입니다. 요한복음 17장은 예수님이 세상을 떠나시기 전에, 십자가를 지기 전에 마지막으로 드리신 기도를 소개하고 있습니다. 이제 할 일을 다 마치고, 십자가를 지고 세상을 떠나야 하는 예수님에게는 남겨진 제자들과 그를 따르는 사람들이 있었습니다. 예수님이 계시지 않는 세상에서, 더구나 곧 어려운 환란이 닥쳐올 것을 생각하면, 제자들에게 얼마나 마음이 쓰였을까요. 그래서 그 제자들을 생각하는 애틋한 마음으로 예수님은 하나님께 기도를 드리셨습니다. 이 기도가 17장 1-26절로, 좀 깁니다. 이 기도를 마치자마자 예수님은 체포되지요. 그런데 26절이나 되는 이 기도를 한마디로 압축한다면 어떻게 될까요? "이 사람들이 하나가 되게 하옵소서." 바로 이 말씀입니다.

17장에서 '이들이 하나가 되게 해달라.'는 말이 세 번이나 반복됩니다. 앞의 11절에서 '우리가 하나인 것 같이 그들도 하나가 되게 해주십시오.' 하고 기도하지요. 그리고 뒤의 22절에서 '우리가 하나인 것과 같이 그들도 하나가 되게 하려 한다.'고 말씀하시고, 23절에서 다시 반복해서, '그들이 완전히 하나가 되게 하려 한다.'며 하나가 되되 온전히, 오롯이, 완전히 하나가 되게 하려 한다고 강조합니다. 여기서 '완전히'라고 번역한 그리스 말은 '테텔로이오메노이'인데, 이 말은 '텔로스' 곧 '목적', '완성'이라는 뜻입니다. 그렇게 23절을 주목해서 읽어 보면, 내가 그들 안에 있고, 아버지께서 내 안에 계신 것, 그리스도가 우리 안에 계시고 하나님이 그리스도 안에 계신 것은, 우리가 온전히 하나가 되게 하려는 것이다, 그 말입니다. 우리가 하나가 되는 것, 그것이 놀랍게도 하나님이 그토록 하고자 하시는 것이며, 예수님이 그토록 바라시는 것이다, 그 말입니다. 우리가 하나 되는 것이 지상 과제를 넘어 천상 과제라는 말입니다. 그래서 예수님은 우리가 하나 되게 해달라고, 하나님께 마지막 기도로 드리신 것입니다.

그런데 왜, 어째서, 우리가 하나가 되는 것이 그렇게 중요할까요? 어째서 우리가 하나가 되는 것이 예수님의 마지막 기도가 된 것일까요? 우리가 깨졌기 때문이지요. 분열되고 분단되고, 갈등하고 분쟁하기 때문입니다.

공명지조

「교수신문」에서는 해마다 그해의 가장 중요한 성찰과 과제를 담고 있는 사자성어를 찾아 정합니다. 2020년의 사자성어는 '공명지조'(共命之鳥)입니다. 공명지조란 '같은 운명을 가진 새'라는 말이지요. 공명지조는 머리가 둘이랍니다. 하나는 낮에 나오고 하나는 밤에 나오는데,

낮에 나오는 머리는 온갖 맛있고 좋은 열매를 먹습니다. 그런데 밤에 나오는 머리는 다른 머리가 너무 미워서, 죽기보다 싫어서, 반대로 온갖 독이 든 열매만 골라 먹어댔습니다. 어떻게 되었을까요? 결국 그 새는 두 머리 모두 죽고 말았습니다. 공멸한 것이지요. 분열과 분단과 증오와 적대는 결국 공멸의 길이다, 상대를 죽이는 것은 곧 나를 죽이는 것이다, 그 말입니다.

오늘 우리가 사는 세상에서 가장 긴박하고 절실한 과제가 무엇일까요? 바로 폭력적인 분열과 갈등입니다. 21세기에 들어서면서 가장 앞세우던 화두가 '세계시장', '자유경쟁'이라는 것이었지요. 세계시장에서 인간의 얼굴은 물론이고, 국가도 민족도 없는, 부모도 형제도 없는 자본의 무한 자유경쟁이 시작되었다고 선포한 것입니다. 그런데 운동장에서 모두 함께 마음껏 자유롭게 싸워라, 하면 어떻게 될까요? 힘센 놈들이 힘없는 자들의 것을 그야말로 자유롭게 빼앗지 않겠습니까? 그렇게 21세기에 들어서면서 강자의 자유가 무제한으로 실현되게 된 것입니다. 그리고 그 결과는 분열과 갈등의 세상입니다. 지금은 그 어느 때보다도 돈이 권력화되어서 거대 자본이 지배하는 세상이 되었습니다. 재벌들을 보면, 형제가 원수가 되었지요.

불과 얼마 전에, 세계화를 부르짖을 때 세상은 80 대 20 세상 곧 20퍼센트의 소수가 80퍼센트의 다수 약자를 지배한다고 걱정했는데, 지금은 이미 5퍼센트가 전체의 80퍼센트를 차지하는 불평등이 굳어지고 더욱 심해졌습니다. 이런 분열과 갈등은 곧 우리의 일상생활에까지, 우리의 생각에까지 깊이 파고들었습니다. 40평 아파트에 사는 사람들의 눈에는 30평 아파트에 사는 사람들이 작게 보이고, 임대아파트에 사는 사람들은 사람으로 보이지 않습니다. 우리 아이들이 다니는 학교에 그런 아이들이 들어온다면, 결사적으로 반대하고 막아야 한다지요? 코로나 바이러스로 위험에 처한 중국에 있는 우리 국민을 구한다는데, 우리나라에서는 자기네 지역에는 절대 못 온다며 길을 막고 눕기도 하였습니다. 그래도 다행히 길은 열었다지요?

　이런 극단적인 단절, 지독한 분열은 묘하게도 현대 질병을 닮았습니다. 암이라는 병은 이상세포가 극단적으로 자기들만 성장하는 병이지요. 다른 정상세포를 죽이고라도 자기들만 크면 되는 것입니다. 결국 몸 전체를 죽이는 공멸에 이르고 맙니다. 오늘날 가장 심각한 정신병 중 하나가 사이코패스라고 하지요? 사이코패스란 뭡니까? 도무지 다른 사람과 공감할 줄 모르고, 공명할 수 없는 것입니다. 다른 사람이 웃을 때 함께 웃지 못하는 것입니다. 다른 사람이 아파할 때 함께 아파할 줄 모르니, 자기는 아픈 줄 모르니, 오히려 쾌감을 느끼니 남을 괴롭힙니다. 매우 잔혹하고 파괴적인 범죄를 초래합니다. 이런 것들이 어디서 온 것일까요? 별나라 화성에서 온 것일까요? 아닙니다. 우리가 만든 것, 우리에게서 나온 것들입니다.

　심각한 것은 이러한 공명지조의 파멸, 극단적 분열이 인간 사회뿐 아니라 자연 생태계에까지 침범하고 있다는 것입니다. 일찍이 아인슈타인(A. Einstein)은 '꿀벌이 사라지면, 다음에는 인간도 사라질 것'이라고 경고했지요. 꿀벌이 죽는데, 왜 사람이 죽느냐, 이건 괴담이다, 좌파의 음모다, 그렇게 말할지도 모르지요. 그러나 이건 공포 괴담이 아니라 냉철한 과학입니다. 꿀벌이 없으면 왜 사람이 사라질까요? 맛있는 꿀을 못 먹어서? 아니지요. 꿀벌이 농약 때문에 죽으면, 벌이 가루받이를 해주지 못해서, 식물이 결실하지 못하니 사람에게 먹을거리가 없어지게 됩니다. 그런데 사실은 꿀벌이 살 수 없도록 오염되고 파괴된 생태계 자체가 이미 인간에게 더욱 치명적인 것입니다. 인간도 그 자체가 이미 자연의 일부 아닙니까? 지금 심각하게 문제가 되는 신종 코로나 바이러스 사태도, 이제는 일상이 되어버린 대기 오염도 인간과 자연이 얼마나 단절되었는지, 인간이 자연 생태계를 얼마나 폭력적으로 파괴했는지 그 응답이라 할 수 있습니다.

이렇게 오늘날 인간과 인간이, 인간과 자연이 하나가 되지 못하고 단절되어 버렸습니다. 성서적으로, 신앙적으로 표현하면, 이것이 바로 인간의 죄악이라는 것입니다. 죄란 다른 것이 아니라, 사람과 하나님 사이가 깨진 것, 사람과 사람 사이가 단절된 것, 그리고 사람과 자연의 관계가 끊어진 것입니다. 바꿔 말하면, 우리가 하나님과 하나가 되지 못하고 있는 것, 우리가 서로 하나가 되지 않는 것, 그리고 우리가 자연과 더불어 살지 않는 것입니다. 인간과 하나님의 분리 분열, 인간과 인간의 분열과 갈등, 인간과 자연의 분열, 이것이 오늘 우리 시대의 문제이며, 우리의 치명적인 죄악입니다. 그리고 이런 죄악은 다시 인간에게 훨씬 더 두렵고 파괴적인 심판으로 되돌아오고 있습니다.

공생, 상생

이렇게 오늘날 우리가 맞닥뜨리고 있는 문제가 '단절', '분열'이라면, 게다가 우리는 지구상 유일한 '분단' 국가라면, 무엇이 가장 긴급하고 절박한 과제일까요? 분단을 극복하는 것이지요. 화해와 일치의 길, 각

자도생이 아니라 공생과 상생의 길을 찾는 것입니다. 무엇보다 공감하고 공명하고, 소통하고 연대하는 것이 시급합니다. 예수께서 마지막 기도에서 그렇게 바라고 기도하신 것, 바로 사랑으로 하나가 되는 것입니다. 분열을 치유하고 분단을 극복하고 서로 화해하고 일치를 회복하는 것이야말로 우리 시대의 과제 중의 과제입니다.

이것을 성서적으로 바꿔 말하면, 화해와 구원이라고 할 수 있습니다. 구원이란 예수 그리스도를 통하여 하나님과 다시 하나가 되는 것입니다. 그리고 예수 그리스도 안에서 인간과 인간이 화해하고 하나가 되는 것입니다. 더 나아가 성령 안에서 인간과 자연이, 모든 피조물, 온 생명이 화해하고 하나가 되는 것입니다.

서로 다른 종교와 신앙 때문에 더는 분열하고 갈등하고 적대해서는 안 됩니다. 서로 피부색이 다르다고 차별하고 억압해서는 안 됩니다. 성별 때문에, 지방색으로, 소수자라고 차별하는 일이 없어야 합니다. 모든 차별과 갈등을 극복하고, 함께 더불어 사는 세상을 만들어가야 합니다. 생태계의 오염과 파괴를 멈추고 다시 깨끗하고 아름다운 자연을 회복해야 합니다.

그렇다면 우리가 다시 공감하고 공명하는 사회, 공생하고 상생하는 세상을 회복하려면 무엇이 가장 필요할까요? 저는 무엇보다 '하나 됨'을 지향하는 사람들이라고 생각합니다. 날마다 하나님 앞에서 하나님과 하나 되기 위하여 말씀 앞에 무릎 꿇고 기도하는 사람들입니다. 하나님의 자녀인 사람을 존중하고 사랑하는 사람들입니다. 공감하는 세상을 만들려면 먼저 공감하는 사람들이 필요합니다. 함께 기뻐하고 함께 아파하는 사람들입니다. 함께 웃고 함께 우는 사람들입니다. 그리고 하나님이 지으신 아름다운 자연을 소중히 지키는 사람들입니다. 호세아가 노래하였듯이 들짐승과 하늘의 새와 땅의 벌레와 언약을 맺으신 하나님 안에서 살아가는 사람들입니다.

 얼마 전에 한 퀴즈 프로를 보았는데, 채소도 뜯길 때 소리를 지른답니다. 그 소리의 주파수가 우리 귀로 들을 수 없어서 듣지 못하지만, 식물도 생명이기 때문에 반응한다는 것이지요. 작은 풀 한 포기도 함부로 대해서는 안 된다는 얘기입니다. 하긴 그것 또한 하나님이 지으신 것이지요. 호세아도 하나님께서 하늘에 응답하시면, 하늘은 땅에 응답하고, 땅은 온갖 식물들과 응답한다고 했지요. 하늘과 땅과 그 안에 가득한 모든 생명이 하나님 안에 있고 하나님께 응답하는 것이라면, 얼마나 신비하고 아름답습니까. 그것을 듣지도 보지도 깨닫지도 못하고 사는 것, 오직 탐욕과 돈의 소리만 듣고 사는 것, 그것이 바로 바알 숭배입니다.

 사랑하는 여러분, 교회란 무엇일까요? 교회란 하나님의 부르심을 듣고, 함께 기도하고 함께 찬양하고, 함께 웃고 울며, 함께 순전한 마음을 나누고 따뜻한 밥을 나누며, 공감하고 상생하며 사는 사람들을 가리킵니다. 각자도생하는 세상에서 하나가 되기 위해 기도하고, 함께 더불어 사는 사람들이지요. 우리가 하나님 안에 살아갈 수 있도록, 그리스 안에 살아갈 수 있도록, 그래서 우리가 또한 그리스도 안에서 하나가 될 수 있도록 성령께서 우리를 사랑과 은총의 띠로 감싸 주시기를 바랍니다.

너희 가운데 있다

이사야 21:11-12 파수꾼이 대답한다. "아침이 곧 온다. 그러나 또다시 밤이 온다. 묻고 싶거든, 물어 보아라. 다시 와서 물어 보아라."(사 21:12)

누가복음 17:20-24 "또 '보아라, 여기에 있다' 또는 '저기에 있다' 하고 말할 수도 없다. 보아라, 하나님의 나라는 너희 가운데에 있다."(눅 17:21)

랍비의 선물

어느 수도원이 있었습니다. 한때는 굉장히 번성한 수도원이었지만 세월이 가면서 차츰 쇠락해져서, 결국 수도원장과 네 명의 수도자밖에 남지 않았습니다. 게다가 수도자들은 이미 늙어버렸으니 수도원은 쓸쓸하기 짝이 없었지요. 위기의식을 느낀 수도원장은 여러 가지 방법을 동원해서 수도원을 부흥시키려 애써보았습니다. 그렇지만 아무 소용이 없었습니다. 오히려 찾아오는 사람도 더 뜸해지고, 수도자들은 의기소침해졌습니다. 어떻게 해야 할까요?

그러던 어느 날, 수도원 가까이 있는 암자에 아주 유명한 랍비가 기도하러 왔습니다. 혹시 지혜롭고 영성 깊은 랍비라면 뭔가 좋은 방법이 있을지도 모르지요. 수도원장은 그 랍비를 만나서 조언을 들으려고 암자로 찾아갔습니다. "어떻게 해야 이 수도원을 활기차게 일으킬 수 있을까요?" 수도원장이 물었지만, 랍비라고 해서 뭐 그리 뾰족한 수가 있는 것 같지는 않았습니다. 그렇지만 함께 간절히 기도하고 났는데, 랍비는 수도원장에게 좀 이상한 말을 했습니다. 그것은 그 수도원에 있는 사람 중에 '구원자'가 있다는 것이었습니다. 수도원에 있는 어느 누군가가 바로 수도원을 구하고, 또 많은 사람을 구할 '구원자'라는 것입니다.

수도원장은 돌아와서 수도자들을 불러 모아놓고 랍비의 말을 전했습니다. 좀 엉뚱한 말 같기는 하지만, 수도자들은 이 말을 듣고 한번 생각을 해보았지요. 이미 늙어버린 다섯 수도자 중에 '구원자'가 있다면, 우리 가운데 '희망'이 있다면 그게 누구일까요? 수도원장은 너무 늙어서 별다른 능력이 있어 보이지는 않았습니다. 그렇지만 매일매일 눈물로 기도하는 수도원장을 보면, 수도원장이 구원자일 수도 있지요. 모를 일입니다. 토마스 수도자라면? 말주변도 없고 사람들 앞에 나서지도 못하는 인물이지요. 그렇지만 마음씨 하나는 정말 착하고 따뜻하니까, 혹시 그일지 모릅니다. 엘라드 수도자라면 영 고집불통 변덕쟁이라서 늘 다른 사람들을 불편하게 하지만, 그래도 옳은 소리를 하는 사람이니까, 그 역시 모를 일입니다. 필립 수도자는 또 어떨까요? 성마르고 급해서 허둥지둥 덤벙대다 일을 그르치기 일쑤이지만, 그래도 어려운 사람을 남몰래 도와주고 나름 부지런히 일하니까, 그 또한 모를 일입니다. 도무지 구원자가 누구인지 알 수가 없었습니다. 결국 다섯 수도자는 누가 '구원자'일지 모르니까, 서로 조심하고 존중해주고, 또 스스로 자신도 소중하게 생각하게 되었습니다. 혹시 그 구원자가 바로 나일지 누가 알겠습니까?

그렇게 시간이 흘러 달이 가고 해가 갔습니다. 그렇지만 수도원에는 별다른 변화가 없는 것 같았습니다. 차츰 '구원자'에 대한 기대도 시들해져 갔지요. 그런데 수도원을 찾는 사람들은 그 수도자들을 보면서 뭔가 다른, 좀 이상한 기운을 느꼈습니다. 수도자들이 서로를 바라보는 모습, 자신을 소중히 여기고 서로 존중하고, 서로 삼가고 받들며 사는 모습은 더없이 평온하고 따뜻하고 아름다웠습니다. 그 수도원은 시나브로 다시 활기를 찾게 되었고 많은 사람이 찾아오게 되었습니다.

스캇 펙이 쓴 『평화 만들기』에 나오는 "랍비의 선물"이라는 이야기의 줄거리입니다. 조금 교과서 같은 얘기로 보이기도 하지만, 그래도 새해를 시작하면서 이 수도원 이야기를 한 번쯤 깊이 새겨보았으면 좋겠습니다.

나의 구원자는 어디에 있을까요? 우리 교회의 구원자는 어디에 있을까요? 우리나라의 구원자는 또 어디에 있을까요? 우리는 어디에서 희망을 찾을 수 있을까요? 우리의 삶을 새롭게 하고, 우리의 교회를 변화시키고, 우리의 나라, 우리의 역사를 구원할 구원자는 도대체 어디에 있다는 말입니까? 저 바깥에 있을까요? 우리의 희망은 저 멀리 하늘에 있는 것일까요? 우리의 구원자는 저 태평양 너머 뉴욕에서 날아오는 걸까요? 아니, 어쩌면 진정한 구원자는 바로 우리 안에 있는 것이 아닐까요? 구원자가 우리 안에 있다면, 과연 우리 중에 누구일까요? 에이 설마, 나는 아니겠지요?

아침이 오면 무엇하나

이사야 21장 11-12절은 에돔에 대한 심판 선언입니다. 그렇지만 이 말씀은 바로 우리를 향한 경고이기도 합니다. 내용은 아주 간단하지요. 밤을 지새우며 성루를 지키는 파수꾼에게 한 질문이 던져집니다. "파수꾼아, 밤이 얼마나 지났느냐? 파수꾼아, 날이 새려면 얼마나 남았느냐?" 이 질문은 그저 단순한 시간을 묻는 것이 아니지요. 절박한 절규입니다. 혹시 심한 불면증으로 고통받아 본 적이 있나요? 밤잠을 못 이루면서 동이 트기만을 기다리는 것은 얼마나 지루하고 힘듭니까? 그런데 이 질문은 그런 밤처럼, 아니, 그런 밤보다 비할 수 없이 깜깜하고 막막한 어둠 속에서 고통당하는 사람이, 그 끝을 알 수 없는 고통에 시달리는 사람이, 이 고통이 끝나려면 얼마나 더 기다려야 하느냐고 부르짖는 질문입니다. 참담하고 절망적인 역사 속에서, 도대체 얼마나 더 참담한 일을 겪어야 이 역사에 희망이 찾아오느냐는 절규요, 항변입니다.

그래도 깜깜한 밤을 살아가는 사람들에게 밝은 아침이 온다는 것은 희망이요 구원이지요. 아무리 밤이 길어도 새벽이 있는 한 희망이 있지 않습니까? 그렇게 보면 아침을 기다리는 질문은 희망을 기다리는 질문입니다. 예전에 군부독재 시절에 그 혹독한 고난을 견디며 싸운 사람들에게 '아침', '새벽'이란 말은 정말 가슴 벅찬 말이었지요. '아침이 온다!' '새벽이 동튼다!' 이런 말은 용기와 새 힘을 주었고, '아침동산'에 오를 수 있기에 고통을 견디고 이겨낼 수 있었습니다.

그런데 이렇게 아침이 언제 오느냐는 질문에 파수꾼이 대답합니다. "아침은 곧 온다." 얼마나 다행입니까. 동쪽 성벽을 지키는 파수꾼, 언제 동이 틀지를 누구보다 잘 아는 파수꾼이 말하기를 아침이 곧 온다는 것입니다. 정말 반갑고 힘이 납니다. 희망이 솟아오릅니다. 그런데 이 파수꾼의 대답은 거기서 끝나지 않습니다. 파수꾼은 바로 이어서 이렇게 대답합니다. "그러나 또다시 밤이 온다." 그러면서 묻고 싶거든 얼마든지 다시 물어보라고 합니다. 파수꾼은 열 번이고 백 번이고 똑같이 대답할 기세입니다. 아침이 곧 올 것이다, 그러나 아침이 온들 무엇 하겠느냐, 다시 밤이 올 것인데, 그 말입니다. 이 천연덕스러운 대답, 무슨 뜻일까요? 파수꾼의 이 대답은 아침을 기다리는 간곡한 희망을 한꺼번에 무너뜨리고 맥이 빠지게 만드는 허망한 대답입니다. 헛된 희망 따위는 버려라, 그 말이지요.

그런데 아침을 기다리는 사람을 참으로 참담하게 만드는 이 파수꾼의 대답 속에는 역설처럼 진정한 희망이 무엇인지 보여주는 진실이 숨어 있습니다. 진정한 희망이란 그저 아침이 오기만을 기다리는 데 있지 않다는 것입니다. 오히려 참 희망이란 깜깜한 밤중에도 그 밤을 아침처럼 깨어 살아가는 사람들의 몫이라는 말입니다. 아무런 준비도 없이, 아무런 변화도 없이 아침 타령만 하는 사람들에게는, 정작 아침이 환하게 밝아온다 한들 그것이 무슨 소용이 있겠습니까. 깊이 잠든 사람에게는 아침이나 밤이나 다를 게 없지 않겠습니까. 어둠의 자식들에게 아침이란 오히려 심판이요 화가 되고 말지 않겠습니까. 그렇습니다. 희망은, 세상이 어두울수록 오히려 그 어둠을 거슬러 촛불을 밝히는 사람들에게 있습니다. 빛의 자녀들에게는 또다시 밤이 온다 해도 두려울 것이 없습니다. 희망은 저 바깥에서 오는 것이 아니라 우리 안에서 시작되어야 합니다. 주저앉아서 아침만 기다릴 게 아니라 일어나서 어둠을 밝히는 촛불 하나 켜야 합니다.

너희 가운데 있다

바리새파 사람들이 예수님께 물었습니다. "하나님의 나라가 언제 올까요?" 이 질문 속에는 한 가지 분명한 생각이 전제되어 있습니다. 하나님 나라는 저기 바깥에서 온다는 생각입니다. 하나님 나라는 지금이 아니라 미래에, 그리고 여기가 아니라 저기에 있다는 생각입니다. 하나님의 나라는 다른 시간과 다른 공간으로부터 온다, 이 말이지요. 이 세상을 근본적으로 변화시키는 희망은 저 장소, 저 시간으로부터 온다는 것입니다. 그런데 예수께서는 그들의 생각을 근본적으로 바꾸어 버리셨습니다. 하나님 나라는 그렇게 저기로부터 오는 것이 아니라는 말입니다. 예수께서는 말씀하셨습니다. "하나님의 나라는 '여기에 있다' '저기에 있다'고 말할 수 있는 것이 아니다. 하나님의 나라는 너희 가운데 있다!"

　하나님의 나라가 너희 가운데 곧 우리 안에 있다! 이 말씀, 바리새파 사람들에게 얼마나 충격이었을까요? 이 말씀은 하나님 나라를 여기저기 다른 데서 찾는 사람들의 생각을 근본적으로 뒤엎는 말씀입니다. 그런데 사실 이 말씀은 저 옛날 바리새파 사람들에게만이 아니라, 오늘 우리에게도 참으로 충격적인 말씀입니다. 이 말씀은 이미 2,000년 전에 복음서에 또렷이 기록되어서 우리에게 전해졌고, 우리는 누가복음을 통해 이 말씀을 읽고 또 들어왔습니다. 그래서 우리가 익히 잘 알고 있는 말씀입니다.

　그렇다면 우리는 이 말씀대로 하나님의 나라가 우리 안에 있다고 당당하게 말할 수 있을까요? 우리는 그렇게 고백하고, 그렇게 찬미하고, 그렇게 살아가고 있는 것일까요? 우리는 정말 지금 하나님의 나라 안에 있습니까? 우리는 여전히 저 바리새파 사람들처럼 하나님의 나라를 저 멀리 유보하고 사는 것이 아닐까요? 그래서 이 말씀은 오늘 우리에게도 여전히 충격적이고 낯선 말씀이 되어버린 것은 아닐까요?

　이 말씀이 오늘 우리에게, 특히 오늘 한국교회에 이토록 생경한 말씀이 된 까닭은 무엇일까요? 그것은 무엇보다 우리가 지금 그리고 여기서 도무지 변하려 하지 않기 때문입니다. 우리의 생각과 우리의 생활을 바꾸려 하지 않기 때문입니다. 그래서 우리는 계속해서 저 바리새파 사람들처럼 하늘만 쳐다보면서 묻고 있습니다. 하나님 나라는 언제 오는가? 하나님 나라는 어디에 있는가? 새날은 언제 오지? 새 세상은 어디에 있지? 희망은 어디에 있는가? 사랑은, 공의는, 생명은, 평화는 어디에 있을까?

　바리새파 사람들의 신앙과 그리스도인의 신앙 사이에 차이가 있다면, 바로 여기에 있습니다. 바리새파 사람들의 신앙은 하나님의 나라를 저곳에서, 저 멀리에서 찾는 신앙입니다. 그러나 그리스도인은 하나님의 나라를 지금 여기에서, 우리 가운데서 발견하고 기뻐하는 사람들입니다. 그리스도인은 이 세상에서 저 카이저 제국의 신민이 아니라 하나님 나라의 백성으로 살아가는 사람들입니다. 고난의 역사 속에서도 하나님의 나라가 우리 안에 있다고 고백하고 찬미하며 살아가는 사람들입니다.

　예수께서 선포하신 하나님의 나라는 우리가 주저앉아서 하늘만 쳐다보며 기다려야 하는 그런 나라가 아닙니다. 하나님 나라는 우리가 이곳저곳, 이 산 저 산 찾아 헤매야 할 그런 나라가 아닙니다. 예수께서는 여기저기 찾아다니지 말라고 하셨습니다. 하나님 나라는 우리 안에 있습니다. 하나님 나라의 삶은 우리가 저 먼 훗날로 미루어 두어야 할 환상이 아닙니다. 우리가 지금 여기에서 살아가기 시작해야 할 행복한 삶입니다. 하나님의 나라는 우리 안에 있고, 우리의 역사 속에 있습니다. 우리가 마주 보는 얼굴 속에 있고, 따스하게 맞잡은 손에 있고, 우리의 벅찬 마음속에 있습니다. 우리의 가정에 있고 우리의 일터에 있습니다.

　우리는 지금 여기에서 그 나라를 실현해가야 합니다. 우리가 지금 하나님의 자녀로서 살기 시작하지 않는다면, 설령 하나님의 나라가 하늘에서 뚝 떨어진다 한들 그것이 무슨 소용이 있겠습니까. 반대로 우리가 지금 맘몬의 거대한 제국 안에 있다고 해도 우리가 하나님의 자녀로 기쁘게 살아간다면 무엇이 문제겠습니까. 세상이 아무리 어두울지라도 우리가 빛의 자녀로 살아간다면 무엇이 문제겠습니까. 사도 바울은 세상의 그 무엇도 우리를 그리스도에게서 끊어낼 수 없다고 말했습니다. 하나님의 나라가 우리 안에 있는데, 그 누가 그 무엇으로 하나님 나라의 희망을 빼앗을 수 있겠습니까. 하나님 나라의 사람들만이 세상을 하나님의 나라로 변화시킬 수 있습니다.

　다시 새해가 시작되었습니다. 새날이 열렸습니다. 어두운 밤이 지나고 밝은 아침이 왔습니다. 그러나 우리가, 우리의 마음과 우리의 생활이 새로워지지 않는다면, 새날이 아무 의미도 없을 것입니다. 우리가 빛의 자녀가 아니라 어둠의 자식이라면, 아침이 백 번 다시 온들 무슨 소용이 있겠습니까. 새해는 다시 낡은 해가 될 것이고, 아침은 어느새 밤이 되고 말 것입니다. 문제는 우리의 마음을 새롭게 하는 데 있습니다. 우리의 생각을 바꾸고 우리의 생활을 새롭게 해야 합니다.

'하나님의 나라가 우리 안에 있다.'는 이 은총의 말씀이 새해를 맞는 우리의 고백이 되었으면 좋겠습니다. 이 말씀이 우리의 기도가 되고 우리의 노래가 되고 우리의 생활이 되었으면 좋겠습니다. 그래서 우리 안에서 하나님의 나라가 힘차게 태동하면 좋겠습니다. 우리가 지금 여기에서 하나님의 나라 백성으로 깨어 일어나 당당하게 살아가면 좋겠습니다. 하나님 나라가 우리 안에 있습니다. 우리는 하나님의 자녀요, 하나님 나라의 거룩한 백성이요, 하나님 나라의 주인입니다.

새해의 모든 날에, 하나님의 은총이 우리 모두에게 가득하기를 바랍니다.

그들이 영광을 돌리게 하여라

이사야 60:1-4   예루살렘아, 일어나서 빛을 비추어라. 구원의 빛이 너에게 비치었으며, 주님의 영광이 아침 해처럼 너의 위에 떠올랐다.(사 60:1)

마태복음 5:14-16   "이와 같이, 너희 빛을 사람에게 비추어서, 그들이 너희의 착한 행실을 보고, 하늘에 계신 너희 아버지께 영광을 돌리게 하여라."(마 5:16)

절대 음감과 절~대 음감

오케스트라를 지휘하는 지휘자 중에는 '절대 음감'을 가진 사람과 '절~대' 음감을 갖지 못한 사람이 있다고 합니다. 그런데 절~대 음감이 없으면서도 단원들에게 환영을 받고 좋은 음악을 만들어내는 지휘자들이 있습니다. 이런 지휘자들은 절~대 음감이 없기 때문에, 혹시 누가 실수를 해서 좀 틀린 음을 내도 그냥 넘어가 주니까, 단원들이 편안한 마음으로 연주할 수 있다는 것이지요. 그렇지 않습니까? 너무 긴장하면 평소에 하지 않는 실수도 하게 되지요. 서로 다른 여러 사람이 함께 호흡을 맞추어 합주할 때에는 연주하는 사람들이 편안해야 합니다. 지휘자는 무엇보다 연주자들이 편안하도록 해야 합니다.

그렇다면 훌륭한 지휘자가 되기 위해서는 절대 음감을 가지지 말아야 한다는 말일까요? 아니지요. 절대 음감을 가진 지휘자가 실수를 바로잡아 주고, 잘못을 고치게 해야 오케스트라도 좋아지고 단원들도 더 발전할 수 있습니다. 더구나 그토록 다양한 악기들을 조화롭게 어우르는 지휘자에게 음감이 없으면 되겠습니까. 절대 음감을 가진 것은 좋은 일이지요. 그런데 절대 음감을 가진 사람이 좋은 지휘자가 되기 위해서는 자신의 '약점'을 극복해야 합니다. 무엇보다 절대 음감을 가진 사람은, 자기 음감에 거슬리는 소리를 참지 못하는 게 치명적인 약점입니다. 다른 소리, 틀린 소리를 참아주지 못하는 것입니다. 실제로 우리가 음악을 들을 때에는 주로 우뇌로 감상한답니다. 그런데 절대 음감은 좌뇌로 기억하는 것입니다. 그래서 절대 음감을 가진 사람은 음악을 들으면서, 우뇌만 작동하는 것이 아니라 좌뇌도 같이 작동하는 것이지요. 이것은 일종의 병(?)이랍니다. 자기가 좌뇌로 기억하는 기준과 다른 소리가 들리면, 예민해져서 참지 못하게 되는 것입니다. 그리고 그렇게 좌뇌가 지배하면, 우뇌로 감상해야 할 음악(音樂) 속으로 들어가지 못하는 것입니다. 소리[音]가 전혀 즐겁지[樂] 않은 것입니다. 문제이지요. 사람들이 듣고 싶어 하는 것은 풍부한 음악이지, 딱딱하고 정확한 음이 아니지 않습니까?

어떻게 해야 할까요? 절대 음감을 가진 지휘자는 지휘하다가 틀린 소리가 나면, 그쪽을 쳐다보지 않는 연습을 해야 합니다. 곧바로 인상을 쓰며 쳐다보면, 이탈음을 낸 사람이 이미 스스로 제일 잘 알고 있는데, 주눅 들고 불편해져서 연주를 제대로 할 수 없기 때문입니다. 그래서 지휘자는 그쪽으로 고개를 돌리지 않고 모르는 척할 수 있을 때까지 자기 절제를 연습합니다. 그리고 사실은 자기가 '절대음'이라고 판단하고 기억하는 그 음 자체도, 결코 항상 절대음은 아닐 수 있다는 사실을 배워야 합니다. 결국 좋은 지휘자란 자기가 중심이 아니라 다른 사람, 연주자들을 배려할 줄 알아야 합니다. 실제로 아름다운 화음은 지휘자가 아니라 단원들이 내는 것입니다. 다른 사람들이 악기를 편안하게 연주하도록 돕는 사람, 그가 지휘자입니다.

하나님께 영광을

좋은 지휘자 애기를 생각해보면, 신앙의 문제도 마찬가지라는 생각이 듭니다. 신앙이란 기본적으로 하나님을 향한 문제이지요. 우리는 하나님을 절대자라고 부릅니다. 그런데 신앙의 가장 중요한 장점과 가장 취약한 약점이 바로 이 '절대'라는 데 있습니다. 우리가 하나님을 우리의 확고한 중심으로, 흔들리지 않는 '절대' 중심으로 믿고 산다면 얼마나 든든합니까. 그런데 하나님에 대한 나의 믿음과 나의 판단을 절대화하는 것은 아주 위험합니다.

    마태복음에서 이른바 팔복 선언을 산상수훈의 대강령이라고 한다면, 소금과 빛에 관한 말씀은 산상수훈의 첫 가르침이라고 할 수 있겠지요. 이 말씀은 무엇보다도 '하나님의 영광'에 대한 말씀입니다. 일찍이 칼뱅(J. Calvin)은 기독교의 가르침을 집대성한 『기독교강요』 1장 1절에서 인간의 가장 근본적인 존재 이유는 '하나님의 영광'을 위한 것이라고 했지요. 하나님께 영광을 돌리는 것이 사람의 존재 이유요, 신앙의 기본이라는 말입니다. 어찌 기독교뿐이겠습니까. 모든 종교와 그 신앙의 기본은 자신들의 신에게 영광을 돌리는 데 있습니다.

그렇다면 인간이 어떻게 하나님께 영광을 돌릴 수 있을까요? 우리는 무엇으로 어떻게 하나님께 영광을 돌리고 있습니까? 대체로 모든 종교는 예로부터 지금에 이르기까지 무엇보다 제사를 통해서, 예배를 통해서 영광을 돌립니다. 하나님께 영광을 돌리기 위해 거룩하고 웅장한 예배를 드리지요. 아름답고 감동적인 찬양을 드리고, 향기롭고 기름진 예물을 드리고, 정중한 의례를 통해서 하나님께 영광을 돌립니다. 열광적으로 환호하고 기쁜 축제를 벌이며 영광을 돌립니다.

그런데 예수께서는 하나님께 영광을 돌리는 다른 길을 우리에게 보여줍니다. 본문에 나타나는 예수님의 가르침은 어쩌면 당시의 일반적인 종교, 그리고 오늘 우리 시대 대중 종교가 가르치는 것과는 다른 길을 지시하고 있습니다.

그들이 너희의 행실을 보고

먼저, 예수님의 가르침에서는 영광을 돌리는 주체가 다릅니다. 일반적으로 종교에서는 자기 신에게 누가 영광을 돌립니까? 그 신의 신도들이지요. 신도들이란 자기 신에게 영광을 돌리는 사람들입니다. 우리는 우리 하나님께 영광을 돌립니다. 그런데 예수께서는 '다른 사람들이' 영광을 돌리게 하라고 하십니다. '그들이' 영광을 돌리게 하라는 것입니다. 우리가 아닙니다. 그들, 다른 사람들입니다. 우리가 우리 하나님께 영광을 돌리는 것은 간단하고 쉬울 수 있지요. 우리가 교회 안에서 하나님께 영광을 돌리는 것이 무엇이 문제겠습니까. 할렐루야를 연호할 수도 있고, 목청이 터지도록 '주여 삼창'을 외칠 수도 있겠지요. 그런데 여기 예수님의 가르침은 그게 아닙니다. 영광을 돌리는 '너희'가 문제가 아니라, 너희를 보는 '그들'이 문제입니다. 이게 무슨 말일까요? 너희가 지금 하나님께 영광을 돌린다고 하는데, 정작 너희의 그 꼴을 보고 다른 사람들이 조롱한다면, 그것은 하나님께 영광을 돌리는 것이 아니라는 말입니다.

예수님 당시에 유대 사람들이 생각하는 신앙의 지상과제는 무엇이었을까요? 하나님께 영광을 돌리기 위해 가장 먼저 긴박하게 해야 할 일이 무엇이었겠습니까? 무엇보다 성전을 세우는 일이었지요. 그렇지 않습니까? 성전이 무너져 있는데, 어떻게 하나님께 영광을 돌릴 수 있겠습니까? 사람들은 무엇보다 먼저 성전을 세워야 한다고 생각했습니다.

그런데 그 성전을 웅장하게 세운 이가 있었습니다. 성전을 세워도 당시 세계에서 가장 크게, 일찍이 솔로몬이 세운 성전보다 배나 더 크게 세운 이가 있었습니다. 누굽니까? 헤롯이었지요. 그런데 이 헤롯의 성전이 과연 하나님께 영광을 돌리는 것이었을까요? 이 성전을 보고 정말 하나님이 영광을 받으시고 기뻐하셨겠습니까? 아니지요. 아닙니다. 이 성전은 그 더러운 협잡과 음모를 모르는 사람들에게는 영광스러운 것이었을지 모르지만, 예수님이 보시기에는 참담하게 하나님을 모독하는 치욕스러운 것이었습니다. 예수님의 제자들조차 그 위용에 압도당하여 탄성을 질렀지만, 이 성전은 돌 하나도 돌 위에 남지 못하게 무너뜨려야 할 신성모독적인 것이었습니다. 훗날 헤롯의 성전은 무너졌고, 사람들에게 조롱거리가 되고 말았습니다.

저 율법학자들과 바리새파 사람들의 신앙은 또 얼마나 독실하고 열광적이었습니까? 그들의 기도와 의례는 얼마나 세련되고 격조 높았습니까? 그러나 그들의 독선적인 신앙은 회칠한 무덤처럼 하나님의 영광을 가리는 것이 되고 말았습니다. 이렇게 하나님께 영광을 돌린다고 하는 일들이 그 당시에도 오히려 하나님의 영광을 가리고 훼방하는 일이 되었습니다. 예수께서는 진정으로 하나님께 영광을 돌리려거든 너희들끼리 북 치고 장구 치고 하는 짓거리를 그치고, 다른 사람들이 영광을 돌리게 하라는 것입니다.

그렇다면 어떻게 다른 사람들이 하나님께 영광을 돌리게 하라는 말일까요? 물론 다른 사람들이 하나님께 영광을 돌리도록 만들기 위해서 우리가 다른 사람들의 눈치나 보고, 세상의 인기에 편승하고 영합해야 한다는 말은 아닐 것입니다. 예수님은 이렇게 말씀하셨습니다. "너희 빛을 사람에게 비추어서, 그들이 너희의 착한 행실을 보고, 하늘에 계신 너희 아버지께 영광을 돌리게 하여라."(마 5:16) 그렇습니다. 우리가 그들에게 빛을 비추어주라는 것입니다. 그들이, 그 사람들이 우리의 행실을 보고, 우리의 실천을 보고 하나님께 영광을 돌리게 하라는 것입니다. 행실이요, 실천입니다. 생활입니다.

일찍이 이사야도 일어나서 빛을 비추라고 백성들에게 말했지요. 하나님께 예배드리는 길은 형식적인 제의나 절기가 아니라, 부당한 결박을 풀어주고, 멍에를 끌러주고, 억압받는 사람들을 놓아주고, 굶주리는 사람에게 먹을 것을 나누어주고, 헐벗은 사람들을 입혀주는 실천에 있다는 것입니다. 이사야는 그렇게 할 때 "주님의 영광이 네 뒤에서 호위"(사 58:8)할 것이라고 말합니다. 다른 사람들이 하나님께 영광을 돌리게 하는 길은, 우리가 그들에게 빛을 비추어주는 데 있습니다. 우리의 선한 행실에, 공의와 사랑의 실천에 있습니다.

한국교회의 신뢰도

한국교회가 세계교회사에 유례가 없는 성장을 이루었다고 요란했지요. 거대한 건물과 엄청난 신도 수를 자랑하는 대형 교회들이 많습니다. 그런데 다른 사람들이 우리의 선한 행실을 보고 하나님께 영광을 돌리게 하라는 말씀에 비추어보면, 우리 교회는 어떨까요? 하나님께 영광을 돌리고 있는 것일까요? 아니면 한낱 조롱거리에 불과할 뿐일까요? 2022년 목회데이터연구소 지앤컴리서치의 설문조사에 따르면, 한국교회의 신뢰도는 계속해서 급격히 하락하고 있습니다. 1,000명을 대상으로 조사한 결과, 한국교회를 신뢰한다는 응답은 18.1%에 불과했지요. 종교에 대한 사람들의 호감도를 보면, 불교 66.3%, 천주교 65.4%인 데 비해 기독교는 25.3%로 현저하게 낮았습니다. 사람들이 기독교를 신뢰하지 않고 좋아하지 않는다는 말입니다. 더욱 심각한 것은 그리스도인들조차 절반 이상이 기독교를 신뢰한다고 대답하지 못한다는 것입니다. 그리스도인조차 스스로 자기 종교를 신뢰하지 못하는 것이 오늘의 현실이라는 말입니다.

    왜 이런 참담한 결과가 나온 것일까요? 참 어리석은 질문이지요. 우리가 그렇게 했고, 그렇게 보여주었기 때문입니다. 세상에 빛을 비추기는커녕 시커멓게 썩은 치부를 보여주었고, 선한 행실은커녕 온갖 거짓과 불법과 부정과 비리를 드러냈습니다. 오늘날 교회는 세상의 빛과 소금이 아니라 세상의 애물단지요 걱정거리라고 한탄하지 않습니까? 무엇보다 다른 종교에 대해 혐오하고 배타하는, 전투적인 폭력성을 드러냈습니다. 그러니 어떻게 다른 사람들이 우리의 하나님께 영광을 돌릴 수 있겠습니까!

서두에서 지휘자 얘기로 시작했지요. 사실 지휘자에게 '절대 음감'이 있다면 얼마나 좋은 일입니까. 절~대 음감이 없는 지휘자는 당장에는 사람들이 편안할지 모르지만, 조금만 지나면 사람들에게 실력이 들통 나서 무시당할지도 모르지요. 자기 안에는 흔들리지 않는 절대 음감을 가지고 있으면서도, 다른 사람과 다른 소리에 대해서 열린 마음으로 듣고 포용하는 지휘자, 얼마나 멋집니까. 우리의 신앙도 그랬으면 좋겠습니다. 우리의 하나님을 향한 믿음과 사랑은 절대 음감처럼 확고하고 든든해야겠지요. 그러나 또한 다른 사람, 다른 생각, 다른 신앙을 향해 열려 있고, 무엇보다 다른 사람의 아픔을 품어 안을 수 있는 따뜻하고 성숙한 신앙인이 되었으면 좋겠습니다.

예수님은 우리가 빛이라 하셨지요. 우리가 어둠이 아니라 빛이라 하셨습니다. 정말 우리가 빛이었으면 좋겠습니다. 우리 안에 빛이 맑고 밝았으면 좋겠습니다. 그래서 우리의 빛을 사람들에게 비추어주고, 우리의 믿음을 우리의 선한 행실로 실천할 수 있었으면 좋겠습니다. 그래서 다른 사람들이 우리의 믿음과 행실을 보고, 우리의 하나님께 영광을 돌리게 되었으면 좋겠습니다.

무엇을 먹고 사시나요

전도서 5:18-20　　그렇다. 우리의 한평생이 짧고 덧없는 것이지만, 하나님이 우리에게 허락하신 것이니, 세상에서 애쓰고 수고하여 얻은 것으로 먹고 마시고 즐거워하는 것이 마땅한 일이요, 좋은 일임을 내가 깨달았다! 이것은 곧 사람이 받은 몫이다.(전 5:18)

요한복음 6:53-58　　"이것은 하늘에서 내려온 빵이다. 이것은 너희 조상이 먹고서도 죽은 그런 것과는 같지 아니하다. 이 빵을 먹는 사람은 영원히 살 것이다."(요 6:58)

에리직톤의 허기

그리스 신화에 에리직톤이라는 인물이 나옵니다. 에리직톤은 데미테르 여신에게 벌을 받았는데, 아귀처럼 먹고 또 먹어도 허기가 져서 계속 먹어대야 하는 중한 벌을 받았습니다.

　에리직톤은 엘레오시우스에 살았습니다. 그곳에는 대지의 신이며 곡식의 신인 데미테르 여신의 신전이 있었고, 신전 뒤에는 큰 숲이 있었습니다. 그 숲에는 아주 큰 참나무가 한 그루 있었지요. 그 나무가 얼마나 큰지, 그 둘레가 열다섯 아름이나 되고, 높이는 하늘을 찌를 듯

솟아올라서 마치 주변에 있는 나무들이 잡초처럼 보일 정도였습니다. 신성한 나무였지요. 그런데 에리직톤은 데미테르 여신도 우습게 여기고 큰 나무도 하찮게 보았습니다. 사람들이 신전에 제물을 드리는 것도 그렇고, 큰 나무에 치성을 드리는 것도 못마땅했습니다. 그래서 하루는 일꾼들을 데리고 가서 그 나무를 베어버리려 했습니다. 사람들이 큰일 난다며 만류했지만, 에리직톤은 기어이 그 나무를 찍어 넘겨버렸습니다. 나무에 살던 요정들이 난리가 났지요. 요정들은 데미테르 여신을 찾아가서 에리직톤에게 벌을 주어야 한다고 청했습니다. 사태의 전말을 듣고 분노한 여신은 리모스에게 벌을 내리게 했는데, 이 리모스 여신이 에리직톤에게 허기를 뿌려서 에리직톤은 끝없이 먹어야 하는 중벌을 받은 것입니다.

이렇게 걸신들린 에리직톤은 아무리 산해진미를 먹어도 배가 부르지 않았습니다. 그래서 온갖 것을 먹어대느라 재산을 탕진하게 되지요. 그 많은 재산을 다 날리고도 그의 허기는 가실 줄 모릅니다. 마침내 에리직톤은 하나뿐인 딸 아드메티나를 팔아버립니다. 그래도 딸은 착했던 것 같습니다. 그 딸을 어여삐 여긴 포세이돈이 배에 태우기 전에 남자로 변신시켜서 다행히 집으로 돌아오지만, 이미 그 돈도 다 먹어치운 에리직톤은 다시 딸을 팔아버립니다. 포세이돈이 딸을 말로 바꾸고, 새로 만들고, 물고기로 변하게 해주지만, 에리직톤의 허기는 멈출 줄 모릅니다. 딸은 먼 나라로 팔려가서 왕비가 되어 다시 돌아오지 않게 되지요. 이제는 아무것도 팔 것이 없는 에리직톤, 어떻게 되었을까요? 더 팔아먹을 게 없는 에리직톤은 자기 팔을 하나씩 잘라 먹었습니다. 팔을 다 먹고는 다리를 잘라 먹고 엉덩이를 먹고 몸통까지 먹어치웠지요. 그러고는 마지막으로 자기 입술까지 먹어버렸습니다. 결국 에리직톤에게는 여전히 허기진 썩은 이빨만 덩그러니 남고 말았습니다.

이 에리직톤의 신화, 무엇을 말하는 것일까요? 참 황당무계한 이야기, 무더위를 날려줄 납량특집 공포 괴담을 말하는 것일까요? 아닙니다. 에리직톤의 이야기는 우리의 인생을 이야기하려는 것입니다. 탐욕을 따라가는 삶이 얼마나 허망한 것인지 적나라하게 보여주려는 것이지요.

에리직톤의 이야기는, 저 아득히 먼 옛날, 호랑이 담배 피우던 신화 시대의 사람들이 아니라, 오늘 세계화 이후 시대를 사는 사람들의 삶의 본질을 꿰뚫어 보여줍니다. 가진 것을 다 허비하면서, 채우고 또 채워도 도무지 채워지지 않는, 오히려 더욱 허기만 더해가는 참담한 에리직톤의 허기는, 오늘 우리 시대의 폭력적이고 자기파괴적인 욕망의 실상이 아닙니까? 그 허기를 채우기 위해 대량생산하고 대량소비하며, 그것을 위해 자연을 파괴하고 남을 먹어치우고, 마침내 자기 몸을 먹어치우는 곧 자기 생명을 파괴하는 것이 오늘 우리 문명의 처연한 모습이 아닐까요? 요정들이 노래하는 숲도 없고, 신성한 나무도 없고, 거룩한 신전도 없이, 자기 자식까지 팔아먹는 자유시장 하나밖에 없는 에리직톤의 화상은 현대인의 참담한 자화상이 아닐까요? 그래도 우리에게는 아직 입술 하나 남아서 이렇게 허기진 넋두리라도 하고 앉아 있는 것일까요?

은총의 선물

전도서를 읽어보면, 거듭해서 간곡하게 우리에게 말해주려는 것이 있습니다. 그것은 우리의 삶이 탐욕을 따라가는 데 있지 않다는 것입니다. 탐욕은 우리를 어리석게 만들고 허기지게 만듭니다. 욕심은 채우려 하면 할수록 채워지는 게 아니라 더욱 걸신들리게 합니다. 전도서는 그것을 한마디로 '헛되다'고 단언합니다. 헛되고, 헛되고, 헛된 것이지요. 그것은 바람을 잡으려는 것과 같고, 바람을 먹고 사는 것과 같습니다.(전 1:14) 아무리 많이 먹어도 바람을 먹고 배부를 수는 없지 않습니까. 그저 일차원적인 식탐 같은 욕구뿐만 아니라 재물과 권력과 명예에 대한 욕심, 심지어 '지혜'에 대한 욕망까지, 탐욕이란 세상의 어느 누구도 다 채울 수 없는, 에리직톤의 허기와 같다는 것입니다. 그러니 탐욕을 좇지 말아야 합니다. 탐욕의 허망한 정체를 아는 것, 그것이 지혜입니다.

그렇다면 전도서의 지혜자는 식욕도 거부하고 사랑의 욕구도 마다하고 지혜에 대한 갈망까지도 끊어버리자는 것일까요? 그렇지 않습니다. 지혜자는 우리에게 다 함께 머리 깎고 산으로 들어가자고 선동하지 않습니다. 오히려 전도자는 우리의 삶을 즐기라고 말합니다. "기쁘게 사는 것, 살면서 좋은 일을 하는 것"(전 3:12), 사람에게 이보다 더 좋은 일이 없다는 것입니다. 세상에서 애쓰고 수고하여 얻은 것으로 먹고 마시고 즐거워하는 것이 마땅하다는 말입니다. 우리에게 주어진 일과 재산은 하나님이 우리에게 주신 은총(전 3:13)이요 선물(전 5:19)입니다. 그렇습니다. 하나님이 주신 선물입니다. 하나님이 주신 은총입니다. 선물은 욕심으로 얻어내는 것이 아니라 다만 감사함으로 받는 것입니다. 선물은 감사한 마음으로 맘껏 누리는 것입니다.

허기진 삶, 욕망을 따라가는 삶의 불행은 무엇보다 삶에 감사하면서 즐기며 누릴 수 없다는 데 있습니다. 우리가 읽은 본문 다음에 이어지는 6장에서는 세상에서 참 억울하고 잘못된 일 한 가지를 소개합니다. 그게 뭘까요? 어떤 사람에게 하나님께서 부와 재산에다가 명예까지 원하는 대로 다 주셨습니다. 자기의 욕심을 채울 만큼 다 주신 것입니다. 그러나 정작 그 사람은 그것을 즐기지 못하고, 오히려 다른 사람이 즐기게 됩니다. 참 어리석은 사람이요, 억울한 사람 아닙니까. 자녀를 백 명이나 낳고 천 년을 두 번씩 산다고 해도, 만족하고 즐기지 못하는 사람은 차라리 태어날 때 죽어서 나온 아이보다 못하다는 것입니다. 그렇게 욕심은 우리에게 주시는 하나님의 선물을 헛것으로 만들어버립니다. 그래서 결국 바람을 먹고 사는 허기진 삶을 살게 합니다. 이것이 탐욕의 불행입니다. 사람은 하나님이 주시는 은총의 선물을 먹고 살지, 맘몬이 주는 허망한 바람을 먹고 살 수 없습니다.

생명의 빵

요한복음은 공관복음서와 매우 다른 몇 가지 특징이 있습니다. 우선 요한복음은 공관복음서에 나오는 예수님 이야기의 순서를 완전히 다르게 배열합니다. 이를테면 성전숙청 이야기가 공관복음서에서는 복음서의 후반부에 나오는 데 반해, 요한복음에서는 초반부(요 2:13 이하)에 나옵니다. 요한복음은 예수님 이야기를 '시간의 흐름'을 고려하며 기록하기보다는 그 '의미의 흐름'을 따라 기록하였기 때문입니다. 또한 요한복음은 공관복음서에 나오는 이야기를 단순히 소개하는 것으로 그치지 않고, 그 의미를 재해석하는 데 집중하고 있습니다. 요한복음은 '의미'를 파고드는 복음서입니다.

요한복음 6장은 이른바 오병이어의 기적 이야기로 시작합니다. 1절부터 15절까지는 조금 차이는 나지만 공관복음서에 나오는 그 이야기입니다. 예수께서 산에서(공관복음서에서는 '산'이 아니라 '빈 들'이라고 하는데, 갈릴리 호수 주변에서는 나지막한 산이나 빈들이나 크게 다르지 않다고 볼 수 있습니다.) 한 아이가 가지고 온 보리빵 다섯 개와 물고기 두 마리를 가지고 5,000명이 넘는 사람들을 먹이셨고, 열두 광주리나 남았지요. 그러고 나서 다시 바다를 건너 가버나움으로 자리를 옮겨서, 22절부터는 오병이어 기적의 의미를 이야기합니다. 사건을 소개하고 이어서 논쟁을 통해 그 의미를 묻는, 전형적인 요한복음의 특징이지요. 예수님이 사람들을 먹이신 이야기가 어떤 의미가 있느냐는 것입니다.

적어도 요한복음에서 오병이어의 기적은 사람들의 주린 배를 채운 것으로 그치는 게 아닙니다. 그 이상의 의미가 있습니다. 예수께서는 그곳까지 찾아온 사람들에게 너희가 나를 찾아온 것은 빵을 먹고 배불렀기 때문이라고 지적하십니다.(요 6:26) 정작 알아야 할 것은, 그 기적, 그 표징의 의미를 깨닫는 것인데, 너희는 그저 배불렀기 때문에 나를 찾는다는 것입니다. 썩어 없어질 빵을 찾아왔다면, 단지 배고픔을 채우려는 것이라면 잘못 온 것이다, 그 말입니다. 말하자면 오병이어 기적의 의미는 배고픈 욕구를 채우는 것 그 이상이라는 말이지요.

그런 다음에 비로소 예수님은 하나님께서 주시는 생명의 빵을 말씀하십니다. "나는 생명의 빵이다!"(요 6:48) 그렇습니다. 오병이어의 표징은 바로 생명의 빵을 가리키는 것입니다. 하나님이 주시는 빵입니다. 하나님께서 주시는 선물이요, 은총인 빵입니다. 우리가 먹어야 할 빵은 단지 우리의 허기를 때우고 우리의 욕망을 채워줄 빵이 아닙니다. 우리가 정녕 먹어야 할 빵은 우리 욕심으로 빚은, 그 무슨 창조경제로 조작해낸 헛바람 같은 빵이 아닙니다. 썩어 없어질 빵이 아닙니다. 우리가 먹어야 할 빵은 이스라엘 백성들에게 광야에서 선물로 주셨던 만나처럼, 다만 하나님께서 은총의 선물로 주시는 빵입니다.

그렇다면 하나님께서 은총의 선물로 주시는 그 빵은 무엇입니까? 하나님의 선물이요 은총인 그 빵은 하나님의 아들 그리스도의 살이요, 우리가 마셔야 할 음료는 인자의 보혈입니다. 이 빵은 우리를 허기지게 만드는 헛것이 아닙니다. 이 빵은 그리스도의 생명입니다. 이 빵을 먹음으로써 놀랍게도 우리는 그리스도의 생명에 잇대어 살아갑니다. 우리의 식사 시간은 그저 우리의 원초적인 욕구를 채우는 시간을 넘어서, 그리스도의 생명을 받드는 놀라운 은총의 시간이요 거룩한 시간이 됩니다.

무엇보다 요한복음은 예수께서 광야에서 많은 무리와 함께 나누신 밥상을, 놀랍게도 공관복음서의 마지막 유월절 식탁과 연결하고 있습니다. 요한복음을 주의 깊게 읽어보면, 공관복음서에서 그렇게 중요한 '최후의 만찬' 이야기가 없다는 것을 알게 됩니다. 정확하게 말하면, 예수께서 체포되기 전에 유월절 식사는 했지만(요 13장) 빵을 떼며 하신 만찬사는 없습니다. 빵을 예수님의 살과 연결하고 포도주를 예수님의 피와 연결하는 그 말씀이 없습니다. 요한복음의 마지막 유월절 식사 이야기는 예수께서 제자들의 발을 씻어주신 이야기만 주목합니다. 예수께서 십자가에 달리시기 전 유월절 만찬에서 하신 말씀은 이미 바울의 편지에서도 완결된 형식으로 기록되었고(고전 11:23-26), 공관복음서에서도 똑같이 기록되어 있는데(마 26:26-29, 막 14:22-25, 눅 22:14-20), 요한복음은 십자가 직전 유월절 만찬 이야기에서 그 말씀을 빼버린 것입니다. 정말 파격적이지 않습니까? 초대교회 예배의 핵심이라 할 수 있는 성찬의 말씀이 요한복음에는 없습니다.

왜 그랬을까요? 요한복음이 그 성찬의 말씀을 몰랐을 리가 없는데, 그 말씀이 중요하지 않았다는 말일까요? 아닙니다. 요한은 그 말씀을 '예전'의 자리로부터 '생활'의 자리로 옮겨서 새롭게 강조하고 있습니다. 예루살렘의 유월절 식탁으로부터 갈릴리 광야의 자리로 옮겨온 것입니다. 예수께서 광야에서 배고픈 무리를 먹이신 그 일상의 밥상에서 그 성찬의 말씀을 전하는 것입니다. 거룩하게 구별된 예전이 아니라 일상의 식사에서, 어린아이가 내어놓은 그 소박하고 작은 밥상에서 참되고 영원한 생명의 빵을 보여주신 것이지요.

예수께서는 빈 들에서 굶주린 무리에게 빵을 나누어주셨습니다. 그리고 그 빵은 단지 배고픈 욕구를 채우는 빵을 넘어서 하나님께서 주시는 은총이요 선물이었습니다. 한 아이가 보리빵 다섯 개와 물고기 두 마리를 내어놓았을 때, 예수께서는 그것을 받아서 들어 올리셨지요.(요 6:11) 받들어 올리셨습니다. 그렇게 하나님께서 주시는 선물로 받으셨습니다. 그리고 감사드리셨습니다.(요 6:11) 물론 그 빵은 분명 하늘에서 뚝 떨어진 것이 아닙니다. 한 아이가 자기가 먹을 것을 내어놓은 것이지요. 작은 것이요, 소박한 것입니다. 많이 먹고 싶고 기름진 것을 먹고 싶은 식탐을 채우기에는 턱없이 부족한 것이지만 예수께서는 그 소박한 밥상을 하나님께서 주시는 은총의 선물로 받으셨고, 감사드리셨습니다. 그리고 그것을 떼어서 나누어주셨습니다. 그렇게 오병이어의 밥상은 욕망을 채우는 밥상이 아니라 은총을 감사하는 밥상이 되었습니다. 독점하는 밥상이 아니라 함께 나누는 밥상이 되었습니다. 그렇게 그들은 하나님께서 주시는 은총의 선물을 함께 받들고 나누었습니다.

무엇보다 예수께서는 자신의 살을 내어주셨습니다. 자기 피를 내어주셨습니다. 자신을 생명의 빵으로 내어주셨습니다. 예수 그리스도는 하늘에서 선물로 내려주신 생명의 빵입니다. 오병이어의 기적은 바로 이 생명의 빵의 표징입니다. 예수님의 살은 우리가 먹어야 할 참 양식이요, 예수님의 피는 우리가 마셔야 할 참 음료입니다.(요 6:55) 그리스도 안에서, 이제 우리의 밥상은 우리의 허기를 채우고 우리의 욕망을 채우는 것이 아니라, 하나님의 은총을 기뻐하고 하나님의 선물을 즐거워하는 생명의 밥상이 됩니다. 그리스도의 생명을 받는 거룩한 밥상이 됩니다.

에리직톤은 자기 딸을 팔아서 걸신 들린 밥상을 차렸지요. 어리석은 사람은 바람을 먹고 살았고, 지혜로운 이는 은총의 선물로 살았습니다. 빈 들에서 한 아이는 자기 것을 내어놓아서 은총의 밥상을 차렸지요. 그리스도는 자기 몸을, 자기 살과 피를 내어주셔서 생명의 밥상을 차리셨습니다. 우리의 밥상은 무엇으로 차려졌을까요? 요즘 무엇을 먹으며 사시나요?

모두 함께 밥 먹는 사람들

출애굽기 16:13-15   이스라엘 자손이 그것을 보고, 그것이 무엇인지 몰라서, 서로 "이게 무엇이냐?" 하고 물었다. 모세가 그들에게 말하였다. "이것은 주님께서 당신들에게 먹으라고 주신 양식입니다."(출 16:15)

마가복음 6:39-42   예수께서 빵 다섯 개와 물고기 두 마리를 들어서, 하늘을 쳐다보고 축복하신 다음에, 빵을 떼어서 제자들에게 주시고 사람들에게 나누어 주게 하셨다. 그리고 그 물고기 두 마리도 모든 사람에게 나누어 주셨다.(막 6:41)

밥 그리고 공부

"학교는 공부하러 가는 곳이지 밥 먹으러 가는 곳이 아니다." 경상남도 도지사가 했다는 말입니다. 그러고 나서 지난 4월부터 경상남도에서는 학교 무상급식을 하지 않고 있습니다. 이후 새삼스럽게 학교급식 문제로 논란이 벌어졌고, 학생들은 등교를 거부하고, 학부모들은 직접 학교에 가마솥을 걸고 아이들에게 밥을 지어 먹이는 일도 생겼습니다. 참 답답한 일입니다.

    무엇보다 경남도지사는 교육과 밥을 전혀 별개인 양 떼어놓았지요. 그런데 정말 그렇게 교육과 밥을 분리할 수 있는 것일까요? 우리 아이들이 밥을 먹는 시간, 밥을 먹는 일은 진짜 교육과 아무 상관이 없는 일일까요? 아닙니다. 밥을 먹는 시간이야말로 정말 중요한 것을 배우고 연습하는 시간입니다. 우리가 아이들에게 무엇보다 '평화'를 가르쳐야 한다는 데 대해 반대할 사람은 없을 것입니다. 그런데 우리가 잘 알다시피, 평화라는 말은 '골고루'라는 뜻의 '평'(平) 자와, 쌀(禾)이 입(口)으로 들어간다는 뜻의 '화'(和) 자로 이루어져 있습니다. 밥이 입으로 골고루 들어가는 게 평화이다, 이 말입니다. 이것을 어떻게 무엇으로 가르칠 수 있을까요? 함께 밥을 먹으면서 배워야지요. 함께 밥을 먹는 것은 평화를 배우고 실천하는 온전한 교육입니다.

만나와 무교병

더구나 성서를 보면, 먹는 것과 가르치는 것을 구별하고 차별하는 것은 참으로 무지하고 반교육적인 처사입니다. 자세히 살펴볼 것도 없이 구약성서를 보면, 구약성서에서 가장 중요한 교육의 '주제'가 무엇일까요? 무엇을 가르쳐야 할까요? '역사'라고 할 수 있지요. 이스라엘 백성들은 자녀들에게 무엇보다도 역사를 가르쳤습니다. 학교에서도 가정에서도 역사를 가르쳤습니다. 실제로 구약성서의 구체적인 내용은 거의 모두 역사라고 할 수 있습니다. 그런데 역사 중에서도 그 핵심, 이스라엘 백성이 절대 잊지 말아야 할 중심은 또 무엇입니까? 출애굽 사건입니다. 출애굽 역사는 하나님의 구원역사요, 이스라엘의 건국 역사라 할 수 있습니다. 우리나라의 역사와 비교하자면, 일제로부터 해방된 것에 비길 수 있겠지요. 출애굽 사건을 잊지 않고 가슴에 새기도록 가르치는 것은, 이스라엘의 모든 교육의 토대요 기둥입니다. 그런데 이토록 중요한 역사를 어떻게 가르쳐야 할까요? 무엇으로 가르쳤습니까? 바로 먹는 것을 통해 가르쳤습니다. 밥을 먹는 것이 곧 교육이었다는 말입니다.

구약성서에서는 밥을 통해 백성들을 가르친 두 가지 사례를 볼 수 있습니다. 그중 하나가 이른바 '만나' 사건입니다. 이스라엘 백성은 이집트를 떠나 가나안 땅으로 가기 위해 광야를 지나가야 했습니다. 이 광야는 하나님께서 이스라엘 백성을 교육하는 학교와 같은 곳이었습니다. 광야에서 먹을 것이 떨어졌을 때, 하나님께서 그들에게 만나를 내려주셨지요. 무상급식입니다. 그런데 이 '만나'를 먹는 시간은 그저 아무 의미 없는 식사 시간에 불과한 것이 아니었습니다. 만나를 먹는 것은 하나님의 은총으로 사는 삶을 배우고 연습하는 공부였습니다. 파라오의 노예가 아니라 하나님의 백성으로 사는 법을 배우고 익히는 교육입니다. 욕심을 부려 지나치게 긁어모은 것, 불신으로 몰래 쌓아둔 만나는 썩어버렸지요. 날마다 필요한 만큼만 먹는 교육입니다. 함께 더불어 나누어 먹는 연습입니다. 탐욕으로 사는 것이 아니라 은총으로 사는 학습입니다. 파라오의 종이 아니라 하나님의 백성으로 사는 연습입니다.

만나와 함께 또 한 가지 중요한 것이 있습니다. 무교병, 누룩 없는 빵이지요. 이스라엘 백성은 유월절이 되면 쓴 나물을 먹고 누룩을 넣지 않은 딱딱한 빵을 먹었습니다. 지금도 유월절이면 그렇게 먹지요. 자신들의 선조들이 이집트에서 억압받으면서 얼마나 고통스러웠는지, 또 어떻게 그곳을 떠나왔는지 말로 가르치는 것이 아니라 빵을 통해 생생하게 가르쳤습니다. 세상에서 이스라엘 백성만큼 역사를 중요하게 생각하는 민족이 또 있을까요? 그들이 그렇게 뚜렷한 역사의식을 가지게 된 그 교육은 바로 밥을 통한 교육이었습니다. 자꾸 밥을 교육이 아니라고 하는 사람들, 그리고 보면, 그들은 역사를 가르치지 않으려는 비열한 꼼수를 숨기고 있는 것은 아닐까요? 뭔가 숨기고 있는 게 분명하지요.

밥, 예수, 교회

예수님을 반대하고 모함하는 자들이 예수님을 비난하면서 했던 말이 있지요? 그게 뭡니까? '먹고 마시기를 탐하는 자'입니다. 그들이 보기에 예수님은 먹고 마시기를 좋아했다는 말입니다. 실제로 예수님은 선생으로서 밥을 중요하게 여기셨습니다. 가난한 사람들과 함께 먹고, 세리와 죄인들과 같은 밥상에 앉으셨습니다. 무엇보다 예수님의 교육과 밥은 떼려야 뗄 수 없습니다. 놀랍게도 예수님께 밥은 교육이요, 예배입니다.

교회가 처음 생겨날 때부터 예배의 중심에 있던 것이 바로 밥이었습니다. 밥을 먹는 일입니다. '유카리스트'가 그것이지요. 교회는 그리스도교 신앙을, 예수님의 가르침을, 아니, 예수님 자체를 '밥'으로 가르치고 배웠습니다. 하나님께서 우리에게 생명을 주셨다, 하나님의 아들이 당신의 살과 피를 우리에게 주셨다, 우리는 이 놀라운 은총으로 산다! 이것이 신앙의 신비가 아닙니까! 그리스도가 우리에게 오셨고, 우리를 위해 죽으셨고, 다시 사셨다! 이것이 우리 신앙의 거룩한 비밀이 아닙니까? 그런데 이 하나님의 사랑과 은총을 무엇으로 배웁니까? 바로 '밥'을 통해서, 빵과 포도주를 함께 받아먹으면서 배우고 깨닫고 고백하고 찬미합니다. 우리는 신앙을 한갓 입술의 사설로 배우는 게 아니라 '밥'으로 배웁니다. 머리로가 아니라 몸으로 깨닫습니다. 이렇게 처음부터, 그리고 지금도 교회의 교육과 예배의 중심에 '밥'이 있습니다.

이스라엘 백성이 광야에서 배고플 때 만나를 먹었지요. 예수께서도 광야에서 배고픈 무리를 보셨습니다. 이른바 '오병이어의 기적' 이야기입니다. 그런데 이 오병이어의 기적 이야기는 그저 놀랍고 신비한 기적 이야기로 그치는 게 아닙니다. 이 이야기는 어떻게 먹어야 하는지를, 어떻게 살아야 하는지를 배우고 연습하는 이야기입니다. 예수님의 교육입니다.

사실 오병이어의 이야기를 잘 이해하기 위해서는, 그 바로 앞에 나오는 이야기와 대조해 보아야 합니다. 마가복음은 어떤 이야기를 소개할 때에 그 앞이나 뒤에 극적으로 대비되는 장면을 배열하는 특징이 있습니다.

헤롯 연회의 정체

오병이어 이야기 바로 앞에는 헤롯의 생일잔치, 연회 이야기가 나옵니다. 먹는 얘기이지요. 헤롯은 헬레니즘 신봉자였다고 합니다. 당시 로마세계에서 고상하고 품위 있게 사는 것을 무엇으로 드러낼 수 있을까요? 연회를 여는 것이었습니다. 누군가 화려하고 거대한 연회를 연다면, 그 연회에서 기름지고 특별한 요리를 먹는다면, 그는 그 사회에서 성공한 사람임이 분명합니다. 연회의 주인이 된다는 것은 모두가 부러워하는 특권과도 같은 것이지요. 연회의 크기와 횟수는 곧 명예의 크기였습니다. 연회는 그 세계에서 자신의 부와 권력과 명성을 과시할 수 있는 가장 좋은 수단이었습니다. 누가복음에 나오는 어떤 부자는 거의 매일 연회를 열었다고 하지요? 그 정도면 '명예의 전당'에 오를 만한 인물이지요.

이런 연회의 특징은 '유상'과 '차별'에 있습니다. 품위 있는 연회는 그 자리부터 차별화해야 했습니다. 1등석이 맨 위에 차려지고, 거기에는 특별한 요리들이 차려집니다. 물론 최고급 값비싼 요리들이고, 거기에 앉으려면 그만큼의 자격이 있어야 합니다. 돈이 있어야지요. 2등석에는 조금 아랫단에 차려지고 조금 차별화된 음식을 줍니다. 말석은 맨 아랫단에 차려집니다. 맨 윗자리에 앉은 주연들은 비스듬히 누워서 기름진 음식을 먹고 또 먹지요. 먹다가 배가 차면 품위 있는 토구에 토해내고 또 먹습니다. 이들이 기름진 음식을 먹다가 빵 부스러기와 음식 찌꺼기가 연회장 상 밑으로 떨어지면, 그것이 나사로 같은 거지들에게 무상급식(?)으로 내려집니다.

헤롯은 로마를 흠모하여 연회를 즐겼다고 합니다. 자기 생일잔치였으니 아마 연회 중에서도 가장 화려하고 기름진 연회 중 하나였겠지요. 이 연회에는 고관들과 천부장들과 요인들이 참석했습니다.(막 6:21) 그리고 이 연회에서는 참으로 참담한 사건이 벌어집니다. 음식 곧 밥을 올려야 하는 쟁반에 세례 요한의 머리가 올라간 것입니다. 이것은 헤롯의 밥상의 본질을 적나라하게 보여줍니다. 그 기름진 밥상은 불의하고 부정한 야합과 거래와 음모로 차려진 것입니다. 헤롯의 밥상은 정의를 무너뜨리고, 패악한 술수와 희대의 패륜을 벌이고, 생명을 죽이는 밥상입니다. 신분에 따라, 권력에 따라, 돈에 따라 차별하고 분열시키는 밥상입니다.

모두 함께 밥 먹는 사람들

마가복음은 이 헤롯의 연회에 바로 뒤이어서 예수님의 밥상을 보여줍니다. 그곳은 화려한 연회장이 아니지요. 빈 들, 광야입니다. 거기 모여 온 사람들은 지치고 배고팠습니다. 이들이 거친 광야에서 무엇을 먹을 수 있겠습니까? 어떤 밥상을 차릴 수 있을까요?

제자들은 예수님께 각자 흩어져서, 알아서 돈 내고 사먹게 하자고 유상급식(?)을 제안했습니다. 그런데 예수께서는 너희가 그들에게 먹을 것을 주라고 하십니다. 참 세상 물정 모르시는, 경제를 도무지 모르시는 딱한 분 아닙니까? 사람은 많고, 예산은 없고, 광야에서 무슨 수로 밥을 준다는 말입니까? 그들을 다 먹이려면 200데나리온으로도 부족하다고, 제자들이 근거를 제시하며 따집니다. 예수님도 물러서지 않으시고, 너희에게 빵이 얼마나 있느냐고 물으셨지요. 그렇게 알아보니 빵이 다섯 개에 물고기 두 마리가 있었습니다. 사람은 수천 명, 빵은 다섯 개, 어떻게 해야 할까요? 포기해야 맞지요. 이미 결론이 난 것 아닙니까!

그런데, 그런데 우리 예수님은 이 상황에서도 포기하지 않으십니다. 사람들을 모두 떼 지어 풀밭에 앉게 하셨습니다. 무슨 특석이니 말석이니 구별도 차별도 하지 않으셨습니다. 사람들이 모두 자리에 앉자, 예수께서는 그 빵을 들고 하늘을 우러러 축복하신 다음, 그것을 떼어서 제자들에게 주어서 사람들에게 나누게 하셨습니다. 그렇게 그들은 모두 배부르게, 만족하게 먹었습니다.

우리 아이들의 밥상

헤롯의 연회에서는 누가 만족했을까요? 연회를 이용하여 위세를 과시하고, 자기를 비판하는 눈엣가시 같은 요한의 목을 벤 헤롯이겠지요. 헤롯은 화려한 연회를 통해서 '밥'을 가지고 중요한 사람들의 환심을 사고, 우리가 남이냐라면서 야합을 공고히 하고, 음모를 꾸미고 마침내 의로운 예언자를 죽였습니다. 예나 지금이나 세상의 연회 속엔 그렇게 불법 거래와 야합과 폭력이 숨어 있게 마련입니다. 비싼 밥은 언제나 더 비싼 대가를 청구하지요. 기름진 연회일수록 더 구린 냄새가 심한 법입니다.

그러나 예수님의 밥상은 모두가 만족했습니다. 모두 함께 배부르게 되었습니다. 예수님의 밥상은 화려한 연회장이 아니라 거친 광야에 차려졌지요. 그 밥상의 음식은 너무도 소박합니다. 예수님은 저 하늘 위에서 사람들의 입이 쩍 벌어질 정도로 놀라운 산해진미를 내려주신 것이 아닙니다. 그 밥상은 자기들이 가지고 있는 밥으로 차린 것입니다. 예수님의 밥상은 모두의 밥상입니다. 자리에도, 음식에도 아무런 차별이 없습니다. 예수님의 밥상에는 어떤 불법도, 야합도, 음모도 없습니다. 폭력도 없습니다. 다만 그 소박한 밥을 받들어서 하늘을 우러러 감사하고, 그것을 떼어 감사하는 마음으로 모두 함께 나누었습니다. 모두 함께 먹었고 모두 함께 배불렀습니다.

우리가 배워야 할 밥상은 무엇일까요? 우리가 지금 추구하고 기도하는 밥상은 헤롯의 밥상일까요, 예수님의 밥상일까요? 우리가 지금 우리 아이들에게 가르치는 밥상은 어떤 밥상입니까? 우리의 밥상이 불법과 폭력과 차별의 밥상이 아니었으면 좋겠습니다. 우리 아이들이 학교에서 밥 가지고 편 가르고, 가난한 아이라고 무시하고 왕따시키는, 차별의 밥을 배우지 않게 해야 합니다. 밥으로 사람을 차별하고 상처 입히는 짓은 막아야 합니다. 우리 아이들이 학교에서 모두 함께 밥을 먹으면서 '평화'(平和)를 배울 수 있었으면 좋겠습니다.

우리도 하나님의 자녀이다

신명기 30:11-14   그 명령은 당신들에게 아주 가까운 곳에 있습니다. 당신들의 입에 있고 당신들의 마음에 있으니, 당신들이 그것을 실천할 수 있습니다.(신 30:14)

사도행전 17:22-31   여러분의 시인 가운데 어떤 이들도 '우리도 하나님의 자녀이다' 하고 말한 바와 같이, 우리는 하나님 안에서 살고, 움직이고, 존재하고 있습니다.(행 17:28)

아레오바고 설교

사도행전 17장 22-31절은 바울이 아테네의 아레오바고 법정에서 행한 '아레오바고 설교'입니다. 바울은 소아시아에서부터 그리스를 거쳐 로마에 이르기까지 로마의 길을 따라가며 복음을 전했는데, 주로 흩어져 있는 유대인들, 디아스포라 유대인들이 모이는 회당에서 예수를 전했습니다. 그리고 회당에서 행한 설교의 소재는 대개 아브라함을 비롯한 이스라엘의 조상 이야기와 출애굽 이야기, 그리고 다윗의 후손으로 오시는 메시아 이야기였습니다. 이스라엘의 역사를 되새기면서 예수 그리스도를 선포하는 것입니다. 베드로의 설교(행 2:14-36, 3:11-26 등)와 스데반의 설교(행 7:2-53)뿐 아니라 안디옥에서 한 바울의 설교(행 13:16-41)도 유대인들을 대상으로 한 설교입니다. 주로 유대인인 청중에게 유대인들의 역사와 이스라엘의 희망에 관해 이야기한 것입니다.

그런데 그리스의 심장부라 할 수 있는 아테네에 이르면 바울의 설교가 달라집니다. 아테네에서 바울은 광장에서 토론하기도 하고, 법정에서 설교하기도 합니다. 광장과 법정은 회당과는 전혀 다른 장소이지요. 회당이 유대인들의 모임 장소였다면, 광장과 법정은 이방인들의 모임 장소입니다. 청중이 유대인으로부터 이방인으로 달라진 것입니다. 바울은 낯선 장소에서 이방인들에게 예수를 전해야 했습니다. 바울은 광장에서 에피쿠로스 철학자와 스토아 철학자와 철학적인 논쟁을 벌이기도 합니다. 그러다가 그들이 바울을 아레오바고 법정으로 데리고 갔고, 바울은 거기에서 예수님의 복음을 전했습니다. 그것이 바로 아레오바고 설교입니다.

바울의 아레오바고 설교를 자세히 들여다보면, 흥미로운 점이 하나 있습니다. 여러분이라면 이방인들에게 어떻게 그리스도를 전하시겠습니까? 유대인이 아닌 이방인들에게 하나님에 대해서는 또 어떻게 설명하시겠습니까? 무슨 이야기를 해야 할까요? 아브라함을 알지도 못할 뿐 아니라 관심도 없고, 모세도 모르고, 다윗도 모르고, 메시아에 대한 약속이나 희망도 전혀 생소한 이방인들에게 어떻게 하나님의 역사와 예수님의 십자가와 부활을 전할 수 있겠습니까? 아레오바고 설교는 바로 그 과제를 안고 있습니다.

아레오바고 설교를 읽어보면, 바울은 아브라함 이야기와 모세와 다윗 이야기를 입에 올리지도 않습니다. 놀랍게도 바울은 자신에게 목숨보다 더 중요한 예수님의 이름조차 언급하지 않습니다. 22절부터 31절에 이르는 상당히 긴 설교인데, 성서를 인용하지도 않고 예수의 '예' 자도 말하지 않습니다. 예수님의 이름을 그토록 강조하던 바울의 편지들을 생각하면 참으로 놀라운 일입니다. 그 대신에 바울은 우주와 그 안에 있는 모든 것을 지으신 하나님에 관해 말합니다. 창조주 하나님입니다. 하늘과 땅과 그 안에 있는 모든 것, 모든 생명을 창조하신 하나님입니다. 모든 사람에게 생명과 호흡과 모든 것을 주시는 하나님입니다. 이스라엘 백성만이 아니라 인류의 모든 족속을 한 혈통으로 지으신 하나님입니다. 이렇게 바울은 우주와 자연, 인류와 생명이라는, 더 넓고 보편적인 주제를 통해서 이방인들과 소통하며 복음을 전했습니다. 여기에는 그 어떤 배타적인 선민사상도 없습니다. 무엇보다 바울은 예수 그리스도의 이름조차 언급하지 않으면서도 예수 그리스도의 복음의 정수를 설파했습니다.

바울은 그렇게 열린 마음으로 그리스도를 전했습니다. 이방인들의 눈높이에 맞추어 대화하고 토론했습니다. 바울의 설교는 그저 자기 교리만 강요하는 독선이 아니었습니다. 상대를 존중하고 청중을 배려하는 대화였습니다.

무지한 시대의 종교심

그런데 우리가 바울의 아레오바고 설교를 주목하는 까닭은, 단지 그 설교가 이방인들의 상황에 맞는 열린 설교이기 때문만은 아닙니다. 바울의 아레오바고 설교는 예수를 모르는 이방인에게, 그들의 눈높이에 맞게 열린 마음으로 한 설교이지만, 그저 이방인들의 입맛에 맞추어 대충 타협하듯 얼버무린 설교가 아닙니다. 아레오바고 설교는 아주 예리하고 날카롭게 아테네 사람들의 종교와 신앙을 비판하면서 철저한 회개를 촉구하는 설교입니다.

우선 설교를 시작하면서, 바울은 아테네 사람들에게 '여러분은 모든 면에서 종교심이 많다.'고 말합니다. 종교심이 매우 많다, 뛰어나다는 것입니다. 이 말은 칭찬하는 말일까요? 아니면 비판하는 말일까요? 만약 다른 목사님이 우리 교회에 와서 교인들을 향해 종교심이 아주 많다고 말한다면 어떻겠습니까? 우리가 알다시피 아테네 하면, 수많은 신이 있고 또 그에 걸맞은 수많은 신전이 있는 곳입니다. 그리스의 아테네는 신화의 고장이요, 신들의 도성이요, 종교의 도시가 아닙니까? 아테네 사람들도 스스로 자신들은 종교심이 많은 사람이라고 자부했을 것입니다.

아마도 바울이 설교 초입에, 여러분은 모든 면에서 종교심이 매우 많다고 말한 것은 이중적인 의미를 담고 있는 것 같습니다. 이 말은 아테네 사람들의 종교심이 많다고 은근히 추어주는 말 같기도 하고, 종교심이 지나쳐서 미신적이라는 비판도 지니는 것 같습니다. 특히 설교 끄트머리에서 바울은 아테네 사람들의 신앙 행태를 무지한 시대의 것(30절)이라고 지적합니다. 당신들은 참 종교심이 많은데, 그러나 당신들의 종교심은 무지한 시대에나 어울리는 것이다, 그 말입니다. 아테네 사람들, 그리스 사람들이 중요하게 생각하는 것이 '지혜'이지요. 그런데 바울은 그들의 종교심과 신앙 행태가 무지한 시대에 머물러 있다는 것입니다. 지혜를 사랑하는 사람들에게 무지하다고 말하는 것은 정말 신랄하기 그지없는 비판입니다. 바울은 아테네의 심장부에서, 아레오바고 법정에서 그들의 종교심을 정면으로 비판하는 설교를 한 것입니다.

그렇다면 바울이 말하는 무지한 종교심, 무지한 신앙은 어떤 것이었습니까? 그것은 무엇보다 사람의 손으로 지은 신전에서 사람의 손으로 만든 신을 모시는 종교입니다. 신전을 짓고 거기에 신을 모시는 종교, 이것은 그리스 아테네 종교의 기본이었습니다. 그것은 또한 모든 종교의 기본이기도 합니다. 아테네는 자타공인 신전의 도시라고 하지요. 지금까지 남아서 그 위용을 보여주는 파르테논 신전을 비롯한 아테네의 즐비한 신전들은 얼마나 크고 웅장합니까? 그 신전의 크기에 어울리게 잘 깎고 다듬어서 안치한 신들의 자태는 또 얼마나 아름답고 위엄 가득합니까? 그 신전에서 신들에게 제사드리는 아테네 사람들의 종교심은 얼마나 크고 깊었겠습니까? 예수님의 제자들이 예루살렘 성전을 보았을 때, 입을 다물지 못하며 감탄했지요. 그 제자들이 그리스의 신전들을 보았다면 어땠을까요?

아테네의 신전과 신상들은 아테네 사람들의 종교심의 긍지요 명예였습니다. 그런데 바울은 그 아테네의 위대한 신전을 근본적으로 부정합니다. 예수께서도 예루살렘 성전의 위용을 보고 넋을 잃은 제자들에게 그 성전은 '돌 하나도 돌 위에' 남지 않고 무너질 것이라고 하셨지요. 바울은 아테네 사람들에게 하나님께서는 사람의 손으로 지은 신전에 거하지 않으신다고 말합니다. "하나님은 크고 화려한 신전에 계시지 않는다!" 신은 정작 신전에 없다, 얼마나 허망하고 충격적인 말입니까? 그 장엄한 신전과 그 안에 모신 매혹적인 신들을 자랑으로 삼고 있던 아테네 사람들에게, 그들의 그 많은 종교심에 이 말이 어떻게 들렸을까요? 만약 오늘날 세계에서 가장 큰 신전과 가장 많은 신도와 가장 열광적인 종교심을 자랑하고 선전하는 사람들에게 하나님은 그 손으로 지은 신전에 계시지 않는다고 말하면, 그들은 얼마나 흥분하고 격노하겠습니까.

바울은 여기서 그치지 않았습니다. 바울은 그 신전에서 드리는 그 모든 제사와 제물도 다 헛되다고 말합니다. 하나님은 사람의 손으로 지은 신전에 계시지 않을 뿐 아니라 사람의 손으로 섬김을 받으시는 분이 아니라는 말입니다. 정말 이 정도면, 아테네의 거대한 종교체제와 그 화려하고 장엄한 제의와 열광적인 신앙을 한꺼번에 무색하게 만드는 신랄한 비판이 아닐 수 없습니다.

우리도 하나님의 자녀이다

이렇게 아테네의 종교를 비판한 바울은 이제 본격적으로 하나님이 어떤 분이신지를 거침없이 설파합니다. 인간이 손으로 지은 집에 계시지 않는 하나님, 인간의 손으로 섬김을 받지 않으시는 하나님, 그 하나님은 어떤 분입니까? 하나님은 온 우주와 그 안에 있는 모든 것, 하늘과 땅과 그 안에 있는 모든 생명을 지으신 분입니다. 하나님은 감히 인간의 손으로 그 거처를 만들 수 없는 그런 분입니다. 하나님은 인간의 손에 의지하여 연명하는 분이 아니라, 오히려 모든 사람에게 생명과 호흡 등 모든 것을 주시는 분입니다. 하나님이 사람을 지은 것이지, 사람이 하나님을 지은 것이 아닙니다. 하나님이 우리에게 주시는 것이지, 우리가 하나님께 드리는 것이 아닙니다. 모든 것을 지으시고 모든 것을 주시는 하나님께 우리가 감히 무엇을 어떻게 드릴 수 있겠습니까?

그렇다면 사람이 손으로 지은 신전에 계시지 않는 하나님은 어디에 계실까요? 바울은 이렇게 말합니다. 하나님은 우리가 감히 어느 장소에 모실 수 있는 분이 아닙니다. 하나님은 우리 각 사람에게서 멀리 떨어져 계시지도 않습니다. 우리가 하나님 안에 있습니다. 우리는 하나님 안에서 살고 움직이고 존재하고 있습니다. 우리는 모든 순간에 모든 곳에서 하나님 안에 하나님과 함께 있습니다. 그러므로 우리가 하나님을 찾는 길은 사막에서 바늘을 찾아 모래를 뒤지듯 헤매는 길이 아닙니다. 우리가 더듬어 찾기만 하면 우리는 하나님을 만날 수 있습니다. 하나님은 우리에게서 멀리, 저 하늘 너머에 계신 것도 아니고, 저 바다 너머에 계신 것도 아닙니다. 하나님은 우리 가까이에 계십니다. 우리의 아침에도 계시고, 우리의 저녁에도 계십니다. 우리의 기쁨에도 계시고, 우리의 슬픔에도 계십니다. 우리의 분노와 한숨에도 계시고, 우리의 탄식과 우리의 노래에도 계십니다.

바울의 설교, 정말 놀랍지 않습니까. 마침내 바울은 성서구절이 아니라, 이방인의 시 한 구절을 소개하면서 복음의 정수를 말합니다. "우리도 하나님의 자녀이다." 한 이름 모를 이방인 시인의 시 한 구절입니다. 참 대단한 시 아닙니까? 저 황제만이 아니라, 저 귀족들만이 아니라, '우리도' 신의 자녀라는 말입니다. 저 신전에 안치한 신상들이 아니라 우리가, 사람이 하나님의 자녀라는 말입니다. 놀랍게도 여기서 예수님이 하나님의 아들이라는 복음의 깊고 신비한 의미가 참으로 담백하게 드러나고 있습니다. 그것은 우리도 하나님의 자녀라는 것입니다. 예수님이 하나님의 아들이라는 것, 또한 예수님 안에서 우리도 하나님의 자녀라는 것, 그것이야말로 복음의 정수요, 복음의 신비요, 복음 중의 복음이 아닙니까. 무엇보다도 바울이 예수 그리스도의 복음을 전하는 설교를 하면서 성서구절은 한 구절도 인용하지 않고, 예수님의 이름도 언급하지 않으면서, 이름 모를 이방인 시인의 시를 인용한 것은 정말 놀라운 일입니다. 그리고 그 시구의 내용은 더욱 놀랍습니다. 그렇습니다. 우리도 하나님의 자녀입니다!

어떻게 해야 할까요? 우리가 하나님 안에 있다면, 이제는 손으로 지은 신전과 손으로 만든 신상과 손으로 섬기는 우상숭배 따위는 버려야 하지 않겠습니까? 놀랍게도 우리가 하나님의 딸이요 아들이라면, 이제는 돌이켜 하나님의 자녀답게 살아야 하지 않겠습니까? 이제는 무지한 시대의 종교와 무지한 종교심에 마침표를 찍어야 마땅하지 않겠습니까?

우리는 지금

다시 생각해보면, 바울이 저 아테네 사람들의 무지한 종교와 무지한 신앙에 대해 설교한 것은 지금으로부터 2,000여 년 전이었습니다. 아레오바고 설교는 정말 오래된 케케묵은 골동품 같은 설교입니다. 그런데 가만히 귀 기울여 다시 들어보면, 바울의 설교는 저 옛날의 무지한 종교 시대 사람들이 아니라, 바로 오늘 우리 시대의 그리스도인들을 향한 설교로 들립니다. 놀랍고 새로운 설교입니다. 그런데 바울이 그토록 신랄하게 꼬집던 무지한 시대의 종교심은 어떻게 되었을까요? 그런 낡은 종교심은 오늘날 박물관에나 가 있을까요? 아닙니다. 그 무지하고 낡은 종교심은 오늘 우리 시대에도 여전히 교회 안에서 살아 움직이지 않습니까? 오늘날의 교회들도 여전히 손으로 지은 성전과 손으로 섬기는 제의를 고집하고 자랑하지 않습니까?

지금 우리는 신전 안에 유폐된 신이 아니라, 온 우주와 그 안에 있는 모든 것을 지으신 하나님, 우리에게 생명과 호흡과 모든 것을 주시는 하나님을 만나고 있을까요? 우리는 지금 하나님 안에 살고 움직이고 존재하고 있는 것일까요? 우리는 지금 신의 노예/좀비가 아니라 하나님의 자녀로서 당당한 긍지를 가지고 넘치는 기쁨을 누리며 사는 것일까요?

다른 사람을 생각하고 배려할 줄 아는 따뜻한 마음, 열린 신앙이 그립습니다. 우리가 하늘과 땅과 온 생명을 지으신 하나님, 우리가 그 안에 살고 움직이고 존재하는 하나님, 우리에게 생명과 호흡과 모든 것을 주시는 하나님의 은총 안에서 기뻐하고 감사하며 살면 좋겠습니다. 우리도 하나님의 자녀라는 어느 이방인 시인의 노래가 오늘 우리의 고백이요, 우리의 기쁨이요, 우리의 찬미가 되기를 바랍니다.

노래를 부르는 사람들

신명기 31:19-21	"그러나 사람들이 이 노래를 부르는 한, 이 노래가 그들을 일깨워주는 증언이 될 것이다."(신 31:21)
요한계시록 15장	그 유리 바다 위에는 짐승과 그 짐승 우상과 그 이름을 상징하는 숫자를 이긴 사람이, 하나님의 거문고를 들고 서 있었습니다. 그들은 하나님의 종 모세의 노래와 어린 양의 노래를 부르고 있었습니다.(계 15:2-3)

노래가 있다면

그대가 돌아서면 두 눈이 마주칠까
심장이 바운스 바운스 바운스 두근대 들릴까봐 겁나
한참을 망설이다 용기를 내 밤새워 준비한 순애보 고백해도 될까
처음 본 순간부터 네 모습이 내 가슴 울렁이게 만들었어

이것은 제가 더위 먹고 쓴 글이 아닙니다. 아직도 대세 중의 대세라는 '국민 오빠'(?) 조용필의 노래 〈바운스〉의 첫 대목입니다. 이 노래가 담긴 시디(CD)는 발매되자마자 10만 장이 넘게 팔려서, 조용필이

라는 가수가 갑자기 아이돌보다도 주목을 받았지요. 그런데 사람들이, 이미 늙어버린 옛 '오빠 부대'뿐 아니라 요즘 젊은이들까지, 왜 새삼 조용필에게 열광했던 것일까요? 여러 가지 이유가 있을 것입니다. 어떤 이는, 요즘 아이돌 그룹들이 노래 자체의 완성도보다도 외모와 춤 중심이어서 오래 갈 수 있는 노래가 나오지 않기 때문이라고도 말합니다. 조금 촌스럽지만, 감성적이고 알아듣기 쉬운 노랫말 때문이라고도 하지요. 하긴 요즘 텔레비전에서 가끔 아이돌의 노래를 들어보면 잘 알아듣기 어렵거나, 너무 노골적이어서 낯뜨겁고 민망하기도 합니다.

그래도 어쨌거나 우리에게 노래가 있다는 것은 좋은 일입니다. 세상이 너무 여유 없고, 각박하고, 더구나 계속되는 가뭄과 무더위로 답답할 때, 한 줄기 빗소리처럼 시원한 노래가 있다면 얼마나 좋습니까? 꿈이 사치가 되어버린, 질식할 것 같은 현실에서 젊은이들에게 노래가 있다면, 그래도 숨 좀 쉴 수 있지 않을까요?

신앙인이란 무엇일까요? 저는 무엇보다 노래할 줄 아는 사람, 노래를 부르는 사람이라고 생각합니다. 이건 단순히 저 혼자만의 생각이 아닙니다. 성서가 그렇게 말합니다. 바울의 편지들을 읽어보면, 그리스도인들에게 노래하라고 말합니다. "시와 찬미와 신령한 노래로 서로 화답하며, 여러분의 가슴으로 주님께 노래하며, 찬송하십시오."(엡 5:19) 바울은 거듭 권면하지요. 노래하고, 노래하고, 또 노래하라는 것입니다. 사도행전을 읽어보면, 처음 교회가 탄생했을 때에 그리스도인들이 무엇을 했는지 보여줍니다. 그리스도인들은 모여서 무엇보다 함께 노래했다는 것입니다.(행 2:47)

모세의 노래, 다윗의 노래

모세오경의 마지막 책은 신명기이지요. 그런데 이 신명기에서 하나님께서 모세에게 하신 마지막 지시가 무엇인지 아십니까? 모세가 마지막으로 해야 할 일, 모세의 그 모든 소명을 마무르는 마지막 소명 말입니다. 참 중요한 일이지요. 무엇입니까? 그것은 바로 노래를 만드는 일이었습니다. 노래를 만들어서 이스라엘 백성에게 가르쳐서 부르게 하라는 것입니다. 이 백성이 노래하는 백성이 되게 하라는 말입니다. 노래입니다.

구약성서에서 대표적인 인물 둘을 꼽으라면, 아마도 모세와 다윗을 들 수 있을 것입니다. 그런데 이 두 사람은 모두 노래를 부르는 사람이었습니다.

우선 모세는 노래하는 사람입니다. 제가 들어보지는 못했지만, 아마도 노래를 잘 불렀을 것입니다. 이집트의 왕궁에서 교육을 받았으니 음악 교육도 받았겠지요. 게다가 들에서 양을 치며 지내기도 했으니 감성도 깊었을 것입니다. 무엇보다 모세는 노래를 만들었습니다. 이른바 모세의 노래입니다. 모세의 노래는 성서에 기록되어 지금까지 남아 있습니다.

다윗도 목동 출신이었지요. 본래 목동들은 들에서 양을 치면서 양 떼를 부르고 이끌어야 하니 목청이 남달랐겠지요. 특별한 발성으로 높은 음을 내서 멀리까지 소리가 들리게 합니다. 다윗이 사울 왕을 보필하게 된 계기 중 하나가 바로 노래였지요. 우울증 비슷한 병을 앓고 있는 사울에게 악기를 연주하며 노래를 불러주었다는 것 아닙니까. 다윗의 노래를 들으면서 사울의 마음이 누그러지고 평안해졌다는 것을 보면, 다윗의 노래 실력을 가늠할 수 있습니다. 분명 가수 수준이었을 겁니다. 다윗 또한 노래를 만들었지요. 다윗이 지었다고 알려진 시편의 시들은 다윗의 감성이 얼마나 깊었는지를 보여줍니다.

그리스도의 노래, 그리스도인의 노래

내친김에, 신약성서의 예수님과 바울을 살펴볼까요? 저는 예수님도 노래를 좋아하셨다고, 아마 모르긴 해도, 노래를 잘 부르셨다고 생각합니다. 예수님은 사람들과 함께 잘 어울리셨습니다. 함께 먹고 마셨다고 하지요. 예수님을 비난하는 사람들이 그것 때문에 비난할 만큼 함께 어울리셨습니다. 그런데 예수께서 그렇게 비난하는 사람들에게 하신 말씀이 있습니다. 저들은 피리를 불어도 춤추지 않고 곡을 해도 울지 않았다는 것입니다.(마 11:17) 거꾸로 생각하면, 예수님은 피리 부는 사람들과 함께 노래하고 춤추시고, 곡하는 사람들과 함께 우셨다, 그 말 아닙니까?

무엇보다 예수님의 가르침은 말씀 그대로 하나의 아름다운 시요 노래입니다. 산상수훈의 첫 가르침, 이른바 팔복 선언은, 시적인 운율을 가진 언어로 빚어낸 한 편의 아름다운 노래입니다. 예수께서는 십자가의 길을 가시면서도 노래를 부르면서 가셨습니다.(막 14:26) 예수님은 노래부르는 분이십니다.

바울도 노래하는 사람이었습니다. 앞에서 본 대로, 바울은 그리스도인들에게 보낸 편지에서 거듭 노래하라고 말했습니다. 바울의 노래 솜씨는 잘 모르겠습니다. 고린도교회에 보내는 편지에서 바울은 병약하고 약점밖에 자랑할 게 없다고 하지요. 바울은 편지로 보면 좋은데, 직접 대면하면 실망한다고, 시쳇말로 깨진다고 합니다. 그래도 어쨌거나, 바울도 노래부르는 사람이었습니다. 사도행전을 읽어보면, 바울이 빌립보에서 실라와 같이 전도하다가 옥에 갇혔지요. 그런데 바울이 감옥에서 한밤중에 노래했다는 것입니다.(행 16:25) 이거 옆으로 새는 얘기입니다만, 한밤중에 노래하면 민폐 아닙니까? 그런데 바울과 실라가 노래했는데 죄수들은 듣고 있었다는 것입니다. 뭐 그런대로 들을 만했다는 얘기 아닐까요? 무엇보다 바울은 편지를 쓰면서 당시에 그리스도인들이 함께 부르던 노래들을 기록해서 우리에게 전해주었습니다. 빌립보서의 '그리스도 찬가'는 얼마나 아름답고 귀중한 노래입니까? 고린도교회에 불러준 사랑의 노래는 또 얼마나 절절합니까?

어떤 노래인가

이렇게 모세에서 바울에 이르기까지 성서의 신앙인들은 노래부르는 사람들이었습니다. 신앙인이란 노래하는 사람들이다, 그리스도인이란 노래부르는 사람들이다, 하는 것은 무엇을 말하는 것일까요? 물론 음치는 모두 가라는 말은 결코 아닙니다. 너무 걱정(?)하지는 마십시오. 문제는 무슨 노래를 부르느냐 하는 데 있습니다. 어떤 노래를 부르는 사람들이냐 하는 것이 중요합니다.

먼저 모세의 노래는 무엇입니까? 하나님께서 모세에게 마지막 지시로, 노래를 지어서 가르치고 부르게 하라 하셨는데, 그 노래는 무엇일까요? 마음 깊이 새기고 기억해서 불러야 할 중요한 노래입니다. 실제로 모세의 노래는 그리스도인의 역사가 완성되는 그날까지 끊임없이 불러야 할 노래입니다. 신약성서의 마지막 책인 요한계시록 15장은, 모든 우상숭배와 박해의 역사를 견디어내고 마침내 승리하는 사람들이 노래부르는 장면을 보여줍니다. 14만 4,000명도 그리스도와 함께 노래했지요.(계 14:3) 그런데 이들이 부르는 노래가 무엇입니까? "그들은 하나님의 종 모세의 노래와 어린 양의 노래를 부르고 있었습니다."(계 15:3) '모세의 노래'와 '어린 양의 노래'입니다. '모세의 노래'가 이때까지 불리고 있었습니다.

무엇보다 모세는 역사가 아무리 암담하고 혼돈스런 때일지라도 그때에도 노래부르는 사람들이 있는 한 희망이 있다고 말합니다. 노래할 수 없는 때에도, 노래하지 못하게 하는 시대에도, 그럼에도 불구하고 노래부르는 사람들이 있어야 한다, 그 말입니다.

그렇다면 이토록 중요한 모세의 노래는 어떤 노래입니까? 모세의 노래는 도대체 무엇을 노래하는 것일까요? 모세가 마지막으로 지은 노래는 신명기 32장에 소개됩니다. 그런데 모세의 노래는 출애굽기 15장에도 나옵니다. 홍해를 건넌 후에 모세가 이스라엘 백성과 함께 하나님을 찬양하면서 부른 노래입니다. 그리고 이러한 '모세의 노래'의 모태와도 같은 노래, '원형'과도 같은 노래가 있습니다. 그것은 출애굽기 15장 21절에 소개되는 '미리암의 노래'입니다. 단 한 절의 이 짧은 노래는 '모세의 노래'를 요약한 것과도 같습니다. 이 '미리암의 노래'는 출애굽기 15장의 모세의 노래 첫 마디에서 다시 반복되고 있지요.

주님을 찬송하여라.
그지없이 높으신 분,
말과 기병을 바다에 던져 넣으셨다.(출 15:21)

이 노래는 무엇을 노래합니까? 그렇습니다. 해방의 역사입니다. 하나님께서 이스라엘 백성을 이집트의 압제로부터 해방하신 사건이요, 역사입니다. 그런데 이스라엘 백성은 가나안 땅에 살면서 역사를 잊어버리게 된다는 것입니다. 역사를 잊어버리는 것! 그것은 비극 중의 비극입니다. 왜냐하면 역사를 잊어버리는 것은 또다시 그 역사를 반복하게 하기 때문입니다. 해방하신 하나님의 은총도 잊어버리고, 그 아픈 역사도 잊어버리는 것, 역사의 망각은 또다시 그 암흑의 역사 속으로 들어가는 입구라는 말입니다. 과거를 잊어버리는 민족에게는 미래가 없다는 말입니다. 이 노래는 역사를 왜곡하고 망각하게 하는 아편이 아니라 역사를 분명하게 기억하고 성찰하게 하는 증언입니다. 불의와 거짓을 외면하게 하는 노래가 아니라 정면으로 맞서게 하는 노래입니다. 이 노래는 우리를 하늘 저 너머로 도망치게 하는 것이 아니라 역사 한복판으로 이끌어줍니다.

함께 노래부르는 사람들

아무리 어둠에 갇힌 한밤중이라도 노래부르는 사람들이 있다면, 거기에는 희망이 있습니다. 역사를 기억하는 사람들이 있는 한 희망이 있습니다. 모세가 노래를 만들어야 하는 까닭도 거기에 있습니다. 노래를 가르쳐야 하는 이유도 거기에 있습니다.

　이스라엘 백성들은 오랜 고난의 역사를 겪으면서 다시 노래를 불렀습니다. 예언자들은 다시 노래를 기억하라고 목놓아 외쳤고, 눈물을 흘리고 피를 토하며 온몸으로 노래불렀습니다. 그렇게 다시 역사를 기억하고 하나님께 돌아오게 했습니다. 하나님께서 그 노래를 들으실 때까지 부르짖어야 했습니다.

　처음 그리스도인들도 그리스도를 기억하며 노래불렀습니다. 로마가 지배하는 세상을 살아가면서도, 저 로마의 노래가 아니라 십자가의 노래를 불렀습니다. '그리스도 찬가'는 저 로마의 길을 거슬러 가는 사람들의 노래입니다. '행복의 노래'(마 5:3-12)는 저 기름진 로마의 연회에서 포만의 배를 두드리며 질러대는 난장의 소음이 아니라, 가난한 사람들이, 슬퍼하는 사람들이 함께 손잡고 하나님의 나라를 꿈꾸며 부르는 노래입니다. 자기 십자가를 지고 가며 부르는 노래입니다.

　누가 신앙인입니까? 누가 그리스도인입니까? 역사를 기억하며 모세의 노래를 부르는 사람들, 하나님 나라를 기도하며 어린양의 노래를 부르는 사람들, 그들이 바로 그리스도인들입니다. 생명의 노래를 부르는 사람들입니다. 평화의 노래를 부르는 사람들입니다. 우리가 암담한 절망 속에서도 모세의 노래와 어린양의 노래를 함께 목놓아 부를 수 있으면 좋겠습니다. 우리가 이 세상에서 함께 노래 부르는 사람이 되면 좋겠습니다.

성전이 없는 풍경

말라기 1:6-10 너희 가운데서라도 누가 성전 문을 닫아 걸어서, 너희들이 내 제단에 헛된 불을 피우지 못하게 하면 좋겠다! 나는 너희들이 싫다. 나 만군의 주가 말한다. 너희가 바치는 제물도 이제 나는 받지 않겠다.(말 1:10)

요한계시록 21:22-27 나는 그 안에서 성전을 볼 수 없었습니다. 그것은 전능하신 주 하나님과 어린 양이 그 도성의 성전이시기 때문입니다.(계 21:22)

성지순례?

지난주에는 모처럼 선운사에 다녀왔습니다. 아침에 갔다가 저녁에 돌아오는 당일치기였지만, 참 알찬 여행이었습니다. 요즘에는 코로나 때문에 관광버스로 몰려다니는 단체 여행객이 없었기에 번거롭지 않고 호젓하게 도솔천을 따라 걸을 수 있었고, 모처럼 늦가을의 단풍을 맘껏 누릴 수 있었습니다.

우리나라 그리스도인들은 성지순례 여행을 많이 했습니다. 지금은 거의 모든 성지순례 여행이 멈춘 상태이지요. 그런데 우리가 가는 성지순례 여행에는 아주 '불편한 진실'이 숨어 있습니다. 모든 성지순

레 여행의 정점, 목표는 예루살렘 성전이라고 할 수 있지요. 이스라엘 백성이 그토록 꿈꾸던 시온의 순례가 그것입니다.

제가 아는 어느 목사님은 같이 여행하다가도 사찰 입구에 이르면, 거기서 멈추었습니다. 기독교 목사가 우상을 섬기는 곳에 들어갈 수 없다는 것입니다. 더구나 입장료를 내는 것은 헌금을 내는 것이라며 펄쩍 뛰었습니다. 그런데 그분이 어느 날 성지순례를 했다고, 참 은혜로운 여행이었다고 자랑했습니다. 특히 '예루살렘 성전'이 성지순례의 백미였다는 것입니다. 그런데 사실 그분이 줄을 서서 신발을 벗고 돈을 내고 들어가서 큰 은혜를 받았다는 그곳은 이슬람의 황금사원입니다. 엉뚱한 데 가서 은혜를 받은 셈이지요.

성전과 이슬람 사원, 참 불편한 진실입니다. 예루살렘 성전이 하나님이 아니라 다른 신의 사원이라는, 이 불편한 진실은 무엇을 말하는 것일까요? 예루살렘 성전이 무너져서 이리와 승냥이가 노니는 황무지가 된 것도 모자라서 이방 신의 신전이 되었다면, 얼마나 참담한 조롱거리입니까? 우리 하나님이 참 무력해서, 거처 하나 지킬 힘이 없어서 당신의 성전을 빼앗긴 것일까요?

예루살렘 성전

그런데 사실 우리가 조금만 주의 깊게 성서를 읽어보면, 예루살렘 성전이 그렇게 된 것은 이미 처음부터 예견된 일이었습니다. 우리는 성서에서, 성전을 그렇게 되게 하신 분이 바로 하나님 자신이라는 진짜 '불편한 진실'을 마주하게 됩니다.

예루살렘 성전을 처음 지은 것은 솔로몬 왕입니다. 그래서 성전은 '솔로몬의 성전'이라고 불렸습니다. 열왕기상 6장부터 9장에 솔로몬이 성전을 지어 봉헌하는 이야기가 나오는데, 솔로몬은 성전을 짓는 데 엄청난 돈과 노동력을 쏟아부었습니다. 성전을 봉헌하면서 바친 제물만 보아도, 성전이 얼마나 크고 화려했는지 가늠할 수 있습니다. 봉헌 제물로 바친 소가 2만 2,000마리, 양이 12만 마리였습니다. 엄청난 제물입니다. 이렇게 성대한 성전 봉헌 제사를 마치자, 하나님께서 친히 솔로몬에게 나타나셔서 말씀해주십니다. 열왕기상 9장 3-9절에 나오지요. 솔로몬이 성대한 제사를 드리는 것을 보고, 백성들은 '기뻐하며 흐뭇한 마음으로' 돌아갔습니다. 그렇지 않습니까? 소 2만 2,000마리와 양 12만 마리를 바치는 봉헌 제사를 상상해보십시오. 누가 이런 제사를 드릴 수 있겠습니까? 과연 솔로몬이 아닙니까? 그러니 이런 제사를 받으신 하나님은 또 얼마나 기쁘시고 흐뭇하시고 대만족이실까요?

그런데 솔로몬의 제사에 응답하시는 하나님의 말씀에는 이 성대한 제물에 관한 언급은 전혀 없습니다. 하나님은 이렇게 말씀하셨지요. "네가 나에게 한 기도와 간구를 내가 들었다."(왕상 9:3) 그래도 그 엄청난 제물에 대해 '네가 바친 제물 잘 받았다.'고, 한마디쯤 추어주셔도 좋을 텐데, 하나님께서는 솔로몬의 '기도와 간구'를 들었다고만 말씀하십니다. 하나님께서 솔로몬에게 받으신 것은 '제물'이 아니라 '기도와 간구'였습니다. 그리고 나서 하나님은 솔로몬에게 앞으로 솔로몬이 해야 할 일을 말씀하십니다. 솔로몬이 앞으로 해야 할 일이 무엇이겠습니까? 앞으로도 계속 성전 제단에 더 많은 제물을 드리면 될까요? 아닙니다. 하나님은 솔로몬에게 하나님의 명을 실천하고 율례와 규례를 바르게 지키라고 말씀하십니다. 무엇을 바쳐야 하는지가 아니라 어떻게 살아야 하는지가 중요합니다. 그리고 만약 솔로몬이 하나님의 말씀과 율례를 따르지 않는다면, 그 성전을 외면하시겠다고 하십니다. 성전이 지나가는 사람마다 깜짝 놀랄 정도로 웃음거리가 되고 조롱거리가 되게 하시겠다는 것입니다.

그런데 불행하게도 예루살렘 성전은 하나님께서 경고하신 길, 그 망하는 길로 가고 말았습니다. 예루살렘 성전 제단에 제물이 늘어날수록 오히려 이스라엘의 죄악이 더욱 많아졌습니다. 이렇게 성전이 잘못 가는 것을 보고, 그것을 막으려고 목이 터지도록 외친 이들이 있었지요. 그들이 누굽니까? 바로 예언자들입니다. 예언자들이 언제나 이 구동성으로 외친 것은, 바로 성전을 봉헌했을 때 하나님께서 하셨던 그 말씀입니다. 잘못된 성전을 보고 예언자들이 어떻게 외쳤는지, 그 말씀을, 해석할 것도 없이, 그대로 한번 들어보겠습니다.

> 내가 주님 앞에 나아갈 때에, 높으신 하나님께 예배드릴 때에, 무엇을 가지고 가야 합니까? 번제물로 바칠 일 년 된 송아지를 가지고 가면 됩니까? 수천 마리의 양이나, 수만의 강 줄기를 채울 올리브 기름을 드리면, 주님께서 기뻐하시겠습니까? 내 허물을 벗겨 주시기를 빌면서, 내 맏아들이라도 주님께 바쳐야 합니까? 내가 지은 죄를 용서하여 주시기를 빌면서, 이 몸의 열매를 바쳐야 합니까? 너 사람아, 무엇이 착한 일인지를 주님께서 이미 말씀하셨다. 주님께서 너에게 요구하는 것이 무엇인지도 이미 말씀하셨다. 오로지 공의를 실천하

며 인자를 사랑하며 겸손히 네 하나님과 함께 행하는 것이 아니냐!

우리가 잘 아는 구절이지요? 미가 6장 6-8절입니다.

나는, 너희가 벌이는 절기 행사들이 싫다. 역겹다. 너희가 성회로 모여도 도무지 기쁘지 않다. 너희가 나에게 번제물이나 곡식 제물을 바친다 해도, 내가 그 제물을 받지 않겠다. 너희가 화목제로 바치는 살진 짐승도 거들떠보지 않겠다. 시끄러운 너의 노랫소리를 나의 앞에서 집어치워라. 너의 거문고 소리도 나는 듣지 않겠다. 너희는, 다만 공의가 물처럼 흐르게 하고, 정의가 마르지 않는 강처럼 흐르게 하여라.

정말 신랄한 말씀입니다. 아모스 5장 21-24절입니다.

'이것이 주님의 성전이다, 주님의 성전이다, 주님의 성전이다' 하고 속이는 말을, 너희는 의지하지 말아라. 너희가, 모든 생활과 행실을 참으로 바르게 고치고, 참으로 이웃끼리 정직하게 살면서, 나그네와 고아와 과부를 억압하지 않고, 이 곳에서 죄 없는 사람을 살해하지 않고, 다른 신들을 섬겨 스스로 재앙을 불러들이지 않으면, 내가 너희 조상에게 영원무궁 하도록 준 이 땅, 바로 이 곳에서 너희가 머물러 살도록 하겠다.

예레미야 7장 4-7절입니다. 예레미야가 성전 문을 막고 버티고

서서 거기 들어가려는 사람들에게 외친 말씀입니다. 이거 요즘 같으면 '예배 방해죄'로 고발당할 일이지요.

사실 구약성서의 거의 모든 예언자가 그렇게 외치고 또 외쳤습니다. 그런데도 예루살렘 성전은 돌이킬 줄 몰랐습니다. 구약성서의 마지막 책, 마지막 예언자가 있지요. 누굽니까? 말라기입니다. 성전이 잘못되고 있는데도 도무지 돌이키지 않는 것을 보면서, 말라기는 아예 이렇게 말합니다.

> 나 만군의 주가 말한다. 너희 가운데서라도 누가 성전 문을 닫아 걸어서, 너희들이 내 제단에 헛된 불을 피우지 못하게 하면 좋겠다! 나는 너희들이 싫다. 나 만군의 주가 말한다. 너희가 바치는 제물도 이제 나는 받지 않겠다.

말라기 1장 9-10절입니다. 정말 아픈 말씀 아닙니까? 차라리 너희 가운데서라도 누가 성전 문을 닫아걸었으면 좋겠다는 것입니다. 그래서 하나님께서 친히 성전을 치시는 불행한 일이 일어나지 않게 되었으면 좋겠다는 말씀이지요. 이 하나님의 마음, 얼마나 아프고 절절합니까!

이 성전을 헐어라

우리가 거칠게 살펴본 것처럼 구약성서에서 성전에 대한 예언자들의 비판과 자기성찰은 참으로 통렬하고 비감했습니다. 차라리 누가 성전 문을 닫아걸었으면 좋겠다는 것이 마지막 예언자 말라기가 전하는 하나님의 심정이었습니다.

그렇다면 신약성서에서는 어떨까요? 복음서는 우리가 아는 것처럼 세례자 요한 이야기로 시작합니다. 세례자 요한, 그는 누굽니까? 우리는 요한을 개혁자라고 부르지요. 어쩌면 요한은 말라기가 예언한, 성전 문을 닫아걸어버린 예언자인지도 모릅니다. 요한은 성전이 아니라 광야로 나갔습니다. 거기서 약대 털옷을 입고 메뚜기와 석청을 먹었지요. 이런 요한의 행태는 헤롯의 예루살렘 성전에 대한 지독한 성찰에서 나온 것입니다. 무엇보다 요한은 요단강 물로 '속죄'를 실행했습니다. 본래 속죄하려면 성전 제단에 속죄 제물을 드려야 했습니다. 그게 합법적인 속죄입니다. 그런데 요한은 요단강 물로 속죄를 선언했습니다. 거룩하게 성별한 성수도 아닌, 가장 세속적인 물로 속죄한 것입니다.

요한이 성전의 개혁자라면, 예수님은 어떤 분일까요? 한마디로 예수님은 성전을 헐어버리라 하셨지요. 예수님은 장사꾼의 마당이 되어버린 성전, 강도의 소굴이 되어버린 성전은, 문을 닫아거는 정도가 아니라 아예 헐어버려야 한다고 말씀하셨습니다.

사도 바울은 어땠을까요? 사도 바울은 다소 출신으로 예루살렘에서 율법을 공부했지요. 그것은 바울이 예루살렘 성전도 잘 알고 있고, 그리스 로마의 거대한 신전도 아주 잘 알고 있었다는 것을 말해 줍니다. 무엇보다 바울은 이른바 신전들의 도시에 복음을 전했습니다. 그러니 한 종교가 부흥하려면 무엇보다 '그럴듯한 신전'이 필요하다는 것을 누구보다 잘 알았겠지요. 그런데 바울은 소아시아와 그리스와 로마에 이르기까지 교회를 세우면서도, 한 번도 성전을 지은 적이 없습니다. 요즘, 교회 개척의 꽃은 '성전 건축'이라는 개척교회들의 비전을 생각하면, 참 이상한 일 아닙니까? 바울에게는 유력한 후원자들도 많아서 꽤 많은 후원금을 모을 수도 있었을 텐데, 바울은 그 어떤 성전도 남기지 않았습니다. 바울은 왜 성전 하나 남기지 않은 걸까요? 바울은 아예 성전에 관심이 없었을까요?

그건 아닙니다. 바울은 성전을 모르지도 않았고, 성전에 관심이 없지도 않았습니다. 사실 바울은 성전을 아주 중요하게 여겼고, 성전을 짓는 일에 온 힘을 기울였습니다. 다만 바울이 생각하는 성전이란, 저 그리스 로마의 신전들이나 헤롯의 예루살렘 성전과는 전혀 달랐습니다. 바울이 생각하는 성전, 바울이 심혈을 기울여 세우고자 한 그 성전은 무엇입니까? 그것은 바로 그리스도인의 몸입니다. 그리스도인의 삶입니다. 구약성서의 예언자들과 같습니다.

신약성서의 마지막 책인 요한계시록은 그 마지막 비전으로 새 예루살렘을 보여줍니다. 오늘 우리는 새 예루살렘의 비전을 보여주는 말씀을 함께 읽었습니다. 그런데 그 새 예루살렘에 없는 것이 하나 있지요. 무엇입니까? 그것이 바로 성전입니다. "나는 그 안에서 성전을 볼 수 없었습니다. 그것은 전능하신 주 하나님과 어린 양이 그 도성의 성전이시기 때문입니다." 요한계시록 21장 22절 말씀입니다. 하나님께서 모든 역사의 마지막에 새 하늘과 새 땅을 지으시고, 그 새 하늘과 새 땅의 중심에 새 예루살렘을 세우신다면, 그 새 예루살렘의 가온에, 온 우주의 배꼽/핵심에 세워야 할 것이 무엇이겠습니까? 바로 성전이 아니겠습니까? 그러나 아닙니다. 성서의 마지막 책인 요한계시록의 새 예루살렘에는 성전이 없습니다.

어째서 거기에 성전이 없는 것일까요? 우리가 앞에서 살펴본 대로, 일찍이 솔로몬이 성전을 세운 이래로, 성전이 하나님의 영광을 드러내기는커녕 오히려 하나님의 영광을 가리는 죄악을 저질러 왔습니다. 예언자들이 그토록 외치고 또 외쳤지만, 예루살렘 성전은 도무지 회개하지 않았지요. 예수께서 하나님 나라의 복음을 전하실 때에도, 성전은 장사꾼의 마당이 되고 강도의 소굴이 되어 있었습니다. 예수께서는 그 성전이 돌 하나도 돌 위에 남지 않고 무너질 것이라고 말씀하셨지요. 아예 그 성전을 허물어버리라고 말씀하시기도 했습니다. 이렇게 성전이 제 역할을 하지 못하고 잘못되었으니, 하나님께서 마지막 날에 이루시는 새 예루살렘에 성전이 없는 것은, 어쩌면 당연한 귀결일지도 모릅니다.

그런데 그것만은 아닙니다. 새 예루살렘에 성전이 보이지 않는 이유, 그곳에 성전이 없는 진짜 이유는 따로 있습니다. 그것은 새 예루살렘에는 진짜 성전이 이미 있기 때문입니다. 돌로 지은 성전, 아무리 크고 화려해도 그 핵심인 지성소를 텅 비워둘 수밖에 없는 인간의 성전이 아니라, 하나님의 성전이 거기에 있기 때문입니다. 하나님과 어린 양이 새 예루살렘의 성전이시기 때문입니다. 그 도성이 이미 하나님으로 충만한데, 그 도성이 어린 양으로 이미 가득한데, 거기에 또다시 무슨 성전이 필요하겠습니까? 온 누리에 충만하신 하나님을 어디에 무슨 자리를 만들어서 모실 수 있겠습니까?

교회

'교회'라는 말은 참으로 절묘한 말입니다. 교회라는 말 자체가 이미 '성전'을 넘어서는 말입니다. 교회가 탄생할 당시에 모든 종교는 자신들의 '성전'을 가지고 있었습니다. 그 성전들은 지금까지도 그 위용을 잃지 않고 있지요. 그러나 신전의 나라에서 그리스도인들은 변변한 '성전' 하나도 남기지 못했습니다. 하지만 그리스도인들은 '성전' 없이도 충분히 하나님을 예배하고 순전한 성도의 교제를 나눌 수 있었습니다. 집집이 돌아가며 모이고, 심지어 지하 무덤 속에서도 예배드렸습니다. 그 그리스도의 사람들, 어디서나 하나님으로 충만한 사람들, 언제나 감사와 찬미로 가득한 사람들, 따뜻한 마음으로 함께 빵을 떼는 사람들, 그들이 바로 '교회'였습니다.

　사랑하는 여러분, 하나님과 그리스도가 이미 성전이신데, 그 이상 우리에게 무슨 성전이 필요하겠습니까? 우리의 몸이 이미 성령으로 가득한 성전인데, 어디서 무슨 신전을 찾아 헤매겠습니까? 우리가 이미 하나님의 섭리와 은총의 품안에 있는데, 어디서 무슨 성전을 찾아 헤매겠습니까? 이제 창조절의 막바지, 온누리가 하나님의 은혜로운 섭리로 충만한 계절입니다. 풍성한 결실을 다 내어주고, 그토록 아름답게 빛나던 나뭇잎을 다 떨어뜨리고, 창조의 순리에 순종하는 자연은 얼마나 거룩하고 신비롭습니까? 우리도 다만 하나님의 은총 안에서 기뻐하고 감사하며 살 수 있도록, 다만 하나님의 섭리에 순종하며 살 수 있도록 언제 어디서나 성령께서 우리 가운데 충만하시기를 바랍니다.

열둘에서 14만 4,000까지

창세기 48:15-19   요셉은 아버지가 오른손을 에브라임의 머리 위에 얹은 것을 보고서, 못마땅하게 여겼다.(창 48:17)

요한계시록 7:4-8   내가 들은 바로는 도장이 찍힌 사람의 수가 십사만 사천 명이었습니다. 이와 같이 이마에 도장을 받은 사람들은 이스라엘 자손의 각 지파에서 나온 사람들이었습니다.(계 7:4)

오늘은 대림절 첫날입니다. 지난 목요일에는 서울에 있는 CBS방송센터에 다녀왔습니다. 대림절을 맞으면서, 이번에 쓴 대림절 묵상집을 소개하는 대담을 하러 갔지요. 한 시간 정도 대림절에 대하여 묵상집을 중심으로 이야기를 나누었습니다. 오늘 아침 8시에 〈CBS광장〉이라는 프로에서 방영되었습니다.

올해는 모두가 참 불안하고 힘들게 지내왔습니다. 연초부터 코로나19 바이러스 확산으로 한순간에 일상이 변해버렸지요. 연말이 다 가오는데, 코로나가 끝을 보이기는커녕 더욱 확산하는 추세입니다. 어쩌면 올 성탄절에는 거리 두기 예배조차 드리지 못할지도 모릅니다. 그런데 바로 요한계시록의 시대가 그랬습니다. 사실 그때는 훨씬 더

했지요. 초기 그리스도인들에게는 거리 두기 대면 예배를 드릴 수 있는 변변한 성전 하나도 없었습니다. 생각해보면 교회는 처음부터 그랬습니다. 예루살렘 성전은 무너져버렸고, 유대인의 회당에서도 쫓겨나야 했습니다. 모일 장소도 없을 뿐 아니라, 모이면 곧바로 신고당하고 옥에 갇혀 고초를 당해야 했습니다. 그래서 돌아가며 집집이 모이고, 다락방에 모이고, 땅속 무덤에서도 모였습니다. 그렇게 흩어져서 예배드리면서 그리스도인들은 전혀 새로운 성전을 지어갔습니다. 그 성전은 돌로 짓는 성전이 아니라 몸으로 세우는 성전이었고, 맘몬을 숭배하는 성전이 아니라 성령을 모시는 성전이었습니다. 진짜 성전이지요. 그것이 바로 교회였습니다. 그렇게 보면 대면 예배 금지는, 예배를 드리지 못하게 하는 종교 탄압이 아니라, 참 예배를 드리게 하는 기회가 될 수도 있을 것입니다. 건물이 아니라 사람이 중심인 교회입니다. 묵상집을 읽으면서 이번 대림절에 우리가 진정한 교회를 경험할 수 있도록 성령께서 함께해 주시기를 바랍니다.

문자주의의 폐해

이번에 대담방송을 하면서, 한국교회가 그동안 요한계시록을 제대로 가르치지 않았다는 것을 새삼 깨닫게 되었습니다. 교회에 오래 다닌 분들도 요한계시록 설교는 거의 듣지 못했다는 것입니다. 반면에 수많은 사이비 종파들은 요한계시록을 마치 자신들의 특허 전유물인 양 앞장세웠습니다. 당장 신천지도 요한계시록을 그들의 허접하고 황망한 교설의 근거로 사용했습니다. 일찍이 교부들을 비롯하여 루터에 이르기까지, 요한계시록을 정경에서 제외하려 했던 까닭도 여기에 있습니다. 그런데 이렇게 요한계시록을 이단들이 전가의 보도로 사용하는 것은, 저 사이비 교주들의 책임일까요? 아닙니다. 교회가 요한계시록을 제대로 읽고, 바르게 해석하고, 진실하게 설교하지 않은 잘못이 큽니다. 교회가 교인들에게 '문자주의'를 주입해놓고서, '무조건 아멘' 하고 가르쳐 놓았으니, 그 맹목적인 교인들이 사이비 교주에게 '무조건 아멘' 하는 것이지요. 배운 대로 한 겁니다. 실제로 거의 모든 사이비 이단에 속한 사람들은 이미 교회에 다니던 사람들입니다. 교회에 다녀도 열심히 다니던 사람들이지요. 성서를 바르게 가르치지 않은 교회가 이단의 온상이 되었다, 그 말입니다.

　요한계시록을 잘 이해하려면, 무엇보다 요한계시록이 쓰는 '상징'을 알아야 합니다. 요한계시록은 이른바 묵시문학 문서이지요. 요한계시록에서는 크게 두 가지 상징, 숫자 상징과 사물 상징을 사용합니다. 오늘은 요한계시록에 나오는 숫자 상징 중에서 '14만 4,000'이라는 수를 살펴보려고 합니다. 이번 대담에서도 이 숫자를 다루었는데, 아마 신천지 때문에 이 숫자가 주목받았기 때문일 것입니다. 신천지뿐 아니라 이미 오래전부터 수많은 이단 사이비 종파들이 농단하던 수가 바로 14만 4,000입니다.

14만 4,000

요한계시록의 14만 4,000을 이해하려면, 먼저 12라는 수를 알아야 합니다. 성서에서 '12' 하면 뭐가 생각납니까? 그렇지요. 이스라엘입니다다. 이스라엘은 열두 지파로 이루어져 있습니다. 그리고 이 열두 지파의 기원은 야곱에게 있습니다. 야곱은 네 여자에게서 열두 아들을 낳았는데, 그의 열두 아들이 이스라엘 지파의 기원이지요. 그런데 이 열둘은 무엇으로 이루어지는 것일까요? 야곱의 혈통을 따라 야곱의 열두 아들로 이루어진 완전한 이스라엘의 수, 12는 그렇게 완벽한 것일까요? 그렇지 않습니다. 이스라엘의 열두 지파의 계보에는 아주 불편한 진실이 숨어 있습니다.

우선 이스라엘의 시원이라 할 수 있는 야곱 자신이 이른바 적통이 아닙니다. 우리가 잘 아는 것처럼 야곱에게는 그보다 먼저 태어난 형인 에서가 있었지요. 에서가 장자입니다. 유대인들은 에서의 후손을 이방인이라고 배척하는데, 그것은 곧 자기 혈통을 배척하는 모순입니다. 그래도 야곱이 형에게서 그 정통성을 사지 않았느냐, 그러니 그 적통의 소유권을 가진 것은 야곱이 아니냐고 강변할 수도 있겠지요. 그렇지만 그 정통성이라는 것은 겨우 팥죽 한 그릇 값밖에 안 되는 것이었습니다. 얄팍한 속임수로 산 정통성이 뭐 그리 자랑스럽겠습니까. 모든 배타적인 독선이라는 것이 그 속내를 들여다보면 그렇게 하릴없는 것입니다.

성서는 그 부질없는 인간의 정통성을 여지없이 무너뜨립니다. 오늘 우리가 읽은 본문은, 요셉이 아버지 야곱에게 자기 아들들을 데려가서 복을 받게 하는 장면입니다. 죽은 줄 알았던 아들이 이집트의 총리대신이 되었고, 더구나 두 손자까지 두었으니, 야곱은 얼마나 감격스러웠을까요. 야곱은 두 손자에게 온 마음을 다해 복을 빌어줍니다. 요셉은 자신의 첫째 아들 므낫세를 아버지의 오른쪽에 세우고, 둘째

아들 에브라임을 왼쪽에 세웠습니다. 오른손이 정통성을 나타내기 때문에 장자를 그쪽에 세운 것이지요. 그런데 이 할아버지가 손을 엇갈려서 내밀었습니다. 장자를 왼손으로 축복하게 된 것입니다. 요셉은 그게 못마땅했습니다. 왜냐하면 그것은 인간의 상식과 세상의 상도를 깨뜨리는 일이었기 때문입니다. 더구나 요셉이 사는 이집트에서 장자의 우선권은 마땅하고 또 마땅한 일이었습니다. 그래서 요셉은 아버지의 손을 잡아 옮기면서, 맏아들에게 오른손을 얹어야 한다고 말했습니다. 그러나 야곱은 '아들아, 나도 안다!' 하면서 요셉의 손을 뿌리치고, 굳이 오른손으로 둘째를 축복했습니다.

왜 그랬을까요? 왜 야곱은 굳이 손을 불편하게 엇갈려 뻗으면서까지 장자가 아니라 서자에게 오른손을 얹은 것일까요? 자기도 서자로 태어나서 서러웠으니, 장자보다는 서자를 더 사랑하고, 둘째를 더 편애하게 된 것일까요? 이 이야기는 야곱의 서자 콤플렉스를 폭로하려는 이야기일까요? 아닙니다. 이 이야기는, 하나님이 이루어가시는 역사는 인간의 생각과 인간의 판단을 넘어선다는 것을 보여줍니다. 인간은 장자에게, 기득권자에게 정통성이 있다고 생각하지만, 하나님은 오히려 아무런 권리를 가지지 못한 약자를 들어서 하나님의 역사를 이루어가신다는 말입니다. 이렇게 보면, 이스라엘의 열두 지파는 인간의 완전함을 보여주는 것이 아니라 하나님의 온전하심을 보여주는 것입니다. 사실 들여다보면 이스라엘의 열두 지파도 야곱의 열두 아들만으로 완성된 게 아닙니다. 요셉의 두 아들, 이집트 땅에서 난 요셉의 두 아들이 야곱의 열두 아들에 들어감으로써 완성됩니다. 요셉의 두 아들은 이집트에서 났으니 이방인의 피가 섞인 셈이지요. 이스라엘의 열두 지파는 처음부터 이방인에게 열려 있었습니다. 사실 야곱의 열두 아들은 부인들에게서 난 아들들, 종들에게서 난 아들들, 그리고 이집트에서 얻은 아들들로 이루어졌습니다. 절묘하게도 이스라엘의 열두 지파는 배타적 혈통주의를 넘어서고 있습니다. 열둘은 이스라엘의 배타적 독선을 보장하는 숫자가 아니라, 하나님이 채우시고 이루어가시는 은혜를 보여주는 숫자입니다.

열둘

열둘이 인간의 완전함이 아니라 하나님의 온전하심을 드러낸다는 것은 신약성서에서도 마찬가지입니다. 예수께서는 하나님 나라를 선포하시고 복음을 전파하시기 위하여 열두 제자를 부르셨습니다. 여기서 열둘은 이스라엘을 뜻하는 숫자입니다. 완전한 제자들이지요. 그런데 예수님의 열두 제자는 그렇게 완벽한 사람들이 아니었습니다. 고르고 선별해도 모자랄 텐데, 제자들의 면면을 보면 정말 오합지졸 같습니다. 모두 갈릴리 사람들인데, 갈릴리 사람은 이방인으로 취급받았지요. 어부에서부터 세리에, 열심당원까지 포함된 제자들은 얼마나 엉성하고 부실해 보입니까? 더구나 그중에는 스승을 팔아먹은 가룟 유다도 있습니다.

　유럽을 여행하면서 대성당을 둘러보게 되면, 곳곳마다 사도들의 동상을 배열해놓은 걸 볼 수 있습니다. 바티칸에 들어서면, 웅장한 건물 초입에 건물 위로 위엄차게 서 있는 사도들의 동상이 버티고 있지요. 열두 사도들은 그렇게 교회의 지도자로 영광스러운 이름을 남겼습니다. 그런데 이 열두 제자, 열두 사도들은 교회를 모두 온전하게 잘 지도하고 이끌었을까요? 물론 베드로를 비롯한 열두 사도들도 교회를 이끌고 복음을 전하기 위해 열심히 일했고, 순교하기도 했습니다. 그런데 성서는 이 열두 사도가 아니라 또 다른 사도, 이른바 제3의 사도를 우리에게 보여줍니다. 바로 바울입니다. 사실 바울은 사도가 되기에는 결정적인 결격 사유를 가진 사람이었습니다. 사도가 되기 위해서는 필수적으로 갖추어야 할 조건이 하나 있었지요. 그것은 예수님이 세례를 받으신 때부터 부활하신 때까지, 늘 예수님과 함께 다니던 사람이어야 하는 것입니다. 제자, 곧 사도는 예수님의 증인이니까, 예수님을 직접 보고 따른 사람이라야 한다는 것이지요. 바로 그 점 때문에 바울의 사도직은 항상 논란거리가 되었습니다. 그러나 신약성서는 자신을 죄인의 괴수라고 하던 바울을 진정한 사도로 주목하고 있습니다. 결국 열둘이라는 수는 이스라엘을 완성하고 교회의 사도직을 이루는 숫자이지만, 그 자체가 절대적이거나 배타적인 수는 아니라는 말입니다.

절대 절망의 시대에 주시는 절대 희망

요한계시록의 시대는 어떤 시대라고 할 수 있을까요? 그 시대를 숫자로 표현해본다면, 12가 끝장난 시대라고 말할 수 있습니다. '열둘이 끝났다'는 말은 '이스라엘이 끝장났다'는 말과 같은 말이지요. 요한계시록의 시대가 그랬습니다. 이스라엘은 멸망했고, 예루살렘 성전도 돌 위에 돌 하나도 남지 못하고 참담하게 무너져버렸습니다. 로마가 예루살렘을 공격할 때의 참상을 기록한 것을 보면, 로마 군대는 예루살렘을 포위하고 모든 보급을 끊어버렸습니다. 그래서 성안에는 먹을 양식도 물도 떨어졌고, 굶주림을 견디지 못한 사람들이 성을 넘어오면, 그대로 십자가에 달아 처형을 시켰습니다. 넘어오는 사람들을 처형할 십자가를 만들 나무가 부족할 정도였습니다. 성안에서는 살기 위해 시궁창을 뒤지고 생지옥이 되어버렸습니다. 결국 로마의 마지막 공격으로 성이 무너졌지요. 사람들은 포로가 되고, 사방으로 쫓겨나서 멀리 소아시아와 그리스로까지 흩어져 버렸습니다.

이스라엘은 이제 국토도 잃고, 주권도 잃고, 언어도 빼앗겼고, 마지막 남은 백성도 이방 땅에서 소멸하게 되었습니다. 이제 다 끝났구나, 이제 이스라엘의 열두 지파는 완전히 소멸하겠구나, 하는 것이 이스라엘의 탄식이었습니다. 그렇게 다 끝났다고 절망하는 이스라엘에게, 박해당하고 흩어진 교회에게 요한은 그가 본 환상을 이야기해주었습니다. 그 극심한 환란의 때에, 다 끝장난 소멸의 때에, 그러함에도 불구하고 하나님께서 그 극심한 환란으로부터 지켜주시는 사람들이 있다는 것입니다. 그렇게 하나님께서 남겨주시고 지켜주시는 사람들, 그들이 과연 얼마나 될까요? 아주 적겠지요? 아닙니다. 놀랍게도 요한계시록은 그 수가 14만 4,000명이나 된다고 말합니다. 14만 4,000명은 정말 대단한 숫자입니다. 어마어마한 사람들이지요.

그런데 이 14만 4,000은 또 무얼 말하는 걸까요? 사실 요한계시록을 문자대로라도 제대로 본다면, 신천지 같은 황당무계한 사태는 없을 것입니다. 왜냐하면 이 14만 4,000은 애초에 이스라엘의 열두 지파에 속한 것이기 때문입니다. 문자적으로 보면, 우리는 애초부터 이방인이니 거기에 들어갈 수 없지요. 이 14만 4,000은 이스라엘의 열두 지파에서 각 지파마다 1만 2,000명씩 나와서 합이 14만 4,000명이 된 것입니다. 열둘이라는 수가 이스라엘을 완성하는 수라 했지요. 그런데 열두 지파마다 1만 2,000명씩입니다. 12의 천 배인 1만 2,000, 그리고 그 열두 배가 14만 4,000입니다. 무슨 뜻이겠습니까? 이스라엘이 '완전하고도 완전하게' 남는다는 뜻입니다. 이스라엘은 절대 소멸하지 않을 것이라는 말입니다. 지금 이스라엘이 멸절될 것처럼 위태롭고 불안하지만, 그렇지 않다, 왜냐하면 하나님께서 이스라엘을 더없이 완전하게 지켜주시기 때문이다, 그 말씀입니다.

열왕기서에 보면, 엘리야가 이세벨에게 쫓겨 호렙산 동굴에 숨어서 '이제 나 혼자 남았습니다.' 하고 절망하며 하나님께 탄식한 일이 있지요? 그때 하나님께서 그에게 뭐라 말씀해주셨습니까? '내가 바알과 아세라에게 무릎 꿇지 않은 7,000명을 남겨두었다.'고 말씀하셨습니다. 이 7,000은 또 무슨 뜻일까요? 이 숫자는 산술적으로 계산할 수 있는 수가 아니지요. 이런 숫자, 7,000이나 14만 4,000 같은 숫자는 '절대 절망'의 때에 주시는 '절대 희망'을 말하는 것입니다. 그렇습니다. 희망의 숫자입니다. 14만 4,000은 전자계산기로 또박또박 계산할 수 있는 수가 아니라 가슴으로 품어야 할 뜨거운 희망의 수입니다.

희망의 말씀

올 한 해를 마무리하는 연말이 성큼 다가왔습니다. 다시 폭증하는 코로나 확산세로 모두 불안하고 힘겨워합니다. 그런데 이 힘겨운 혼돈의 때에 하나님께서 우리에게 주시는 희망의 말씀이 있다면 어떤 말씀일까요? 소멸의 위협, 극한의 고통과 절망에 빠져 있던 초대교회의 그리스도인들에게 요한은 하나님께서 지켜주시는 14만 4,000의 비전을 보여주었습니다. 절망의 동굴에서 탄식하는 엘리야에게 하나님은 내가 7,000을 남겨두었다고 세미한 음성으로 말씀하셨지요. 그런데 하나님께서 지켜주시는 14만 4,000이 있다, 하나님께서 남겨두신 7,000이 있다, 이 말은 무슨 뜻일까요? 너 말고도 많이 있으니까 너 하나쯤 사라져도 상관없다, 그 말일까요? 아니지요. 14만 4,000이 바로 너희다, 7,000이 바로 너다, 너희는 내게 천하보다 더 귀하다, 그 말씀 아닙니까! 내가 너와 함께하겠다, 내가 너희를 반드시 지켜주겠다, 그 말씀입니다. 그렇습니다. 이 요한의 14만 4,000의 비전은, 엘리야에게 주신 세미한 음성은 절망하고 고통당하는 이들에게 주신 위로와 희망의 말씀이요, 오늘 낙심하고 절망하는 우리에게 주시는 하나님의 위로와 희망입니다. 우리가 바로 그 7,000이요, 14만 4,000입니다. 하나님의 사람들입니다.

사랑하는 여러분, 우리 시대에도 하나님께서 지켜주시는 14만 4,000의 하나님의 사람들이 있습니다. 사람다운 사람을 찾기 어렵다고, 교회다운 교회를 찾기 힘들다고 탄식하는 우리에게 하나님은, 내가 7,000을, 14만 4,000을 남겨두었다고 말씀하십니다. 그리고 우리 한 사람 한 사람이 바로 그 14만 4,000이라고 말씀하십니다. 우리가 오늘 하나님께서 남기시고 지켜주시는 하나님의 사람들로 살아갈 수 있도록, 이 모든 어려움을 이겨낼 수 있도록 성령께서 함께해 주시기를 바랍니다.

자기 아들의 피로 사신 교회

신명기 32:44-47	율법은 단지 빈 말이 아니라 바로 당신들의 생명입니다. 이 말씀을 순종하십시오.(신 32:47)
사도행전 20:17-38	나는 이제 하나님과 그의 은혜로운 말씀에 여러분을 맡깁니다. 하나님의 말씀은 여러분을 튼튼히 세울 수 있고, 거룩하게 된 모든 사람들 가운데서 여러분으로 하여금 유업을 차지하게 할 수 있습니다.(행 20:32)

고별 설교

오늘 우리는 사도행전에서 바울의 마지막 설교를 함께 받아 읽었습니다. 바울은 이제 모든 선교 여정을 마치고, 예루살렘으로 떠나게 되었습니다. 바울은 예루살렘으로 가기 전에 마지막으로 꼭 들르고 싶은 곳이 있었습니다. 에베소교회입니다. 그렇지만 예루살렘 여정이 긴급해서 에베소에 들를 수가 없었습니다. 그래서 에베소교회의 장로들을 밀레도까지 불러서, 그들에게 고별 설교를 했습니다. 바울이 복음을 전하던 시기에는 아직 교회가 체계를 갖추기 전이니까, 여기서 '장로'는 교회의 원로들, 나이 든 어른들이라고 볼 수 있습니다. 에베소교회의 장로들을 굳이 밀레도까지 부른 것을 생각하면, 바울에게 에베소교회는 아주 각별한 교회였던 것 같습니다. 바울의 고별 설교에는 교회를 향한 바울의 애틋한 마음이 절절하게 배어 있습니다.

에베소교회

그런데 에베소는 어떤 곳일까요? 에베소는 지금의 터키 서남부 해안에 있는 도시였습니다. 밀레도는 그보다 조금 아래쪽에 있지요. 에베소의 바다 건너 맞은편에는 그리스가 있습니다. 그러니까 에베소는 소아시아에 있지만, 그리스의 문화와 종교가 크게 번성한 곳이었습니다. '에베소' 하면 가장 먼저 떠오르는 것이 하나 있지요. 바로 아르테미스 신전입니다. 이 신전은 세계 7대 불가사의의 하나로 꼽힐 만큼 정말 거대했습니다. 신전의 크기가 어마어마해서 길이가 100미터에 이르고, 그 폭이 50미터나 됩니다. 신전에는 높이가 20여 미터에 이르는 돌기둥이 127개나 되었습니다. 정말 불가사의하게 거대한 신전입니다. 지금은 그 터에 기둥이 하나만 남아 있답니다.

　이 신전은 아르테미스 여신을 섬기는 신전이었습니다. 아르테미스 여신의 신상은 지금도 에베소 박물관이나 바티칸 박물관에 남아 있습니다. 아주 큰 여신상인데, 독특하게도 가슴이 여러 개입니다. 20여 개의 가슴을 가지고 있지요. 이런 신상의 모습은 무얼 뜻하는 걸까요? 풍요와 번성을 기원하는 것입니다. 아르테미스 여신의 인기는 대단했습니다. 요즘 아이돌 이상이었지요. 에베소 사람들은 이 아르테미스 신상을 신전에만 두지 않았습니다. 그 신상을 작고 아름답게 만들어서 집에도 두었습니다.

바울이 에베소에 갔을 때 데메드리오라는 은장이를 만난 일이 있었지요. 이 사람은 직공들을 여럿 거느리고 아르테미스 신전과 신상을 은으로 작게 만들어서 팔았습니다. 아이돌 제작 공장 사장인 셈이지요. 이 아이돌 사업은 에베소에서 아주 번성한 사업이었습니다. 조합을 만들어서 에베소 도시에 영향력을 행사할 정도였습니다. 그런데 잘나가는 사업을 훼방하는 바울이 나타났으니, 어떻게 해야 하겠습니까? 그들은 에베소의 동업자들을 모아 선동해서 바울에게 테러를 가하려 했습니다. 이 일로 온 도시가 큰 혼란에 빠졌습니다.

에베소는 그런 도시였습니다. 거대하고 웅장한, 압도적인 신전이 서 있는 종교의 도시, 풍요와 환락을 약속하는 매혹적인 여신에 사람들이 열광하는 풍요로운 도시였습니다. 이런 도시에 교회를 세우려면 무엇을 해야 할까요? 저 거대한 종교와 경쟁하려면 어떤 경쟁력을 갖추어야 할까요? 저들보다 더 크고 웅장한 신전을 지어야 하지 않을까요? 아니면 더 매혹적인 아이돌을 만들어야 할까요? 어떻게 해야 하겠습니까?

에베소에서 바울은 이렇게 시작했습니다. 바울은 에베소에서 신도 몇 사람을 찾아 만났습니다. 그 큰 도시에 그래도 몇 사람의 신도가 있었지요. 그런데 그 사람들은 '요한의 세례'를 받은 사람들이었습니다. 요한의 세례란 무엇일까요? 회개의 세례입니다. 요한은 광야에서 회개를 선포한 예언자였지요. 요한이 죽은 후에 흩어진 사람 몇이 거기 있었던 것입니다. 아무런 의욕도, 힘도 없는 신도들입니다.

바울은 그들을 가르쳐서 예수님의 이름으로 세례를 주었습니다. 바울이 그들에게 손을 얹으니 성령이 내리셨지요. 그렇게 예수님의 이름으로 세례를 받은 사람, 성령이 임한 신도가 몇 명이었을까요? 열두 명이었습니다. 거대한 도시 에베소를 생각하면 너무 적은 사람들입니다. 그렇지만 바울은 예수께서 그렇게 하셨던 것처럼 그 열두 사람으로 시작하였습니다.

그 열두 사람을 가지고 무엇을 어디서 어떻게 시작해야 할까요? 우선 작은 예배당이라도 지어야 할까요? 아닙니다. 바울은 그 제자들을 데리고 '회당'으로 갔습니다. 유대 사람의 회당입니다. 바빌론 포로 생활 이후로 흩어진 이스라엘 백성은 가는 곳에서 작은 모임 장소를 만들었습니다. 그곳은 제사를 드리는 곳이 아니라, 모여서 율법을 읽고 가르치고 토론하는 장소였지요. 바울은 본래 소아시아의 다소 출신에다가 바리새파 지도자였으니까, 회당을 잘 알고 있었습니다. 바울은 회당에 들어가서 석 달 동안 말씀을 가르쳤습니다. 오롯이 가르치는 일에만 집중했습니다. 어떻게 되었을까요? 사도 중의 사도인 바울이 석 달이나 심혈을 기울여서 가르쳤으니, 그래도 눈에 보이는 성과가 났겠지요? 사람들이 모여들었겠지요? 아닙니다. 성과는 너무나 지지부진했고, 오히려 회당 사람들의 반대에 부딪혔습니다. 어떻게 해야 할까요?

바울은 다시 그 회당을 떠났습니다. 회당을 나와서 이번에는 두란노 학당으로 갔습니다. 두란노 학당이란 두란노라는 이방 사람이 철학을 논하고 가르치기 위해 세운 학당입니다. 우리가 아는 것처럼 바울은 그리스 철학에도 일가견이 있었지요. 바울은 복음을 들고 이방인의 열린 학당으로 들어갔습니다. 우리로 치면, 공자 맹자 가르치는 서당으로 들어간 셈이지요. 바울은 제자들을 데리고 두란노 학당으로 들어가서 날마다 강론하였습니다. 거기서도 2년 동안이나 말씀 가르치는 일에만 집중했습니다. 그런데 그렇게 끈질기게 가르친 결과 어떻게 되었을까요? 유대 사람들도, 이방 사람들도 모두 주님의 말씀을 듣게 되었습니다. 복음이 당신들만의 '독백'이 아니라 모든 사람의 '대화'가 된 것입니다.

말씀을 가르치고 배우는 일

흔히 많은 사람이 교회는 치유와 능력의 사역으로 부흥한다고 착각합니다. 그래서 온갖 종교 사기가 난무하지요. 그러나 그렇게 성장한 것은 교회가 아니라 맘몬의 괴물일 뿐입니다. 적어도 에베소에서 행한 바울의 선교는 말씀을 가르치고 배우는 일이 전부였습니다.

바울도 다른 능력의 사도들처럼 귀신을 쫓고 병을 고치는 일을 하지 않았느냐고 물을 수도 있겠지요. 그렇습니다. 바울도 그런 능력을 보였고, 에베소에서도 그런 기적이 일어났습니다. 심지어 사람들이 바울이 지니고 있던 손수건이나 두르고 있던 앞치마를 가져다가 병자에게 얹기만 해도 병이 낫고 귀신이 물러갔습니다. 그런데 사도행전은 그 기적을 이렇게 말합니다. "하나님께서 바울의 손을 빌어서 비상한 기적들을 행하셨다."(행 19:11) 무슨 말입니까? 그런 기적은 바울의 능력이 아니라 다만 하나님의 능력이라는 말입니다.

하나님의 능력을 자기 능력인 양 시위하는 것, 그것이 문제입니다. 사도행전은 하나님의 능력을 자신의 능력인 것처럼 시위하는 것을 용납하지 않습니다. 바울을 통해 병이 치유되고 귀신이 쫓겨나는 것을 본 스게와라는 유대 사람이 있었지요. 제사장의 아들이었던 그는 "바울이 전파하는 예수를 힘입어서 내가 너희에게 명령한다."(행 19:13)라고 말하면서 귀신을 축출하려 했습니다. 마치 그것이 내 능력인 줄 아는 것입니다. 어떻게 되었을까요? 귀신들이 그에게 달려들어서 큰 상처를 입고 벌거벗은 몸으로 도망쳤습니다.

에베소교회는 그렇게 말씀을 가르치고 배우면서 세워진 교회였습니다. 특히 바울은 평생 떠돌아다니느라 어느 한 교회에서 오래 머무르지 못했지요. 그런데 에베소교회는 2년 반이나 머물면서 오롯이 말씀을 가르치는 일에 집중해서 얻은 열매였습니다. 바울은 예루살렘으로 가면서, 그 길이 어떤 길인지 예감하고 있었습니다. 그 길은 다시 돌아오지 못하는 길이었습니다. 바울은 예루살렘에서 유대 사람들에게 체포당할 것입니다. 그리고 예수께서 유대 사람들에게 체포되어서 로마 사람에게 넘겨지신 것처럼 바울도 로마로 가게 될 것입니다. 그래서 바울은 에베소교회의 장로들을 불러서 마지막 당부를 하게 될 것입니다.

자기 자신을 잘 살펴서

이런 배경을 알고 다시 들어보면, 바울의 고별 설교는 마치 눈물로 쓴 편지처럼 생생하고 애절합니다. 바울은 에베소의 교인들에게 자신의 심경을 토로하고, 간곡하게 몇 가지를 당부했습니다. 설교를 마치고 나서는 무릎을 꿇고 함께 기도하고, 모두 한바탕 눈물바다를 이루며 작별을 고했습니다.

자신이 그토록 마음을 다해 세운 에베소교회를 떠나면서, 바울이 가장 바란 것이 무엇이었을까요? 바울은 이렇게 말합니다. "여러분은 자기 자신을 잘 살피고 양 떼를 잘 보살피십시오. 성령이 여러분을 양 떼 가운데에 감독으로 세우셔서, 하나님께서 자기 아들의 피로 사신 교회를 돌보게 하셨습니다."(행 20:28) 무슨 말씀입니까? 이제 성령께서, 하나님께서 여러분을 양 떼 가운데 감독으로 세우셨다는 것입니다. 여기서 교회를 지킬 사람, 하나님께서 자기 아들의 피로 사신 교회를 돌볼 '감독'이 누구입니까? 그것은 다른 사람이 아닙니다. 여러분입니다. 우리입니다.

그렇다면 그 '우리'는 어떻게 교회를 지킬 수 있을까요? 먼저 우리 자신을 잘 살펴야 합니다. 나 자신을 지켜야 합니다. 다른 사람이 아닌 나 자신을 지키는 것이 중요합니다. 나 자신을 살피지 않고서 교회를 지킬 방법은 없습니다. 그렇게 자신을 잘 살피고, 그리고 양 떼를 잘 보살펴야 합니다. 무엇보다 바울은 자신이 떠난 후에 교회에 닥쳐올 여러 어려움을 잘 알고 있었습니다. 사나운 이리가 들어와서 양 떼를 마구 해치리라는 것입니다. 교회를 분열시키는 자들도 나타날 수 있고, 거짓을 말하는 자들도 나타날 수 있지요. 그럴 때 어떻게 해야 할까요? 어떻게 교회를 든든히 지킬 수 있겠습니까? 바울은 이렇게 말했습니다. "나는 이제 하나님과 그의 은혜로운 말씀에 여러분을 맡깁니다. 하나님의 말씀은 여러분을 튼튼히 세울 수 있고, 거룩하게 된 모든 사람 가운데서 여러분으로 하여금 유업을 차지하게 할 수 있습니다."(행 20:32)

은혜로운 말씀에 맡깁니다

사랑하는 여러분, 오늘 우리는 사도행전이 전해주는 사도 바울의 설교를 함께 읽고 생각을 나누었습니다. 2,000년 전 바울의 설교가 이토록 생생하게 남아 있다는 것도 놀랍지만, 이 설교가 그대로 오늘 우리에게 주는 설교 같아서 더욱 절절하지 않습니까? 바울의 고별 설교는 우리 한민교회가 이제 한 세대를 마무르고 다음 세대를 준비하면서 꼭 다시 새겨들어야 할 설교가 아닐까요?

바울은 에베소교회를 떠나면서 '여러분'이 교회의 감독이라고 말했습니다. 여기서 '감독'은 그 무슨 교회의 계급을 말하는 것이 결코 아닙니다. '장로'도 직분이 아니라 어른이라는 뜻이지요. 여러분이 감독이라는 말은 여러분이 교회를 지키는 사람이라는 말입니다. 교회는 그 어떤 다른 사람이 와서 지키는 게 아닙니다. 교회는 애초부터 사람들입니다. 사람들이 무너지면 교회는 무너집니다. 그리고 교회를 지키는 감독은 다른 사람을 감시하고 지시하는 사람도 아닙니다. 먼저 자신을 살피고, 다른 사람을 보살피는 사람입니다. 여러분이, 우리가 모두 감독이 되어서, 지키는 사람이 되어서 먼저 자기 자신을 살피고 다른 사람을 보살핀다면, 교회는 든든히 설 것입니다.

또한 바울은 여러분을 하나님과 하나님의 은혜로운 말씀에 맡긴다고 했습니다. 교회는 우리를 하나님께 맡기는 것입니다. 우리를 하나님의 은혜로운 말씀에 맡기는 것입니다. 내가 하나님을 맡은 것이 아닙니다. 내가 하나님의 말씀을 독점한 것이 아닙니다. 우리는 날마다 우리를 하나님께 맡겨야 합니다. 우리는 우리를 날마다 하나님의 은혜로운 말씀에 맡겨야 합니다. 교회는 우리가 그렇게 다만 하나님을 바라보고, 하나님의 은혜로운 말씀에 순종할 때 든든하게 설 것입니다.

사랑하는 여러분, 하나님께서는 우리에게 하나님께서 자기 아들의 피로 사신 교회를 돌보게 하셨습니다. 우리를 주님의 몸 된 교회를 지키는 사람들로 세우셨습니다. 우리가 날마다 우리 자신을 잘 살펴서 우리 자신을 잘 지킬 수 있으면 좋겠습니다. 우리가 좀 더 너르고 따뜻한 마음으로 다른 사람을 보살피며 살 수 있으면 좋겠습니다. 언제 어디서나 우리를 하나님께 맡기고, 하나님의 은혜로운 말씀을 따라 살아갈 때, 성령께서 우리 교회를 든든히 지켜주실 것입니다.

제4부

마음이 가난한 사람은

우리는 무엇을 해야 합니까

창세기 19:15-22　"보십시오. 저기 작은 성이 하나 있습니다. 저 성이면 가까워서 피할 만합니다. 그러니, 그리로 피하게 하여 주십시오. 아주 작은 성이 아닙니까? 거기로 가면 제 목숨이 안전할 것입니다."(창 19:20)

누가복음 3:10-14　무리가 요한에게 물었다. "그러면 우리는 무엇을 해야 합니까?" 요한이 그들에게 대답하였다. "속옷을 두 벌 가진 사람은 없는 사람에게 나누어 주고, 먹을 것을 가진 사람도 그렇게 하여라."(눅 3:10-11)

줄여야 산다

모처럼 동창 모임에 갔습니다. 나다니는 것을 그리 좋아하지 않아서 잘 참석하지 않는데, 오랜만에 친구들을 만났습니다. 그랬더니 창창하던 친구들은 다 어디 가고 웬 중늙은이들이 모여 있더군요. 하긴 모두 이순을 넘겼으니 그럴 만도 합니다. 그런데 나이 들어가면서 보면, 남의 말을 잘 알아듣는다는 게 쉬운 일이 아닙니다. 그게 꼭 귀가 어두워지기 때문만은 아니지요. 맘이 좁아져서 남의 말을 고깝게 듣기 쉽고, 자기 말만 고집스럽게 반복하기 일쑤입니다. 그래서 식당에 가면 간단한 메뉴를 놓고도 주문하는 데 한참 걸립니다. 나이 들어 귀가 순해지는 것[耳順]이 거저 되는 일이 아닙니다. 나이 들수록 명심해야 할 숙제 중의 숙제이지요.

그런데 이번에 보니까, 식사 시간에서 새로워진 풍경이 하나 있었습니다. 음식 주문하는 난이도는 여전하지만, 그런대로 성공적으로 식사를 마쳤는데, 밥을 먹자마자 여기저기서 봉지를 하나씩 꺼내는 겁니다. 약봉지입니다. 혈압약에, 당뇨약에, 영양제, 소화제까지 하나씩 꺼내 들고 물을 찾는데, 몇 명 빼고는 모두 한 봉지씩 입에 털어넣었습니다. 그리고 나서는 웃으며 하는 말이, 자기들은 '당(糖)나라 병사'라는 겁니다. 어느새 건강이 최대 숙제가 된 것이지요. 그러면서 하는 말이, 이제부터는 '줄여야 산다'고 합니다. 무엇보다 허리를 줄이려면 먹는 것부터 줄여야 하는데, 이게 쉬운 일이 아니랍니다. 하긴 요즘에는 나이 든 사람들뿐 아니라 젊은이들도 줄여야 한다고 하지요. 줄여야 건강해지고, 줄여야 행복하게 살 수 있다! 이것이 이번 동창회에서 얻은 상당히 짠한 교훈입니다.

그런데 사실 줄이는 문제는 그저 개인의 건강 문제를 넘어서, 21세기 우리 지구의 과제입니다. 오늘날 우리 생태계는 대량생산과 대량소비 구조를 줄이지 않고서는 더는 지탱하기 어렵게 되었습니다. 지구 온난화는 정말 시급한 과제 아닙니까? 농사를 짓는 농부들의 이야기를 들어보면, 지금 날씨가 심상치 않다고 합니다. 당장 작년 가을에 가뭄이 심했습니다. 그러다가 정작 낟알이 여물 때부터 추수할 때까지 비가 계속 내렸습니다. 그래서 작물이 제대로 씨앗을 맺지 못했다는 겁니다. 또 요즘에는 봄비가 내리는 양도, 방식도 달라지고 있습니다. 세계적으로도 홍수와 가뭄, 한파와 폭염, 태풍과 돌풍으로 몸살을 앓고 있고, 엄청난 희생을 치르고 있습니다. 이 모든 이상 현상에 시급하게 대비하는 유일한 길이 있다고 하지요. 그게 줄이는 길이랍니다. 당장 줄여야 우리 아이들이 살아갈 미래가 있습니다. 그런데 줄이는 것이, 이게 정말 어려운 우리의 숙제입니다. 모두가 아는데 아무도 줄이지 않습니다.

작은 성을 향하여

소돔성이 있었습니다. 멸망하여 사라진 성이지요. 그런데 이 성에서 구원받은 한 가족이 있습니다. 롯과 그의 가족입니다. 롯이 살고 있던 소돔성은 어떤 곳이었을까요? 번성한 도시요, 큰 성이었습니다. 풍요롭고 살기 좋은 곳이었지요. 아브라함과 갈라설 때 롯이 소돔 쪽을 택했는데, 그때 소돔은 마치 하나님의 동산처럼 풍요롭고 아름다운 땅이었습니다.(창 13:10) 물이 넉넉하고 땅이 기름진 곳이었습니다. 그런데 이렇게 크고 풍요로운 도성 소돔이 하나님께 심판받고 멸망하게 됩니다. 이 소돔이 멸망할 때에 롯과 그의 가족은 거기서 구원을 받았지요.

  그런데 롯이 소돔 성에서 구원받은 사건은, 마치 이스라엘 백성이 이집트로부터 탈출한 출애굽 사건과 닮은 데가 있습니다. 어쩌면 소돔 탈출은 이집트 탈출의 예표와도 같습니다. 실제로 창세기는 소돔이 이집트와 같았다고 말하지요. 이집트가 풍요로운 땅이었던 것처럼 소돔도 풍요로웠고, 이집트가 약자를 약탈했던 것처럼 소돔도 약자를 약탈합니다. 그리고 소돔에서 구원받은 롯은 어떻게 구원받았습니까? 이스라엘 백성이 이집트로부터 광야로 탈출했듯이 롯은 소돔으로부터 소알로 탈출했습니다.

　그런데 이 소알은 어떤 성이었을까요? 소알은 무엇보다 작은 성이었습니다. 소알이라는 이름 자체가 작다는 뜻입니다. 말하자면 롯은 소돔이라는 번성하고 풍요로운 큰 성으로부터 작고 보잘것없는 소알로 탈출함으로써 구원받게 되었습니다. 롯은 큰 성을 탈출하여 작은 성을 향하여 갔습니다. 마치 이스라엘 백성이 크고 강대한 이집트를 탈출하여 광야로 간 것처럼 말입니다. 그러므로 소돔으로부터의 구원은 구원과 해방을 향한 여정의 향방을 우리에게 보여줍니다. 구원의 길은 작은 곳을 향하여, 광야를 향하여 가는 길입니다. 예언자 호세아도 풍요를 좇아가는 이스라엘 백성들을 구원하시기 위해 하나님께서 그들을 빈 들로 꾀어내신다고 했습니다.(호 2:14)

어떻게 해야 합니까

세례 요한은 이사야가 예언하던 '빈 들의 소리'라고 불립니다.(사 40:3) 세례 요한은 백성들을 향하여 심판을 피하여 구원받으려면 회개해야 한다고 외쳤지요. 그는 광야에서, 빈 들에서 외쳤습니다. 세례 요한에게 회개의 자리는 화려한 성전이 있는 예루살렘이 아니라 황막한 광야였습니다. 자신을 찾아온 사람들에게 요한은 당신들이 아브라함의 자손이라 할지라도 회개하지 않으면 심판을 면치 못한다고 경고했습니다. 아무리 하나님의 선민이라 할지라도, 아무리 하나님을 믿는다

할지라도 회개의 열매가 없다면 소용없다는 말입니다. 요한은 이미 도끼가 나무뿌리에 놓인 것처럼 심판이 긴박하므로 회개 또한 시급하다고 말했습니다.

그런데 이 회개가 무엇일까요? 어떻게 하는 것이 회개라는 말입니까? 눈물로 자복하고, 옷을 찢으며, 재를 뒤집어써야 할까요? 하던 일 다 때려치우고, 길거리에 나가서 전도라도 해야 하는 걸까요? 도대체 어떻게 무얼 하라는 말입니까? 세례 요한을 찾던 사람들도 그게 궁금했나 봅니다. 그래서 물었습니다. 도대체 회개하라는데, 우리가 어떻게 하라는 말입니까? 그때 요한이 대답했습니다. "속옷을 두 벌 가진 사람은 없는 사람에게 나누어 주고, 먹을 것을 가진 사람도 그렇게 하여라." 이게 무슨 얘기일까요? 우리가 해야 할 회개란 뭐 거창한 데 있는 것이 아니라 소소한 일상, 우리의 생활에 있다는 얘기일까요? 세리들도 요한에게 물었습니다. 우리는 어떻게 해야 하느냐고. 요한은 그들에게 정해준 것보다 더 받지 말라고 했습니다. 군인들도 물었지요. 그러자 요한은 그들에게 힘으로, 속여서, 빼앗지 말고 너희 봉급으로 만족하라고 했습니다.

여기 세례 요한의 대답은 참으로 시시하고 싱겁지 않습니까. 요한은 역사를 얘기하고 있었습니다. 메시아가, 그리스도가 곧 오실 것이라고 말했습니다. 이스라엘 백성들이 그토록 기다리고 기다리던 그 희망의 때가, 구원의 때가 왔다고 외쳤습니다. 이제 곧 이루어질 하나님의 역사, 그 놀라운 구원의 사건을 앞두고 회개해야 한다면, 뭔가 좀 더 크고 특별한 결단이 필요하지 않겠습니까. 하나님 나라가 온다는 것은, 세상의 역사가 완전히 전복된다는 얘기일 텐데, 그런 위대한 역사를 예비하는 회개라면, 집을 다 팔아 바친다든가, 좀 그럴듯한 변화가 있어야 하지 않겠습니까? 그런데 하필 속옷이라니요. 그저 정해준 대로 받고, 봉급으로 만족하라니요. 이게 저 포악한 헤롯 왕의 부정과 비리를 목숨 걸고 신랄하게 비판하던 예언자의 처방이라는 말입니까? 그렇습니다. 분명히 이것이 요한의 대답입니다. 일상의 회복입니다. 상식의 회복이요, 소소한 생활의 변화요 실천입니다. 하나님 나라가 회개로 시작한다면, 하나님 나라는 이런 작은 변화로부터 시작한다는 말입니다.

그런데 사실은 세례 요한이 말하는 이러한 생활의 회개는 결코 쉬운 일이 아닙니다. 누가복음의 시대, 그 시대는 로마 시대였지요. 로마 시대의 핵심, 그 중심은 경쟁입니다. 이른바 무한경쟁의 시대가 열린 것입니다. 그리고 경쟁에서 이기려면 돈이 필요했습니다. 그 시대에도 돈이 문제였습니다. 이런 시대, 돈이 시대정신이 된 때를 살아가려면, 거기 경쟁에서 살아남으려면 무엇이 필요할까요? 옷이 한 벌 있다면, 다음에는 어떻게 해야 할까요? 한 벌로 만족하면, 그는 시대에 뒤떨어지게 되지요. 그러니 무슨 수를 써서라도 두 벌을 만드는 게 좋겠지요. 두 벌 있다면, 세 벌, 네 벌을 만들어야지요. 그래야 남들보다 보람 있고 행복할 수 있습니다. 안심할 수 있습니다. 먹을 것이 있다면, 그것 또한 그렇게 해야 합니다. 창고를 지어서 더 많이 쌓아야 하지요. 창고가 클수록 사람도 커지고 행복도 그만큼 커집니다. 그래야 든든한 갑이 될 수 있습니다. 로마 시대의 본질이나 우리 시대의 본질이나 별반 다르지 않습니다. 어쩌면 모든 시대 우상숭배의 본질은 맘몬 숭배에 있습니다. 맘몬이란 본래 큰 것이지요. 큰 것이 아름답다, 많아야 선이다, 이것이 맘몬의 표어입니다. 독점과 축적, 그것이 맘몬의 신념입니다. 무엇이든 커야 합니다. 키도 커야 하고, 집도 커야 하고, 차도 커야 합니다. 교회도 커야 합니다.

    이런 시대를 살아가면서, 겨우 속옷 두 벌 있는데 그것을 나누는 사람이 있다면, 그렇게 나누어주면서 기뻐하고 행복해하는 사람이 있다면, 그는 어떤 사람입니까? 모두가 큰 것이 선이고 큰 것이 아름답다고 악을 쓰는데, 작은 것이 좋다고 작은 것이 아름답다고 노래하는 사람이 있다면, 그가 누구라는 말입니까? 그렇습니다. 세상을 거슬러 사는 사람들 아닙니까? 세상의 가치, 맘몬의 위세를 정면으로 거부하는 사람들 아닙니까? 카이저의 나라에 굴복하지 않고 다만 하나님의 나라를 흠모하는 사람들 아닙니까? 가난하지만 하나님 나라를 품고 사는 사람들 아닙니까? 이들이 바로 그리스도의 사람들입니다.

밥상을 나누는 사람들

처음 교회가 시작될 때에도 다름 아닌 먹고 입는 것을 나누는 일로 출발했습니다. 함께 더불어 밥상을 나누고, 작고 소소한 일상, 그러나 모든 사상과 종교와 정치와 경제와 문화의 실체인, 먹고 입는 것을 나누면서, 함께 기뻐하던 사람들, 함께 감사하던 사람들, 맑은 마음으로 노래하던 사람들, 그들이 바로 그리스도인이요 교회였습니다.

    예수께서 하신 일이 바로 함께 먹고 나누는 일이었습니다. 예수님은 굶주린 사람들과 함께 먹을 것을 나누고, 세리와 죄인들과 함께 밥상을 나누셨지요. 가지고 있는 작고 보잘것없는 것을 감사하는 마음으로 기쁘게 나누셨습니다. 그리고 마침내는 자신의 살과 피를 나누어주시지 않았습니까? 우리의 예배는 자신의 생명을 나누어주신 예수님을 기억하고 따르는 데 있습니다.

우리는 무엇을 해야 합니까? 위기의 시대, 혼돈의 때에 세례 요한은 "속옷을 두 벌 가진 사람은 없는 사람에게 나누어 주고, 먹을 것을 가진 사람도 그렇게 하라."라고 대답했습니다. 그것이 그리스도의 길을 예비하는 회개였습니다. 요한의 이 대답은 하나님의 구원을 기다리는 모든 사람에게 주는 대답입니다. 오늘도 회개는 내가 가지고 있는 것을 나누는 데 있습니다. 우리의 회개는 일상의 상식을 회복하는 데 있습니다. 회개는 빼앗은 것으로, 착취한 것으로 만족하는 것이 아니라 정당한 보수로 만족하는 데 있습니다. 회개는 그렇게 우리의 생활을 바꾸는 데 있습니다. 그렇게 함으로써 맘몬의 지배를 밑바닥으로부터 부정하고 무너뜨리는 데 있습니다. 진정한 회개는 자신의 몸을 밥으로 나누어주신 그리스도를 따르는 데 있습니다.

풍요의 큰 도성 소돔에 살았던 롯은 작은 성 소알로 도망쳐서 구원받았습니다. 우리도 큰 것을 지향하는 삶으로부터 작은 것을 소중히 여기는 삶으로 도망칠 수 있었으면 좋겠습니다. 이집트로부터, 바빌론으로부터 탈출할 수 있었으면 좋겠습니다. 날마다 우리에게 필요한 것으로 채워주시는 하나님의 은총 안에서 은혜의 선물로 만족하고 감사하며, 작은 것을 함께 나누며, 하나님의 구원을 기다리는 사람들로 살았으면 좋겠습니다.

너희가 용서해주지 않으면

마태복음 6:5-15 "너희가 남의 잘못을 용서해 주면, 너희 하늘 아버지께서도 너희를 용서해 주실 것이다. 그러나 너희가 남을 용서해 주지 않으면, 너희 아버지께서도 너희의 잘못을 용서해 주지 않으실 것이다."(마 6:14-15)

'인'과 '서'

자공이 공자에게, 평생 지켜야 할 한마디 말이 있다면 그것이 무엇이냐고 물었습니다.(『논어』, 〈위령공〉 편) 무엇일까요? 사람이 일평생 가슴에 품고 지켜야 할 말이라면 얼마나 중요한 말이겠습니까? 공자는 '기서호'(其恕乎)라고 대답했습니다. 그것은 '서'이다, 그 말이지요. 여기서 '서'란 용서한다고 말할 때의 그 '서'(恕)입니다. '어질다', '헤아리다', '용서하다'는 뜻입니다.

흔히 공자의 사상을 한마디로 집약한다면 '인'(仁)이라고 말합니다. '사랑', '어짊'이라는 말입니다. 그런데 굳이 구분해보자면, '인'을 마음가짐이라고 보고, '서'는 실천이라고 볼 수 있을 것 같습니다. 사랑이란 구체적으로, 실천적으로는 '용서'로 나타나야 한다는 말이지요.

어쨌거나 공자는 우리가 평생 새기고 지켜야 할 한마디는 '용서'라고 했습니다. 우리가 세상을 살아가면서 남을 헤아리고 배려하고 용서하며 산다면, 우리의 인생도 그리 어긋나지는 않을 것입니다.

누가 용서할까요

그런데 어쩌면 예수님의 가르침도 공자의 가르침과 그리 다르지 않은 것 같습니다. 마태복음 본문 바로 앞 9-13절에는 예수께서 가르쳐주신 기도, 이른바 '주의 기도'가 있습니다. 주의 기도는 예수님을 따르는 자들이 일생 드려야 할 기도이지요. 이 기도의 12절에 '용서'에 대한 기도가 있습니다. 그런데 마태복음에서는 기도가 끝난 다음 바로 이어서 '용서'에 대한 주제를 다시 언급합니다. 14-15절이 그것인데, 내용은 12절의 것을 그대로 반복하고 있습니다. 마치 중요한 핵심 내용을 꼭 짚어서 강조하듯이 말입니다. 무슨 의도일까요? '용서'의 문제가 아주 중요하다, 이 말입니다. '용서'의 문제는 '주의 기도'의 중심이며, 예수님의 가르침의 중심 주제입니다.

그런데 용서에 대한 예수님의 가르침에는 아주 중요한 문제가 있습니다. 그것은 과연 '누가' 용서하느냐는 것입니다. 용서는 '누가' 하는 것일까요? 예수 시대에는 '누가' 용서할 수 있다고, 용서할 수 있는 '권한'을 누가 가졌다고 생각했을까요? 마땅히 '하나님'이십니다. 다만 하나님이십니다. 예수 시대에 죄를 용서할 수 있는 분은 오직 하나님이셨습니다. 예수 시대뿐 아니지요. 오늘도 우리는 '용서'가 하나님께 있다고 말하지 않습니까?

예수께서 어느 날 중풍병에 걸린 사람을 보셨지요. 혼자서는 움직일 수도 없는 환자를 사람들이 침상째 데려왔습니다. 그때 예수께서 그 병자에게 뭐라 말씀하셨습니까? "이 사람아! 네 죄가 용서받았다."(막 2:5) 그 사람의 죄가 용서받았다는 것입니다. 그런데 그때 거기에 있던 율법학자들은 어떻게 생각했습니까? "이 사람이 어찌하여 이런 말을 한단 말이냐? 하나님을 모독하는구나. 하나님 한 분밖에, 누가 죄를 용서할 수 있는가?"(막 2:7) 그렇지요. 죄를 용서하는 것은 하나님의 일입니다. 만약 사람이 감히 죄를 용서한다면, 그것은 신성모독입니다.

그렇다면 예수께서 죄를 용서하신 것이 하나님을 모독하는 것이 아니라고 변호하려면, 어떤 방법으로 할 수 있을까요? 아마 두 가지 길이 있겠지요. 하나는, 예수님 자신이 하나님의 아들이라고, 하나님과 같은 분이라고 주장하는 것입니다. 하나님의 아들이니까 하나님과 같은 권한이 있고, 따라서 죄를 용서하는 것이 신성모독이 아니라고 말입니다. 예수님 시대에 그렇게 주장하는 사람들이 있었습니다. 누굴까요? 로마의 황제입니다. 로마의 황제는 스스로 신의 아들이라고 주장했습니다. 그래서 황제는 지존으로서 사면권을 가질 뿐 아니라 생명에 대한 권한도 가졌다고 주장했습니다.

또 다른 방법도 있지요. 예수님은 하나님은 아니지만, 하나님으로부터 사죄권을 위임받았다고 주장할 수 있을 것입니다. 이를테면 제사장처럼 하나님을 대신하여 죄를 용서할 면허증을 받았다고, 하나님의 대리자라고 주장하는 것입니다. 실제로 요즘에도 어떤 정신 나간 자들이, 목사가 사죄권과 정죄권을 독점한다고 주장하기도 한다지요?

그렇지만 신성모독이라고 생각하는 율법학자들에게, 예수께서는 자신이 하나님의 아들이라고 주장하지 않았습니다. 자신에게 무슨 사죄 면허증 같은 것이 있다고 말하지도 않았습니다. 예수께서는 그들에게 뭐라고 말씀하셨습니까? "인자가(사람의 아들이) 땅에서 죄를 용서하는 권세를 가지고 있음을 너희에게 알려주겠다."(10절) 그러고 나서 중풍 병자에게, 스스로 일어나서 걸어가게 하셨습니다.

예수님은 죄를 용서하는 권한을 '하나님의 아들'로서 행사하지 않았습니다. '하나님의 대리자'로서 행사하지도 않았습니다. '사람의 아들'로서 행사했습니다. 용서하는 권한이 있다면, 그것은 스스로 '하나님의 아들'이라고 뻔뻔하게 주장하는 자의 것이 아니다, 이 말입니다. '하나님의 대리자'라고 사죄권을 독점한 것처럼 행세하는 자들의 것도 아니다, 그 말입니다. 땅에서 죄를 용서하는 권한은 이제 '사람의 아들'에게 있다는 말입니다.

우리의 의무

예수께서는 '사람의 아들'로서 죄를 용서하셨습니다. 그리고 '주의 기도'에서 예수께서는 죄를 용서하는 이 신성하고 준엄한 권세를 '우리'의 의무로 주십니다. 용서는 사람이 실천해야 할 신성한 권리이자 의무라는 말입니다. "우리가 우리에게 죄 지은 사람을 용서하여 준 것 같이 우리의 죄를 용서하여 주시고."(마 6:12) 이 기도는 참으로 엄청난 폭발력을 가진 기도입니다. 정말 놀랍고 두려운 기도가 아닙니까?

보십시오. 우리의 용서가 무엇을 초래하고 있는지, 우리의 기도가 얼마나 중요한지 말입니다.

"너희가 남을 용서해 주지 않으면, 너희 아버지께서도 너희의 잘못을 용서해 주지 않으실 것이다."(마 6:15) 무슨 말입니까? 우리의 용서가 없다면, 하나님의 용서 또한 없다는 것입니다. 물론 우리의 용서가 하나님의 용서보다 더 중요하다는, 우리의 용서가 하나님의 용서를 결정한다는, 맹랑한 오만을 말하는 것은 아닙니다. 우리의 기도와 우리의 용서란 하나님의 크고 놀라운 은총 안에서만 가능하다는 것을 우리는 너무도 잘 알고 있습니다. 그러나 하나님은 우리를 용서받고 은총받는, 그저 받고 또 받기만 하는 무능한 죄인의 자리에 두지 않으십니다. 우리를 감히 용서하시는 하나님의 역사에서 주인공으로 세우려 하십니다.

사실 우리가 용서할 때, 그때 하나님께서도 용서하신다는 이 가르침은, 이미 오래전에 예언자들이 외친 가르침입니다. 일찍이 이사야는 이스라엘 백성들에게 "너희의 죄가 주홍빛과 같다 하여도 눈과 같이 희어질 것이며, 진홍빛과 같이 붉어도 양털과 같이 희어질 것"(사 1:18)이라고 선포했지요. 어떻게 그렇게 깨끗하게 죄를 용서받게 될까요? 그것은 많은 제물과 제사를 통해서가 아닙니다. 이사야는 백성들에게 '스스로 씻어라. 스스로 정결하게 하라.'(사 1:16)고 말합니다. 어떻게 스스로 정결하게 할까요? '정의를 찾고, 억압받는 사람을 돕고, 고아와 과부의 송사를 변론하라.'는 것입니다. 스스로 정결하게 하지 않은 채 하나님의 용서를 구하지 말라는 말입니다. 다른 사람의 고통을 풀어주지 않고서 용서를 구할 길은 없다는 말입니다.

다시 용서란 무엇인가

용서할 때 우리는 하나님의 큰 용서 안으로 들어갑니다. 그런데 여기서 뒤늦게 가장 기본적인 질문을 던져봅니다. '용서'란 무엇일까요? 공자가 '서'(恕)라고 했을 때, 이 말은 같을 '여'(如) 자에 마음 '심'(心) 자입니다. '용서'란 '같은 마음'이다, 마음을 같이하는 것이다, 그런 말입니다. '용서'라고 할 때는, 얼굴 '용'(容) 자를 붙여서, 얼굴을 맞대고 마음을 같이한다는 말이 되겠지요.

이스라엘 백성들이 이집트에서 고통당하며 부르짖는 것을 보시고, 하나님의 마음이 아프셨습니다. 하나님의 마음이 백성의 마음과 통했습니다. 하나님의 마음과 사람의 마음이 통할 때, 하나님께서 우리를 긍휼히 여기실 때, 그때 용서의 사건이 일어납니다. 출애굽은 무엇입니까? 긍휼하신 하나님께서 용서하신 사건입니다. 예수께서 갈릴리에서 가난하고 병든 사람들의 고통을 보고 아파하셨지요. 긍휼한 마음입니다. 그래서 고통당하는 사람들에게 가서서 그들을 병마에서 풀어주시고, 가난한 사람들을 하나님 나라의 주인으로 세우십니다. 이것이 용서의 사건입니다. 하나님의 용서는 사건이요, 해방의 역사로 실현됩니다. 예수님의 용서는 하나님 나라 사건으로 일어납니다.

주의 기도에서 '용서'라고 번역한 그리스 말 '아페시스'는 '용서하다'는 뜻뿐 아니라 '면제하다'는 뜻이 있습니다. 더 나아가 '풀어주다', '해방하다'는 뜻으로도 쓰입니다. 용서를 구하는 기도 바로 앞의 기도가 일용할 양식을 구하는 기도였지요. 하루하루의 필요한 양식을 기도해야 하는 사람들은 어떤 사람들일까요? 얼마나 힘겨운 사람들이겠습니까? 여기서 '죄'라고 번역한 '오페이레마'는 '빚', '의무', '속박'이라는 뜻입니다. 이렇게 보면 '죄의 용서'는 '빚의 면제'로 읽는 것이 훨씬 더 생생할 것 같습니다. 예수께서 중풍병자를 용서하실 때도, 그 용서는 동시에 그를 고통으로부터 풀어주는 구체적인 사건이었지요. 일용할 양식을 구하는 사람들에게 '빚'보다 더 긴급하게 풀어야 할 일이 또 있겠습니까?

우리가 죄를 용서한다는 것은, 그저 마음의 앙금을 푸는 정도가 아니라는 말입니다. 그것은 가난한 사람들의 빚을 면제해주고, 속박에서 풀어주는 구체적이고 실천적인 행위입니다. 말하자면 우리가 '주의 기도'를 드리면서 말하는 '용서'는, 그저 묵은 원한을 풀고 죄책감을 덜어주는 데서 그치는 게 아니라, 고통당하는 사람을 그 고통과 아픔에서 풀어주고 해방하여 주는 실천의 문제이다, 그 말입니다. '용서'란 '관용'의 문제를 넘어 '정의'의 문제요, 사랑과 생명의 문제요, 평화의 문제입니다.

용서는 하나님께서 긍휼한 마음으로 하신 그 일을 우리도 행하는 것입니다. 용서란 예수께서 사랑으로 베푸시고 행하신 그 일을 우리가 따라가는 것입니다. 용서는 하나님의 백성, 하나님의 자녀의 거룩한 의무입니다. 용서는 그리스도인의 기본 책무입니다.

우리 시대의 용서

용서가 사람을 고통으로부터 풀어주는 실천이요 사건이라면, 오늘 우리에게 가장 절박한 용서는 무엇일까요? 우리 시대에도 많은 사람이 '빚' 때문에 고통을 받고 있습니다. 빚 때문에 가정이 파탄 나고, 거리로 쫓겨나서 노숙자가 되고, 삶의 벼랑 끝으로 몰려 자살하는 사람들이 속출합니다. 그런데 이 '빚'은 한 개인의 인격적인 죄가 아니라 맘몬을 숭상하는 이 시대의 '죄'의 산물이라는 것입니다. 이 죄의 이면에는 불의한 돈놀이로 천문학적인 부를 창출하는 맘몬의 비열한 신화가 있습니다. 이 시대의 거대한 맘몬은 힘없고 가난한 사람들의 빚을 먹고 자라는 것입니다.

무엇보다 세월호 사건이 일어난 지 어느덧 일 년이 지나갑니다. 그런데 세월호는 아직도 찾지 못한 9명의 실종자와 함께 차가운 바다에 있습니다. 오늘 우리가 용서해야 할 가장 긴급한 '죄'는 '세월호'가 아닐까요? 우리가 풀어야 할 '죄'는 바로 여기에 있는 것이 아닐까요? 이 참담한 죄를 그냥 바다에 묻어버리려는 자들도 있다고 합니다. 성급하고 무책임하게 '용서'를 운운하는 사람들도 있지요. 그런데 누가 이 죄를 용서한다는 말입니까? 누가 이 참혹한 고통을 풀어야 한다는 말입니까? 먼저 고통을 바다로부터 건져올려야 합니다. 그 고통의 정체를 분명하게 드러내야 합니다. 그래야 우리의 '죄'가 무엇인지 알게 될 것이고, 죄의 고백으로부터 비로소 용서의 문이 열릴 것입니다.

이제라도 이 시대의 죄악을 풀어야 합니다. 이 죄악으로 고통당하는 사람들의 고통을 용서해야 합니다. 만약 우리가 '죄'를 용서하지 않는다면, 하나님께서도 우리를 용서하지 않으실 것입니다.

'아니오' 할 때에는 '아니오'라고 하여라

다니엘 3:13-18 비록 그렇게 되지 않더라도, 우리는 임금님의 신들은 섬기지도 않고, 임금님이 세우신 금 신상에게 절을 하지도 않을 것입니다.(단 3:18)

마태복음 5:33-37 "너희는 '예' 할 때에는 '예'라는 말만 하고, '아니오' 할 때에는 '아니오'라는 말만 하여라."(마 5:37)

푸른색과 초록색

만약 푸른색을 가리키며 초록색이라고 말하면 여러분은 뭐라고 말하겠습니까? 당연히 '아니오'라고 말하겠지요? 그런데 다른 사람들이 모두 초록색이라고 말하면, 그때는 어떨까요? 여러분이라면 또 변함없이, 지조 있게, 초지일관 '아니오'라고 말하겠지요. 그런데 실제로 모든 사람이 그렇게 말할 때 혼자만 '아니오'라고 말하는 것은 그리 쉬운 일이 아닙니다.

어느 심리학자가 이런 실험을 해보았답니다. 미리 열 명 중에 아홉 명이 이구동성으로 '초록색'이라고 말하게 한 다음에, 마지막 남은 한 사람에게 무슨 색이냐고 물어보는 것입니다. 어떻게 되었을까요?

놀랍게도 60%가 넘는 사람이 '초록색'이라고 대답했다는 것입니다. 이게 무슨 일일까요? 그 마지막 남은 사람이 무슨 색맹이라서 그랬을까요? 아닙니다. 사람의 마음이 그렇다는 것입니다. 모두가 다 초록색이라고 말하는데, 나 혼자만 아니라고 말하는 것은 왠지 불편하기도 하지요. 그런데 마지막 사람이 초록색이라고 말하는 것은 그저 대세를 따르려고 타협하기 때문만은 아닙니다. 모든 사람이 다 초록색이라고 말하는 속에 있게 되면, 실제로 나도 모르게 푸른색이 초록색으로 보이기도 한다는 것입니다. 우리의 뇌가 스스로 속이고 속아 세뇌되는 것이지요.

사람이 가스라이팅을 당하거나 사이비 종교집단에 빠지는 것도 이런 심리와 관련이 있습니다. 사이비 종교는 바깥에서 보면 정말 어이없고 허접하고 황당하기 짝이 없습니다. 그렇지 않습니까? 이건 푸른색을 초록색이라 속이는 정도가 아니지요.

아주 오래전에 한 후배가 저를 찾아왔는데, 웬 남자 사진과 책과 테이프를 잔뜩 가지고 왔습니다. 사진 속 그 남자는 하얀 양복에 동백기름 바른 듯 머리를 올백으로 넘긴 꼴이 정말 가관이었습니다. 가져온 책들도 너절한데 모두 그가 쓴 것들이고, 약장수 선전 같은 그 테이프들은 설교를 녹음한 것이었습니다. 이 황당한 사진 속 주인공이 바로 만민중앙교회의 '이재록'이라는 자였습니다. 그 사진을 보면, 누가 보아도 멀쩡한 사람이 아닌데, 꼭 무슨 정신병자 꼴인데, 그 후배는 그게 그렇게 잘생겼다는 것입니다. 잘생겼다는 정도가 아니지요. 정말 완벽한, 거룩한 하나님을 비추는 얼굴이라는 것입니다. 예수님 얼굴이라는 것이지요. 그러니 그 잘생긴 신의 얼굴을, 그 거룩한 신의 음성을, 각별하게 생각하는 목사인 저에게도 특별히 보여주고 싶고, 들려주고 싶어서, 안타까운 마음으로 한달음에 달려온 것입니다.

　왜 이렇게 된 것일까요? 어떻게 그렇게 알 만한 사람이 그런 황당무계한 이단에 빠진 것일까요? 거기에 가면 모두가 한목소리로 푸른 색을 초록색이라고 부르짖어대니까 그렇게 되는 것이지요. 그곳에는 '아니오'는 없고 오직 '예'만 있기 때문입니다. 거꾸로 생각해보면, 그곳이 사이비인지 아닌지 구별하는 방법이 하나 있습니다. 그곳에 '아니오'는 전혀 없고 오직 '예'만 있는 곳이라면, 바로 그곳이 이단 사이비입니다. '무조건 아멘!' 이건 신앙이 아닙니다. 맹신일 뿐입니다. 신앙은 '예'와 '아니오'를 분명히 하는 데 있습니다.

맹세하지 마라

오늘 우리는 마태복음의 산상수훈에서 '맹세에 대한 말씀'을 함께 받아 읽었습니다. 특별히 오늘은 37절에 있는, "너희는 '예' 할 때에는 '예'라는 말만 하고, '아니오' 할 때에는 '아니오'라는 말만 하여라." 이 말씀을 우리 마음에 새기면 좋겠습니다. 예수께서는 우리에게 '예' 할 때에는 '예' 하고, '아니오' 할 때에는 '아니오' 하라고 말씀하셨습니다. 그리스도인은 예와 아니오를 분별하여 분명히 해야 한다는 말씀입니다. 그런데 우리가 세상을 살아가면서 '예'와 '아니오'를 분별하는 것은 그리 쉬운 일이 아닙니다. '예'와 '아니오'를 분명히 말하는 것은 더욱 어려운 일이지요.

　먼저 본문 34절에서, 예수님은 제자들에게, 그리고 우리에게 '맹세하지 마라'고 하셨습니다. 옛사람들에게 거짓 맹세를 하지 말고 맹세한 것은 주님께 지켜야 한다고 했지만, 너희는 '아예' 맹세하지 말라고 하셨지요. 맹세하지 마라, 무슨 말씀일까요? 레위기 19장 12절에 보면, 하나님의 이름으로 거짓 맹세를 하여 하나님의 이름을 더럽히지 말라고 했습니다. 민수기에서는 하나님 앞에 서약하거나 맹세한 것은 다 지켜야 한다고 했지요. 사람은 하나님 앞에서 거짓 맹세를 하지 말아야 합니다. 허세를 떨지 말아야 합니다. 그리고 하나님 앞에 약속한 것은 마땅히 지켜야 합니다. 당연한 일입니다.

그런데 예수께서는 '아예' 맹세하지 말라고 말씀하셨습니다. 이 맹세하지 말라는 말씀 때문에, 그리스도인은 언제 어디서나 절대로 맹세하면 안 된다고 주장하는 사람들도 있습니다. 예전에 교계에서는 태극기에 대한 맹세를 거부해야 한다는 논쟁도 벌어졌지요. 맹세가 그리스도인의 금기로 되어버린 것입니다. 맹세하는 것 자체가 죄라고 생각하는 것이지요. 그런데 여기서 예수께서 맹세하지 말라고 하신 것은, 그런 극단적인 금기로 삼으라는 뜻은 아닙니다. 사람이 책임 있게 행하지도 못할 것을 섣부르게 함부로 맹세하지 말아야 한다는 뜻이지요. 그렇지 않습니까? 사람들은 흔히 맹세하면서 하늘에 대고 맹세한다고 합니다. 그런데 그 하늘은 사람이 어떻게 할 수 있는 영역이 아닙니다. 자기가 책임질 수 없는 것을 하늘에 대고 맹세하는 것은 무책임하고 허무한 것입니다. 그야말로 헛된 맹세요, 이미 속임수입니다. 그런데 세상에서는 자기 자신을 책임지지 못하는 인간일수록 하늘을 걸고 우기고, 땅을 두고 얼러치고, 성전을 두고 둘러치는 법입니다. 우리가 그렇게 거짓 맹세를 하지 말아야 하는 까닭은, 우리는 우리의 머리카락 한 올도 희게 하거나 검게 할 수 없는 인간이기 때문입니다.

예수께서는 다만 '예' 할 때에는 '예'라 말하고 '아니오' 할 때에는 '아니오'라고 말하라고 하셨습니다. 이에서 지나치는 것은 악에서 나오거나 악한 자에게서 나온 것이라 하셨습니다. 참 예리한 말씀이지요. 내가 악한 생각을 품고 있을 때, 내가 남을 속여 먹으려 할 때, 그때 우리의 말이 지나치게 과장된다는 말입니다. 사기꾼이 가장 많이 쓰는 말이 '진짜', '정말', '맹세코', '절대로' 그런 말이라지요? '예'와 '아니오'를 분명히 하라는 말은, 사람 앞에서나 하나님 앞에서나 우리의 말과 행실을 가지런히 해야 한다는 말씀입니다.

맹세하는 자들

그런데 여기 '맹세하지 마라'는 이 말씀, '예와 아니오를 분명히 하라.'는 말씀은 우리의 말이 담박하고 진실해야 한다는 것 이상으로 아주 중요한 의미를 담고 있습니다. 이 말씀의 바탕에는 복음서 시대에 그리스도인들이 겪어야 했던 특별한 상황, 곧 박해받는 상황이 있었습니다. 초기 그리스도인들에게 '맹세'의 문제는 아주 중요했습니다. 그리스도인은 맹세를 강요당했고, 맹세를 거부하는 것은 곧 죽음을 의미했습니다.

무엇보다 당시에는 맹세를 매우 즐겨하는 자들이 있었습니다. 맹세로 출세한 자들이지요. 그 대표자가 바로 헤롯입니다. 당시는 로마가 지배하는 시대였습니다. 우리가 잘 아는 것처럼 헤롯은 본디 이스라엘의 왕가 출신이 아닙니다. 헤롯은 반쪽 유대인으로 이두매 출신이었지요. 그런 그가 어떻게 유대의 분봉왕이 되었겠습니까? 그 비결이 바로 맹세입니다. 헤롯은 나라가 망해가는 것을 보면서 일찌감치 로마로 갔습니다. 로마에서 누가 실력자인지, 어디 붙어야 하는지 눈치를 보다가, 처음에는 잘못 짚어서 안토니우스에게 충성을 맹세하고 투신하였습니다.

그런데 안토니우스가 권력투쟁에서 패하고, 정적인 옥타비아누스가 승리하여 황제에 올랐습니다. 어떻게 해야 할까요? 헤롯은 재빨리 옥타비아누스에게, 그러니까 신이 된 아우구스투스에게 달려갔습니다. 당연히 그에게, 아마도 혈서로써, 충성을 맹세했을 것입니다. 헤롯은 그렇게 로마의 황제/신에게 충성을 맹세하고 유대의 분봉왕으로 책봉되었습니다. 그렇게 자신은 왕이 되고 자식들도 대를 이어 왕 노릇을 하게 되었지요. 이게 맹세의 위력입니다. 헤롯만이 아니었지요. 수많은 종교 지도자들과 지식인들이 대세를 따라 로마에 충성을 맹세하고, 출세도 하고, 귀족도 될 수 있었습니다. 유대교도 로마의 윤허 아래 율법학교를 세우고 로마가 인정하는 공식 종교로 재건하며 부흥을 도모할 수 있었습니다.

이런 시대에 그리스도인은 어떻게 해야 할까요? 모두가 다 로마를 향하고 있는데, 모든 길은 다 로마로 통하는데, 그냥 대세를 인정하고 로마의 핵우산 아래 들어가서 평안을 도모해야 하지 않을까요? 모든 사람이 다 초록색이라 하는데, 초록은 동색이라는데, 그냥 초록색이라 말하는 게 좋지 않겠습니까? 그리스도인들은 어떻게 했습니까? 그리스도인들은 그때 '아니오'라고 말했습니다. '아니오' 하고 말하며 박해받는 순교의 길로 갔습니다. '예' 할 때에는 '예'라는 말만 하고 '아니오' 할 때에는 '아니오'라는 말만 하라는 예수님의 말씀을 따라 십자가의 길로 간 것입니다.

우상 앞에서

오늘 우리는 구약성서의 다니엘서에서 다니엘과 그 친구들의 이야기를 함께 읽었습니다. 다니엘은 느부갓네살 왕이 다스리던 때에, 바빌론에 포로로 잡혀가서 살았습니다. 바빌론은 어떤 나라였을까요? 바빌론은 무엇보다 우상숭배의 나라였습니다. 우상 앞에 충성을 맹세해야 살 수 있는 나라입니다. 침략자 제국은 언제나 우상 앞에 충성 맹세할 것을 요구했습니다. 그 우상은 지배자의 권력을 신성한 절대 권력으로 만들어주었지요. 우상의 크기는 곧 권력의 크기였습니다.

느부갓네살은 바빌론의 두라 평지에 아주 큰 우상을 세웠습니다. 평지에 사방에서 누구나 볼 수 있도록 거대한 신상을 만들어 세웠지요. 그 신상의 높이가 60규빗, 폭이 6규빗이었습니다. 높이가 30미터쯤 되고 폭이 3미터쯤 되는 거상이었지요. 그 큰 신상을 금으로 만들었으니 얼마나 화려하고 위압적이었을까요. 그렇게 신상을 만든 느부갓네살은 모든 관리와 신하를 다 소집해서 성대한 제사를 지냈습니다. 모든 사람이 우상 앞에 절하게 했지요. 우상에게 절하지 않는 사람은 잡아다가 불타는 화덕 속에 넣겠다고 협박했습니다.

제사가 시작되자 먼저 느부갓네살 왕이 절하고 뒤이어 대신들과 백성들이 모두 다 절을 했습니다. 모두가 다 '예'라고 말했습니다. 그런데 그때 금 신상에 절하지 않은 사람이 있었습니다. 바로 다니엘과 그의 친구들입니다. 다니엘과 그의 친구들은 온 세상이 모두 다 '예' 하고 말하는 때에 '아니오'라고 말하며 불구덩이 속으로 던져졌습니다. 불 구덩이에 들어가기 전에 다니엘은 이렇게 말했습니다. "불 속에 던져져도, 임금님, 우리를 지키시는 우리 하나님이 우리를 활활 타는 화덕 속에서 구해 주시고, 임금님의 손에서도 구해 주실 것입니다. 비록 그렇게 되지 않더라도, 우리는 임금님의 신들을 섬기지도 않고, 임금님이 세우신 금 신상에게 절을 하지도 않을 것입니다."(단 3:17-18)

고난의 길

사실 성서의 역사는 그렇게 모두 다 '예'라고 굴종하는 세상에서 '아니오'라고 말하며 고난의 길을 걸어간 사람들의 역사이기도 합니다. 믿음의 선조 아브라함은 고향과 친지와 아비의 집을 떠나서 하나님이 보여주시는 미래를 향해 나아갔습니다. 모세와 이스라엘 백성은 이집트 파라오의 성과 신전을 떠나서 광야로 나아갔습니다. 이스라엘의 예언자들은 부패하고 타락한 종교와 성전에 대하여 '아니오'라고 말하며 개혁의 길로 갔습니다. 초대교회의 그리스도인들은 로마의 황제숭배를 '아니오' 하고 거부하며 그리스도를 따라 십자가의 길을 갔습니다.

지난 금요일은 3·1절 105주년이 되는 날이었습니다. 3·1운동은 일제의 억압에 대해 단호하게 '아니오' 하고 외치며 일어선 사건이었습니다. 특히 당시 한국교회는 3·1운동/혁명의 선두에 섰습니다. 무엇보다 일제강점기에 한국교회는 '신사참배'를 거부하며 박해를 당하고 많은 고난을 겪었지요. 신사참배가 무엇입니까? 일본의 천황을 신으로 인정하고 그 앞에 충성을 맹세하는 것이었지요. 그때에도 많은 사람이 천황에게 충성을 맹세하고 제 살길을 도모했습니다. 혈서를 써서 충성을 맹세하고 자기 이름도 바꾸어버린 자도 있었지요. 천황에게 충성을 맹세하고 엄청난 뇌물을 바쳐서 귀족 작위를 받아 누린 자들도 많았습니다. 그들은 물론 바친 것보다 훨씬 많은 것을 얻어냈지요. 그러나 우리에게는 일제의 억압에 단호하게 '아니오'라고 말하며 일어서서 고난의 길을 걸어간 믿음의 선열들이 있었습니다. 그 '아니오'의 믿음을 기억해야 합니다.

사랑하는 여러분, 특별히 우리는 지금 사순절을 지나고 있습니다. 예수님의 십자가의 길을 따라가는 절기입니다. 우리는 기독교를 무엇보다 '십자가'의 종교라고 말합니다. 그런데 이 십자가는 무엇일까요? 십자가는 로마제국의 억압을 거부하는 '아니오'였습니다. 로마의 권력을 신성화하고 절대화하는 황제숭배/우상숭배를 '아니오' 하고 거부하는 저항이었습니다. 실제로 십자가는 로마의 지배에 저항하는 사람들을 반역자로 정죄하고 처형하는 형틀이었습니다. 이 십자가 형벌이 너무 끔찍하고 참혹해서 로마인들조차 너무 야만적인 것이라고 혐오했지요. 그런데 그리스도인들은 이 십자가를 그리스도인의 상징으로 삼았습니다. 바울의 표현대로 하면, 십자가를 그리스도인의 긍지요 '자랑'으로 삼았습니다.

3·1운동 105주년이 되는 지난 금요일, 윤석열 대통령이 3·1운동 기념사를 하는 배경이 기념사보다 더 주목을 받았습니다. 연단 바로 뒷면에 "자유를 향한 위대한 여정, 대한민국 만세"라는 글자를 정말

큰 글자로 썼는데, 이게 세로로 읽으면 맨 앞 첫 줄이 "자위대"가 되고 만 것입니다. 지난 2월 29일에 MBC 날씨 예보에서, 모처럼 미세먼지가 최고 좋음을 나타내는 1단계라고 파란색 1 자를 크게 썼는데, 이게 선거법 위반이라며 징계해야 한다고 한바탕 소동을 벌였습니다. 그 파란색 1 자가 민주당 번호라는 것입니다. 그런데 그렇게 예리하고 예민한 자들이 대통령 키보다 커서 눈에 확 띄도록 '자위대'라고 썼다면, 이거야말로 우연은 아니지 않겠습니까? 요즘 대통령실을 비롯하여 용산 주변에 하도 해괴한 일이 많이 벌어져서 흉흉한데, 이게 도대체 무슨 뜻일까요? 설마 3·1절 기념식에서 자위대를 찬양한 건 아니겠지요? 그냥 우연이겠지요? 그런데 기념사 내용을 들여다보면, 또 이게 그냥 우연 같지는 않습니다. 기념사에서 노골적으로 평화통일이 아니라 북진통일을 천명해버렸지요. 일본은 이미 맘만 먹으면 어디든 자위대를 보내겠다고 공언했는데, 기념사의 내용은 침략자에 대한 언급은 한마디도 없이 일본과 손잡고 달려나가겠다는 다짐이 확고했습니다. 정신 차려야겠습니다. 그런데 이것도 다 뒤에서 누가, 혹시 그 무슨 무당이 조종하는 건 아닐까요?

사랑하는 여러분, 지금이야말로 예와 아니오를 분명히 분별해야 할 때입니다. 예 할 것은 '예'라 말하고, 아니오 할 것은 '아니오'라고 말해야 합니다. 우리가 모든 거짓과 불의와 폭력과 죽임과 전쟁을 '아니오' 하고 거부하고, 정의와 사랑과 생명과 평화를 '예' 하고 따를 수 있도록, 우리가 모든 우상숭배를 거부하고 다만 그리스도의 십자가를 따라갈 수 있도록 성령께서 우리를 지켜주시고 인도하여 주시기를 바랍니다.

마음이 가난한 사람은

호세아 11:8-11	너를 버리려고 하여도, 나의 마음이 허락하지 않는구나. 너를 불쌍히 여기는 애정이 나의 속에서 불길처럼 강하게 치솟아 오르는구나.(호 11:8)
마태복음 5:1-12	마음이 가난한 사람은 복이 있다. 하늘나라가 그들의 것이다.(마 5:3)

『탈무드』의 유머

모세가 아브라함에게 천 냥 빚을 졌습니다. 참 큰 빚입니다. 그런데 빚 갚을 날이 코앞에 다가왔는데 천 냥은커녕 한 냥도 마련하지 못했습니다. 어디 다른 데서 변통할 수도 없고 정말 큰 일입니다. 도무지 해결할 길이 보이지 않으니 너무 걱정이 되고 불안해서 잠도 안 옵니다. 이거 어떻게 해야 할까요? 랍비를 찾으면 될까요? 랍비는 지혜를 깨친 사람이니까 뭔가 도움을 줄지도 모르지요. 모세는 고민 끝에 랍비를 찾아가 고민을 털어놓았습니다. 어떻게 되었을까요? 모세에게 자초지종을 들은 랍비가 이렇게 말했답니다. "이 사람아! 지금 자네는 참 쓸데없는 걱정을 하고 있군. 자네가 뭐가 걱정인가? 지금 정말 걱정을 해야 할 사람은 자네가 아니라 아브라함이라네."

그렇지요. 곰곰 생각해보면 진짜 손해를 보게 된 사람은, 빚을 갚을 수 없는 모세가 아니라 빚을 받지 못하게 된 아브라함입니다. 그러니 걱정해야 할 사람도 모세가 아니라 아브라함이지요. 왜 빚진 사람은 두 다리 쭉 뻗고 대(大) 자로 자고, 빚 받을 사람은 쪼그리고 소(小) 자로 뒤척인다고 하지 않습니까. 정작 걱정이 태산인 사람은 모세가 아니라 아브라함입니다.

내 걱정에서 네 걱정으로

그런데 여기서 이『탈무드』의 유머가 말하는 '지혜'란 무엇일까요? 터무니없는 빚을 지고도 아무런 책임감도 없이 배 째라 나자빠지는 후안무치(厚顔無恥)일까요? 아닙니다. 영혼까지 끌어서라도 빚을 져야 한다고 투기를 부추기는 것도 아니지요. 서민들의 피눈물 같은 돈을 등쳐서 파라다이스를 짓고 태평하게 사는 사악한 사이코패스 사기꾼을 옹호하는 것은 더더욱 아닙니다. 사람은 빚이 있다면 갚아야 하고, 갚을 수 없으면 적어도 미안하고 부끄러워야 합니다. 모름지기 사람은 염치를 알아야 하지요. 부끄러움은 인간의 기본입니다. 부끄러워할 줄 알고, 그리고 사과할 줄 알아야 합니다.

그렇다면 『탈무드』의 이야기가 몰염치를 말하는 게 아니라면, 무엇을 말하려는 것일까요? 먼저 『탈무드』는 우리에게 한 번 더 생각해볼 것을 권합니다. 어떤 일이 생겼을 때, 그냥 걱정부터 하지 말고 깊이 들여다보고 생각하라는 것입니다. 모세는 천 냥을 빚졌지요. 그런데 갚을 수 없게 되었습니다. 그러니 걱정입니다. 그런데 걱정한다고 일이 해결될까요? 아니지요. 돈이 없으니 빚 갚는 일은 해결할 수 없습니다. 불가능합니다. 걱정을 천 냥어치, 만 냥어치 한다고 해도 문제가 풀리지 않습니다. 그러니 그것을 붙잡고 걱정의 늪에 빠질 일이 아닙니다. 그 걱정은 아무런 도움도 되지 않습니다. 그렇다면 어떻게 해야 할까요? 그냥 포기하고 배 째라 드러누우면 될까요? 아닙니다.

여기서 『탈무드』의 유머는 생각을 한 걸음 더 넓혀보라고 권합니다. 내 생각, 내 걱정에서 네 생각, 네 걱정으로 가는 것입니다. 나는 나만 걱정인 줄 알았는데, 사실은 내가 아니라 네가 더 걱정한다는 것입니다. 나만 힘들고 나만 걱정인 줄 알았는데, 생각해보니 너도 걱정한다는 것입니다. 아니, 네가 더 힘들어하고 있다는 것입니다. 『탈무드』의 유머는 이렇게 내 생각에서 다른 사람의 생각으로 이끌어줍니다. 내 생각에서 너의 생각으로, 내 고민에서 너의 고민으로 가 닿게 이끕니다. 『탈무드』의 유머는 걱정하지 말고 배 째라 버티라는 게 아니라, 네 걱정이 아니라 아브라함의 걱정을 보라고 하는 것입니다. 다른 사람의 마음을 헤아리는 것, 지혜는 거기서 나옵니다.

그런데 그렇게 '너의 걱정'을 안다고 해서 뭐 달라지는 게 있을까요? 물론 그렇다고 해서 모세가 천 냥 빚을 당장 갚을 수는 없겠지요. 그렇지만 그렇게 다른 사람을 이해하게 될 때, 사람의 마음과 마음이 만나게 될 때, 사람이 공감(共感)하고 함께 걱정할 때, 그때는 전혀 다른 일이 일어날 수 있습니다. 그때 돈 한 푼 없는 모세이지만 진심(眞心)이 담긴 '말 한마디'로 아브라함에게 '천 냥 빚'을 갚을 수 있을지도 모릅니다.

하나님의 마음을 보라

오늘 우리는 호세아 예언자의 말씀을 함께 읽었습니다. 우리가 잘 아는 것처럼, 호세아는 이스라엘의 죄를 호되게 비판하는 예언자입니다. 호세아는 자신의 결혼생활을 통해 이스라엘이 하나님께 어떤 죄를 지었는지를 보여줍니다. 호세아의 아내 고멜은 지아비를 배반하고 정부(情夫)를 따라갔지요. 고멜은 먹을 것과 마실 것과 입을 것을 따라갔습니다. 하나님의 뜻을 거역하고 탐욕과 쾌락을 따라갔다, 명품을 따라갔다, 그 말이지요. 하나님을 배반하고 죄를 저질렀습니다. 여기서 죄는 곧 빚이라 할 수 있습니다. 성서에서 본래 죄라는 말은 빚이라는 말과 같습니다. 이스라엘은 하나님께 큰 죄악의 빚을 졌습니다.

호세아는 이스라엘의 죄악이 얼마나 크고 심각한지 신랄하게 폭로합니다. 땅에는 진실이 사라지고 사랑도 말라버렸고, 있는 것이라고는 저주와 사기와 살인과 도둑질과 간음뿐이라고 탄식합니다. 그렇게 인간의 죄악이 땅을 덮어버린 결과, 사람만 피폐해지는 게 아니라 들짐승과 하늘의 새도 야위고 바닷속 물고기도 씨가 마릅니다. 인간의 죄악이 자연마저 황폐하게 하는 것입니다.

이렇게 사람들이 죄악으로 신음하고 자연도 황폐해질 때 누가 필요할까요? 누가 사람들의 죄악을 깨우치고 바른길로 인도하겠습니까? 종교 지도자, 제사장과 예언자 아닐까요? 그런데 호세아는 제사장들마저 나을 게 없다고, 아니, 제사장들이 더 악랄하다고 고발합니다. 제사장이 많아지면 많아질수록 오히려 죄가 더 늘어난다는 것입니다. 왜 그렇게 되었을까요? 그들이 속죄 제물을 먹고 살기 때문이랍니다. 백성이 죄를 많이 지어야 속죄 제물이 많이 생기니까, 제사장들은 백성들이 죄를 많이 짓기를 바란다는 것입니다. 죄악이 많아져야 성전이 부흥 발전한다니, 이를 어쩌면 좋을까요? 제사장이라는 것들은 제물에 취하고, 왕과 대신들은 술독에 빠져서 비틀거리고, 고멜은 명품만 좇고, 백성은 허황한 주술과 음란한 우상숭배로 헤매고, 주변 강대국은 호시탐탐 노리고 있으니, 어떻게 해야 하겠습니까?

호세아는 이스라엘에게 하나님의 심판을 경고합니다. 이스라엘이 죄악의 씨를 뿌리고 반역을 거두어서 거짓의 열매를 먹었으니, 이스라엘을 지키는 요새들이 모조리 파괴될 것이라고 경고하지요. 예루살렘이 무너진다는 것입니다. 멸망의 참상은 끔찍합니다. 자식들이 박살 난 그 바위 위에서 어머니들마저 박살난답니다. 이스라엘의 왕은 전쟁이 시작되는 그날 새벽에 반드시 잡혀 죽는다 하지요. 그렇게 하나님께서 이스라엘의 죄악을 심판하시는 날, 참으로 두렵고 두려운 재앙의 날이 닥쳐옵니다. 하나님께서 이스라엘의 빚을 셈하시는 날입니다. 어떻게 해야 할까요? 이스라엘 백성의 죄악의 빚을 갚을 수 없는데 어떻게 하면 좋겠습니까? 그냥 포기해야 할까요?

그런데 그때 호세아는 눈을 들어 하나님을 바라봅니다. 이스라엘 백성에게, 지금 이스라엘의 죄악을 심판하시려는 하나님, 그 하나님이 어떤 하나님이신지 보라는 것입니다. 이스라엘의 죄악의 빚을 셈하시는 그 하나님의 마음을 보라는 것입니다. 이스라엘의 불안과 걱정보다 하나님의 마음이 얼마나 더 아프고 괴로운지 보라는 것이지요. 그 하나님의 마음을 알 때, 그 하나님의 아픈 사랑을 깨달을 때, 그때 이스라엘에게 희망의 문이 열릴 수 있기 때문입니다. 그 하나님의 마음에 공감하고, 하나님께서 가슴 아파하시는 것처럼 이스라엘이 마음을 찢으며 돌이킬 때, 그때 그들의 죄악의 빚은 용서받을 수 있습니다. 호세아는 하나님의 마음을 이렇게 전해줍니다.

> 에브라임아, 내가 어찌 너를 버리겠느냐? 이스라엘아, 내가 어찌 너를 원수의 손에 넘기겠느냐? 내가 어찌 너를 아드마처럼 버리며, 내가 어찌 너를 스보임처럼 만들겠느냐? 너를 버리려고 하여도, 나의 마음이 허락하지 않는구나. 너를 불쌍히 여기는 애정이 나의 속에서 불길처럼 강하게 치솟아 오르는구나. 아무리 화가 나도 화나는 대로 할 수 없구나.(호 11:8-9)

이것이 하나님의 마음입니다. 이스라엘의 죄악보다 한없이 크고 또 큰 하나님의 사랑입니다. 우리의 죄악을 걱정하시고 아파하시는 하나님의 긍휼한 마음이지요. 하나님의 마음 그 깊은 곳으로부터 불길처럼 솟구쳐 오르는 뜨거운 애정입니다. 호세아는 이스라엘 백성에게 이 하나님의 마음을 보고 알라고 호소했습니다. 이 하나님의 마음을 아는 데에 이스라엘의 구원이 있기 때문입니다. 하나님의 마음을 아는 데에 우리의 희망이 있습니다.

마음이 가난한 사람

우리가 믿음으로 산다는 것은 무엇일까요? 우리가 하나님을 믿으며 산다는 것이 무엇이겠습니까? 믿음은 하나님의 마음을 아는 것입니다. 하나님의 그 긍휼하신 사랑을 아는 것입니다. 우리의 욕심만 알고 내 생각만 고집하는 것이 아닙니다. 하나님의 생각을 알고 하나님의 뜻을 깨닫는 것입니다. 하나님의 마음에 공감(共感)할 줄 아는 것, 그것이 믿음입니다.

오늘 우리는 예수께서 가르쳐주신 산상수훈의 첫 가르침을 받았습니다. 이른바 '팔복'(八福)이라 불리는 참으로 은혜롭고 아름다운 말씀이지요. 팔복 말씀은 행복한 마음, 행복한 사람을 여덟 가지로 나누어서 노래합니다. 가난한 마음, 슬픈 마음, 부드럽고 따뜻한 마음, 의를 사모하는 마음, 긍휼한 마음, 깨끗한 마음, 평화를 사랑하는 마음입니다. 그런데 이 행복한 마음은 누구의 마음일까요? 바로 하나님의 마음이요, 그리스도의 마음입니다.

이 팔복에서 첫 행복이 '마음이 가난한 사람'의 행복이지요. 여기서 '마음'이라고 번역한 그리스 말은 '프뉴마'입니다. '영혼', '바람', '숨'이라고 번역할 수 있는 말이지요. 이 산상수훈의 팔복은 각각 다른 사람을 말한다기보다는 '마음이 가난한 사람'을 일곱 스펙트럼으로 보여주는 것과 같다고 볼 수 있습니다. 빛이 하나이지만 일곱 색깔로 보이는 것처럼 말이지요. 그렇게 본다면, '마음이 가난한 사람', '영혼이 가난한 사람'은 어떤 사람을 말하는 것일까요? 저는 하나님의 마음을 닮은 사람이라고 생각합니다. 하나님께서 주신 영혼을, 하나님의 숨을 고이 간직한 사람입니다.

하나님께서는 처음에 사람을 지으시고 '숨'을 불어넣어 주셨지요. 그 숨이 바로 히브리 말로 '루아흐'이고, 그리스 말로는 '프뉴마'입니다. 그런데 하나님께서 불어넣어 주신 그 숨이, 그 영혼이 가난하다는 것은 무엇일까요? 하나님의 숨을 때묻지 않게 깨끗하게 간직하고 있는 사람, 하나님과 함께 숨 쉬는 사람입니다. 그는 함께 아파할 줄 아는 사람이요, 따뜻하고 부드러운 사람이요, 의에 주리고 목마른 사람입니다. 긍휼히 여기는 사람이요, 마음이 깨끗한 사람이요, 평화를 이루는 사람입니다. 그런 사람이 하나님께서 우리에게 주신 생명의 숨을 쉬는 사람이요, 그런 사람이 영혼이 가난한 사람이요, 진정 행복한 사람입니다. 마음이 가난한 사람은 한마디로 하나님과 공감하는 사람입니다. 날마다 말씀으로 하나님의 마음을 듣고, 언제나 기도로 하나님과 함께 숨 쉬는 사람입니다.

하나님과 함께

사랑하는 여러분, 탐욕과 쾌락을 좇아가는 고멜의 시대에, 공감을 잃어버린 로루하마와 로암미의 시대에 호세아는 이스라엘 백성에게 제발 하나님의 마음으로 보라고 호소했습니다. 부모가 자식을 버릴 수 없듯이, 아니 부모는 자식을 버릴지라도 당신의 자녀인 백성을 도무지 버릴 수 없는 하나님의 마음입니다. 하나님 자신도 어쩔 수 없는, 그 깊고 깊은 속으로부터 치솟아 오르는 뜨거운 사랑입니다. 긍휼한 마음입니다.

 맘몬의 시대에 예수께서는 갈릴리 동산에서 제자들에게, 하나님의 마음을 품고 살아가라고, 맘껏 행복하게 살아가라고 말씀하셨습니다. 하나님께서 우리에게 불어넣어 주신 그 생명의 숨을 쉬며, 하나님과 함께 기뻐하고 슬퍼하며 살아가라고 하셨습니다. 비록 거칠고 황폐한 세상이지만, 그럴수록 더욱 따뜻하고 부드러운 마음을 잃지 말라 하셨습니다. 좁고 험한 길이지만 바른길로 걸어가며 긍휼한 마음으로 서로 위로하고 사랑하라 하셨습니다. 깨끗한 마음으로 하늘을 바라보며 살라 하셨습니다. 그렇게 하나님의 위로와 은총 안에서 행복하게 맘껏 살아가라 하셨습니다.

사랑하는 여러분, 우리가 그렇게 하나님의 마음을 알고, 하나님과 함께 살아갈 수 있으면 좋겠습니다. 날마다 말씀과 기도로 하나님과 소통하며, 하나님의 위로를 받으며, 하나님과 함께 숨 쉬며 행복하게 살아갈 수 있도록, 우리가 가난한 마음으로 살아갈 수 있도록 하나님의 성령께서 언제 어디서나 함께하시기를 바랍니다.

나는 너를 정죄하지 않는다

요한복음 8:2-11   예수께서 몸을 일으키시고, 여자에게 말씀하셨다. "여자여, 사람들은 어디에 있느냐? 너를 정죄한 사람이 한 사람도 없느냐?" 여자가 대답하였다. "주님, 한 사람도 없습니다." 예수께서 말씀하셨다. "나도 너를 정죄하지 않는다. 가서, 이제부터 다시는 죄를 짓지 말아라."(요 8:10-11)

〈귀향〉

2016년에 화제가 된 영화가 있습니다. 〈귀향〉이라는 영화입니다. 개봉한 지 닷새 만에 백만 관객을 돌파했지요. 이 영화는 위안부 이야기를 다룬 영화입니다. 열네 살 정민이라는 소녀가 어디로 가는지 영문도 모른 채 끌려가서 겪어야 했던 참담한 이야기입니다. 실제로 위안부로 잡혀갔던 이 땅의 딸들, 곧 우리 할머니들 이야기입니다. 일제에 끌려간 위안부가 15만에서 20만 명에 이른다고 하지요. 전쟁이 끝나고 그중에 귀향한 분들이 238명이었고, 생존하고 계신 분들이 46명이랍니다.

〈귀향〉 영화를 만든 조정래 감독은 위안부 할머니들을 만나 이야기를 듣다가 영화를 만들게 되었답니다. 국민 중 7만 5,270명의 후원자들이 낸 12억 원의 후원금으로 제작한 것이지요. 상영관을 확보하지 못하여 어려움이 있었지만, 자비를 털어서 영화를 상영하기도 하면서 많은 사람이 영화를 보게 되었습니다. 영화를 만드는 일에서부터 영화를 보는 일까지 하나의 '운동'이 된 것입니다. 이 나라 정부는 이 아픈 역사를 10억 엔에 팔아먹고 지워버리려는 참담한 짓을 하였는데, 이 아픈 역사를 기억하고 기록하고 다시 일으키려는 사람들의 눈물겨운 이야기가 펼쳐진 것이지요. 〈귀향〉은 스크린 안에서만 상영되는 영화가 아니라 우리 국민 속에서 살아나는 역사가 되었습니다.

음행하다가 잡혀온 여인

저는 〈귀향〉이라는 영화 이야기를 듣다가, 문득 요한복음에 기록된 한 여인 이야기가 떠올랐습니다. 이른바 '음행하다가 잡혀온 여인' 이야기입니다. 이 이야기는 요한복음에만 기록되어 있지요. 그런데 어쩌다가 이 이야기가 여기에 기록되었을까요?

우선 이 이야기는 기록하여 전승하기에는 좀 껄끄러운 부분이 있었던 것 같습니다. 이 이야기는 예수님의 이야기 중에서도 아주 인상 깊은 이야기입니다. 그런데 요한복음보다 먼저 기록된 공관복음서에는 기록되지 못하고, 가장 늦은 복음서인 요한복음에만 기록된 것입니다. 그리고 요한복음 중에서도 오래된 초기 사본들에는 이 이야기가 없습니다. 요한복음 사본 중에서도 비교적 뒤에 이 이야기가 첨부되듯 기록되었다는 말입니다. 성서를 보면 요한복음 7장 53절부터 8

장 11절까지 괄호로 묶어놓았지요. 괄호로 유보해놓은 본문입니다. 이렇게 이 이야기는 요한복음에도 후기에 들어왔으며, 사본에 따라서 그 위치도 달라집니다.

요약해보자면, 이 이야기는 처음 그리스도인들에게 잘 알려진 이야기였지만, 정작 기록된 것은 뒤늦은 시기이며, 기록으로 남기면서도 꽤 망설여야 했던 본문이라는 말입니다. 왜 그랬을까요? 그것은 아마도 이 이야기가 가지고 있는 '걸림돌' 때문이 아닐까요? 예수님이 간음하다가 현장에서 잡힌 여인에게 죄를 묻지 않았다는 것은, 박해의 위험 속에서 복음을 전해야 했고 여러 가지 윤리적인 면에서 오해를 받아야 했던 초기 그리스도인들에게 상당히 껄끄러운 문제였을 것입니다. 결혼을 하나님의 섭리로 보는 예수님의 가르침과도 충돌하지요.(막 10:6-9) 바울이 이방인들에게 복음을 전하면서 윤리적인 생활을 강조한 것을 보아도, 이 이야기는 그리스도인들에게 상당한 걸림돌이 되었을 것입니다.

어쨌거나 그 이유가 무엇이든 간에, 이 이야기는 복음서에 기록되지 못하고 기억에서 지워질 뻔했습니다. 그렇게 복음서 기록의 거의 마지막 단계에서 정확한 제 위치도 차지하지 못한 채 기록되어서 오늘 우리에게 전해진 것이지요. 하마터면 우리는 이 이야기를 읽을 수도 없었을지 모릅니다. 그렇게 생각하면, 이 이야기가 요한복음에 이렇게 기록되어서 우리가 이 여인을 기억하게 된 것은, 그 자체로 하나의 사건이라 하겠습니다. 그렇습니다. 기록은 그 자체로 사건이요, 역사입니다. 그렇기 때문에 우리가 이 이야기를 제대로 해석하기 위해서는 이러한 기록의 역사를 알아야 합니다.

일단 이러한 기록의 배경을 염두에 두고, 본문의 이야기 속으로 들어가 봅시다. 예수께서 성전에서 가르치고 계실 때 율법학자와 바리새파 사람들이 한 여자를 끌고 왔습니다. 그리고 말했지요. "이 여자는 간음하다가 현장에서 잡혔습니다. 모세는 율법에, 이런 여자들은 돌로 쳐 죽이라고 했는데, 선생님은 뭐라고 하시겠습니까?" 어떻게 해야 할까요? 뭐라고 대답할 수 있겠습니까? 예수님은 율법을 부정하는 분이 아니라 오히려 완성하는 분 아닙니까? 그런데 간음하다가 현장에서 잡힌 여자를 어떻게 해야 하겠습니까? 예수께서는 이 물음을 듣고는 몸을 굽혀서 손가락으로 땅에 무엇인가 쓰셨습니다. 답답하지요. 그들이 다그쳐 묻자, 예수께서 몸을 일으켜서 그들에게 말씀하셨습니다. "너희 가운데서 죄가 없는 사람이 먼저 이 여자에게 돌을 던져라." 그렇게 말씀하시고는 다시 땅바닥에 뭔가 쓰셨습니다. 그러자 어떻게 되었습니까? 사람들이, 나이 많은 이로부터 시작하여 하나하나 떠나갔고 마침내 예수님만 남았습니다. 그때 예수께서 그 여자에게 말씀하셨지요. "나도 너를 정죄하지 않는다. 가서, 이제부터 다시는 죄를 짓지 말아라."

　이 이야기는 뭘 말하려는 것일까요? 이 이야기는 예수께서 어떤 간음한 한 여자를 정죄하지 않고 보내준 에피소드를 전해주고 마는 것일까요? 이 이야기는 어떤 한 여자가 입은 은총을 말하는 데 그치는 것이겠습니까? 그렇지 않습니다. 이 이야기는 무엇보다 이 이야기를 전하고 기록했던 당시의 상황에서 읽어보면, 우리가 생각하는 것 이상으로 아주 중요한 의미가 있습니다.

전쟁과 여인들

복음서가 기록된 시기는 로마가 지배하던 세상이었습니다. 무엇보다 유대전쟁을 치른 이후였습니다. 유대전쟁은 강력한 무력을 갖춘 로마의 군대에 맞서 결사 항전을 벌이다가 참담하게 패한 전쟁이지요. 훈련도 제대로 받지 못하고 변변한 무기도 없이 나섰던 유대인 남자들은 처참하게 전사하고 말았습니다. 요세푸스는 유대전쟁으로 죽은 자가 60만 명에 이른다고 말합니다. 과장되어 보이지만 얼마나 많은 사람이 살해되었는지 가늠할 수 있습니다. 그런데 옛 시대에 패전이란 남자 병사들의 몰락을 의미하였습니다. 웬만한 유대 남자들은 의병으로 나섰다가 패전으로 처형당하고, 독립운동을 위해 험지로 떠돌며 고난의 행군을 하게 되지요. 그런데 이런 전쟁의 와중에 더욱 고통을 당해야 하는 사람들이 있습니다. 힘없는 약자들이지요. 무엇보다 여인들입니다. 전쟁의 아비규환 속에서 힘없는 여인들이 어떻게 살아남을 수 있었겠습니까? 전쟁이 끝나고 나면 또 남자 없이 여인들이 모든 생계를 감당하며 힘겹게 살아가야 합니다.

전쟁이 끝나고 난 후에 여인들은 더욱 곤혹스러운 처지에 빠지기도 합니다. 우리 말에 '화냥년'이라는 말이 있습니다. 서방질하는 여자, 이른바 간음하는 여자라는 말이지요. 그런데 이 말은 본래 '환향녀'(還鄕女)라는 말에서 왔다고 합니다. 옛날 고려에서 중국으로 잡혀갔거나 공녀로 보내진 여자들이 천신만고 끝에 고향으로 돌아오면, 그녀들이 고향으로 돌아온 '환향녀'(귀향녀)인데, 이게 몸을 더럽힌 여자라고 해서 화냥년이 됐다는 것이지요. 예수님 시대에도 이방인 군대가 거주하는 지역에 있거나 포로로 잡혔거나 하면, 모두 부정한 여자로 간주했습니다. 그런데 유대전쟁에서 로마의 군대가 점령하지 않은 지역이 별로 없으니 남아 있던 여인들은 부정한 혐의를 받게 되는 것입니다. 어쨌거나 이런 고통스러운 역사 속에서 여인들이 짊어져야 했던 고통은 이루 말할 수 없었습니다.

그런데 누가 이들을 죄인이라 정죄하는 것일까요? 누가 이들에게 돌을 던진다는 말입니까? 스스로 의롭다고 생각하는 사람들, 율법학자들과 바리새파 사람들입니다. 그들은 갈릴리 사람들을 무지렁이요 죄인이라고 천대하고, 역사의 질곡을 짊어지고 신음하는 여인들을 부정한 여자요 창녀라고 정죄했습니다. 전쟁의 지독한 상처로 고통당하는 여인들에게 음행하는 여자라고 돌을 던졌습니다. 예수님은 이런 여인들, 힘없이 역사의 고통을 짊어진 여인들을 정죄한 것이 아니라, 그들을 위로하고 싸매주고, 친구가 되어주셨던 것입니다.

그런데 그 시대에 진짜 음행하는 죄인이 있다면, 그게 누구일까요? 세상에 드러내놓고 간음하는 자가 있지 않습니까? 헤롯이지요. 정치적 이익을 위해서 정략결혼을 하고, 수많은 여인을 농락하고, 자기 아내를 죽이고도 모자라 장모까지 살해한 패륜아입니다. 헤롯 가문의 음행은 대를 이어 계속되었지요. 자기 동생의 처를 빼앗는 일까지 벌어집니다. 그런데 여기 예수님 앞에 힘없는 한 여자를 끌고 와서 씩씩거리는 율법학자와 바리새파 사람들, 이들이 저 헤롯 가문의 희대의 패륜에 대해서 작은 돌멩이 한 개라도 들어본 적이 있을까요? 예수께서 저 헤롯을 '여우'라고, 비열하게 썩은 고기나 찾아다니는 짐승이라고 질타하실 때에, 그들은 어디에 있었다는 말입니까?

모세의 율법에서는

그런데 사실 예수께서 한 여인을 정죄하지 않은 것은 모세의 율법을 어긴 것이 아닙니다. 오히려 모세의 율법을 지킨 것입니다. 본래 십계명에서 제7계명으로 "간음하지 말라"라고 했지요. 그런데 이 계명을 비롯하여 모든 계명은 먼저 히브리 사람들의 노예 경험을 바탕으로 이해해야 합니다. 히브리 노예들, 특히 여인들은 저 지배자들의 탐욕에 얼마나 억울하게 속수무책으로 유린당해야 했습니까. 계명의 근간, 출발점은 약자를 짓밟지 말라는 데 있습니다. 계명의 핵심은 약자 보호입니다.

예수님께 찾아온 율법학자와 바리새파 사람들이 모세의 율법을 들먹이면서 돌로 치라고 했지요. 그런데 그것은 신명기의 명령에 따른 것입니다.(신 22:22 이하) 신명기에서는 음행 죄를 처벌하는 두 가지 실례를 들고 있습니다. 먼저 성 안에서 음행한 경우입니다.(23절) 이때에는 남자와 여자를 모두 끌어내어 돌로 치라고 합니다. 그런데 성 밖에서, 즉 들판에서 일이 일어난 경우에는 판결이 다릅니다.(25절) 그때에는 남자만 끌어내어 돌로 치라는 것입니다. 신명기는 음행의 죄를 범하면 남자와 여자 모두 돌로 치라고 하지만, 그 일이 들에서 벌어졌을 때에는 여자에게 돌을 던지지 말라고 합니다. 왜냐하면 들에서는 여자가 아무리 소리를 질러도 도와줄 사람이 없으니까, 그 죄를 물을 수 없다는 것입니다. 여자는 약자요 피해자라는 말이지요. 여기서 율법의 근간이 약자를 보호하는 데 있다는 것이 분명히 강조됩니다.

이렇게 본다면, 율법학자와 바리새파 사람은 예수님 앞에 남자와 여자를 모두 끌고 왔어야 합니다. 만약 여자가 약자로서 피해자였다면 마땅히 남자만 끌고 왔어야 합니다. 그것이 모세의 율법에서 명한 것입니다. 그러나 그들은 힘없는 여자만 끌고 왔습니다. 거기 남자는 없었습니다. 분명 현장에서 잡았다고 하는데 말입니다. 예수께서는 그 여자에게 죄를 묻지 않으셨습니다. 그렇게 해서 율법에서 정수를 실현하셨습니다. 여기서 율법을 해석하는 바리새파 사람들과 예수님의 관점이 확연하게 갈라지고 있지요. 바리새파 사람들은 율법을 강자의 자리에서 해석했습니다. 그러나 예수님은 율법을 약자의 자리에서 보았습니다. 바리새파 사람들에게 율법은 자기 권력을 과시하는 무기/흉기였습니다. 그러나 예수님에게 율법은 약자를 보호하는 방패였습니다.

살아 있는 기록

우여곡절 끝에 한 여인을 바라보는 예수님의 이야기가 요한복음에 기록되었고, 우리에게 전해졌습니다. 참으로 다행스러운 일입니다. 기록이 그렇게 중요합니다. 우리는 이 기록을 통해 고통스러운 시대를 살아갔던 힘없는 여인들을 기억할 수 있고, 그 여인들을 정죄하는 것이 아니라 위로하고 친구가 되어주신 예수님을 보게 되었습니다. 율법은 상처받고 고통당하는 사람들을 죄인이라 정죄하고 징벌하는 법이 아니라, 역사의 고통을 짊어지고 진통하는 약자들을 위로하고 그 고통과 한을 풀어주는 법이라는 것도 알게 되었습니다.

그리고 보니 예수님을 비난하는 사람들이 예수님을 가리켜서 세리와 죄인들의 친구라고 한 것은 비난이 아니라 정확한 평가라 할 수 있습니다. 예수님은 죄인들과 함께 어울리며, 죄인들의 친구가 되셨지요. 아니, 예수님은 그들을 정죄하지 않으셨으니 그들은 애초부터 죄인이 아닙니다. 그들은 오히려 하나님 나라의 주인이 될 사람들입니다. 예수께서 말씀하셨지요. "내가 진정으로 너희에게 말한다. 세리와 창녀들이 오히려 너희보다 먼저 하나님의 나라에 들어간다."(마 21:31)

아무리 생각해보아도, 정부의 위안부 협상은 너무 잘못된 것입니다. 돈으로 진실을 지우려는 것은 협상이 아니라 협잡 아닙니까. 위안부 협상을 한다면, 이 아픈 역사를, 이 참담한 진실을 어떻게 기억할 것인가, 어떻게 기록할 것인가, 어떻게 잊지 않을 것인가, 그것을 협상해야 하지요. 이 아픈 역사는 무엇보다 가해자인 일본이 기억해야 합니다. 우리 또한 아프게 기억해야 합니다. 기억하지 않는 역사는 다시 반복될 수밖에 없기 때문입니다. 모든 거짓이 그러하듯이, 역사 왜곡의 배후에는 흉악한 음모가 도사리고 있는 것이 분명합니다. 이런 음모에 맞서는 영화 〈귀향〉은 역사를 지우려는 세력에 맞서 아픈 역사를 잊지 않고 기억하는 살아 있는 기록이 될 것입니다.

일어나서 가운데로 나오너라

역대하 36:17-21   그리하여 주님께서 예레미야를 시켜서 "땅이 칠십 년 동안 황폐하게 되어, 그 동안 누리지 못한 안식을 다 누리게 될 것이다" 하신 말씀이 이루어졌다.(대하 36:21)

마가복음 3:1-6   예수께서 손이 오그라든 사람에게 말씀하셨다. "일어나서 가운데로 나오너라."(막 3:3)

우렁이

요즘 농촌에서 우렁이가 아주 골칫거리가 되었답니다. 벼가 자라는 논에 우렁이가, 그것도 아주 큰 왕우렁이가 엄청나게 많다는 것입니다. 논에 우렁이가 많다면, 그건 좋은 일 아니냐고 생각하실지도 모르겠습니다. 쌀도 수확하고 덤으로 우렁이까지 잡는다면, 그건 꿩 잡고 매 잡고, 도랑 치고 가재 잡는, 말 그대로 일석이조(一石二鳥)가 아니냐는 것이지요. 우렁된장찌개는 정말 구수하고 맛깔나지요.

    그러나 이 왕우렁이는 토종이 아니라 외래종입니다. 맛이 없어서 식용으로 쓸 수도 없습니다. 왕우렁이는 번식력이 왕성해서 몇 마리만 넣어도 금방 논이 우렁이 천지가 된답니다. 이놈들이 로봇 청소기처럼 풀을 먹어치워서 논을 정말 깨끗하게 만듭니다. 예전에 우렁이로 논농사를 짓는 목사님 집에 간 적이 있는데, 목사님이 풀을 베어다가 논에 던져주고 있었습니다. 그 풀은 거름이 아니라 우렁이 먹이였습니다. 농사일 중에서도 한여름 뙤약볕 아래 하는 김매기는 정말 고되지요. 그런데 우렁이가 풀을 싹쓸이해 주니 얼마나 편하겠습니까. 가을걷이가 끝나고 겨울이 오면, 추위에 약한 왕우렁이는 모두 죽어서 생태계를 교란할 우려도 없지요.

그런데 문제가 생겼습니다. 지구온난화로 겨울이 따뜻해지고, 또 이 왕우렁이들이 차츰 추위에 적응하게 되어서 우렁이들이 급격하게 늘어난 것입니다. 본래 친환경 농법을 쓰는 논에만 있었는데, 이제는 모든 논에 왕우렁이가 득시글하게 된 것이지요. 이 왕우렁이들이 논에 먹을 잡초가 없으니까 뭘 먹을까요? 논에 자라는 벼에까지 달라붙어 먹어댑니다. 그뿐 아니라 왕우렁이가 시내와 호수에까지 넘어가서 생태계 교란을 걱정하게 되었습니다. 친환경 농사를 좀 편하게 지으려고 우렁이를 써먹었는데, 이제는 우렁이가 애물단지가 되었습니다. 왕우렁이 사태를 보면, 인간이 자연을 이용하는 게 얼마나 조심스러운 일인지 새삼 생각하게 됩니다.

자신의 백성을 치게 하셨다

오늘 우리는 구약성서의 말씀으로 '역대하'를 마무리짓는 말씀을 함께 받아 읽었습니다. 역대기 역사서는 이스라엘의 역사 전체를 통찰하는 책이라고 할 수 있습니다. 역대상 1장은 아담으로부터 시작하지요. 그리고 역대하의 마지막은 페르시아 왕 고레스의 칙령으로 끝납니다. 바빌론에 포로로 잡혀간 이스라엘 백성의 귀환과 예루살렘 성전 재건을 허락하는 고레스의 명령입니다. 그렇게 역대기는 아담에서 시작해서 포로 귀환에 이르는 이스라엘의 역사 전체를 성찰합니다. 그리고 오늘 우리가 받은 말씀은 이스라엘의 역사 전체를 통찰하면서 내리는 결론이라고 할 수 있겠습니다.

특별히 '역대기 역사가'는 '바빌론 포로'라는 아픈 역사를 깊이 성찰합니다. 이스라엘 백성은 누구입니까? 하나님이 지으신 첫 사람 아담의 후손이며, 하나님이 택하신 선조 아브라함의 후손입니다. 무엇보다 이스라엘은 하나님이 뽑아 세우신 왕 '다윗의 나라'입니다. 하나님의 백성이요, 하나님의 선민이요, 영광스러운 나라입니다. 그런데 왜, 어찌하여, 이스라엘이 망했을까요? 어찌하여 하나님의 백성이 천덕꾸러기가 되었고, 하나님의 선민이 치욕을 당해야 했으며, 다윗의 나라가 참담하게 무너졌다는 말입니까? 자랑스러운 예루살렘 성이 처참하게 무너지고, 거룩한 예루살렘 성전이 이방인들에게 능욕을 당하고, 끼끗한 백성과 왕자들이 짐승처럼 노예로 끌려간 그 이유가 무엇이란 말입니까?

무엇 때문일까요? 누가 그렇게 만들었을까요? 역대기 역사가는 그 어떤 누구 때문도 아니라고 말합니다. 이스라엘을 그렇게 만드신 이는 바로 하나님이라는 것입니다. "하나님께서 바빌로니아의 왕을 불러다가, 자신의 백성을 치게 하셨다." 역대하 36장 17절의 말씀입니다. 참으로 지독한 자기성찰 아닙니까? 역사 비판의 서슬 퍼런 칼로다만, 오직, 자기 자신의 심장을 찌르는 엄정한 자기성찰이요, 뼈아픈 반성입니다. 하나님이 우리를 치셨다, 이것이 역대기 역사가의 신앙고백입니다.

그렇다면 이 모든 일이 하나님께서 그렇게 하신 것이라면, 이스라엘이 겪는 그 비참한 역사가 다만 하나님께서 자기 백성을 치신 것이라면, 하나님께서는 왜, 무엇 때문에 그렇게 하신 것일까요? 그 대답이 바로 오늘 우리가 받은 본문 36장 21절입니다. "그리하여 주님께서 예레미야를 시켜서 '땅이 칠십 년 동안 황폐하게 되어, 그 동안 누리지 못한 안식을 다 누리게 될 것이다' 하신 말씀이 이루어졌다." 바로 이 말씀입니다. 이 말씀에서 우리가 먼저 주목할 것은 이 일이 그냥 갑작스레 이루어진 게 아니라는 것입니다. 이미 그 이전에 하나님께서는 예레미야를 시켜서 미리 경고하셨다는 말이지요. 실제로 예언자 예레미야는 이스라엘 백성에게 끊임없이 하나님의 말씀을 전했습니다. 말로 외치다가 안 되니까, 멍에를 목에 메고 온몸이 눈물주머니가 된 듯 울면서 간곡하게 호소했지요.

그렇습니다. 그것은 이미 하나님께서 예레미야를 시켜서 말씀하신 일입니다. 어찌 예레미야뿐이겠습니까. 예언자들이 모두 한목소리로 이스라엘 백성에게 경고한 것이 바로 그것이었습니다. 그렇다면 여기서 아주 중요한 물음이 생깁니다. 역대기 역사가는 이 일을 통해서 하나님께서는 당신의 일을 이루셨다고 했지요. 그건 또 무엇일까요? 하나님께서 자기 백성을 버리면서까지 이루어야 하셨던 일이라면 참으로 정말 중요한 일이겠지요. 도대체 그 일이 무엇이란 말입니까? 그것은 바로 '땅의 안식'입니다. '땅이 칠십 년 동안 황폐하게 되어, 그 동안 누리지 못한 안식을 다 누리게 될 것이다!' 무슨 말입니까? 하나님께서 땅을 황폐하게 하셨는데, 예루살렘을 무너뜨려서 들짐승이 드나드는 황무지가 되게 하셨는데, 그것도 70년 동안이나 그렇게 내버려 두셨는데, 그것은 하나님께서 '땅의 안식'을 이루신 것이라는 말입니다. 참으로 놀랍고 너무도 두려운 말씀입니다.

여기 '땅의 안식'은 무엇입니까? 땅도 쉬어야 한다는 것입니다. 땅도 '안식'을 누려야 한다는 말입니다. 그걸 지키지 않으면, 땅이 쉬지 못하게 인간이 착취하고 파괴하면, 하나님께서 기어이 그 땅의 안식을 이루고야 마신다, 그 얘기입니다. 땅도 안식할 권리가 있습니다. '땅의 안식'이 그렇게 중요합니다. 그런데 이 '땅의 안식'은, 돌이켜보면, 새삼스러운 게 아닙니다. 그것은 처음부터 그랬습니다. 하나님께서 이집트에서 노예살이하는 히브리 사람들을 해방하셨지요. 그리고 시내산에서 그들에게 율법을 주셨습니다. 그 핵심이 십계명이지요. 이 십계명은 무엇일까요? 노예에서 해방된 그들이 앞으로 어떻게 살아가야 하는지를 가르치는 지침입니다. 그런데 노예로 고통당하던 사람에게 가장 절실한 게 무엇일까요? 오늘 아침부터 저녁까지, 야근까지 시달리는 직장 노예들에게 가장 필요한 게 무엇이겠습니까? '안식'입니다. 쉬는 것이지요. 십계명은 한마디로 안식의 계명입니다. 아니지요. 안식의 복음입니다. 평안히 쉬라는 것, 그것이 십계명의 알짬입니다.

사실 우리가 아는 대로, 십계명을 지키자면 하나님을 위한답시고 우리가 할 수 있는 게 하나도 없습니다. 다른 신들을 섬기지 말라 하셨으니, 안 섬기면 되지요. 그 무슨 신의 형상/우상도 도무지 만들지 말라 하셨으니까, 안 만들면 됩니다. 하나님 이름도 함부로 부르지 말라 하셨으니, 삼가면 되지요. 그런데 유일하게 꼭 실행하라는 계명이 있지요. 반드시, 결코 가벼이 여기지 말고 거룩하고 엄중하게 지켜야 할 계명입니다. 그게 무엇입니까? 이렛날에는 쉬라는 것입니다. 이것이 우리 하나님의 계명입니다.

이 '안식'의 권리는 내 권리에 그치지 않습니다. 나뿐 아니라 내 식솔은 물론 종들과 나그네와 가축까지도 누려야 하는 권리입니다. 그뿐 아니지요. 땅도 안식을 누려야 합니다. 모든 생명의 터전인 땅도 안식을 누려야 한다는 것입니다. 이 '안식'은 그저 누리면 좋고 누리지 않아도 별 탈 없는 그런 물렁물렁한 권리가 아닙니다. 반드시 지켜야 하는 권리입니다. 인간이 지키지 않으면 하나님께서 이루시고야 마는 거룩한 권리요, 신성한 의무입니다.

가운데로 나오너라

오늘 우리는 마가복음에서 어느 안식일에 회당에서 일어난 이야기를 함께 읽었습니다. 복음서를 보면, 예수님과 바리새파 율법학자들이 서로 충돌하는 이야기가 많이 나옵니다. 언제 충돌하지요? 주로 안식일입니다. 회당에서 사건이 벌어지지요. 안식일에 회당에서 예수님과 율법학자들이 충돌했다는 것은 그냥 예사로운 일이 아닙니다. 유대인에게 바빌론 포로 이후 안식일은 아주 중요해졌습니다. 바빌론에 포로로 살면서 이스라엘 백성은 성전이 없으니 제사/예배를 드릴 수 없었지요. 그 대신에 안식일에 회당에 모여서 율법을 읽었습니다. 포로 귀환 후 헤롯 때에 성전이 재건되면서 제사가 실행되었지만, 다시 로마가 쳐들어와서 예루살렘 성과 성전을 무너뜨렸습니다. 예루살렘 성전의 명운은 참 기구합니다. 또다시 성전이 돌 하나도 돌 위에 남지 못하고 무너졌으니, 어떻게 해야 할까요? 율법학자들은 다시 회당에서 율법을 중심으로 유대교를 재건했습니다. 성전이 없으니 또다시 안식일이 중심이 되었습니다.

그러니까 예수님이 회당에 들어가셨는데 그날이 안식일이었다는 이 상황은 아주 긴장감이 팽팽한 상황입니다. 그곳에 한쪽 손이 오그라든 사람이 있었습니다. 이 사람은 손이 오그라들었는데, 아마 그 마음은 더 오그라들었을 것입니다. 유대 사람들은 질병과 장애를 죄 때문이라고 생각했지요. 그러니 거룩한 날에 거룩한 장소에 죄인이 있는 셈입니다. 더구나 사람들은 예수님과 그 장애인을 지켜보고/노려보고 있습니다. 그런데 예수께서 그 손 오그라든 사람에게 이렇게 말씀하셨습니다. "일어나서 가운데로 나오너라." 이 말, 대단히 도발적인 말 아닙니까? 무슨 말입니까? 그저 죄인이라서 손보다 마음이 주눅 들고 오그라들어 한편 구석에 쭈그리고 있는데, 일어나랍니다. 가뜩이나 지켜보는 눈총이 바늘처럼 따가운데 '가운데'로 나오라네요. 무슨 말입니까? 회당의 중심에 당당히 서라는 말입니다. 거룩한 날, 거룩한 장소의 중심이, 그 주인이 그 사람이라는 말입니다. 그 손 오그라든 사람이 바로 제일 가운데 서야 할 안식일의 주인이다, 그 말입니다. 그 사람, 자신의 오그라든 손처럼 몸도 마음도 안식을 누리지 못하는 그 사람이야말로 죄인이 아니라, 안식일의 주인이다, 그 말씀입니다.

우리 예수님은 얼마나 부드럽고 다정한 분입니까? 어린아이를 품에 안고 축복해주시고, 고통당하는 병자들을 보면 마음 아파하시고, 같이 눈물을 흘리시고, 제자들의 더러운 발을 씻어주시는 분입니다. 그러나 예수님은 손이 오그라든 이 사람의 안식을 위해서는 차돌처럼 단호하셨습니다. 예수께서 그들에게 이렇게 물으셨지요. "안식일에 선한 일을 하는 것이 옳으냐? 악한 일을 하는 것이 옳으냐? 목숨을 구하는 것이 옳으냐? 죽이는 것이 옳으냐?" 좀 과격한 언사 같지 않습니까? 뭐 손 마른 사람을 두고, 목숨을 살리냐 죽이냐 하실까요? 예수님이 너무 세게 나오셔서 그랬는지, 그 말을 듣고 모두 잠잠했습니다.

예수님은 잠잠한 그들에게 노하셨습니다. 그들의 마음이 굳은 것을 보시고 탄식하셨습니다. 안식일 법은 그렇게 잘 외우면서도 정작 고통당하는 한 사람의 아픔은 도무지 보지 못하는 그들을 보시며 분노하고 탄식하셨습니다. 그리고 손 오그라든 사람에게 말씀하셨지요. "손을 내밀어라." 그 사람이 손을 내미니, 그의 손이 회복되었습니다. 그 사람의 오그라든 마음도 활짝 펴져서, 비로소 참된 안식을 누렸습니다. 그런데 그것을 본 바리새파 사람들은 바깥으로 나가서 곧바로 '헤롯 당원들'과 함께 예수를 없앨 모의를 했습니다. 헤롯 당을 가장 경멸한다는 바리새파 율법학자, 아니 율법기술자들이 헤롯 당원들과 배를 맞춘 것입니다. 가장 탐욕스러운 정치와 가장 위선적인 종교가 추악한 야합을 한 것입니다.

땅의 안식

사랑하는 여러분, 하나님께서는 안식을 빼앗긴 히브리 노예들을 해방하셔서 안식을 되찾아주셨습니다. 하나님의 은총 안에서 참된 안식을 누리며, 또한 함께 살아가는 모든 사람과 더불어, 모든 생명과 더불어 평안히 쉬게 하셨습니다. 하나님께서는 땅도 쉬게 하라 하셨습니다. '땅의 안식'은 하나님의 명령입니다. 역대기 역사가는 이스라엘이 겪었던 그 혹독한 고난의 역사에서 땅의 안식을 지키지 않는 이스라엘의 죄악을 보았고, 친히 빼앗긴 '땅의 안식'을 이루시고야 마는 하나님의 역사를 보았습니다.

    사랑하는 여러분, 오늘 급변하는 기후변화와 엄청난 자연재해를 보면서 우리는 무슨 생각을 해야 할까요? 바울이 고백했듯이 지금 하나님이 지으신 모든 피조물이 진통하면서 '안식'을 갈구하며 신음하는 것이 아닐까요? 이제라도 우리는 땅을 그저 탐욕과 투기의 대상으로 학대하고 파괴하는 죄악을, 마음을 찢으며 아프게 자성하고 돌이켜야 하지 않을까요? 땅은 인간의 소유가 아니라 다만, 오직 하나님의 것이라는, 성서의 가장 기본적인 믿음을 다시 고백해야 하지 않을까요? 우리가 땅의 안식을 지키지 않는다면, 하나님께서 친히 땅의 안식을 이루실 것이다, 참 두렵고 두려운 일입니다. 하나님께서 땅의 안식을 이루시는 역사가 재앙과 황폐화가 아니기를, 심판이 아니기를 간절히 기도합니다.

    우리 예수님은 안식을 빼앗긴 사람들을 보며 슬퍼하셨습니다. 안식을 빼앗긴 사람을 안식일과 회당의 중심에 일으켜 세우셨습니다. 인간이 하나님을 위한답시고 만든 안식일 법조문이 아니라 그 법의 정신을 가르쳐주셨고, 그 법의 주인이 누구인지 보게 하셨습니다. 예수님은 그 사람의 오그라든 손과 마음을 활짝 펴주셔서, 잃어버렸던 안식을 되찾게 해주셨습니다. 그렇게 하심으로써 진정한 안식일을 이루어주셨습니다.

　사랑하는 여러분, 우리의 주일이, 우리의 안식일이 그런 평안히 쉬는 날이 되면 좋겠습니다. 우리가 예배드릴 때 주님께서 우리의 오그라든 몸과 마음을 활짝 펴주시기를 바랍니다. 그래서 먼저 우리 자신이 평안한 안식을 누리고, 또 우리와 함께하는 사람들이 더불어 기쁨과 평안을 누리고, 우리 어른들부터 우리 아기들까지 모두 맘껏 안식과 평안을 누릴 수 있으면 좋겠습니다. 그리스도의 평화를 우리의 이웃과 함께 나누고, 하나님이 지으신 자연과도 나누며 살아가면 좋겠습니다. 무엇보다 우리가 '땅의 안식'을 지킬 수 있기를 바랍니다. 내 욕심을 채우고 나만 누리는 오그라든 쾌락이 아니라, 내 손을 펴고 내 욕망을 비워서 함께 더불어 나누는, 가난한 마음의 기쁨을 우리가 배울 수 있으면 얼마나 좋겠습니까. 우리가 하나님 나라의 행복을 함께 배우고 함께 누리며 살아갈 수 있도록 성령께서 인도하여 주시기를 바랍니다. 참된 안식과 평안을 주시는 주님의 은총이 언제나 어디서나 우리 모두에게 가득하기를 바랍니다.

스스로 일어나서 걸어가라

이사야 48:17-22	너희는 바빌론에서 나오너라. 바빌로니아 사람들에게서 도망하여라.(사 48:20)
요한복음 5:1-9	예수께서 그에게 말씀하셨다. "일어나서 네 자리를 걷어 가지고 걸어가거라."(요 5:8)

기다리는 어미 새

어느새 초여름 한낮의 열기가 뜨거워졌습니다. 이맘때면 새들이 한창 새끼를 치지요. 원주 집에도 지붕 끝 빗물받이 구멍 속에다 박새가 둥지를 틀었습니다. 작년에는 전봇대에 달린 배전함에 둥지를 틀었지요. 박새는 원체 작기도 하지만, 큰 새나 고양이, 뱀 같은 천적을 피해서 참 좁고 아슬아슬한 틈에 둥지를 틉니다. 그런데 이 작은 새가 새끼를 치는 모습을 보면 정말 대단하다는 생각이 듭니다. 알을 품을 때는 거의 단식 투쟁 수준으로 알을 품어 지킵니다. 작년에는 새가 든 걸 모르고 배전함을 열다가 둥지가 떨어질 뻔했는데, 그런 데도 꿈쩍하지 않고 그대로 알을 품고 있었습니다. 알에서 새끼가 깨어나면, 어미는 더 바빠집니다. 아침부터 저녁까지 쉴 틈 없이 먹이를 물어오고, 배설

물도 깔끔하게 치우고, 그야말로 육아 전쟁이 시작되지요. 육아는 새들에게도 정말 극한의 직업입니다.

그런데 그렇게 온새미로 새끼에게 집중하던 어미 새가 어느 날부터는 둥지에 들어가지 않습니다. 새끼들이 찢어질 듯 입을 크게 벌리고, 소리를 지르고, 날개를 파닥거리며 발버둥을 쳐도 그냥 멀찍이 떨어져서 본체만체합니다. 왜 그러는 걸까요? 무더운 여름 육아에 너무 지쳐서 '번아웃'이 되어버린 것일까요? 이제 더는 못 하겠다고 파업이라도 하는 것일까요? 아니지요. 어미 새는 기다리는 것입니다. 고물거리는 어린 새들이 스스로 일어서기를, 일어서서 둥지 밖으로 나오기를 기다리는 것입니다. 그 고물고물한 작은 새끼들이 밖으로 나오다가 떨어져서 다칠지도 모릅니다. 둥지 바깥에는 고양이도 있고 뱀도 있고 솔개도 있습니다. 너무 위험합니다. 그렇지만 어린 새는 스스로 일어서서 둥지 밖으로 나와야 합니다. 그래야 날개를 활짝 펴고 푸른 하늘로 날아오를 수 있습니다.

예루살렘 종교

오늘 우리는 요한복음에서, 예수께서 중풍병자를 고쳐주신 이야기를 읽었습니다. 그런데 이 병자를 고쳐주신 장소가 어디입니까? 예루살렘입니다. 좀 이상하지요. 복음서를 주의 깊게 읽는 사람이라면 여기서 이상하다는 것을 느낄 것입니다. 공관복음서에도 예수께서 중풍병자를 고쳐주신 이야기가 나오지요. 어디서 고쳐주셨을까요? 갈릴리의 가버나움입니다. 더구나 공관복음서를 읽어보면, 예수님은 예루살렘에서는 아무런 기적도 행하지 않으셨습니다. 그런데 요한복음은 예수님이 중풍병자를 고쳐주신 장소를 굳이 의도적으로 예루살렘이라고 특정하였습니다. 왜 그랬을까요? 요한복음은 중풍병자를 고쳐주신 '이야기 그 자체'보다 그것이 '무슨 의미가 있는지'를 말하려 하기 때문입니다. 예수님이 성전을 숙청하신 이야기도 맨 앞에 두었지요. 그것도 성전을 숙청한 그 사건이 요한에게는 아주 중요했기 때문입니다. 따라서 요한복음을 읽을 때에는 요한이 사실의 복음서라기보다는 의미의 복음서라는 것을 염두에 두어야 합니다.

예수님이 예루살렘으로 올라가셨습니다. 언제 올라가셨지요? 유대 명절입니다. 유대 사람의 중요한 절기입니다. 그런데 예루살렘 '양의 문' 곁에 히브리 말로 '베드자다'라는 주랑이 다섯 개가 있었습니다. 이런 설명이 그냥 단순한 풍광을 그리는 것은 아니지요. 그렇다면 이게 뭘 말하려는 걸까요? 유대 명절, 양의 문, 베드자다, 다섯 주랑, 무엇인가 연상되는 것이 있지요? 우선 유대 명절은 유대의 종교를 연상할 수 있습니다. 양의 문은 제사, 예배와 관련이 있지요. 히브리 말 '베드자다'는 뭘까요? '벧'이 집이라면 '자다'는 '의'(체다카)를 떠올릴 수 있습니다. 다른 사본에는 '베테스다'라고 나오기도 하는데, '사랑의 집'이라는 뜻으로 읽을 수 있습니다. 다섯 주랑은 모세오경이 연상되지요. 이렇게 보면, 예루살렘 베드자다 못 가에 있는 주랑은 '유대 종교'를 말하는 것으로 읽을 수 있습니다.

그곳에, 그 종교의 사람들이 있었습니다. 어떤 사람들입니까? 병자들입니다. 눈먼 사람들과 다리를 저는 사람들과 중풍병자입니다. 그들이 누워 있었습니다. 그들은 왜 거기에 있는 것일까요? 사람들은 왜 종교에 들어갑니까? 구원받기 위해서이지요. 병을 고치기 위해서입니다. 그렇다면 이 종교에서는 어떻게 구원받을까요? 어떻게 해야 병이 낫게 될까요? 베드자다 못에 천사가 내려와서 물을 휘저을 때 맨 먼저 들어가야 합니다. 1등을 해야 합니다. 그러려면 가장 큰 공적을 쌓아야 합니다. 가장 많은 헌금을 해야 하지요. 가장 많은 전도를 해야 구원받고, 병도 낫고, 천당에 들어갈 수 있다는 것입니다. 한마디로 선착순입니다. 이거 어디서 많이 본 낯익은 종교 아닌가요?

이런 종교에 서른여덟 해나 누워 있는 병자가 있었습니다. 아마 태어나서부터 한 번도 일어서 본 적이 없는 사람이겠지요. 이 사람이 구원받으려면, 곧 못에 1등으로 들어가려면 어떻게 해야 할까요? 빨라야 하겠지요. 돈이 가장 많아야 하겠지요. 아니면 가장 힘이 세야 하겠지요. 그런데 이 사람은 중풍병자에다가 돈도 없으니, 그저 거기에 누워 있을 수밖에 없었습니다. 이렇게 무력한 종교인에게 희망이란 무엇일까요? 그 사람이 가장 바라는 것이 무엇이겠습니까? 예수께서 그 사람을 보시고, 그에게 물으셨습니다. "낫고 싶으냐?" 뭘 이런 걸 물어보셨을까요? 당연한 것 아닙니까? 38년 동안 누워 있는 병자가 가장 바라는 것은 그 병에서 낫고 싶은 것 아닙니까?

그런데 낫고 싶으냐고 물으신 예수님께 이 병자는 낫고 싶다고 대답하지 않았습니다. 병자는 이렇게 말했습니다. "물이 움직일 때 나를 들어서 못에다가 넣어주는 사람이 없습니다. 내가 가는 동안에 남들이 나보다 먼저 못에 들어갑니다." 무슨 말입니까? 여기 이 병자가 바라는 것, 가장 원하는 것은 무엇입니까? 이 종교에서 신도가 가장 목을 매는 것이 무엇입니까? 병이 낫는 것이 아닙니다. 못에 먼저 들어가는 것입니다. 나는 무력하니까, 누군가라도 나를 들어서 저기 넣어 주는 것입니다. 본래 병자의 목적은 낫는 것이지요. 그런데 이 종교에서는 목적이 전도되었습니다. 이 병자는 자기도 모르는 사이에 가스라이팅되어서, 낫는 게 아니라 못에 들어가는 것이 목적이 되어버렸습니다.

조잡한 우상

얼마 전에 이재록의 쌍둥이 딸을 다룬 티비(TV) 보도를 보았습니다. 이재록은 지금 성범죄로 교도소에 들어가 있지요. 그가 이미 이단이라고 판명되었고, 끔찍한 범죄로 감옥에 갇혔는데, 그 신도들은 어떻게 되었을까요? 모두 속았다며 땅을 치고 이를 갈며 울화통을 터뜨리고 분개하지 않을까요? 아닙니다. 그 신도들은 지금도 이재록의 브로마이드에 큰절을 올리며 열광하고 있습니다. 이재록의 쌍둥이 딸이 그 신도들을 통제하는 것입니다. 정말 참담한 것은 그 딸들이 아비에게 어린 여신도들을 대주었다는 것입니다. 이건 정말 짐승만도 못한 짓이 아닙니까? 그런데 그 신도들은, 허우대는 멀쩡해 보이는데, 어떻게 그렇게 좀비처럼 통제되는 걸까요?

그 교회 권사라는 사람들이 애지중지 보물처럼 간직하고, 머리에 옷에 달고 다니는 게 있습니다. 정말 허접하기 짝이 없는 머리띠와 핀 같은 것들입니다. 그걸 길거리에서 판다면 아무도 거들떠보지 않을 것들이지요. 그런데 그 사람들은 그것을 신줏단지처럼 모십니다. 그게 하나님 버금가는 이재록과 딸이 하사한 성물이라는 것입니다. 하늘나라의 징표라는 것이지요. 그걸 많이 모으는 것이 엄청난 자랑이 되고, 그걸 가장 많이 가지는 것이 그들의 신앙생활의 목표가 된 것입니다. 그 조잡한 것들이 그들의 우상이 된 것입니다. 이것이야말로 거짓 종교가 저지르는 가장 사악한 죄입니다. 낫는 것이 목표가 되어야 하는데, 낫는 게 아니라 못에 먼저 들어가는 것이 목표라고 속이는 것입니다. 그래서 서로 먼저 들어가려고 죽자고 경쟁하게 하는 것입니다.

일어나서 걸어가라

예수께서 못에 들어가고 싶어 하는 그 사람에게 이렇게 말씀하셨습니다. "일어나서 네 자리를 걷어 가지고 걸어가거라." 예수님은 그 사람을 번쩍 들어서 베드자다 못에 가장 먼저 넣어주시지 않았습니다. 예수께서는 그 사람의 손을 힘껏 잡아당겨서 일으켜주지도 않았습니다. 그 사람이 스스로 일어서서, 스스로 자기 자리를 걷어들고, 스스로 당당하게 걸어가게 하셨습니다. 그러자 그 사람은 곧 나았습니다. 스스로 일어서서 자기 자리를 걷어들고 스스로 걸어감으로써 그 사람의 온전한 구원이 마침내 이루어졌습니다. 스스로 하게 하는 것, 이것이 자유요, 이것이 예수님의 구원입니다.

바빌론에서 도망쳐라

오늘 우리는 이사야서의 말씀을 함께 받아 읽었습니다. 바빌론에서 포로로 살아가는 이스라엘 백성에게 하나님의 계획을 알려주는 말씀입니다. 하나님께서는 예전에 이집트에서 그들을 구원하신 것처럼 이제 바빌론으로부터 그들을 구원하신다는 것입니다. 얼마나 기쁜 소식입니까? 하나님께서 그 백성을 속량하시고 구원하신다면 무엇이 문제겠습니까? 그런데 하나님께서는 이스라엘 백성에게 이렇게 말씀하십니다. "너희는 바빌론에서 나오너라. 바빌로니아 사람들에게서 도망하여라." 무슨 말씀입니까? 하나님의 구원하시는 역사는 하나님만의 모노드라마가 아니라는 말입니다. 이스라엘 백성이 스스로 일어나서 바빌론으로부터 도망쳐 나와야 한다는 말입니다. 이스라엘 백성이 스스로 일어서서 바빌론에서 나오지 않고서는, 진정한 구원이 이루어질 수 없다는 말입니다.

사실 성서는 처음부터 그렇게 말하고 있었습니다. 하나님께서 아브라함을 부르셨을 때에도 그랬지요. 하나님께서 아브라함을 부르셨을 때, 아브라함은 그가 사는 땅과 태어난 곳과 아버지의 집을 떠나야 했습니다. 떠나지 않고서는 새로운 약속도, 새로운 미래도 열릴 수 없습니다. 아브라함은 하나님께서 부르실 때마다 거듭 떠나야 했습니다. 구약성서에서 가장 중심이 되는 사건이라면, 단연 출애굽이지요. 그런데 이 출애굽은 무엇입니까? 하나님께서 이집트 파라오의 노예로 억압받고 학대당하는 히브리 사람들을 구원하신 사건이지요. 그런데 출애굽은 동시에 히브리 노예들이 이집트를 떠난 사건입니다. 구원의 사건이며 또한 탈출의 사건입니다. 이사야는, 바로 그런 점에서, 바빌론 포로 귀환을 제2의 출애굽 사건으로 보고 있습니다. 그래서 이스라엘 백성에게 바빌론으로부터 떠나라고 말했습니다. 하나님께서 이스라엘 백성을 바빌론으로부터 예루살렘으로 통째로 옮겨주신다고 해도, 이스라엘 백성이 스스로 바빌론으로부터 떠나지 않는다면, 그것이 무슨 소용이 있겠습니까?

믿음

요한복음에서 예수님은 예루살렘 베드자다 못 가에 38년 동안 누워 있던 병자에게 스스로 일어나서 자리를 걷어들고 걸어가라고 하셨습니다. 그것은 공관복음서에서도 마찬가지입니다. 예수님은 갈릴리 가버나움에서도 중풍병자에게 일어나서 자리를 걷어 가지고 걸어가라고 말씀하셨습니다. 고통당하는 병자를 고쳐주시고는 '네 믿음이 너를 구원하였다.'고 말씀하셨지요. 진정한 구원은 스스로 일어서서 스스로 걸어가는 데 있기 때문입니다. 구원받은 사람은 스스로 일어서서 스스로 걸어가야 하기 때문입니다. 그것은 한 개인뿐 아니라 역사에서도 마찬가지입니다. 이스라엘 백성은 이집트에서 일어나 떠나야 했습니다. 바빌론에서 뭉그적거리지 말고 스스로 일어나 떠나야 했습니다. 스스로 일어나지 않는 사람에게, 스스로 떠나지 않는 백성에게 구원은 없기 때문입니다.

요즘 사람들은 한국교회를 보면서 세상을 구원하기는커녕 자기 자신도 구원하지 못한다고 걱정하고 비난합니다. 우리 스스로 둘러보아도 너무 아프고 절망스럽습니다. 무엇이 가장 큰 문제일까요? 어디서부터 병든 것일까요? 어쩌면 베드자다 못 가에 38년 동안이나 누워 있던 병자의 모습은 바로 한국교회의 자화상이 아닐까요? 스스로 생각할 줄 모르는 것은 믿음이 아닙니다. 스스로 일어서지 못하는 것은 신앙이 아닙니다. 스스로 걸어가지 못하는 것은 신앙이 아닙니다. 그것은 우상숭배요, 좀비의 맹신일 뿐입니다.

사랑하는 여러분, 우리가 이 세상에서 신앙인으로 산다는 것, 그리스도인으로 산다는 것은 무엇일까요? 물론 우리는 약하고 또 약한 존재입니다. 하나님의 은총 없이, 하나님의 도우심 없이 우리가 어떻게 이 험한 세상을 살아갈 수 있겠습니까? 우리는 하나님의 눈 밖에서는 한순간도 견딜 수 없고 한 발짝도 걸을 수 없습니다. 그러나 또한 하나님께서 도와주시기에 우리는 스스로 일어설 수 있습니다. 하나님께서 손잡아주시기에 우리는 스스로 걸어갈 수 있습니다. 바위를 쪼개 물이 솟아나게 하시는 하나님이 우리의 길에 동행하시기에, 우리는 이 집트를 떠나 척박한 광야로 나갈 수 있고, 바빌론을 떠나 시온의 길로 걸어갈 수 있습니다.

사랑하는 여러분, 우리가 일어나서 네 자리를 걷어 가지고 걸어가라 하시는 예수님의 말씀을 들을 수 있으면 좋겠습니다. 우리가 스스로 생각하고 스스로 일어서고 스스로 걸어갈 수 있는 성숙한 신앙인으로 살면 좋겠습니다. 우리가 함께 말씀의 빛을 따라 생명의 길로 걸어가도록 언제나 성령께서 우리와 동행하시며 지켜주시고 인도하여 주시기를 바랍니다.

나는 곧 나다!

출애굽기 3:7-15 하나님이 모세에게 대답하셨다. "나는 곧 나다. 너는 이스라엘 자손에게 이르기를, '나'라고 하는 분이 너를 그들에게 보냈다고 하여라."(출 3:14)

요한복음 8:25-30 그러므로 예수께서 [그들에게] 말씀하셨다. "너희는, 인자가 높이 들려 올려질 때에야, '내가 곧 나'라는 것과, 또 내가 아무것도 내 마음대로 하지 아니하고 아버지께서 나에게 가르쳐 주신 대로 말한다는 것을 알게 될 것이다."(요 8:28)

너 자신을 알라

어쩌다가 한바탕 턱 빠지게 웃는다
그리고는 그 아픔을 그 웃음에 묻는다
그저 와준 오늘이 고맙기는 하여도
죽어도 오고 마는 또 내일이 두렵다
아 테스 형 세상이 왜 이래
왜 이렇게 힘들어
아 테스 형 소크라테스 형

사랑은 또 왜 이래
너 자신을 알라며 툭 내뱉고 간 말을
내가 어찌 알겠소 모르겠소 테스 형

국민가수라는 나훈아가 부른 노래, 〈테스 형〉의 1절 노랫말입니다. 요즘 한참 뜨거운 노래라지요? 이 노래를 듣고서 '테스 형'이 누구 형이냐고 물어보지는 마십시오. 영문도 모른 채 동네 바보가 될 수도 있습니다. 테스 형은 소크라테스를 말하지요. '너 자신을 알라.'고 말했다는 그 철학자 소크라테스입니다. 지금으로부터 2,400여 년 전에 살았던 소크라테스가 오늘 나훈아의 노래에서 무람없이 '테스 형'으로 소환받은 것입니다. 가수는 너 자신을 알라고 말한 테스 형에게, 내가 누군지 그걸 모르겠다고, 사랑은 또 뭔지 도무지 모르겠다고, 세상이 왜 이런지 사는 게 너무 힘들다고 소리 지르며 넋두리합니다.

너 자신을 알라! 소크라테스가 그냥 어쩌다가 툭 내뱉은 말은 아니지요. 소크라테스의 철학 전체를 대변하는 알짬 같은 말입니다. 사실은 모든 철학이 다 이 명제에 잇닿아 있습니다. 나 자신을 아는 것, 그것이 철학의 시작이요 끝입니다. 그것은 또한 종교의 시작이요 끝이기도 합니다. 우리의 신앙이란 나 자신을 아는 것이요, 나를 깨닫는 것이요, 나 자신을 살아내는 것이 아닙니까. 무엇보다 노랫말처럼 세상이 참 어지럽고 사는 게 너무 힘들수록 '너 자신을 알라.'는 명제는 더욱 절실한 질문이 됩니다. 소크라테스가 '너 자신을 알라.'고 한 것은, 참으로 어둡고 혼란한 때일수록, 어디로 가야 할지 길을 찾기 어려울수록 자기 자신을 아는 것으로부터 시작해야 한다는 말입니다.

어쩌면 오늘 사람들이 느닷없이 〈테스 형〉을 목놓아 부르는 것은, 우리가 사는 세상이 너무나 어둡고 혼란하다는 것을 말해주는 듯합니다. 그리고 자신이 누구인지를 퍼뜩 깨닫게 된다면, 우리가 어디로 가야 할지, 어떻게 살아야 할지 그 길을 찾게 될지도 모릅니다. 그런데 우리는 누구일까요? 나는 도대체 누구일까요?

당신은 누구요

"당신은 누구요?"(요 8:25) 유대 사람들이 예수님께 물은 질문입니다. 유대 사람들은 자신들이 누구인지 누구보다 잘 안다고 자부하던 사람들입니다. 그렇다면 유대 사람들은 자신을 누구라고 생각했을까요? 유대인들은 무엇보다 자신들은 모세의 율법을 가지고 있다고 자부했습니다. 우리는 누구인가, 우리는 모세의 율법을 가진 사람들이다, 이것이 그들의 확고한 자의식이었지요. 모세의 율법은 그들의 생각과 판단의 토대였습니다. 그들은 모세의 율법을 따라(요 8:5) 행동했습니다. 그들이 보기에 율법이 없는 사람은 '무지렁이요 저주받은 자들'(요 7:49)이었습니다. 유대인들은 또한 자신들은 아브라함의 후손이라고 자랑했습니다. 우리의 조상은 아브라함이다(요 8:39), 우리는 하나님께서 부르셔서 택하신 아브라함의 자손이다, 이것이 그들의 흔들리지 않는 자의식이었습니다. 이렇게 모세의 율법을 가졌다는 것과 아브라함의 자손이라는 것, 이 두 가지가 그들의 정체성을 이루는 중요한 토대였습니다.

그런데 예수님은 유대인들이 그토록 중시하는 모세의 율법에 매이지 않으셨습니다. 예수님은 안식일에 병자들을 고쳐주셨지요. 간음하다가 현장에서 잡혔다는 여인을 정죄하지도 않고 풀어주셨습니다. 유대 사람들이 그토록 소중하게 생각하는 율법 조문을 제대로 어긴 것입니다. 그것도 모자라 예수님은 유대인들이 그토록 중요하게 생각하는, 모든 유대인의 뿌리인 그들의 조상 아브라함보다 당신이 먼저 있다는(요 8:58), 참으로 모욕적인 주장까지 하셨습니다. 이렇게 모세의 율법과 아브라함까지 부정하는 예수님에게, 도대체 당신은 누구냐고 유대인들이 물은 것입니다. 당신은 한낱 갈릴리의 촌부인 목수 요셉의 아들이 아닌가? 모세도 아브라함도 무시하는 당신은 도대체 누구인가?

나는 곧 나다

'나는 곧 나다!'(요 8:24, 28) 유대인들에게 하신 예수님의 대답입니다. 나는 곧 나다, 무슨 말일까요? 어떻게 보면 선문답 같아 보이기도 합니다. 질문은 참 복잡하고 어려운데 대답은 너무나 단순하고 쉽지 않습니까? 그래, 나는 곧 나다, 나는 그 무슨 모세의 율법이니 아브라함의 몇 대 자손이니 하는 것과 아무 상관 없이, 그냥 있는 그대로 나일 뿐이다, 뭐 그런 얘기일까요? 나는 곧 나다, 참 담백한, 군더더기 하나 없는 간결한 말씀입니다.

그런데 '나는 곧 나다.' 하신 이 말씀에는 아주 깊은 뿌리가 있습니다. 우리가 '나는 곧 나다.' 하신 예수님의 말씀을 이해하기 위해서는, 먼저 반드시 살펴보아야 할 것이 있습니다. 오늘 우리가 받아 읽은 출애굽기의 말씀입니다. 나는 곧 나다, 이 말은 예수님보다 훨씬 앞서 출애굽기에서 하나님께서 하신 말씀입니다.

이스라엘 백성이 이집트에서 노예로 학대받을 때, 하나님께서는 그들을 구원하시려고 모세를 부르셨습니다. 미디안 광야에서 장인의 양 떼를 돌보던 모세를 부르셔서, 이집트의 파라오에게 가라고 말씀하셨지요. 그때 모세는 주저하면서 하나님께 여쭈었습니다. 자신이 이스라엘 자손에게 가서 하나님께서 보내셨다고 하면, 그들이 그 하나님의 이름이 무엇이냐고 물을 텐데, 뭐라고 대답해야 하느냐는 것입니다. 그렇지 않습니까? 그냥 알지도 못하는, 이름도 모르는 신을 따라갈 수는 없지 않습니까?

그렇게 하나님의 이름을 묻는 모세에게 하나님께서 대답해주셨습니다. 하나님께서 친히 자신의 이름을 알려주신 것입니다. "나는 곧 나다!"(에흐예 아셀 에흐예) 이것이 하나님께서 알려주신 하나님의 이름입니다. 그런데 너무 이상한 이름이지요? 정말 신의 이름치고는 파격 그 자체입니다. 당시 이스라엘 백성이 노예로 사는 이집트에는 수많은 신이 있었습니다. 그리고 그 신들에게는 각각 그 신의 격에 걸맞은 이름이 있었습니다. 이집트만이 아니지요. 바빌론과 페르시아는 물론 그리스 로마에도 정말 엄청나게 많은 신이 있었습니다. 그리고 그 신들은 저마다 자기 이름을 가지고 있었습니다. 이름은 곧 그 존재 자체였고, 이름 없는 신은 인정받을 수 없었습니다. 그런데 그 수많은 이집트의 신들을 다 무너뜨리고 당신의 백성을 구원하실 하나님의 이름이라면, 얼마나 높고 얼마나 거룩한 이름이어야 할까요? 그런데 하나님께서는 당신의 이름을 묻는 이스라엘 백성에게 '나는 곧 나다!' 하고 대답하셨습니다.

무슨 얘기일까요? 하나님에게는, 우리 하나님에게는 애초부터 그 어떤 이름 따위가 필요 없다는 말씀 아닐까요? 그렇지 않습니까? 무슨 하나님께서 주민등록을 하실 것도 아닌데, 어떤 작명가가 감히 하나님의 이름을 지어 드린다는 말입니까? 일찍이 노자도 이름의 한계를 예리하게 간파하지 않았습니까?(名可名非常名) '나는 곧 나다.' 이 말씀은 세상의 그 모든 우상의 허명을 한꺼번에 무너뜨리는 우리 하나님의 대답입니다. 하나님은 다만 하나님이십니다. 신의 이름을 당연한 것으로 생각하는 인간의 상식을 근본적으로 뒤엎는 대답입니다.

그렇지요. 우리는 그 어떤 이름으로도 하나님을 규명할 수 없습니다. 하나님은 인간이 부르는 이름에 매이는 분이 아닙니다. 우리 하나님은, 인간이 나무나 돌로 적당히 깎아 만들어서 치장하고, 그럴듯한 이름을 붙여주어야 비로소 존재하는, 저 허망한 우상과는 전혀 다른 분이십니다. 하나님의 이름은 인간이 함부로 부를 수가 없습니다. 그런데 여기 하나님이 가르쳐주신 하나님의 이름 아닌 이름, '나는 곧 나다.' 하는 이 말씀에는 아주 중요한 의미가 있습니다. 학자들은 이 이름이 '스스로 존재하시는' 자존자(自存者) 하나님을 가리킨다고 풀기도 하고, 모든 것을 존재케 하는 '창조자'를 가리킨다고 해석하기도 했습니다. '나는 곧 나다.' 하시는 하나님은 스스로 계신 분이며, 모든 것을 지으신 분이다, 그 말입니다. 그런데 우리는 여기서 '나는 곧 나다.' 하는 이 말씀을 하나님을 가리키는 말씀이면서 동시에 하나님께서 구원하시고자 하는 하나님의 백성을 가리키는 말씀으로 읽어보려 합니다.

이스라엘 백성은 이집트에서 파라오의 노예로 살았습니다. 그런데 노예란 무엇일까요? 노예란 자기 자신을 빼앗긴 사람입니다. 자신의 권리를 빼앗기고, 자신의 이름을 빼앗기고, 자신의 삶을 빼앗긴 사람입니다. 또 노예는 주인의 소유이지요. 그의 모든 것은 곧 그의 주인의 것입니다. 나는 없고 주인만 있습니다. '나는 곧 나'가 아닙니다. 모든 것은 주인에게 있습니다. 그런데 이렇게 자기 자신을 빼앗겼던 노예들이 '나는 곧 나다.' 하고 깨닫는다면, '나는 곧 나다.' 하면서 일어선다면, 그것이 무엇일까요? '나는 곧 나다.' 하는 그 생각, 그 자각과 그 자의식은 무엇일까요? 그것이 바로 혁명이요, 해방의 시작이 아닐까요? '나는 곧 나다.' 하시는 하나님처럼, 우리도 '나는 곧 나다.' 하고 깨닫는다면, 그렇게 일어선다면, 그것이 바로 구원의 시작이 아니겠습니까? 하나님께서는 그들을 구원하셔서, 이집트의 노예로부터 하나님의 노예로 소유권을 이전하신 게 아닙니다. 그들을 '나는 곧 나다.' 하고 자기 삶의 주체로 일어서는, 당당한 하나님의 백성으로 삼으신 것입니다. 하나님의 백성은 '나는 곧 나다.' 하고 말씀하시는 하나님을 닮은 하나님의 사람들입니다.

하나님의 독생자

우리가 살펴본 것처럼, 예수께서 유대인들에게 '나는 곧 나다.' 하고 대답하신 것은, 하나님께서 이스라엘 백성에게 '나는 곧 나다.' 하고 대답하신 것에 잇닿아 있습니다. 무엇보다 '나는 곧 나다.' 하는 이 표현은 옛 세계에서 가장 지고한 신(神)이 자기 뜻을 밝힐 때 사용하는 표현방식이었습니다. 옛날에 왕이 자기 생각을 밝힐 때 '짐은' 하면서 말했지요. '짐은/나는' 이 말은 지고(至高)한 권위를 담은 말입니다. 그 누구에게도 굽히지 않는, 가장 높은 왕만 할 수 있는 말이지요. 왕 앞에서는 아무도 '나는'이라고 말할 수 없습니다. 그저 '소신'(小臣)은 하고 납작 엎드려 자신을 낮추어서 황송해해야 했지요. '나는'이라는 말은 그 어떤 누구에게도 복속되지 않는 '나'의 존엄과 주권을 나타냅니다. 이른바 하나님의 자기표명(自己表明)입니다.

그런 점에서 예수께서 '나는 곧 나다.' 하고 말씀하신 것은 참으로 의미심장합니다. 예수님은 모세의 율법 조문에도 얽매이지 않으시고, 아브라함의 혈통에도 종속되지 않는 분이시라는 말입니다. 예수님의 뿌리는 모세와 아브라함을 넘어, 인간을 넘어서, 피조물을 넘어서, 다만 '나는 곧 나다.' 하고 말씀하시는 하나님께 잇닿아 있다는 말입니다. 실제로 요한복음은 처음부터 예수님은 태초에 하나님과 함께 계셨다고 말합니다. 요한복음이 증언하는 예수님은 태초부터 계신 말씀이며, 어둠을 밝히는 빛이며, 길이요 진리요 생명입니다. 예수님은 하나님의 독생자이십니다. '나는 곧 나다.' 하는 말씀은, 요한복음이 예수님에 대해 표현하는 그 모든 것을 다 포함하는 말입니다. 그렇습니다. 하나님께서 '나는 곧 나다.' 하고 말씀하시는 분인 것처럼, 우리 예수님도 '나는 곧 나다.' 하고 말씀하시는 분입니다.

그런데 여기서 우리에게 한가지 질문이 떠오릅니다. '나는 곧 나다.' 하시는 예수님은 과연 어떤 분이신가, '나는 곧 나다.' 하고 말씀하시는 예수님은 우리 그리스도인에게 무슨 의미가 있는가, 하는 물음입니다. 공관복음서를 읽어보면, 예수님은 한번도 당신이 하나님의 아들이라고 말하지 않습니다. 오히려 자신을 '사람의 아들'(人子)이라고, 사람이라고 말씀하시지요. 하나님을 '아빠'라고 부르며, 무릎을 꿇고 엎드려 땀이 피가 되도록 기도하시는 예수님은 얼마나 사람답습니까? 세리와 죄인과 한 상에 앉으시는 예수님, 제자들의 발을 씻겨주시는 예수님은 또 얼마나 겸손하십니까? 굶주린 이들을 보며 애가 끓고, 아파하는 이들과 함께 눈물을 흘리는 예수님은 또 얼마나 애틋하십니까? 이런 예수님의 모습이 '나는 곧 나다.' 하고 말씀하시는 예수님과 잘 어울리는 것일까요? 요한복음의 예수님은 공관복음서의 예수님과 다른 분일까요?

아닙니다. 요한복음이 말하는 예수님은 공관복음서가 말하는 예수님과 전혀 다르지 않습니다. 오늘 우리가 읽은 본문 28절을 보면, '나는 곧 나다.' 하시는 예수님은 높이 들려 올려질 예수님이십니다. 요한복음에서 예수님은 높이 올려지고 영광을 받으실 것이라고 말합니다. 그런데 가장 높이 올라가고, 영광을 받는다는 것은 무엇을 말할까요? 세상에서는 누가 가장 높이 올라가서 영광을 받고 있습니까? 카이저, 로마의 황제이지요. 로마의 황제는 가장 높이 신의 자리에까지 올라가서 온 세상의 영광을 한몸에 받고 있습니다. 그러나 요한복음에서 예수님이 높이 들려 올려지는 것과 영광을 받는 것은, 예수님이 카이저처럼 된다는 말이 아닙니다. 그것은 바로 예수님이 십자가에 달리신다는 말입니다.

무엇보다 '나는 곧 나다.' 하시는 예수님은 자기 욕망과 자신의 영광을 이루는 분이 아닙니다. 예수님은 '내 마음대로 하지 아니하고 아버지께서 가르쳐주신 대로 말하는' 분입니다. 아버지께서 가라 하시는 길로 가시는 분입니다. 그렇습니다. '나는 곧 나다.' 하고 말씀하시는 예수님은 '나는 곧 나다.' 하고 말씀하신 하나님 아버지의 뜻을 따라 겸손히 순종하는 분입니다. 언제나 아버지께서 기뻐하시는 일을 행하는 분입니다. '나는 곧 나다.', 예수님에게 이 말은 오만하고 불경한 언사가 아니라 겸손한 순종의 말씀입니다.

우리는 우리다

사랑하는 여러분, 우리 하나님의 이름이 '나는 곧 나다.'라는 것은 뭘 말하는 것일까요? 그것은 하나님의 백성 또한 '나는 곧 나다.' 하고 일어서는 사람들이라는 말 아니겠습니까? 우리 예수님이 '나는 곧 나다.' 하고 말씀하시는 분이라는 것은 또 무엇을 말하는 것이겠습니까? 그것은 우리 그리스도인 또한 '나는 곧 나다.' 하고 당당하게 노래하며 십자가의 길을 따라가는 사람들이라는 뜻 아니겠습니까? 우리는 맘몬의 노예가 아닙니다. 우리는 하나님의 꼭두각시도, 마마보이도 아닙니다. 우리는 '나는 곧 나다.' 하고 말씀하시는 하나님의 사랑받는 자녀들입니다.

　오늘은 삼일절 기념 주일입니다. 일제강점기에 우리는 나라를 빼앗겼지요. 일제는 무엇보다 우리의 이름을 빼앗았습니다. 그러나 그때 우리는 우리나라의 독립을 외치며 분연히 일어났습니다. 우리의 〈독립선언문〉을 보면, '吾等은 茲에 我 朝鮮의 獨立國임과 朝鮮人의 自主民임을 宣言하노라'(오등은 자에 아 조선의 독립국임과 조선인의 자주민임을 선언하노라.), 이렇게 시작하지요. 여기서 '오등은' 곧 '우리는'이라고 시작합니다. 우리가 누구인지 밝히는 것입니다. 이 〈독립선언문〉을 한마디로 줄인다면, '우리는 우리다!' '나는 곧 나다!' 바로 그 말이 아닐까요? 우리는 그 무엇에도 굴종하지 않는 존엄하고 소중한 인간이다, 그 선언입니다. 우리 스스로 우리의 권리와 존엄성을 되찾고 지키겠다는 다짐과 결의이지요.

이렇게 우리의, 나의 존엄과 권리를 찾는 독립운동에 한국교회가 스스로 참여한 것은, 우리 교회사에서 참으로 소중한 일입니다. 무엇보다 교회는 이집트의 억압에서 히브리 노예를 해방하신 하나님께서 일제의 억압으로 고통받는 우리를 구원해주실 것을 믿고 바라며 일어섰습니다. 그렇게 보면, 기독교의 삼일운동은 '나는 곧 나다.' 하고 말씀하시는 하나님을 따라서 '나는 곧 나다.' 하고 깨어 일어난 신앙의 고백이라 할 수 있습니다.

오늘 우리에게, 오늘 한국교회에 가장 필요한 것은 무엇일까요? 그것은 오늘 우리를 맘몬의 노예로부터 해방하시는 하나님의 이름, '나는 곧 나다.' 하고 말씀하시는 하나님의 이름을 기억하는 것입니다. '나는 곧 나다.' 하고 말씀하시며, 다만 하나님의 뜻에 순종하시는 예수님의 십자가를 바라보는 것입니다. 무엇보다 어렵고 혼란한 때일수록 내가 누구인지, 내가 얼마나 소중한 사람인지를, '나는 곧 나'임을 기억하고 잊지 말아야 합니다. '나는 곧 나다.' 하고 부르시는 하나님을 따라서, '나는 곧 나다.' 하고 말씀하시는 예수님을 따라서, 우리도 '나는 곧 나다.' 하고 깨어 일어나 생명의 길로 걸어갈 수 있도록 성령께서 우리를 깨우쳐주시고 이끌어주시기를 바랍니다.

나는 신이 아니다

출애굽기 32:21-24 "그들이 금붙이를 가져 왔기에, 내가 그것을 불에 넣었더니, 이 수송아지가 생겨난 것입니다."(출 32:24)

사도행전 14:8-18 "어찌하여 이런 일들을 하십니까? 우리도 여러분과 똑같은 성정을 가진 사람입니다."(행 14:15)

나는 신이다?

얼마 전 넷플릭스가 만든 〈나는 신이다〉라는 다큐멘터리로 우리 사회도 그렇고 교계도 큰 충격을 받았습니다. 한 주 지나서는 그 후속으로 제이엠에스(JMS)의 조력자들을 추적하는 프로그램이 방영되었습니다. 어젯밤에 〈그것이 알고 싶다〉라는 프로그램도 있었지요. 이런 보도를 통해서 사이비 종교에 정치계는 물론 언론과 법조계까지 복잡하게 얽혀 있다는 사실도 드러났습니다. 무엇보다 그 사이비 종파들이 기독교라는 토양에서 자라났다는 걸 생각하면, 이번 일을 계기로 우리 기독교가 자신을 뼈아프게 성찰해야 하겠습니다.

그런데 이런 사이비 종파에는 한 가지 공통되는 특징이 있습니다. 정명석도 그렇고 이재록도 그렇고 아가동산 이귀순도 마찬가지로 모두 스스로 자신이 신이라고 주장한다는 것입니다. '나는 신이다.' 이 것이 그들이 주장하는 말입니다. 그런데 사실 거의 모든 사이비 종교의 교주들은 한결같이 자기가 신이라고 주장했습니다. 그런 점에서, 사이비냐 아니냐를 판단할 수 있는 가장 간단하고 분명한 기준이 하나 만들어진 셈입니다. 그 종파의 지도자/교주가 '나는 신이다.' 하고 주장한다면, 그는 분명 사기꾼이고, 그 종파는 사이비임에 틀림없다는 얘기이지요.

나는 신이 아닙니다

오늘 우리는 사도 바울과 바나바가 루스드라에서 복음을 전하는 이야기를 함께 읽었습니다. 루스드라는 지금의 튀르키예에 있는 소아시아의 한 도시입니다. 루스드라에는 발을 쓰지 못하는 지체장애인 한 사람이 있었지요. 그는 나면서부터 걷지 못하는 사람이어서 한 번도 걸어본 적이 없습니다. 이 사람이 바울이 말하는 것을 들었습니다. 바울은 그를 똑바로 바라보고는, 그에게 고침을 받을 만한 믿음이 있다는 것을 알았습니다. 바울은 그에게 큰 소리로 '그대의 발로 똑바로 일어서시오.' 하고 말했지요. 그러자 그가 벌떡 일어나서 걷기 시작하였습니다. 놀라운 일이, 기적이 일어났습니다.

　루스드라 사람들은 바울이 행한 일을 보았습니다. 생전 제 발로 걷지 못했던 사람이 일어나 걸었습니다. 세상에 이런 놀라운 기적을 일으키는 사람은 누구일까요? 이건 분명 사람이 할 수 있는 일이 아니지요. 그렇다면 그가 누구겠습니까? 그런 놀라운 기적을 일으킨다면,

그는 분명 신이 아니고 무엇이겠습니까? 루스드라 사람들은 바울을 신이라고 생각했습니다. 더구나 그들은 그리스 신화를 잘 알고 있었습니다. 그리스 신화에는 하늘에 있는 신들이 가끔 인간의 모습으로 땅에 내려옵니다. 그 신들은 아름다운 여인을 찾아 헤매기도 하지요.

루스드라 사람들은 바울과 바나바가 바로 그 신들이라고 믿었습니다. 그들은 바나바를 제우스라고 생각하고, 바울은 헤르메스라고 생각했습니다. 바나바는 제우스처럼 권위 있게 서 있고 바울이 주로 말을 하니까, 아귀가 딱 들어맞지 않습니까? 사람들은 '신들이 사람의 모습으로 우리에게 내려왔다.'고 소리를 질렀습니다. 일이 점점 커졌습니다. 신들이 땅에 내려와서 기적을 보였으니 어떻게 해야 할까요? 마땅히 대대적으로 신을 영접하고 성대한 제사를 드려야지요. 성 밖에 있는 제우스 신당의 제사장은 황소까지 몇 마리를 가지고 오고, 화환도 가져와서 바울과 바나바에게 제사를 드리려 했습니다.

어떻게 해야 할까요? 여러분이라면 어떻게 하시겠습니까? 사실 우리가 잘 아는 것처럼 바울은 복음을 전하면서 그리 환대받지 못했습니다. 사람들이 환영하기는커녕 반대하고 비방하고 핍박했지요. 복음의 길은 굶주리고 매 맞고 옥에 갇히는 춥고 배고픈 길이었습니다. 바로 직전에도 바울은 이고니온에서 돌에 맞아 죽을 뻔했습니다. 그런데 루스드라 사람들이 그들을 신이라고 믿는 것입니다. 대대적으로 화환을 걸어주며 환영하고, 황소까지 잡아서 바치려 합니다. 이거 잘 활용하면 대박 기회가 아닐까요? 사람들이 이미 나를 신이라고 확신하니까, 내가 말하는 것도 신의 말씀이라고 무조건 아멘 하지 않을까요? 그렇다면 이런 기적이야말로 복음 전파를 기적적으로 성공시킬 수 있는, 하나님이 주신 절호의 기회가 아닐까요? 어떻게 해야 할까요? 바울은 어떻게 했습니까?

　바울과 바나바는 자기들의 옷을 찢었습니다. 그러고는 군중 가운데로 뛰쳐들어갔습니다. 껍데기 허위를 찢고 사람들의 자리로 내려갔습니다. 그리고 크게 외쳤습니다. 어찌하여 이런 짓을 하느냐고 소리쳤습니다. 나는 신이 아니라고, 우리도 여러분과 똑같은 성정을 가진 사람이라고 외쳤습니다. 바울의 행동은 너무도 단호하고 분명합니다. 바울은 망설이지 않았습니다. 사람들의 말을 듣고는 곧바로 분명하게 처신했습니다. 바울은 '당신이 신입니다.' 하고 믿는 사람들에게 '나는 신이 아닙니다.' 하고 옷을 찢으며/두려워하며 철저하게 부정하였습니다.

헛된 일을 버리고

왜 그랬을까요? 왜 바울은 이렇게까지 결연하게 '나는 신이 아니'라고 부정해야 했을까요? 그것이 그렇게 중요한 문제일까요? 그렇습니다. 나는 신이 아니라는 이 '자기부정'은 바로 바울이 전하는 복음의 핵심과도 같은 것이었습니다. 바울은 사람들에게 이렇게 말했습니다. "우리가 여러분에게 복음을 전하는 것은, 여러분이 이런 헛된 일을 버리고, 하늘과 땅과 바다와 그 안에 있는 모든 것을 만드신, 살아 계신 하나님께로 돌아오게 하려는 것입니다." 바울은 자신이 복음을 전하는 까닭이 무엇인지, 그 목표가 무엇인지 복음의 의미를 분명하게 밝힙니다.

여기서 바울이 복음을 전하는 이유는 무엇입니까? 바울은 '사람들이 그런 헛된 일을 버리게 하려는 것'이라고 말합니다. 사람들이 헛짓거리하지 않게 하려는 것이 복음의 목표이다, 그 말이지요. 이 헛짓거리, 헛된 일은 또 무엇을 가리킵니까? 바로 사람을 신으로 믿고 섬기는 것입니다. 한낱 인간을 신이라고 믿는 것, 이것이야말로 버려야 할 헛짓거리입니다. 사람을 신이라고 믿는 그 헛된 일을 버리는 것, 그런 헛짓거리로부터 벗어나는 것, 그것이 바로 복음의 의미요 목표입니다. 복음은 우리를 '사람을 신으로 믿는 좀비'로 만드는 게 아닙니다. 복음은 그런 헛된 일을 버리고 당당한 하나님의 자녀로 살게 하는 것입니다.

우상숭배

그렇습니다. '사람을 신으로 믿는 헛된 일'을 버리는 것, 그것은 복음의 알짬이며 동시에 성서 전체가 말하는 핵심이기도 합니다. 구약성서의 가장 기본이 되는 사건이 있다면, 그것이 무엇일까요? 출애굽 사건이지요. 그런데 이 출애굽 사건은 또 무엇일까요? 출애굽은 사람을 신으로 섬기는 종교 권력으로부터의 해방/탈출입니다. 히브리 사람들은 이집트에서 파라오의 억압과 학대로 고통을 당했습니다. 그런데 그 파라오는 누굽니까? 그는 바로 신이 된 인간이었습니다. 이집트의 지배자 파라오는 자신이 최고의 신 아몬 레의 아들이요 대리자라 주장했습니다. 파라오는 신이니까 그의 권력은 신성한 것이고, 그러니까 그에게 절대복종해야 한다는 것입니다. 나는 신이다, 이것이 이집트의 종교 권력의 본질이었습니다.

그러나 그 이집트 파라오의 종교 권력은 인간이 만든 우상에 불과한 것이었습니다. 하나님께서는 그 우상들이 아무것도 아닌 헛것임을 드러내셨습니다. 파라오는 신이 아니라 한낱 인간임을 만천하에 드러내 보이셨습니다. 하나님께서는 헛것을 섬기는 히브리 사람들을 당당한 하나님의 백성으로 구원하셨습니다. 그리고 다시는 그 헛된 우상에 종살이하지 말고 당당하게 살아가라고, 하나님의 말씀인 율법을 주셨습니다. 이것이 출애굽 사건입니다.

오늘 우리는 출애굽기에서, 이스라엘 백성이 금송아지 우상을 만든 이야기를 함께 읽었습니다. JMS 사태를 들여다보면, 어떻게 이런 어처구니없는 일이 벌어질 수 있는지, 참 마음이 착잡하고 먹먹합니다. 멀쩡한 사람들이 어째서 그런 황당무계한 허무의 늪에 빠지는 것일까요? 그런데 그렇게 헛짓거리에 빠지는 일은 어제오늘의 일이 아닙니다. 이스라엘 백성들은 하나님의 은총으로 파라오의 억압에서 해방되었지요. 모세를 따라 가나안을 향하여 거친 광야를 헤쳐나갔습니다. 그들은 얼마나 많은 일을 보고 겪었습니까? 앞길을 가로막은 홍해를 가르고 나갈 때에는 얼마나 마음이 감격스러웠을까요? 하늘에서 만나와 메추라기를 내려주실 때에는 또 얼마나 감사했겠습니까? 그렇게 광야 40년을 하나님의 인도하심을 따라 함께 행진했습니다. 그런데 가나안 땅에 이르기 직전, 모세가 40일 동안 산에 올라가 있는 동안에 문제가 터졌습니다.

모세가 산에서 내려오지 않자 사람들은 불안해졌지요. 그래서 그들은 아론에게 몰려가서 우리를 이끌어줄 신을 만들어달라고 요청했습니다. 하나님께서 그들을 그 헛된 우상으로부터 해방하셨는데, 그들은 모세가 없는 40일을 못 견디고 다시 신을 만들어달라고 한 것입니다. 인간의 이 지독한 노예의식/좀비근성은 어디에서 오는 것일까요?

사람들이 신을 만들어달라고 하자, 아론은 그들이 달고 있던 금고리들을 가져오라고 했지요. 그 금붙이들을 녹여 거푸집에 넣고 금송아지를 만들었습니다. 그러자 사람들은 그 금송아지를 신이라고 부르며 제사를 드리고 춤을 추며 발광을 했습니다. 산에서 내려온 모세가 이 광경을 보았지요. 모세가 어찌하여 이런 큰 죄를 짓게 했느냐고 다그치자, 아론은 참 천연덕스럽게 대답합니다. 그저 금붙이를 가져다가 불에 넣었는데, 이 금송아지가 생겼다는 것입니다. 그런데 여기 이 아론의 대답 속에는 우상의 본질이 숨어 있습니다. 그 우상은 어디 다른 데서 온 것이 아닙니다. 우상은 사람들이 가지고 있는 것에서, 소유에서 왔습니다. 사람들이 가지고 있던 그 금붙이는 무엇입니까? 우리는 그것을 무엇이라 부릅니까? 귀금속, 보물이라 부릅니다. 내가 아끼는 것이요, 사람들이 가치 있다고 믿는 것이요, 꽤 값이 나가는 것입니다. 탐나는 것이요, 가지고 싶은 것입니다. 인간의 욕구요, 욕망입니다. 그런데 그것들을 모두 모아서 불에 넣었더니, 그 모든 욕망을 한데 응축했더니, 그랬더니 금송아지가 나왔다, 그 말입니다. 그렇습니다. 우상이란 우리 안에 있는 탐욕의 총체입니다.

그 꼴을 본 모세는 분노했습니다. 모세는 그의 손에 들고 있던 증거판을 던져서 깨뜨려버렸습니다. 그리고 그들이 만든 금송아지를 가져다가 불에 태우고, 가루가 될 때까지 빻았습니다. 그 가루를 물에 타서 이스라엘 자손이 마시게 했습니다. 그뿐 아니지요. 모세는 레위 자손에게 명해서 금송아지를 신으로 섬기며 날뛴 사람들을 가혹하게 처단했습니다. 그런데 모세는 왜 그토록 단호하고 과격하게 행동했을까요? 왜 하나님이 주신 증거판을 내던지고, 그 아까운 금붙이를 불에 태우고 가루를 내어서 마시게 했을까요? 어떻게 3,000명이나 되는 사람들을 가차 없이 척결해야 했을까요? 그것은 결코 용납해서는 안 되는 일이었기 때문입니다. 모세는 '신이 아닌 것을 신으로 섬기는 헛된 일'을 추호도 용납하지 않았습니다. 왜냐하면 그런 짓은 출애굽을, 하나님의 역사를 그 밑바닥으로부터 허물어버리는 일이기 때문입니다. 하나님께서 그들을 '사람을 신으로 섬기는 노예'로부터 구원하셨는데, 그들이 다시 '사람이 만든 우상을 섬기는 좀비'로 돌아간다면, 그게 무엇이겠습니까? 그것이야말로 하나님의 역사에 반역하는 죄가 아니고 무엇이겠습니까?

탐욕의 노예

이번에 JMS의 조력자들을 다룬 방송을 보면 참 어이없고 황당하지요? 어떻게 그런 해괴한 인간을 신으로 믿는 황당하고 기괴한 일이 21세기 대명천지에 일어난 것일까요? 그런 끔찍한 괴물들은 어디에서 났습니까? 그것은 저 우주 바깥에서 무슨 비행물체를 타고 온 게 아니라 우리 사회가 빚어낸 것입니다. 우리의 종교, 특히 불행하게도 기독교가 그 모태가 되었습니다. 우리가 달고 있는 귀고리, 목걸이, 발찌, 금이빨까지 몽땅 가져다가 불타는 욕망의 거푸집에 넣었더니, 그런 괴물이 나온 것입니다.

　정명석을 도운 정조은이라는 젊은 여자가 있지요. 아마 이 사람도 처음에는 정명석에게 당했을 텐데, 계속해서 어린 여신도들을 정명석에게 상납하며 신뢰를 얻어서 마침내 2인자가 되었습니다. 그런데 그녀가 범죄 조력자로 구속되면서 새삼 주목을 받은 것이 있습니다. 그녀의 손목에 차고 목에 걸고 옷에 달고 있던 명품들입니다. 그게 하나에 수천만 원짜리랍니다. 그녀가 입고 있는 옷이며 장식을 합치면 수억 원에 달한다지요. 이 사람들이 스스로 신이라 하는데, 도대체 그들이 생각하는 신이란 무엇일까요? 정명석이 생각하는 신은 무엇이겠습니까? 지천명을 넘긴 노구에도 세상 아름다운 처녀를 맘껏 능욕할 수 있는 존재, 그게 신일까요? 정조은이 믿는 그 성령체는 또 무엇일까요? 세상 가장 비싼 보석과 명품을 주렁주렁 두르고 걸칠 수 있는 존재, 그게 거룩한 성령체일까요? 그런 것이 정말 신일까요? 아니지요. 아닙니다. 저들은 신이 아닙니다. 저들은 지독한 탐욕에 종살이하는 맘몬의 노예요, 사탄의 좀비일 뿐입니다.

하나님의 자녀

사랑하는 여러분, 사도 바울은 자신을 신으로 섬기려는 사람들에게 나는 신이 아니라고, 나는 여러분과 똑같은 성정을 가진 사람이라고 외쳤습니다. 오히려 바울은 스스로 자신은 약함밖에는 내세울 게 없다고, 나는 비참한 사람이요 죄인의 괴수라고 고백했습니다. 예언자들도 마찬가지이지요. 복음서를 살펴보면, 정작 우리가 하나님의 아들이라 믿는 예수님은 한 번도 '나는 신이다.' 하고 말하지 않으셨습니다. 예수님은 당신을 가리켜서 '인자'라고, '사람의 아들'이라고 하셨습니다. 베드로가 '하나님의 아들'이라고 고백했을 때에도, 더러운 귀신들이 '하나님의 아들'이라고 외칠 때에도, 예수님은 오히려 말하지 말라고 하셨습니다. 진정 사람의 아들이신 분, 그분이 진정 우리 하나님의 아들이십니다.

바울은 루스드라 사람들에게 하나님을 만날 수 있는 길을 가르쳐주었습니다. 하나님을 만날 수 있는 길, 하나님께서 당신을 드러내 주시는 길입니다. 그 길이 무엇일까요? 하나님은 어떤 분일까요? 바울은 이렇게 말했습니다. "하나님께서 자기를 드러내지 않으신 것은 아닙니다. 곧 하늘에서 비를 내려주시고, 철을 따라 열매를 맺게 하시고, 먹을거리를 주셔서, 여러분의 마음을 기쁨으로 가득 채워주셨습니다." 무슨 말입니까? 우리 하나님은 특별한 기적을 통해서만 당신을 드러내시는 분이 아니라는 말입니다. 우리가 매일매일 살아가는 평범한 일상, 자연의 순리를 따라가는 그 소소한 생활의 기쁨, 우리가 살아가는 모든 날 모든 곳에 하나님께서 함께하신다는 말입니다. 우리는 이미 하나님 안에 하나님과 함께 살아가고 있습니다. 그러므로 우리는 '나는 신이다.' 하고 속이는 사기꾼을 따라가는 허튼 짓거리를 버리고, 다만 살아 계신 하나님 안에 살아가야 합니다.

사랑하는 여러분, 이제 말씀을 결론짓는 비밀, 신비한 비밀을 하나 말씀드리겠습니다. 나는 신이 아닙니다. 우리는 모두 신이 아닙니다. 우리는 모두 연약한 인간이요, 곤고한 사람일 뿐입니다. 그러나 놀랍게도 우리는 모두 하나님의 사랑하는 자녀입니다. 우리는 언제 어디서나 하나님 안에서 하나님과 함께 있습니다. 이것이야말로 가장 놀랍고 신비한 비밀입니다. 세상에 이보다 더 깊고 높은 비밀은 다시 없습니다. 이제 이 신비롭고 은혜로운 비밀 안에서 살아갑시다. 당당하게 맘몬의 좀비가 아니라 하나님의 자녀로 살아갑시다. 우리가 하나님이 창조하신 자연의 순리를 따라 살아갈 때, 우리가 하나님의 은혜로운 섭리를 따라 살아갈 때 하나님께서 우리의 마음을 기쁨으로 가득 채워주실 것입니다. 살아 계신 우리 하나님께서 우리의 모든 날 모든 곳에서 놀라운 사랑과 은혜로 함께하시기를 기도합니다.

영원한 생명

신명기 30:15-20	보십시오. 내가 오늘 생명과 번영, 죽음과 파멸을 당신들 앞에 내놓았습니다.(신 30:15)
마가복음 10:17-22	"선하신 선생님, 내가 영원한 생명을 얻으려면, 무엇을 해야 합니까?"(막 10:17)

착한 강아지의 고민

엄청 착한 강아지가 있었습니다. 주인 말도 잘 듣고, 사람을 물지도 않고, 다른 강아지들과도 사이좋게 잘 지냅니다. 귀엽고 예쁘게 생겼지만, 밤에는 집도 잘 지킵니다. 정말 뭐 하나 나무랄 데가 없는 강아지입니다. 그런데 이 강아지가 하루는 이상한 소문을 들었습니다. 강아지가 세상에서 착하게 살면, 다음에는 사람으로 태어난다는 것입니다. 아무리 주인이 예뻐해도 강아지는 강아지이지요. 추운 겨울에는 칼바람 견디며 한데서 떨고, 여름이면 복달임의 공포에 떨어야 하는 게 강아지 신세 아닙니까? 그런데 사람이 된다니, 이 얼마나 좋은 일입니까? 다른 강아지들이 모두 부러워하며 축하했습니다.

 그런데 그날로부터 강아지는 아주 심각한 고민에 빠졌습니다.

자기는 세상에서 똥을 제일 좋아하는데, 그야말로 환장하는데, 사람이 된다면 그걸 먹을 수 없겠지요. 그 맛있는 것을 먹지 못한다면, 차라리 사람이 되지 않는 게 좋지 않을까요? 어떻게 해야 할까요? 차라리 이제부터는 못된 개망나니가 되어서 개똥밭에 구르는 게 낫지 않을까요?

영원한 생명을 얻으려면

오늘 우리는 마가복음에서 한 부자 젊은이 이야기를 읽었습니다. 이 이야기는 마태복음과 누가복음에도 나옵니다. 그런데 이 사람이 누군지에 대해서는 복음서마다 조금씩 차이가 있습니다. 마가복음에서는 '어떤 사람'이라 하고, 마태복음에서는 '젊은이'라 하고, 누가복음에서는 '지도자'라고 말하지요. 복음서 모두 이 사람이 큰 부자였다는 데는 이견이 없습니다. 그래서 흔히 이 사람을 '젊은 부자 관리'라고 말합니다. 젊은 나이에 꽤 출세해서 부자가 된 모양입니다. 어쨌거나 모두가 부러워하는 잘나가는 사람입니다.

이 사람이 예루살렘을 향해 길을 떠나시려는 예수님께 달려와서 예수님 앞에 무릎을 꿇고 여쭈었습니다. 내로라하는 유력한 인사가 달려와서 무릎을 꿇었다는 것은, 이 사람에게 뭔가 아주 긴박하고 간절한 소원이 있었다는 말이지요. 세상에서 돈도 권세도 다 손에 쥔 사람, 뭐 하나 부족한 게 없는 젊은이가 절박하게 바란 것은 무엇이었을까요? 그것은 바로 '영생', 영원한 생명이었습니다. 오래오래 사는 것을 넘어서 영원히 사는 것, 그것입니다. "내가 영원한 생명을 얻으려면 무엇을 해야 합니까?"

　사실 영원한 생명을 바라는 것은 단지 이 젊은 부자만의 염원은 아닐 것입니다. 그것은 모든 사람의 소원이기도 합니다. 일찍이 온 세상을 다 가진 진시황도 '영생'을 찾아 헤매다가 죽었습니다. 사람이 아무리 돈이 많아도 죽으면 그게 다 무슨 소용이겠습니까? 아무리 권세가 크다 해도 죽으면 그게 한 줌 먼지처럼 허망한 것이지요. 젊음은 또 어떻습니까? 우리의 젊음이란 세월 앞에 얼마나 무상하고, 바람같이 빨리 지나갑니까? 이 유력한 부자 젊은이가 바란 것은 어떻게 이 돈과 권력과 젊음을 오래오래, 아니, 영원히 누릴 수 있느냐는 것이었습니다. 돈과 권세와 젊음을 소유한 이 사람의 마지막 소원은 영생이었습니다. 어떻게 하면 영생할 수 있을까요? 얼마를 주면 영생을 살 수 있을까요?

　무엇으로 영생을 얻을 수 있느냐는 이 사람에게, 예수께서는 이렇게 말씀하셨습니다. "너는 계명을 알고 있을 것이다. '살인하지 말아라, 간음하지 말아라, 도둑질하지 말아라, 거짓으로 증언하지 말아라, 속여서 빼앗지 말아라, 네 부모를 공경하여라' 하지 않았느냐?" 이게 무슨 말씀입니까? 이 말씀은 우리도 잘 알고 있는 말씀이지요. 아마 우리 교회학교 아이들도 잘 알고 있을 것입니다. 이 젊은 부자도 이 말씀을 잘 알고 있었을 것입니다. 이 말씀은 바로 십계명의 후반부에 있는 여섯 계명입니다.

　그런데 여기서 우리가 먼저 주목할 것이 있습니다. 만약 요즘에 신도들이 목사에게 '무엇을 해야 영생을 얻을 수 있습니까?'라고 묻는다면, 목사는 뭐라고 대답해줄까요? 예수님처럼 성서의 말씀으로 대답해준다면, 어떤 말씀을 줄까요? 오직 하나님만 섬겨라, 안식일을 철저히 지켜라, 오직 예수님만 믿어라, 주일성수를 해라, 그러면 영생을 얻을 것이다, 그렇게 대답해주지 않을까요? 영생은 하나님이 주시는 것이니까, 영생을 얻으려면 하나님께 잘 보여라, 그런 대답이겠지요. 물론 다만 하나님만 섬기는 것, 오직 예수님만 믿는 것, 그것은 참 중요한 일이지요. 그런데 예수님은 그렇게 말씀하지 않으셨습니다. 예수께서는 영생을 묻는 그 사람에게, 특별한 종교적 계명이 아니라, 평범한 일상의 계명을 말씀하셨습니다. 하나님을 향한 불타는 헌신을 요구하신 게 아니라, 그저 사람으로서 마땅히 해야 할 계명을 실천하라고 하셨습니다.

"선생님, 나는 이 모든 것을 어려서부터 다 지켰습니다." 예수님의 말씀을 듣고 그 사람이 자신 있게 대답한 말입니다. 나는 어려서부터 지금까지 사람을 죽이지도 않았고, 간음하지도 않았고, 도둑질도 하지 않았고, 거짓 증언도 하지 않았고, 사기를 치고 강탈하지도 않았고, 뭐 부족하기는 하지만 부모님도 공경했다는 것입니다. 그러니 자신이야말로 '영원한 생명'을 얻을 자격이 있다는 말이지요. 그러니 내게 영생을 달라는 것입니다. 예수께서 그 사람을 눈여겨보시고 가상히 여기셨습니다. 계명을 지켰으니 얼마나 장한 일입니까. 그런데 예수께서는 그에게 이렇게 말씀하셨습니다. "너에게 한 가지 부족한 것이 있다. 가서, 네가 가진 것을 다 팔아서, 가난한 사람들에게 나누어주어라. 그리하면, 네가 하늘에서 보화를 차지하게 될 것이다. 그리고, 와서, 나를 따르라."

예수께서는 그 사람에게 '영원한 생명'을 얻는 길을 가르쳐주셨습니다. 하늘의 보화를 얻는 길입니다. 네가 가지고 있는 그 재물, 하나님께서 주신 은총의 선물을 가장 값지게 사용하는 것, 그것이 곧 하늘에 보화를 쌓는 것이라고 말씀하셨습니다. 그렇습니다. 우리의 생명은 무엇입니까? 우리의 생명은 하나님의 것입니다. 생명의 주인이신 하나님께서 우리에게 명(命)하신 삶(生), 그것이 생명입니다. 우리가 가지고 있는 모든 것, 우리의 재산과 권세와 젊음은 또 무엇입니까? 그것은 다만 하나님께서 주신 은총의 선물입니다. 그것을 가장 의미 있게, 하나님의 말씀(뜻과 섭리)에 맞게 사용하라고 주신 것이지요. 그렇게 생명 가득한 삶을 살라는 것입니다.

    이제 예수께서 가르쳐주신 말씀대로 실천하면, 이 사람은 영원한 생명을 얻을 수 있었습니다. 어떻게 되었을까요? 이 부자 젊은이는 예수님의 말씀을 실천해서 영원한 생명을 얻게 되고, 예수님을 따르게 되었을까요? 아닙니다. 이 사람은 예수님의 말씀을 듣고 울상이 되었습니다. 그는 근심하며 예수님을 떠나갔습니다.

영생, 소유가 아니라 삶

뭐가 문제였을까요? 왜 이 사람은 그가 그토록 원하던 영원한 생명을 눈앞에 두고도, 죽상이 되어 근심을 안고 떠나갔을까요? 문제는 그가 바라는 영생과 예수님이 말씀하시는 영생이 달랐기 때문입니다. 그가 생각하는 영생이란 무엇이었습니까? 그에게 영생이란 돈과 권세와 젊음과 같은 것이었습니다. 그가 소유한 재산과 권세를 영원토록 누리는 것, 그의 탐욕을 영원무궁하도록 실현하는 것이었습니다. 그는 예수님께 '내가' 영생을 얻으려면 무엇을 해야 하느냐고 물었지요. 그가 생각하는 영생이란 돈과 권세와 같은 '사적 소유'였습니다.

그러나 예수께서 말씀하신 영원한 생명은 그런 '소유'가 아니었습니다. 생명은 소유가 아니라 존재요, '삶'이었습니다. 생명이란 소유할 수 있는 것이 아닙니다. 생명은 돈으로 살 수 있는 것이 아닙니다. 생명은 다만 삶으로 살아내는 것이지요. 그가 가지고 있는 그의 소유, 젊음과 돈과 권세는 영원한 것이 아닙니다. 그것은 생명을 위해 사용해야 할 것들입니다. 그것들은 때로 비워야/버려야 할 것들입니다.

무엇보다 영생이란 하나님의 말씀을 따라 사는 삶에 있습니다. 하나님께서는 이스라엘 백성에게 '살인하지 말고 간음하지 말고 도둑질하지 말고 거짓말하지 말고 속여서 빼앗지 말고 부모를 공경하라.'고 말씀하셨지요. 무슨 말씀입니까? 마땅히 사람답게 살라는 말씀입니다. 이 모든 계명의 알짬을 한마디로 집약하면 무엇이 됩니까? 그렇습니다. 네 이웃을 네 몸처럼 사랑하라, 이 말입니다. 서로 사랑하는 삶, 그것이 영생입니다. 시편 133편의 시인은 형제자매가 어울려서 함께 살아가는 삶, 그 따뜻하고 아름다운 공생에 하나님께서 약속하신 '영생'이 있다고 노래했습니다.

예수께서는 그 젊은이에게 그 아름다운 삶을, 그 참되고 영원한 삶을 가르쳐주셨습니다. 그 참되고 영원한 삶을 지금 살라고 말씀하셨습니다. 그가 가지고 있는 것을, 그의 돈과 그의 권력과 그의 젊음을 가난한 사람들과 함께 나누라고 말씀하셨습니다. 그 삶, 그렇게 따뜻한 마음으로 함께 나누고, 함께 더불어 살아가는 아름다운 삶, 거기에 영원한 생명이 있습니다. 그렇습니다. 영생은 인간의 탐욕을 이루는 것이 아닙니다. 불로장생의 실현도 아닙니다. 교만하고 탐욕스러운 인간이 죽지도 않는다면 세상은 무엇이 되겠습니까? 정명석이나 이재록이나 전광훈 같은 괴물이 영생한다면, 교회는 생지옥이 되지 않겠습니까? 그런 자들이 하늘나라에 간다면, 하늘나라는 대번에 구역질 나는 개똥밭이 되고 말지 않겠습니까? 영생은 그런 것이 아닙니다. 영생은 다만 하나님의 은총 안에서 생명의 말씀을 따라 사는 삶에 있습니다. 우리는 유한한 인간이지만, 영원하신 하나님 안에서 영원한 생명을 맛보며 영원한 생명에 잇대어 살아갈 수 있습니다.

생명을 택하라

오늘 우리는 신명기에서 모세가 이스라엘 백성에게 당부하는 말씀도 함께 읽었습니다. 모세가 가나안 땅을 앞에 두고 백성에게 당부하는 마지막 유언 같은 말씀입니다. 모세는 이 말씀을 마치고 후계자 여호수아를 세우지요. 이제 이스라엘 백성은 광야 40년 유랑을 마치고 마침내 가나안 땅으로 들어가게 되었습니다. 젖과 꿀이 흐르는 약속의 땅입니다. 이집트에서 파라오의 노예로 억압받던 백성은 이제 가나안 땅에서 얼마나 자유롭고 행복하게 살게 될까요? 광야 40년의 그 혹독한 고난의 행진도 다 마쳤으니, 이제부터는 고생 끝 행복 시작이겠지요. 그런데 모세는 그게 아니라고 경고합니다. 지금 이스라엘 백성 앞에는 생명과 번영, 죽음과 파멸이 놓여 있다는 것입니다. 모세는 이렇게 말합니다. "나는 오늘 하늘과 땅을 증인으로 세우고, 생명과 사망, 복과 저주를 당신들 앞에 내놓았습니다. 당신들과 당신들의 자손이 살려거든, 생명을 택하십시오."

　이스라엘 백성은 이집트에서 파라오의 노예로 살았습니다. 그 노예의 삶은 어떤 삶이었습니까? 그것은 죽음이요 저주 그 자체였습니다. 그들은 억압자에게 죽임을 당하고 폭행당하고 착취당했습니다. 아기들은 태어나자마자 강물에 던져졌지요. 그런데 하나님께서 그들을 파라오의 억압으로부터 해방하셔서 가나안 땅으로 이끄셨습니다. 이제 그토록 바라던 가나안 땅이 눈앞에 있습니다. 젖과 꿀이 흐르는 약속의 땅에 들어가면 됩니다. 그런데 모세는 그 백성들 앞에 생명과 번영, 그리고 죽음과 파멸이 놓여 있다고 말합니다. 이스라엘 백성은 가나안 땅에서 생명과 번영을 누릴 수도 있고, 죽음과 파멸에 빠질 수도 있습니다. 가나안 땅을 악취가 진동하는 개똥밭으로 만들 수도 있고, 아름답고 향기로운 꽃밭으로 만들 수도 있습니다. 어떻게 해야 할까요? 무엇을 택해야 하겠습니까? 모세는 말합니다. 당신들과 당신들의 자손이 잘 살려거든 생명을 택하십시오! 생명과 복은 거저 주어지는 게 아니라 그들이 스스로 선택하는 것입니다.

우리 일상에서

오늘 우리는 '생명'이라는 주제로 이야기를 나누었습니다. 우리에게 복음서에서 가장 중요한 단어를 하나 선택하라면, 어떤 단어를 선택할까요? 무슨 말이 신앙의 핵심을 표현하는 말이겠습니까? 아마 많은 사람이 '구원'이라는 단어를 떠올릴 것입니다. 그렇지 않습니까? 복음서는 하나님께서 예수 그리스도의 십자가를 통하여 우리를 구원하신 '구원의 사건'을 증언하는 책 아닙니까? 그런데 의외로 복음서에는 '구원'이라는 그리스 말 '소테리온'이라는 단어가 거의 나오지 않습니다. 이방인의 복음이라 불리는 누가복음에만 몇 차례 나오지요. 이 '소테리온'이라는 그리스 말은 하늘에 있는 구원자(소테리아)가 땅에 내려와서 인간의 영혼을 하늘로 데려간다는, 영지주의의 구원 신화에서 쓰이는 말입니다. 인간의 육으로부터 영을 구원한다, 인간을 땅으로부터 하늘로 구원한다, 그런 얘기이지요.

이 영혼 지상주의 종교는 영혼만 강조할 뿐 인간의 삶에는 아무런 관심도 없습니다. 그런데 복음서는 이 구원(소테리아)이라는 말을 극도로 자제합니다. 복음서는 '구원'보다는 '생명'(조에)이라는 말을 사용합니다. 특별히 영지주의를 경계하는 요한복음은 '생명'이라는 말을 아주 중요하게 쓰고 있습니다.(요한복음은 '구원'이라는 말을 단 1번 쓰는 데 반해 '생명'이라는 말은 36번이나 강조하며 사용합니다. 바울도 '몸'이라는 말로 영혼 구원 지상주의를 피하지요.)

사랑하는 여러분, 이미 지구온난화를 넘어서 열대화에 이르렀다는 오늘 우리에게 신앙이란 무엇일까요? 생명입니다. 신앙이란 죽음이 아니라 생명을 택하는 것입니다. 하나님의 말씀을 따라 생명 가득한 삶을 사는 것, 그것이 신앙입니다. 영생을 얻겠다며 예수님을 찾아온 젊은 부자는 결국 생명이 아니라 돈을 택하고 말았습니다. 그리고 오늘 우리 인류도 영생을 그토록 원한다면서 결국 경제를 택하고, 죽음과 파멸을 스스로 택하고 있지 않습니까? 맘몬을 놓지 못하고, 아니 맘몬에게 포로가 되어서 죽음과 파멸의 나락으로 떨어지고 있지 않습니까? 어쩌면 지금은 우리가 가진 것을 다 팔아서, 영원한 생명까지는 몰라도, 지속 가능한 생명을 붙잡아야 하는 때가 아닐까요?

　사랑하는 여러분, 우리가 생명을 택하는 것은 또 무엇일까요? 생명이란 어쩌면 그리 멀리, 거창한 데 있는 것은 아닐 것입니다. 모세가 백성에게 간곡하게 당부한 대로, 생명은 바다 건너 저 멀리에 있는 게 아니라 우리 가까이에, 우리 마음에 있고, 우리 입술에 있고, 우리 일상에 있습니다. 우리가 우리 생활에서 따뜻한 마음으로 살아가고, 탐욕이 아니라 생명을 택할 때, 하나님께서는 우리에게 은총을 베푸셔서 참되고 영원한 생명을 주실 것입니다. 우리가 멸망하지 않고 영생을 얻도록 지켜주실 것입니다. 우리가 다만 하나님의 사랑과 은총 안에서 생명 가득한 삶을 살아갈 수 있도록, 생명의 영이신 성령께서 우리를 지키고 인도하여 주시기를 바랍니다.

그날이 오고 있을까요

예레미야 23:1-8 내가 다윗에게서 의로운 가지가 하나 돋아나게 할 그 날이 오고 있다. 나 주의 말이다. 그는 왕이 되어 슬기롭게 통치하면서, 세상에 공평과 정의를 실현할 것이다. 그 때가 오면 유다가 구원을 받을 것이며, 이스라엘이 안전한 거처가 될 것이다. 사람들이 그 이름을 '주님은 우리의 구원이시다'라고 부를 것이다.(렘 23:5-6)

기다리는 절기에

메시아의 도래를 알리는 뿔나팔 소리가 울려퍼졌습니다. 사람들은 문을 열고 뛰쳐나와 소리가 나는 쪽으로 우르르 몰려갔지요. 제자들이 스승에게 달려와 이 소식을 알렸습니다. 랍비는 창문을 빠끔히 열고 사람들이 달려가는 것을 보고는 다시 창문을 닫으며 말했습니다. "사람들이 하는 짓이란 예나 지금이나 하나도 변한 게 없군!"

겨울이 시작되면서 교회력은 대림절에 접어들었습니다. 그리고 조금 더 지나면 성탄절이 될 것입니다. 이스라엘 백성들이 메시아를 기다렸던 것처럼, 우리도 그리스도를 기다리는 것이지요. 교회마다 성탄절을 준비하면서, 또 새해를 계획하면서, 숨 가쁘게 돌아가는 절기입니다. 그리고 그렇게 대림절과 성탄절은 아무것도 '변한 것 없이' 요란하게 지나가겠지요.

그런데 성서의 대림절이 그런 고정된 일정을 따라가는 번잡한 프로그램에 불과한 것일까요? 그건 아닐 것입니다. 우리가 기다려야 하는 것은 '성탄절'이 아니라 '메시아'가 아닙니까? 우리가 그리워하는 것은 '시간'이 아니라 '사람'이 아닙니까? 오늘 우리가 메시아를 기다린다는 것은 무엇일까요? 우리는 일찍이 예레미야가 외치던 메시아 예언을 다시 살펴보려 합니다. 예레미야의 예언을 통해, 오늘 우리가 기다려야 하는 메시아가 무엇인지 다시 생각해보면 좋겠습니다.

새 왕을 기다리는 까닭은

예레미야는 메시아를 진정한 왕이라고 보았습니다. 사실 '메시아'라는 말 자체가 이미 '기름부음을 받은 자'라는 뜻이지요. 하나님이 택하여 세운 지도자입니다. 그런데 예레미야는 "내가 다윗에게서 의로운 가지가 돋아나게 할 그 날이 오고 있다. 나 주의 말이다. 그는 왕이 되어 슬기롭게 통치하면서, 세상에 공평과 정의를 실현할 것이다. 그 때가 오면 유다가 구원을 받을 것이며, 이스라엘이 안전한 거처가 될 것이다. 사람들이 그 이름을 '주님은 우리의 구원이시다'라고 부를 것이다."(렘 23:5-6)라고 말합니다. '다윗에게서 돋아날 가지'입니다. 이것은 새로운 왕을 의미합니다. 새 왕이 나타날 것이다, 하나님이 새 왕을 세울 그날이 온다, 그 말입니다. 유다에게 구원을 가져오고, 이스라엘에게 안전을 가져다줄 메시아가 곧 온다는 것입니다. 메시아가 올 그날을 기다리는 것이 바로 대림 신앙이라고 할 수 있습니다.

그런데 여기서 우리는 한 가지 질문을 던져봅니다. 왜, 어째서, 새로운 왕이 와야만 하는 것일까요? 좀 생뚱맞은 물음 같을지 모르지만, 이 문제는 중요합니다. 하나님이 새 왕을 보낸다면, 거기에는 이유가 있을 것 아닙니까? 하나님은 왜 새 왕을 보내는 것일까요? 우리는 또 왜 새 왕을 기다리는 것입니까?

왕은 언제 세웁니까? 왕이 없을 때입니다. 싱거운 대답이지요. 왕이 죽거나 사고로 그 자리가 비었을 때, 빨리 새로운 왕을 세워야 합니다. 그렇다면 예레미야가 새 왕을 기다리는 것은 왕이 없기 때문일까요? 그것은 아닙니다. 예레미야의 시대에는 왕이 없었던 때가 한순간도 없었습니다. 실제로 예레미야 시대에는 요시야에서 여호야김과 시드기야에 이르기까지 왕들이 계속 시퍼런 집에서 눈을 시퍼렇게 뜨고 살아 있었습니다.

그런데 이렇게 왕이 버젓이 살아 있을 때에 새 왕을 기다린다는 것은 무엇일까요? 지금 있는 왕이 진정한 왕이 아니라는 말 아닙니까? 그렇지요. 새로운 왕을 기다린다는 것은, 기존의 왕권에서 보면, 반역입니다. 새 왕을 입에 올리는 순간 역모입니다. 지금 있는 왕이 낡고 썩었고 잘못되었기 때문에 새 왕을 기다리는 것입니다. 현존하는 왕이 훌륭한데 무엇 때문에 새로운 왕 운운한다는 말입니까? 메시아를 기다리는 대림 신앙의 바탕에는 불의하고 불법한 거짓 왕을 향한 거부와 심판이 있습니다. 대림 신앙은 근본적인 변혁을 지향합니다. 그것은 반역을 꿈꾸는 일입니다.

낡은 왕에 대한 심판

이스라엘 백성들에게도 왕이 있었습니다. 왕뿐 아니라 백성을 이끌 사제들을 비롯한 많은 지도자도 있었습니다. 그러나 백성을 이끌 왕은 포악하고 불의하며 무능했습니다. 관리들도 부정과 부패로 자기 이익만을 쌓았습니다. 사제들은 한층 더 썩을 대로 썩어 있었습니다. 그래서 백성들은 혼란에 빠져버렸습니다. 목자가 양 떼를 돌보지 않으니 양 떼는 흩어지고 길을 잃고 죽어갑니다. 왕은 많은데 백성의 왕은 없습니다. 사제들이 넘쳐나지만, 하나님의 사제는 없습니다. 지도자들이, 목자가 아니라 이리와 승냥이가 되어버렸습니다. 그러니 백성에게는 새로운 왕이 절실한 것입니다. 다시 말하지만, 새로운 왕은 낡은 왕에 대한 심판이요, 저주요, 징벌입니다. 예레미야는 이른바 '메시아 예언' 초장에서 이렇게 말합니다.

> 내 목장의 양 떼를 죽이고 흩어 버린 목자들아, 너희는 저주를 받아라. 나 주의 말이다. 그러므로 나 주 이스라엘의 하나님이 내 백성을 돌보는 목자들에게 말한다. 너희는 내 양 떼를 흩어서 몰아내고, 그 양들을 돌보아 주지 아니하였다. 너희의 그 악한 행실을 내가 이제 벌하겠다.(렘 23:1)

하나님의 심판과 저주를 받은 왕은 어떤 왕이었을까요? 그 심판과 저주로 인해 새로운 왕의 도래를 초래한 그 낡은 왕은 누구입니까? 예레미야는 23장의 '메시아의 예언' 직전에 22장에서 유다 왕실을 아주 신랄하게 비판합니다. 특히 여호야김에 대해서는 그가 죽으면 왕실의 무덤에 묻히기는커녕 예루살렘 성 밖에 버려져서 나귀처럼 묻힐 것이라고 말하지요. 또 그의 아들 여호야긴은 이방 나라 땅에 묻혀서 고향으로 돌아오지도 못할 것이라고 저주합니다. 그런데 이렇게 유다 왕실이 혹독하게 저주를 받은 까닭은 무엇입니까? 그것은 한마디로 그들이 하나님과 맺은 언약을 깨뜨렸기 때문입니다. 하나님과 왕실이 맺은 언약입니다.

하나님의 언약

유다 왕실은 하나님과의 언약을 통해 왕권을 부여받았습니다. 하나님이 유다 왕실을 세워주면서 약속을 했다는 말입니다. 일종의 계약과 같은 것입니다. 이 언약에 따라 왕은 왕으로서 백성을 다스리는 것입니다.

 이 사실은 매우 중요합니다. 말하자면 왕의 권력은 처음부터 왕의 것이 아니라 본래 하나님의 것인데, 하나님과 왕이 언약을 맺고, 그 언약을 매개로 해서 하나님이 왕에게 부여한 것이라는 말입니다. 하나님과 왕 사이에 '약속'이 있습니다. 이 '약속'이 깨지면 왕의 권력은 즉시 무효가 되는 것이 마땅하다는 말입니다. 따라서 이스라엘의 왕권은 그저 왕의 권력을 무소불위의 절대 권력으로 신성시하는 '왕권신수설'(王權神授說)과는 전혀 다른 것입니다. 신성하게 지켜져야 하는 것은 왕의 권력이 아니라 하나님의 '언약'입니다.

 그렇다면 유다 왕실이 하나님과 맺은 그 '언약'은 무엇입니까? 왕의 권력의 유일한 근거가 되는 그 약속은 무엇일까요? 예레미야는 유다 왕실을 심판하기 전에 먼저 그 언약의 내용을 분명하게 밝히고 있습니다.

> '나 주가 말한다. 너희는 공평과 정의를 실천하고, 억압하는 자들의 손에서 고통받는 사람들을 구하여 주고, 외국인과 고아와 과부를 괴롭히거나 학대하지 말며, 이 곳에서 무죄한 사람의 피를 흘리게 하지 말아라. 너희가 이 명령을 철저히 실천하면, 다윗의 보좌에 앉는 왕들이 병거와 군마를 타고, 신하와 백성을 거느리고, 이 왕궁의 대문 안으로 들어올 것이다. 그러나 내가 스스로 맹세하지만, 너희가 이 명에 순종하지 않으면, 바로 이 왕궁은 폐허가 될 것이다.' 나 주의 말이다.(렘 22:3-5)

이것이 하나님이 왕에게 권력을 부여하며 주신 명령입니다. 왕은 이 명을 지키기로 약속하며 왕의 자리에 오른 것이지요. 하나님이 왕에게 권력을 주신 이유는 분명합니다. 그것은 다만 백성을 정의롭고 공평하게 이끄는 데 있고, 특히 힘없는 자들과 고통받는 자들을 보호하는 데 있습니다. 권력의 근원이 하나님께 있다면, 동시에 권력의 존재 이유는 백성에게 있습니다. 하나님께 순종하지 않는 권력, 또한 백성에게 복무하지 않는 권력은, 그러므로 원천무효입니다. 공평과 정의를 저버린 왕은 이미 왕이 아닙니다. 가난한 백성을 외면하는 왕은 애초부터 왕이 아닙니다.

신성한 권력 – 신성한 의무

무엇보다 하나님은 왕에게, 억압당하고 고통받는 약자들을 구하고 돌보는 '신성한' 의무를 부여하셨습니다. 그렇습니다. 약자를 보호하는 이 의무야말로 권력의 거룩한 의무입니다. 왜냐하면 그것은 하나님께서 친히 하신 그 일을 왕이 맡아서 하는 일이기 때문입니다.

출애굽 사건이 바로 그것입니다. 이스라엘 백성이 파라오의 노예로 억압받고 착취당할 때, 하나님이 강한 손을 펴서, 하나님의 신성한 권력으로, 그들에게 무슨 일을 하셨습니까? 그들을 이집트 파라오의 억압과 학대로부터 해방하시고, 돌보아 지켜주시지 않았습니까? 그들의 조상들이 이방 땅에서 약자로 떠돌 때 하나님의 손이 그들을 지키고 이끌어 약속의 땅으로 이끌지 않았습니까? 그런데 하나님이 그렇게 하셨듯이 이제는 왕이 그 일을 맡아서 실행하라는 것입니다. 그러므로 왕은 약자를 돌볼 때 가장 신성한 권력을 행사하여 하나님과의 약속을 실천하는 것입니다. 왕이 하나님의 언약을 따라서 실천하면, 하나님은 유다 왕실을 번성하게 하실 것입니다. 그러나 만약 왕이 스스로 그 신성한 약속을 깨뜨린다면, 하나님의 심판과 저주 아래 떨어질 수밖에 없는 것입니다.

그런데 불행하게도 유다 왕실의 왕들은 하나님과 맺은 언약을 스스로 파기하고 말았습니다. 왕은 공평과 정의를 버렸습니다. 자신의 권력을 이용하여 불법으로 궁전을 짓고 불의로 누각을 쌓았습니다. 그들의 눈과 마음은, 불의한 이익을 탐하는 것과 무죄한 피를 흘리게 하는 일과 백성들을 억압하고 착취하는 데에만 몰두하고 있었습니다. 그러므로 이제는 하나님이 친히 강한 손을 펼쳐서 악한 왕을 끌어내리고, 고통당하는 백성을 구원해야 합니다.

거짓 예언자에 대한 심판

이렇게 권력이 부패하고 정치가 혼란할 때에, 누가 나서서 길잡이가 되어 백성들에게 희망을 보여줄 수 있을까요? 예언자들, 사제들 아닐까요? 종교는 세상이 암담한 때일수록 깨어서 빛을 비추고 길을 열어주어야 하지요. 사회가 아무리 혼탁할지라도 예언자가 살아 있다면, 그래도 아직은 희망이 있습니다. 그런데 예레미야는 예언자도 썩었고 제사장도 썩었다고 한탄했습니다. 이것이 그 시대의 불행이고, 모든 시대의 진정한 불행입니다. 불법과 불의를 고발하고 공법과 정의를 세워야 할 사제들이 심지어 성전 안에서도 악행을 일삼습니다. 하나님의 심판을 두려워하며, 말씀에 사로잡혀서, 심장이 터지고 모든 뼈가 떨리며, 취하여 포도주에 곯아떨어진 사람처럼 부르짖어야 할 예언자들도 그저 무감하고 잠잠하기만 합니다. 그저 방관하고 침묵하는 것도 모자라서 불의한 권력에 빌붙어 백성을 오도하고 수탈합니다. '잘 되어간다', '만사형통이다', 이런 말이 예레미야의 시대나 우리 시대나 거짓 예언자의 전매특허입니다. 거짓 예언자들은 한술 더 떠서 만사가 잘될 것을 '환상과 계시'로 보았다고 떠들어댑니다.

 이런 꼴을 보면서 예레미야는 아예 성전 문을 가로막고 서서 외칩니다. 차라리 이런 성전에는 들어가지 말라는 것입니다. 저 교활한 거짓 예언자의 말은 듣지도 말라는 것입니다. 무서운 말입니다. 차라리 예배당에 가지 말고 설교는 아예 듣지도 말라는 말 아닙니까? 예레미야는 저 상업 종교인들이 연출하는 감동적이고 확신에 찬 말들은, 백성들이 하나님을 잊어버리도록 꾸민 계략이라고 경고합니다. 이런 혼돈의 시대에 백성들은 어떻게 하나님의 말씀과 사탄의 계략을 구별할 수 있겠습니까?

다시 그날이 올까요

"고맙습니다. 국밥 한 그릇 하시죠, 개의치 마시고." 오래전(2014년) 10월 29일 서울 동대문구에 사는 세입자 최 아무개 씨(68세)가 목숨을 끊으면서 남긴 글입니다. 세 들어 살던 집이 팔려서 이사해야 했던 최 아무개 씨는 만 원짜리 열 장을 담은 편지 봉투에 그렇게 써놓고 스스로 목숨을 끊었습니다. 5만 원짜리 지폐와 전기세 고지서를 문 앞에 두고, 100만 원 정도 되는 돈을 침대 밑에 두어서 자기 시신을 발견하고 수습할 사람들을 위해 남겼습니다.

그리고 다시 대림절입니다. 예레미야의 시대에 이스라엘 백성들은 새로운 왕을 기다렸습니다. 공평과 정의를 실천할 왕이 없었기 때문이지요. 가난하고 힘없는 백성을 돌보고, 고통받고 학대받는 사람들을 구해줄 왕이 없기 때문입니다.

그런데 지금 우리에게 왕이 있는 것일까요? 예레미야 시대의 왕권이 하나님의 언약에 기초한 것이라면, 오늘의 권력은 백성과의 약속에 기초한 것이지요. 통치자는 백성에게 공약을 걸고, 백성은 그 공약을 보고 투표해서 권력을 위임한 것입니다. 그런데 통치자가 자신의 약속을 그야말로 공약(空約)으로 만들어버린다면, 이미 그 권력은 정당성을 상실한 것 아닙니까? 공평과 정의를 헌신짝처럼 팽개치고, 약자를 보호하기는커녕 오히려 억압하고 학대하여 죽음으로 내몬다면, 그런 왕은 이미 왕이 아니지 않습니까?

왕이 있는데 왕이 없는 시대, 예언자가 있는데 예언자가 없는 시대, 사람이 넘쳐나지만 사람이 없는 시대는 참으로 암담한 시대입니다. 새로운 왕이 절실한 때입니다. 하나님이 새 왕을 보내주실 그날을 기다리는 때입니다. 지금 우리에게도 그날이 오고 있는 걸까요?

그 형상을 만들지 마라

출애굽기 20:4-6 너희는 너희가 섬기려고 위로 하늘에 있는 것이나, 아래로 땅에 있는 것이나, 땅 아래 물 속에 있는 어떤 것이든지, 그 모양을 본떠서 우상을 만들지 못한다.(출 20:4)

귀신에서 부적으로

어느 부모가 아이를 키우는데, 이 아이가 너무나 놀기를 좋아했습니다. 노는 데 정신이 팔려서 해가 넘어가도 집에 돌아올 줄 모릅니다. 살살 달래보기도 하고 엄하게 야단도 쳐보았지만 아무 소용이 없었습니다. 어떻게 해야 할까요? 부모는 궁리 끝에 한 가지 꾀를 냈습니다. 해가 넘어가고 어두워지면 어둠 속에서 귀신들이 나타나 잡아간다고 아이에게 겁을 준 것입니다. 그러자 그토록 말을 안 듣던 아이가 해만 넘어가면 겁을 먹고 숨이 차도록 헐떡이며 집으로 돌아왔습니다. 다행이지요. 집에 안 들어오는 아이 때문에 걱정하고 마음 졸일 일이 없어졌으니 얼마나 잘됐습니까.

그런데 이번에는 다른 문제가 생겼습니다. 이 아이가 밤이 되면 문 밖으로 한 발짝도 나가지 못하는 것입니다. 심부름도 보낼 수 없고, 밖에 있는 화장실에도 가지 못하니 참으로 답답한 일이 아닙니까. 조금 더 자라면 괜찮겠거니 하고 기다려보았지만, 오히려 점점 더 밤을 무서워하게 되었습니다. 어떻게 해야 할까요? 어떻게 하면 이 아이의 어둠 공포증을 고칠 수 있겠습니까? 부모는 다시 고민하다가 이번에는 부적을 쓰기로 했습니다. 부적을 하나 그려서 아이에게 주면서 이것만 지니고 다니면 귀신들이 다 물러간다고 가르쳐주었지요. 그랬더니 아이는 부적을 품에 넣고 몇 번이고 확인하고 나서야 밖으로 나갈 수 있었습니다.

어떻습니까? 이 부모가 아이를 잘 가르치고 있는 것일까요? 이 아이는 건강한 사람으로 잘 자랄 수 있을까요? 아이는 자라서 스스로 어둠에 맞서고 어둠을 극복할 줄 아는 성숙한 사람이 될 수 있을까요? 부모는 아이가 집에 들어오게 하려고 '귀신'이라는 '허위'를 이용했지요. 효험 있는 '허위'였습니다. 그런데 다시 아이가 밖에 나갈 수 있게 하려고 '부적'이라는 또 다른 '허위'를 사용해야 했습니다. 허위가 허위를 낳은 셈이지요. 아이는 결국 '허위'에 의존하지 않으면 들어오고 나갈 줄 모르게 된 것입니다. 불행한 일입니다.

그런데 사실은 '신앙'의 문제도 이와 같다고 말할 수 있습니다. 이런 '귀신'과 '부적'이라는 '허위'에 의존하는 것을 참 '믿음'이라고 할 수 있을까요? 아니지요. 아무리 어렵고 고통스럽더라도 그 어둠을 똑바로 직시하고 당당히 극복해낼 수 있는 믿음이야말로 성숙한 믿음이 아니겠습니까? '허위'와 '믿음'의 계약 동거는 그렇게 오래 유지되지 못하는 법입니다.

자유의 훈련

이스라엘 백성들은 이집트에서 노예로 고통스럽게 지내야 했습니다. 그런데 하나님께서 은총을 베푸셔서 이들을 억압으로부터 해방하셨습니다. 노예로부터 자유인으로 해방된 것입니다. 이렇게 노예였던 히브리인들이 자유로운 하나님의 백성으로 서는 역사, 이집트를 벗어나 가나안 땅에 들어가는 구원의 역사가 출애굽기의 내용입니다.

그런데 하나님은 이스라엘 백성을 단번에 이집트로부터 가나안으로 옮겨주신 것이 아닙니다. 생각해보면, 하나님은 전능하신 분이시니까, 기왕 은혜를 베푸실 바에야 이스라엘 백성들을 그대로 번쩍 들어서 고스란히 가나안 땅으로 옮겨버리면 얼마나 좋았겠습니까. 요즘 이삿짐센터처럼 그렇게 전자동 풀 서비스가 되면 구원사는 얼마나 간편하겠습니까. 그러나 출애굽의 구원사는 그렇게 이루어지지 않았습니다. 하나님께서는 너무도 힘겹고 고통스러운 난관을 그 백성들이 스스로 뚫고 나가게 하셨습니다. 온갖 살림살이 다 짊어지고 척박하고 막막한 광야에서 40년 동안이나 떠돌게 하신 것입니다. 출애굽의 여정에서 이스라엘 백성들은 얼마나 많은 어려움을 겪어야 했을까요. 홍해 바다가 그들을 가로막고 있을 때, 뒤에서는 파라오의 기병대가 바싹 따라붙고, 얼마나 두렵고 절망적이었습니까. 비 한 방울 내리지 않고 그늘도 없는 뜨거운 광야에서 먹을 것도 없고 물도 떨어졌을 때, 얼마나 고통스러웠습니까. 사방에 도사린 위험을 피하며 끝없는 길을 헤맬 때는 또 얼마나 후회스러웠습니까. 광야 40년은 그렇게 힘겨운 고난의 길이었습니다.

그런데 왜 그렇게 해야 했을까요? 하나님은 왜 그들의 지름길을 가로막으셔서 그토록 오랜 고난의 행진을 하게 하신 것일까요? 그것은 바로 그 백성을 성숙한 백성으로 훈련하려는 뜻이었습니다. 그 백성을 이집트의 노예로부터 가나안의 노예로 장소를 이동시키는 것이 아니라, 하나님의 백성인 자유인으로서 스스로 자기 삶을 살게 하려는 것입니다.

형상의 주조

이스라엘 백성들이 모세를 따라 광야를 유랑할 때의 일입니다.(출 32장) 시내 광야에 이르러 모세는 하나님의 말씀을 받으러 산에 오르지요. 그때 백성들은 산 아래 시내 광야에 머뭅니다. 모세는 그 산에서 40일을 지내지요. 그런데 모세가 산에 오른 지 오래되어도 내려오지 않자 백성들은 두려워하기 시작합니다. 자기들이 의지하는 지도자가 없으니 동요한 것입니다. 이 백성들은 아직 자기 스스로 설 수 있을 만큼 성숙하지 못한 것이지요. 그래서 그들은 아론에게 자기들을 이끌 지도자, 자기들이 의지할 신을 만들어달라고 요청합니다. 이것이 미숙한 이스라엘 백성들의 모습입니다. 우리에게는 지도자가 필요하다, 우리가 의지할 영도자를 만들어달라는 것입니다. 그렇게 해서 그들에게 새로운 신이 만들어집니다. 형상화된 신, 만들어진 신입니다.

그런데 인간이 신을 어떻게 만들 수 있을까요? 아론은 어떻게 그들의 신을 만들었습니까? 아론이 신을 만드는 과정은 참으로 흥미롭습니다. 먼저 아론은 그 백성들이 가지고 있는 금붙이와 은붙이를 내놓게 합니다. 백성들은 그들이 달고 있던 금귀고리들을 빼서 가져오고, 아론은 그것을 모아 거푸집에 부었지요. 그랬더니 거기서 금송아지란 놈이 나왔습니다. 여기에 만들어진 신의 본질이 있습니다. 금붙이는 무엇입니까? 인간이 가장 가지고 싶어 하는 탐욕의 대상이 아닙니까? 소유입니다. 그것을 모아놓은 것, 탐욕의 집적이 신을 만드는 재료였습니다. 우상이란 다른 데서 오는 것이 아니라 자기 안으로부터 나옵니다. 우상이란 언제나 인간의 탐욕으로 만들게 되어 있지요. 탐욕의 확대 투사입니다.

금송아지는 또 무엇이겠습니까? 힘이지요. 권력입니다. 자기 안에 있는 소유욕을 집적시키고, 자기 안에 있는 권력욕을 뭉쳐놓으면, 거기서 금송아지가 나오고 거기서 우상이 나오는 것이 아니겠습니까? 참으로 어리석은 일입니다. 어떻게 자기의 노리개로 만든 것이 자기를 이끌 수 있다는 말입니까? 어떻게 그것이 인간이 의지할 신이 된다는 말입니까?

백성들은 그렇게 만들어진 금송아지를 중심에 놓고 열광하고 환호했습니다. 예나 지금이나 우상숭배의 특징은 열광에 있는 것 같습니다. 그들이 얼마나 야단법석을 떨었는지, 모세를 수행해 산에 올랐던 여호수아는 산 밑에서 전쟁이 터졌다고 생각할 정도였습니다. 백성들은 금송아지를 둘러싸고 노래를 부르며 광란의 춤을 추고 있었습니다. 모세가 이것을 보았지요. 이 꼴을 본 모세의 심정이 얼마나 참담했을까요. 모세는 분노했습니다. 얼마나 분했으면 모세가 하나님께 받아온 말씀 판을 산 아래로 내던져 깨뜨렸겠습니까. 분노한 모세는 그 금송아지를 가져다가 불태워 부순 다음 가루로 빻았습니다. 그 가루를 백성들이 마시게 했지요. 모세는 거기서 그치지 않고 레위 사람들에게 칼을 주어서 광란하는 무리를 처단하게 했는데, 그 수가 무려 3,000명에 이르렀다고 합니다.

형상을 만들지 마라

어째서 모세가 이토록 분노했을까요? 광야에서 백성들이 불안해하니까, 아직 미숙해서 동요하니까, 잠시 금송아지를 이용해 안정시켰다가 모세가 내려온 다음에 다시 잘 이끌면 되는 일이 아니었을까요? 하나님께 받은, 하나님께서 손수 기록하신 그 귀한 말씀의 증거판을 내동댕이치도록, 자신이 생명처럼 아끼는 백성을 3,000명이나 도륙하도록 금송아지를 만든 일이 그렇게 큰 잘못이었다는 말입니까? 그게 그렇게 중대한 문제란 말입니까?

 모세는 금송아지를 중심으로 열광하는 백성들을 보고 하나님께 받았던 그 증거판을 내던졌지요. 그 증거판에는 이른바 십계명이 기록되어 있었습니다. 그런데 십계명의 두 번째 계명이 무엇이었습니까? 우상을 만들지 말라는 그 계명이었습니다. 위로 하늘에 있는 것이나 아래로 땅에 있는 것이나 땅 아래 물속에 있는 어떤 것도 그 모양을 본떠서 우상을 만들지 못한다는 것입니다. 하늘에서 땅, 땅에서 물속에 이르기까지 그 어느 형상도 만들거나 섬기지 말라는 것이지요. 철저한 형상금지 명령입니다. 그런데 공교롭게도 이 계명을 받을 때 이미 백성들은 우상을 만들었던 것입니다.

 형상은 옛 종교에서 필수적인 것이었습니다. 예나 지금이나 종교는 그 신을 위한 신전을 짓게 됩니다. 이스라엘 백성들에게는 예루살렘 성전이 있었지요. 그런데 그 성전에는 우리가 잘 알다시피 지성소가 있습니다. 지성소는 하나님이 계신 곳이지요. 신을 모시는 자리요, 지극히 거룩한 장소입니다. 보통 다른 종교의 신전에 가면 그 신전의 중심에 만들어진 신을 모시지요. 신상은 모든 신전의 중심이요, 핵심입니다. 신전이라는 게 애초부터 신을 모시려고 짓는 집이 아닙니까? 그런데 그 신을 어떻게 모실까요? 신의 형상을 나무로 깎거나 돌로 다듬거나 금은으로 주조해서 안치합니다. 그 신의 형상은 이상적인 인간의 형상이나 강력한 여러 동물의 형상을 조합해서 만들어내기도 합니다. 그런데 이스라엘 백성들은 지성소에 어떻게 하나님을 모실 수 있었을까요?

대체로 신상을 모신 신전은 사람들에게 개방해서 그 신의 위용을 뽐내게 마련입니다. 보여주지도 않을 상을 만들 까닭이 없지 않겠습니까? 그런데 예루살렘 성전의 지성소는 사람들에게 개방되지 않습니다. 다만 대제사장만이 일 년에 한 번 들어가 하나님을 뵙는다고 하지요. 대제사장밖에는 아무도 지성소 안을 볼 수 없었습니다. 그러니 지성소에 어떻게 하나님을 모셨는지 참으로 궁금하지 않습니까? 그런데 이방인으로서는 처음으로 로마의 폼페이우스가 기원전 63년에 예루살렘 성전을 점령한 다음 지성소에 들어가 보았다고 합니다. 그는 지성소에 들어가 보고 깜짝 놀랐습니다. 까닭은 그 지성소가 찬란한 위엄에 가득 차 있어서가 아니었습니다. 그는 거기에서 아무것도 볼 수 없었습니다. 그것은 '어떤 형상도 없는 텅 비어 있는 성소'요, '썰렁한 신비'였다고 역사가 타키투스는 기록했지요. 이스라엘 백성들은 성전의 중핵인 지성소를 텅 비워둘 수밖에 없었습니다. 하나님 자신이 다른 신의 형상은 물론이거니와 하나님 자신의 형상도 도무지 허락하지 않으셨기 때문입니다. 하긴 하나님은 그 계명을 주신 시내산에서 모세에게조차 당신의 모습을 감추지 않으셨습니까. 하나님의 형상화는 아예 처음부터 할 수도 없고 해서도 안 되는 일이었습니다.

다시 멍에를 메지 마라

도대체 무엇 때문일까요? 왜 성서의 하나님은 신의 형상에 대해 그토록 철저히 거부하는 것일까요? 주변의 모든 종교가 하나같이 수많은 신의 화려하고 거대한 형상을 만들었는데 말입니다. 이토록 무슨 결벽증처럼 신의 형상을 부정해야 할 만큼 중요한 그 문제는 무엇일까요? 그것은 유한한 인간이 무한한 신을 형상화할 수 없다는 존재론적인 논리 이상의 문제입니다. 그것은 무엇보다도 출애굽의 역사와 연관되어 있습니다. 히브리인들을 노예로 억압하던 이집트의 종교체제는 형상으로 만든 신들의 위계체제였습니다. 위로는 하늘의 태양을 비롯한 수많은 성좌로부터 땅 위에 있는 모든 동물, 그리고 아래로 물속에 있는 뭇 생물에 이르기까지 각각 형상으로 만들어졌지요. 위로는 하늘, 아래로는 땅, 땅 아래 물속의 어떤 것이든지 그 형상을 만들지 말라는 십계명의 제2계명은 바로 이집트의 만들어진 신들을 정조준하는 것입니다. 그런데 이 만들어진 신의 기능은 무엇일까요? 그들은 왜 신상을 만들었을까요?

그들은 만신전에 안치한 그 만들어진 형상들이 그 실제의 생물을 지배한다고 생각했습니다. 그 만들어진 신들은 최고신을 정점으로 하는 하나의 위계체제로 조직되었습니다. 하나의 권력체계입니다. 그 권력은 물론 신전을 장악하고 그 신들을 만들어 안치한 인간 권력자의 몫입니다. 이 만들어진 신은 노예들에게는 거역할 수 없는 숙명의 굴레가 되는 것이지요. 그렇습니다. 허위의 형상을 만들어 백성을 지배하고 약자를 억압하여 노예화하는 것이 바로 이집트 절대 권력의 통치방식이었습니다. 만들어진 신은 허위요, 우상입니다. 그리고 우상은 사람을 노예화합니다.

출애굽의 하나님은 만들어진 우상의 속박으로부터 히브리 사람들을 해방하신 하나님이십니다. 그런데 해방된 그 백성들이 광야에서 다시 금송아지를 만들었으니 그것은 해방의 하나님을 정면으로 모독하는 일이 아닐 수 없습니다. 그것은 이집트에서 온갖 만들어진 신에게 지배받으면서 노예처럼 살던 그 백성을 해방하셔서, 당당한 하나님의 백성으로 자유롭게 살게 하시려는 그 하나님의 뜻과 해방의 역사를 정면으로 부정하는 행위였습니다. 어찌하여 주님께서 해방하여 주셔서 자유를 누리게 하셨는데, 스스로 다시 종살이의 멍에를 멘다는 말입니까?(갈 5:1)

■ 서재경

한신대학교와 동 대학원에서 신약성서신학을 전공하고 한국신학연구소에서 연구원으로 일했다. 한신대학교, 강남대학교, 한국기독교장로회 여신도교육원 등에서 성서를 가르쳤다. 시집『슬픔이 슬픔에게』와 성서 에세이를 모은『말씀이 우리를 읽을 때까지』,『예수라 불렀다』등의 책을 펴냈다. 그동안 수원에 있는 한민교회에서 담임한 것을 끝으로 33년의 목회를 마감한다.